食品科学与工程系列教材

食品机械与设备(第二版)

马荣朝　杨晓清　主编

科学出版社
北　京

内 容 简 介

本教材主要介绍食品加工常用机械与设备，共11章，分别介绍输送机械与设备，分选机械，粉碎机械，搅拌及均质机械与设备，分离机械与设备，蒸发浓缩设备，干燥机械与设备，杀菌机械与设备，冷冻机械与设备以及食品包装机械与设备。

本教材主要供食品科学与工程专业课程教学使用，也可供食品质量与安全等相关专业课程教学使用，还可供有关研究人员、工程技术人员和高等院校有关专业师生参考。

图书在版编目(CIP)数据

食品机械与设备／马荣朝，杨晓清主编. —2版. —北京：科学出版社，2018.8（2025.12重印）

食品科学与工程系列教材

ISBN 978-7-03-056496-2

Ⅰ.①食… Ⅱ.①马… ②杨… Ⅲ.①食品加工设备-教材 Ⅳ.①TS203

中国版本图书馆CIP数据核字（2018）第021394号

责任编辑：刘 琳／责任校对：熊倩莹

责任印制：罗 科／封面设计：墨创文化

科学出版社出版

北京东黄城根北街16号

邮政编码：100717

http://www.sciencep.com

成都锦瑞印刷有限责任公司 印装

科学出版社发行 各地新华书店经销

*

2012年12月第 一 版 开本：787×1092 1/16

2018年8月第 二 版 印张：20 1/4

2025年12月第十次印刷 字数：480 000

定价：46.00元

（如有印装质量问题，我社负责调换）

《食品机械与设备》编委会

主　编　马荣朝（四川农业大学）
　　　　杨晓清（内蒙古农业大学）
副主编　李清明（湖南农业大学）
　　　　张国治（河南工业大学）
　　　　张　鋆（成都大学）
编　者（按姓名拼音为序）
　　　　苟　文（四川农业大学）
　　　　雷小龙（四川农业大学）
　　　　鲁永强（包头轻工职业技术学院）
　　　　潘治利（河南农业大学）
　　　　王　芳（内蒙古农业大学）
　　　　周　龙（四川农业大学）
　　　　李蒙良（四川农业大学）
　　　　何保山（河南工业大学）

前　言

随着经济的迅速发展和科学技术的快速变革，食品加工行业已经发生了、正在发生着并还将发生巨大的变化，食品生产的工业化是其显著特征之一，而食品机械与设备在变革中扮演重要的角色。通过应用食品机械与设备，除可完成人工无法完成的作业外，还可规范生产程序，保证产品质量。通过设定合理的操作程序，利用机械自动完成作业，可减少传统食品加工过程中人的直接参与及操作的随意性，并使产品质量的均一性更好、卫生质量更高；可以降低生产成本，提高劳动生产率；有助于改善劳动环境。在食品工业化生产中，机械设备是工艺实现的最终保证手段之一，因此培养在食品机械专业方面具有开发设计与运用能力的专业技术人才是必要条件。

本教材主要供食品科学与工程专业课程教学使用，也可供食品质量与安全等相关专业课程教学使用，还可供有关研究人员、工程技术人员参考。通过系统学习了解现代食品工业常见机械设备的工作原理、基本机构、性能特点、选型及操作要点，可以系统地掌握食品机械与设备的开发和应用方面的知识和技能。教材以单元操作进行分章，其中部分多功能机械仅考虑其主功能。本教材主要介绍食品加工常用机械与设备，共分 11 章，分别介绍输送机械与设备，分选机械，粉碎机械，搅拌及均质机械与设备，分离机械与设备，蒸发浓缩设备，干燥机械与设备，杀菌机械与设备，冷冻机械与设备，食品包装机械与设备。

本教材由四川农业大学马荣朝、内蒙古农业大学杨晓清担任主编，湖南农业大学李清明、河南工业大学张国治和成都大学张崟担任副主编。具体编写章节为马荣朝、苟文、周龙第 1 章，杨晓清、王芳第 2 章，李清明第 3、第 10 章，马荣朝、雷小龙、李蒙良第 4 章，张崟第 5、第 6 章，潘治利第 7、第 8 章，张国治、何保山第 9 章，鲁永强第 11 章。

由于编写人员的水平有限，教材内容难免存在不妥之处，恳请广大读者批评指正。

编　者

2018 年 3 月

目　　录

第1章　概　　论

食品机械是食品工业的重要组成部分，同食品工业一样，也在国民经济中占有重要的地位。食品机械工业的技术进步为食品制造业和食品加工业的快速发展提供了重要的条件保障；但是，随着人类社会的进步，人们对饮食的便捷性、营养性、安全性提出了更高的要求，同时可持续发展的趋势使得对农产品加工副产品、农业废弃物的利用变得非常迫切，食品工业的发展不断地为食品机械制造业提出一个个新的课题，要求其不断创新、不断发展与完善。

1.1　食品机械与设备的分类、特点和要求

1.1.1　食品机械与设备的分类

食品机械的种类非常繁杂，食品机械的品种一般在3000种以上，我国大约有1500种。按照食品的种类和行业的不同，可以分为粮油加工设备、果蔬保鲜与加工设备、畜禽产品加工设备、水产品加工设备、方便食品加工设备、饮料加工设备和食品加工中废弃物综合利用设备等。按照食品加工单元操作的不同，也可分为食品输送机械、食品清理与分选机械、食品粉碎机械、食品分离机械、食品混合机械、食品浓缩机械、食品干燥机械、食品杀菌机械、食品熟化机械、食品冷冻机械和食品包装机械等。

1.1.2　食品机械与设备的特点

食品机械是特点非常突出的一种加工机械。由于食品工业加工对象（农产品、畜产品、水产品和林产品等）繁多，加工性质和工艺（物理的、化学的、生物的、物理化学的等）不同，需求品种各异，加工的最终产品是食品。因此，食品机械除具有一般机械产品的共性外，还有其特殊性，即专业性强，品种多，批量小，结构灵巧精确，易于拆卸和清洗；零部件材料防腐、防锈，卫生条件好；不同设备易于配套成线，并具有自动清洗和消毒系统。现代化高水平成套生产线还具有连续、密闭、高度自动化并在无菌状态下工作的特点。

食品机械的加工对象主要为动物和植物，加工出来的产品的服务对象是人。人们不仅对食品的营养价值有要求，还对食品的色、香、味等有要求。食品的营养价值虽然取决于原料成分，但是采用不合理的加工方法和设备，会使食品原有营养大量损失，并且会破坏食品的色、香、味等。因此食品机械的设计应充分考虑这一特点。

1.1.3 食品机械与设备的要求

1. 食品机械与设备的工艺性

食品机械与设备应满足各类食品的特定加工工艺要求以及生产工艺的实用性和多样性需求。如在一台机器或一条食品生产流水线上采用不同的原料、不同的配方、不同的工艺参数或者调整设备的设置，就可以生产出不同的食品，从而达到一机多能、一机多用的效果。

2. 食品机械与设备的卫生性

食品机械与设备在使用过程中必须符合《中华人民共和国食品安全法》的有关规定。其结构的设计不仅要考虑便于清洗和易于拆卸等特点，还要杜绝出现死角，以避免物料的积存，防止微生物的滋生。同时还要求与食品直接接触的零部件必须选用耐腐蚀、无毒的材料。

3. 食品机械与设备的密封性

为了防止轴承润滑油泄漏污染食品以及食品物料中水分泄漏腐蚀机械部分，食品机械与设备的密封要求一般较高，因此在设计密封装置时要给予充分考虑。目前填料密封和机械密封是食品机械中用得最多的两种密封结构形式。除选用可靠的密封结构外，还应认真分析轴承的结构布置，如将主轴上支承改为下支承，可有效防止润滑油泄漏。

4. 食品机械与设备的可靠性

食品机械与设备在使用过程中必须具有可靠性。食品加工多数都属于连续生产方式，如果生产中某一个部件出现问题，不仅会影响生产，严重时还会造成全线停产，导致所投入的原料全部报废，这会给企业带来巨大的损失。

1.2 食品机械工业的发展

1.2.1 我国食品机械工业的发展现状

食品工业是以农产品为主要原料，通过各种手段及技术措施将植物业、养殖业、采集业所得到的原料如粮、油、果、蔬、肉、蛋、奶、水产品等加工成为人们生活中所必需的成品。实际上，食品工业是农业生产的延伸。随着我国国民经济的迅速发展和人民生活水平的不断提高，我国食品工业得到了飞跃发展，已成为我国国民经济的支柱产业，而作为装备食品工业的食品机械，发展尤为迅速。

1952 年我国食品工业的总产值仅为 82.80 亿元，1980 年食品工业总产值为 568.00 亿元，到 1990 年食品工业总产值达到 1359.99 亿元，1995 年食品工业总产值已上升为全国各行业之首，占全国工业总产值的 10.1%，高出排名第二的冶金行业 1.5%。而 2000 年食品工业总产值已达到 6734.47 亿元。“十五”期间，在市场需求和政策导向的双驱动下，我国食品工业进入新一轮快速增长时期。2005 年，全国国有及规模以上非国有食品工业企业实现总产值 20344.8 亿元，比 2000 年增长 202%，年均增长 24.7%；工业增加值 6300.0 亿元，比 2000 年增长 87.8%，年均增长 17.6%；销售收入 19900.0 亿元，比 2000 年增长 101.3%，年均增长 20.3%；利税总额 3365 亿元，比 2000 年增长 91.9%，年均增长 11.4%。其中，粮油加工、肉类加工、乳制品加工等行业的工业增加值和利润年均增长率均超过 20%，成为名副其实的国民经济的支柱产业（表 1.1）。

表 1.1　中国各年代食品工业平均增长率

年代	50	60	70	80	90	21 世纪前 5 年
增长率（%）	17.0	12.8	12.7	10.12	12.6	17.6

由于食品工业的发展，对食品机械品种和数量的需求不断增加，促进了食品机械品种和产值稳步上升。在“十五”期间，广大科技人员重点对稻米、小麦、玉米、大豆、马铃薯、苹果、肉制品、奶制品等的关键技术与加工设备进行研发，攻克了膜分离、物性修饰、无菌冷灌装、浓缩、冷加工等关键技术难题，开发了冷却肉、大豆分离蛋白、浓缩苹果汁、玉米变性淀粉等市场潜力大的新产品，研制出一批包括 48000 瓶/h 的啤酒灌装生产线、36000 瓶/h 不含气饮料灌装生产线、180000 包/班的方便面生产线、工业机器人、多层共挤设备、冷冻干燥设备及纸浆模塑机械等技术含量高的食品加工装备。

食品机械的总产值由 1986 年的 12.1 亿元增加到 2005 年的 440 亿元。从表 1.2 中可以看出，1986 年全国食品机械产值约为 12.1 亿元，是 1981 年的 4.3 倍，1982 年、1983 年和 1985 年食品机械工业的产值分别比上一年增长了 48%、42%和 47%，20 世纪 90 年代后，食品机械工业继续保持较高的发展速度，食品工业的机械化程度在不断提高。

表 1.2　中国历年食品机械工业总产值　（单位：亿元）

年份	1981	1986	1988	1990	1992	1994	1995	1996	1997	2000	2002	2005
产值	2.8	12.1	17.0	20.0	65.0	90.7	117.0	200	225	300	394	440

1.2.2　我国食品机械工业与国外先进技术的差距

进入 21 世纪以来，尽管我国食品机械工业随着食品工业的发展得到了快速的发展，但整体上存在着行业之间的不平衡，与国外相比，存在着较大的差距，具体表现在以下几个方面：

一是产品品种和配套数量少。我国目前食品机械（包括包装机械）品种大约有 4000 种（其中包装机械约 1700 种，食品机械约 2300 种），而工业发达国家的食品和包装机械已经达到 5300 种以上，而且成套数量大。

二是技术水平低。目前我国食品与包装机械的技术差距主要表现在控制技术和产品可靠性方面，技术更新速度慢，新技术、新材料、新工艺推广应用的范围太窄。从整体水平上讲，要比发达国家落后 15～20 年。

三是产品质量差。主要表现在生产率低、能耗高、稳定性和可靠性差，产品造型落后，外观粗糙，基础件和配套件的寿命低等，这种状况远远满足不了当前食品与包装机械工业的需要，挡不住进口产品的冲击。

四是我国食品与包装机械工业企业规模小、技术装备差、管理水平比较落后、自我开发能力弱，与国外市场竞争能力低。发达国家食品机械企业把科技开发投入，科技队伍、实验基地的建设放在重要的位置，科技开发的费用占销售额的8%～10%。我国食品机械生产企业多为中小型企业，几乎没有独立的科研开发机构，企业对科技开发的投入，平均不到销售额的1%。

五是我国食品机械行业是个部门的产业，各自为政，形成条块分割局面，不利于发挥团队协作力量，人力分散，难以形成合力进行重点技术攻关。

六是企业劳动生产率低。据不完全统计，我国企业的劳动生产率仅为发达国家食品机械行业全员劳动生产率的1/15～1/10。

1.2.3 我国食品机械工业的发展趋势及重点

虽然最近二十年来，食品机械实现了跨越式发展，取得了很多成果，但总体来说食品机械工业起步相对较晚，该行业的科研、设计、制造的基础比较薄弱，还不能很好地适应现代食品工业发展的需求，存在许多亟待解决的问题。

1. 我国食品机械工业的发展趋势

根据我国食品工业“十五”计划，食品工业产值与农业产值的比例将从目前的（0.3～0.4）：1提高到0.5：1。食品机械工业要相应发展，以适应食品工业自动化、高效化、现代化发展的要求。

2. 我国食品机械工业的发展重点

（1）粮油加工。围绕米面制品，重点发展主食加工设备和副产品综合利用设备；围绕玉米的工业化应用，发展深加工设备。

（2）油脂加工。重点发展大型制油高效、节能设备，油脂精炼设备，大豆蛋白分离和提取设备。

（3）畜禽屠宰加工。重点开发牲畜真空采血、电刺激、畜禽热气隧道式湿烫及连续自动去毛（羽）、多工位扒皮设备，高湿雾化冷却排酸设备，大型真空斩拌机、滚揉机和高速灌肠机等肉类深加工设备，以及冷却肉、清真肉制品、低温肉制品、功能性肉制品和发酵肉制品加工设备，实现我国畜禽屠宰加工装备的成套化、国产化。

（4）水产品加工。重点发展去鳞、剖腹、去内脏、分级设备，鱼糜、鱼浆加工设备，贝类净化设备和壳肉分离设备，水产品微冻保鲜设备，鱼虾无水保活运输设备，海洋药物及天然化合物提取设备。

（5）乳制品加工。重点发展液体乳加工和无菌包装设备、干酪加工设备、乳清分离设备、超高温灭菌设备。

（6）果蔬加工。重点开发果蔬预冷和配送设备、果蔬分级包装设备、净菜加工与储运设备、冷打浆设备、大型果汁浓缩设备及柑橘半果榨汁设备。

（7）饮料制造。重点发展无菌冷灌装设备、大型饮料在线检测及自动剔出设备、全自动饮料混合设备、加工前处理装备、高分子材料自动“制瓶－灌装－封口”一体化设备。

(8) 包装设备。大力发展纸包装设备、液体包装设备和包装材料制造设备，重点发展 50000 瓶/h 以上的吹瓶机、15000 万瓶/h 的 PET 瓶结晶瓶设备、注拉吹制瓶设备、50000 瓶/h 以上的饮料冷灌装设备、UHT 奶的杀菌灌装设备和 ESL（延长鲜奶储存寿命）设备。

1.3　选择食品机械与设备的基本要求及原则

1. 选择食品机械与设备的基本要求

符合国家有关产业政策和标准要求；优先选择和采用当前国家重点鼓励发展的食品机械与设备；重点选择和采用具有适度规模、科技含量高、经济效益好、资源消耗低、安全卫生的食品机械与设备；禁止选择和采用当前国家明令限制和淘汰的食品机械与设备。

2. 选择食品机械与设备的原则

(1) 技术先进。具有较高的性能费用比，功能完善，运行维护费用低，单位产品物耗、能耗低，加工程度和加工能力较高等；技术水平先进，有较高的技术含量，有利于促进技术进步和提高竞争力，符合可持续发展；装备水平先进，设备结构合理，制造精良，具有较高的安全性和卫生要求。

(2) 适用性强。适应当地自然、经济、社会条件的变化，同一生产线希望能进行多层次深加工；与投入物特性相匹配，统筹考虑资源供给，适应原料和其他辅助材料的加工要求；所选机械与设备在使用同样投入物时，尽量获得比其他机械与设备更广泛的产品组合；适应工艺技术要求，应同项目的生产能力相匹配。

(3) 可靠性高。采用已充分验证并经过使用的机械与设备，不能冒险采用未经中试就转为生产的机械与设备，未经生产实践或有遗留技术难题的新机械与设备不能盲目采用；生产稳定性高，不得对人员造成危险，不应向工作场所和大气排放超过国家标准规定的有害物质，不应产生超过国家标准规定的噪声、振动、辐射和其他污染。

(4) 技术经济合理。国产设备的价格便宜，故机械与设备的选择应尽量立足于国内，如果国内机械与设备不能满足工艺要求、生产要求、质量要求等情况，再考虑从国外购置。

第 2 章　原料预处理与物料输送设备

食品工厂加工用的原料来源广泛，同一种原料可加工成同一品种，也可加工成不同的产品，而不同的原料可以加工成不同的产品。这就决定了原料预处理机械与设备的多样化和复杂性，也是目前食品厂的薄弱环节之一。所以，提高预处理设备机械化和自动化程度，对食品厂的产品品种、优质、高产、低消耗具有重要的现实意义。

在食品加工中，为了提高劳动生产率，改善劳动条件，减少输送中的污染和缩短生产周期，需要采用输送设备来完成物料的输送任务。食品工厂的输送设备，一般分为固体输送和液体输送两种。

2.1　食品原料清理机械与设备

2.1.1　食品原料中的杂质与清理方法

果蔬加工对原料总的要求是要有适合加工的种类，适当的成熟度和新鲜、完整的状态。果蔬在采收和运输期间由于受载荷的作用，易造成部分机械损伤。果蔬运到加工厂后，应尽快进行处理，若不能及时加工，则应储存在适宜的条件下，以保证新鲜完整，减少腐烂损失。进厂的果蔬原料应进行挑选、分级，剔除不合加工要求的果蔬，包括未熟和过熟的、已腐烂或长霉的果蔬，除去混入原料内的沙石、虫卵和其他杂质，从而保证产品的质量。

果蔬原料在生产过程中常有表面附着的灰尘、泥沙和部分残留的化学农药，以及许多来自土壤和植物器官的微生物，因此洗涤对于除去果蔬表面的杂质、微生物、残余化学农药等具有十分重要的意义。

对于大部分果蔬（叶菜类除外），其外皮较粗糙、坚硬，虽有一定的营养价值，但口感不佳，对加工制品有不良影响。如柑橘外皮含有精油和苦味物质，桃、梅、李、杏、苹果外皮含有纤维素、果胶和角质；荔枝、龙眼的外皮木质化；甘薯、马铃薯的外皮含有单宁、纤维素、半纤维素；竹笋的外皮高度纤维化，不可食用。因此，上述果蔬进行果肉、果汁制品加工时应先进行去皮处理。常见的去皮方法有人工去皮、机械去皮和碱液去皮法。在葡萄酒的制作过程中，由于葡萄果梗中草味和苦涩物质对葡萄酒味感的影响，除梗便成为必不可少的工序，但有时除梗也存在一些不利因素：由于升温快和溶氧少，除梗葡萄醪比未除梗葡萄醪发酵困难些，造成皮汁分离或酒糟分离时压榨较困难。因此，可根据情况进行除梗或部分除梗。

送往加工厂的谷物和豆类原料，由于选种、栽培、收割、脱粒、堆晒、干燥、运输和储藏等原因，难免会混入各种杂质。按化学成分不同，杂质分为无机杂质和有机杂质两类。无机杂质是指混入的泥土、砂石、瓦块、玻璃碎块、金属物或其他矿物质。有机杂质是指混入的根、茎、叶、颖壳、绳头、野生植物种子、异种粮粒、鼠粪、雀粪、虫尸、无食用价值的生芽及病斑变质粮粒等。这些杂质的存在，不仅会影响谷物和豆类的安全储藏，还会使机械设备受到磨损，或使阀门、管路及泵发生堵塞，给生产和加工带来很大危害。此外，原料规格和质量指标的不一致会造成加工过程中原料的损耗，从而提高产品成本。因此，固体物料在投入生产前必须先经过除杂、分级分选和清洗等预处理，这对降低工厂成本、维护设备、提高物料利用率、提高劳动生产率等均有重要意义，并有利于生产的连续化和自动化。杂质的清理方法有很多，主要是借助杂质和谷粒物理性质的不同进行分选。

（1）风选法。利用谷物、小麦与杂质的空气动力学性质的不同进行清理的方法称为风选法。所谓物料的空气动力特性是指具有不同尺寸、形状、密度的物料与空气产生相对运动时受到空气的作用力不同，在外力的作用下（包括重力、浮力和空气的阻力）表现出不同的运动状态。当空气自下而上流过物料颗粒时，颗粒物料如自由悬浮在气流中，这时的气流速度称为物料的悬浮速度（suspension speed）。物料空气动力特性常采用悬浮速度来表示。风选法需要空气介质的参与。常见的风选法设备有气流清选设备。

（2）筛选法。利用谷物、小麦和杂质粒度大小不同进行的清理方法称为筛选法。筛选法需要配备有合适筛孔的运动筛面。通过筛面与颗粒的相对运动，使颗粒产生分层现象，密度大、粒度小的物质成为筛下物。常见的筛选设备有振动筛、平面回转筛、初清筛等。

（3）密度分选法。利用杂质和谷物、麦粒密度不同进行分选的方法称为密度分选法。密度分选法需要介质的参与，介质可以是水，也可以是空气。利用空气作为介质时称为干法密度分选；利用水作为介质时称为湿法密度分选。干法密度分选的典型设备是密度去石机和重力分选机。

（4）磁选法。磁选法是采用磁力分选除铁机在谷物原料加工前除去金属杂物，保护加工机械和操作人员的人身安全。磁选设备的主要工作部件是磁体。粮食清理多采用永久磁体，其磁场要有足够的磁场强度。常用的磁选设备有永磁溜管和永磁滚筒。

（5）光电分选法。光电分选法是利用谷物、豆类、花生等颗粒与杂质对光的吸收和反射及介电常数的不同进行分离的方法。

2.1.2　常见的食品原料清理机械

1. 谷物、豆类原料的清理机械

1）气流清选设备

气流清选（air flow cleaning）的实质是依据物料的空气动力特性的差异除去谷物原料中的杂草、茎叶、空壳和瘪粒等。所谓物料的空气动力特性是指具有不同尺寸、形状、密度的物料与空气产生相对运动时受到空气的作用力不同，在外力的作用下（包括重力、浮力和空气的阻力）表现出不同的运动状态。当空气自下而上流过物料颗粒时，颗粒物

料如自由悬浮在气流中，这时的气流速度称为物料的悬浮速度（suspensive speed）。物料空气动力特性常采用悬浮速度来表示。物料悬浮速度越小，其获得气流方向加速度的能力越强。因此，气流输送就是利用物料与杂质悬浮速度的不同，采用风机或其他气源使管道内形成具有一定速度的气流，从而达到将物料与杂质进行分选，并从一处输送至另一处的分选输送方法。

图 2.1 为几种气流清选的实例。其中图 2.1(a)为吸气式垂直气流清选。谷物从料斗喂入，落在斜筛上，受由下而上气流的作用，轻杂物因密度较小，悬浮速度小于气流速度而上升进入沉降室；而饱满谷粒则因密度较大，悬浮速度大于气流速度而不被气流带走，从斜筛尾端排出。图 2.1(b)为倾斜气流清选。由于混合物中各部分的悬浮速度不同，获得气流方向加速度的能力就不同，轻杂物由于密度较小，悬浮速度小，在气流方向获得较大的加速度而被气流吹得较远。图 2.1(c)所示为扬场机（winnowing machine）。因为是在静止空气中抛掷物料，气流速度微弱，气流对混合物中瘪粒的影响微弱，而饱满籽粒在被抛掷方向上获得较大的加速度，被抛得较远。

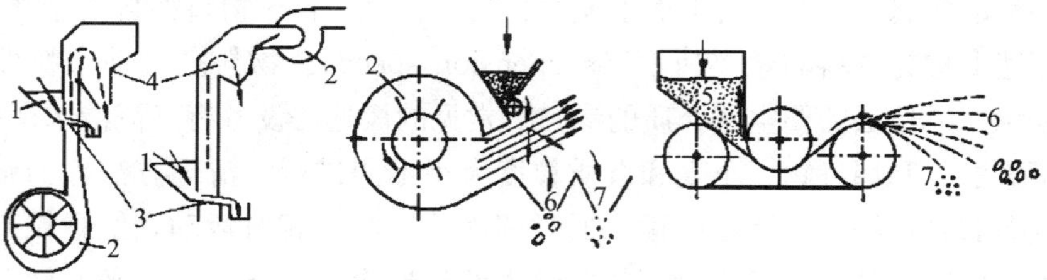

（a）垂直气流清选　（b）倾斜气流清选　（c）抛扔物料清选

图 2.1　气流清选

1. 料斗（hopper）；2. 风机（fan）；3. 沉降室（settling chamber）；4. 气流；5. 料斗；6. 重粒；7. 轻粒

2）振动筛

振动筛是食品加工中应用最广泛的一种筛选和风选相结合的清理设备，多用于清除大、小及轻杂质。振动筛工作原理如图 2.2 所示。利用速度和加速度作周期变化的筛面，使物料在筛面上产生相对运动，筛面配备以适当的筛孔，同时在风道里运用适当的气流速度，按谷物和杂质的粒度大小和悬浮速度的不同进行分离。

图 2.2　振动筛工作原理

振动筛的特点是物料在筛面上做往复直线运动，不跳动，筛程长，自动分级好，适于除去大小杂质或按粒度进行分级。筛分效率和生产率较高。

（1）振动筛筛面运动分析

根据筛面与水平面的夹角及其振动方向，振动筛筛面的运动形式有平面平振、平面斜振、斜面平振和斜面斜振四种。其中，以斜面平振用得最多。图 2.3 是偏心振动机构（曲柄连杆机构）驱动筛体的示意图。

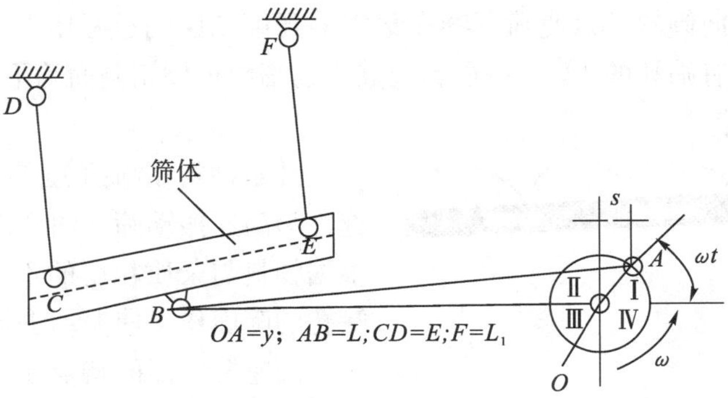

图 2.3　偏心振动机构工作

当偏心半径 $OA(r)$ 固定绕于机架上的轴心 O 以角速度 ω 进行圆周运动时，连杆 $AB(L)$ 带动筛体在垂直面内平动，筛面上各个点的运动轨迹为一完全相同的小圆弧。由于筛体的吊杆及曲柄连杆驱动机构的连杆较曲柄的长度大得多，可以认为筛体上各点均作直线简谐运动。如果以曲柄 OA 在最右边的位置作为筛面位移和时间的起始相位，则筛面的位移 s、速度 v 和加速度 a 与时间 t 的关系为

$$s=r\cos\omega t,\ v=-\omega\cos\omega t,\ a=-\omega^2 r\cos\omega t$$

式中，r 为振动机构的偏心半径；t 为时间；ωt 为相位角。

由上可知，当偏心半径 OA 处于水平位置时，筛面的速度为零，加速度最大；当 OA 处于垂直位置时，筛面的速度最大，而加速度为零。当振动筛的筛面作周期性往复振动时，物料在筛面上可能出现以下不同的情况：①相对静止，物料与筛面无相对运动；②物料沿筛面向下滑动并与筛面相接触；③物料沿筛面向上滑动并与筛面相接触；④物料跳离筛面，并沿筛面不断向前作抛物线运动。对于振动筛来说，一般采用②、③相结合的运动状态来作为筛选的工作条件。

(2) 典型振动筛结构分析

振动筛主要由进料装置、筛体、吸风除尘装置、振动装置和机架等部分组成（图 2.4）。

进料装置的作用是保证进入筛面的物料流量稳定并沿着筛面均匀分布，以提高清理效率。进料量可以调节。进料装置由进料斗和流量控制活门构成。按其构造有喂料辊和压力门进料装置两种。喂料辊进料装置需要传动，只有筛面较宽时才采用。压力门进料装置结构简单，操作方便，喂料均匀，特别是重锤压力门进料装置，动作灵敏，能随时变化，自动调节流量，故为筛选设备普遍使用。

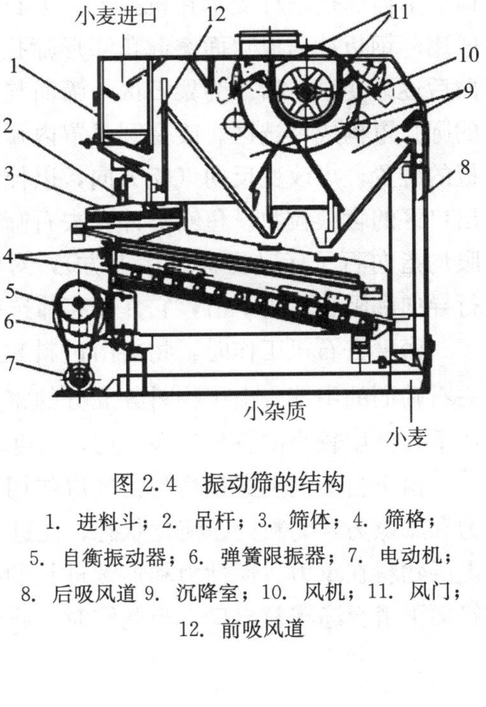

图 2.4　振动筛的结构

1. 进料斗；2. 吊杆；3. 筛体；4. 筛格；5. 自衡振动器；6. 弹簧限振器；7. 电动机；8. 后吸风道 9. 沉降室；10. 风机；11. 风门；12. 前吸风道

筛体是振动筛的主要工作部件，它由筛框、筛子、筛面清理装置、吊杆、限振机构等组成。筛体内装有三层筛面。第一层是接料筛面，筛孔最大，筛上物为大型杂质，筛下物是粮粒和

大型杂物，筛面反向倾斜，以使筛下物在集中落到第二层的过程中，筛条的棱对料产生切割作用，厚度约有筛孔的 1/4，一层料及其中的细粒被棱切割而筛下。

3）高速振动筛

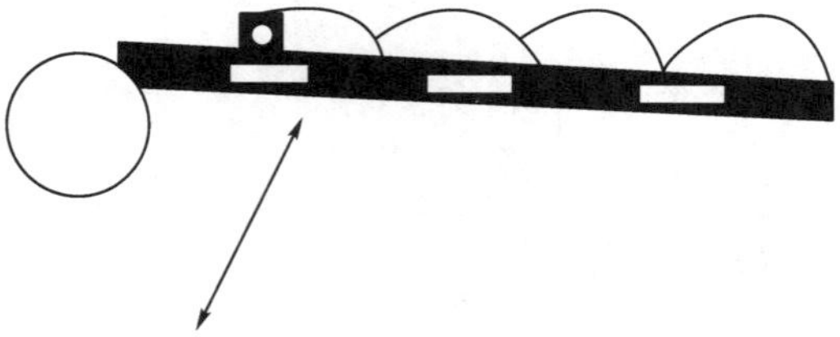

图 2.5　高速振动筛

凡是物料在筛面上产生跳动而进行的筛选称为高速振动筛（图 2.5）。其工作原理是根据物料与杂质粒度的不同，利用一定规格筛孔的筛面作高速振动进行筛理。

高速振动筛的特点是物料在筛面上产生剧烈跳动，容易松散，有利于筛去小杂质，而且筛孔不易堵塞。筛分效率和生产率较高。

高速振动筛的结构类似于振动筛，只是因为其振动频率较高，为了减小机器振动，筛体常采用弹性支承，并设有自动平衡振动器，使机器在起动或停车时不致产生共振。

4）密度去石机

密度去石机（specific gravitystone separator）是常用于专门清除密度比谷物原料粗大的并肩石（石子大小类似粮粒）等重杂质的设备。

密度去石机的结构特点如图 2.6 所示，由进料口（feed inlet）、筛体（sieve）、风机（fan）等部分组成，传动机构常采用曲柄连杆机构或振动电机两种。进料装置由进料斗（hopper）、缓冲匀流板（buffer all flow plate）、流量调节装置（flow regulator）等组成。筛体与风机外壳固定连接，风机外壳又与偏心传动机构相连，因此，它们是同一振动体。筛体通过吊杆支承在机架上。去石筛面一般用薄钢板冲压成双面突起鱼鳞形筛孔。筛面向后逐渐变窄，后部为聚石区，筛面与其上部的圆弧罩构成精选区。改变圆弧罩内弧形调节板的位置，可改变反向气流方向，以控制石子出口区的含粮粒数。鱼鳞形冲孔去石筛面的孔眼均指向石子运动方向（后上方），对气流进行导向和阻止石子下滑，它并不起筛选作用。

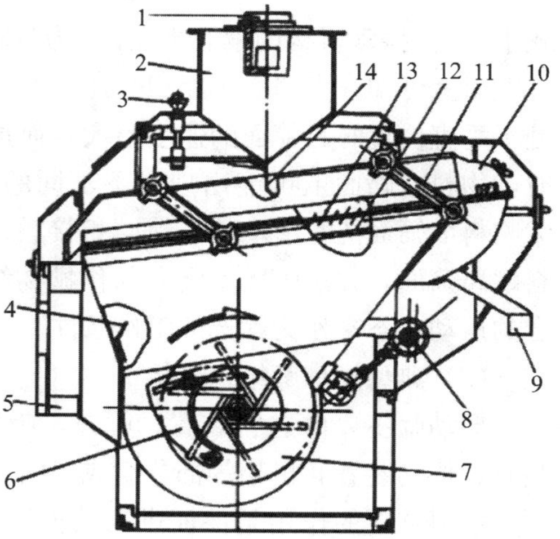

图 2.6　密度去石机

1. 进料口；2. 进料斗；3. 进料调节手轮；4. 导风板；5. 出料口；6. 进风调节装置；7. 风机；8. 偏心传动装置；9. 出石口；10. 检查装置（精选室）；11. 吊杆；12. 均封板；13. 去石筛面；14. 缓冲均流板

密度去石机工作时，物料由进料装置进入去石筛面的中部。由于物料各成分的密度及空气动力特性不同，在适当的振动和气流作用下，密度较小的谷粒浮在上层，密度较大的石子沉入底层与筛面接触，形成自动分层。

由于自下而上穿过物料的气流作用，使物料之间孔隙度增大，降低了料层间的正压力和摩擦力，物料处于流化状态，促进了物料自动分层。因去石筛面前方略微向下倾斜，上层物料在重力、惯性力和连续进料的推力作用下，以下层物料为滑动面，相对于去石筛面下滑至净粮粒出口。与此同时，石子等杂物逐渐从粮粒中分出进入下层。下层石子及未悬浮的重粮粒在振动及气流作用下沿筛面向后上滑，上层物料也越来越薄，压力减小，下层粮粒又不断进入上层，在到达筛面末端时，下层物料中粮粒已经很少了。在反吹气流的作用下，少量粮粒又吹回，石子等重物则从排石口排出。比重去石机工作时，要求下层物料能沿倾斜筛面向后上滑而又不在筛面上跳动，因此，曲柄连杆机构的工作转速（或振动电机的振动频率）应在 400～600 r/min 的范围内选取，在粮粒特别小的情况下，可取 200 r/min。

5）去石洗麦甩干机

去石洗麦甩干机是利用湿法密度分选的原理进行谷物除杂的设备。湿法密度分选的原理是不同密度的颗粒在水中受到水的浮力及下降阻力的作用，密度小于水的颗粒及杂物上浮而被分离，密度大于水的颗粒下沉。按沉降速度的不同可将不同密度的颗粒分开。

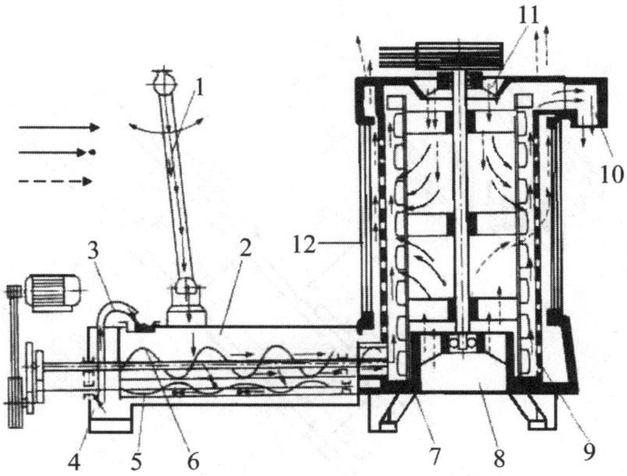

图 2.7　去石洗麦甩干机结构示意图

1. 进料口；2. 洗涤槽；3. 喷砂管；4. 集石斗；5. 去石螺旋；6. 洗麦螺旋；7. 甩料叶板；8. 机座；9. 筛板圆筒；10. 出料口；11. 上帽；12. 甩干机

由于水的密度和黏度比空气大得多，体积相同密度不同的颗粒，其密度比值在水中比在空气中差别更大。例如，小麦的相对密度为 1.3，并肩石的相对密度为 2.6，它们在水中及在空气中的相对密度分别为 5.33 和 2。显然，分离小麦中的并肩石，用水选比用风选更为有效。如小麦与并肩石在水中同时沉降，其自由沉降速度分别约为 100 mm/s 和 240 mm/s，两者的速度之差比在空气中的大。

去石洗麦甩干机的结构如图 2.7 所示。它主要由进料口、洗涤槽、螺旋和甩干机等部分组成。进料口可沿洗涤槽左右移动，以调节麦粒在洗涤槽内的停留时间。洗涤槽内安装有洗麦螺旋和去石螺旋，它们分别位于洗涤槽的上部和下部，所以又称为上螺旋和下螺旋，但它们不在同一垂直面上，以减少石子和麦粒下沉时的相互干扰。甩干机与洗涤槽相连，可以将去石后麦粒中的水分去除。

6）永磁溜管

如图 2.8 所示，永磁溜管（permanent magnetic tube）的永久磁铁装在溜管上边的盖板上。一般在溜管上设置 2～3 个盖板，每个盖板上装有两组前后错开的磁铁。工作时，粮食从溜管上端流下，磁性物体被磁铁吸住。工作一段时间后进行清理，可依次交替地取下盖板，除去磁性杂质。永磁溜管可连续地进行磁选，结构简单，不占车间位置。为了提高分离效率，应使流过溜管的物料层薄而均匀。

7）永磁滚筒

图 2.9 所示为永磁滚筒（permanent magnetic pulley）结构示意图，主要由进料装置、滚筒、磁芯、机壳和传动装置等部分组成。磁芯由永久磁铁和铁隔板按一定顺序排列成 170°的圆弧形，安装在固定轴上，形成多极头开放磁路。磁芯圆弧表面与滚筒内表面间隙小而均匀（一般小于 2 mm），滚筒由非磁性材料制成，外表面敷有无毒耐磨涂料

聚氨酯作为保护层，以延长使用寿命。滚筒通过蜗轮蜗杆传动机构带动旋转。磁芯固定不动。滚筒重量轻，转动惯量小。

永磁滚筒能自动地排除磁性杂质，除杂效率高达98%以上，特别适合于除去粒状物料中的磁性杂质。

为了有效地保障安全生产和产品质量，在粮食、饲料等加工的全过程中，凡是高速运转的机器的前部都应装有磁选设备。为了保证磁选效果，物料通过磁极面的速度不宜过快，永磁溜管的物料速度一般为0.15～0.25 m/s，永磁滚筒的圆周速度一般为0.6 m/s左右。

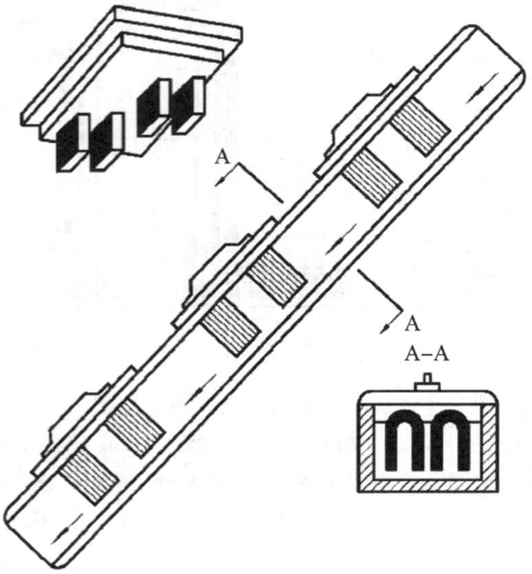

图 2.8　永磁溜管

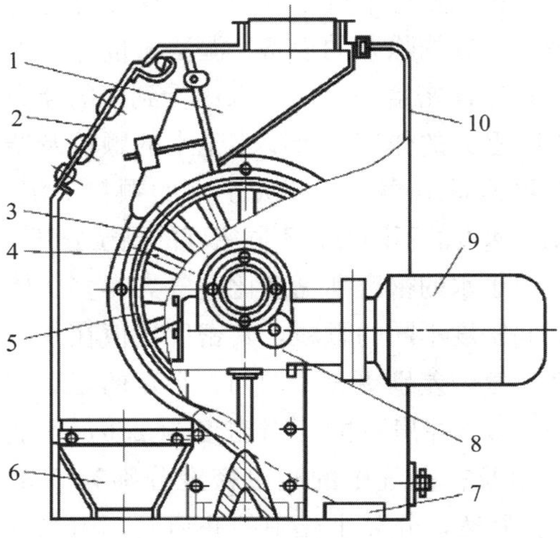

图 2.9　永磁滚筒结构示意图

1. 进料斗；2. 观察窗；3. 滚筒；4. 磁芯；5. 隔板；6. 谷物出口；7. 杂质收集盒；8. 变速机构；9. 电机；10. 机壳

8）色选机

色选机是利用食品物料的光学特性进行无损检测和分选的新型分选机械。食品物料在种植、加工、贮藏、流通等过程中难免会出现缺陷，例如含有异种异色颗粒、变霉变质粒、机械损伤等。然而，常规手段无法对原料或产品的颜色变化进行有效分选，大多依靠眼手配合的人工分选。人工分选生产率低、容易受主观因素的干扰、精确度低。色选机是利用光电原理，从大量产品中将颜色不正常或感染病虫害的个体（球状、块状或颗粒状）以及外来杂质检测并分离的设备。光电检测和分选技术克服了手工分选的缺点，具有明显的优势：检测和分选均为非接触性、非破坏性的，既能检测表面品质，又能检测内部品质；排除了主观因素的影响，对产品进行逐个检测，保证了分选的精确和可靠性；劳动强度低，自动化程度高，生产成本降低；机械的适应能力强，通过调节背景光或比色板，即可以处理不同的物料，生产能力大，适应了日益发展的商品市场的需要和工厂化加工的要求。

色选机的外形如图2.10所示。光电色选机的工作原理是：贮料斗中的物料由振动喂料器送入一系列通道成单行排列，依次落入光电检测室，在电子视镜与比色板之间通过。被选颗粒对光的反射及比色板的反射在电子视镜中相比较，颜色的差异使电子视镜内部的电压改变，并经放大。如果信号差别超过自动控制水平的预置值，即被存贮延时，随即驱动气阀，高速喷射气流将物料吹送入旁路通道。而合格品流经光电检测室时，检测信号与标准信号差别微小，信号经处理判断为正常，气流喷嘴不动作，物料进入合格品通道。

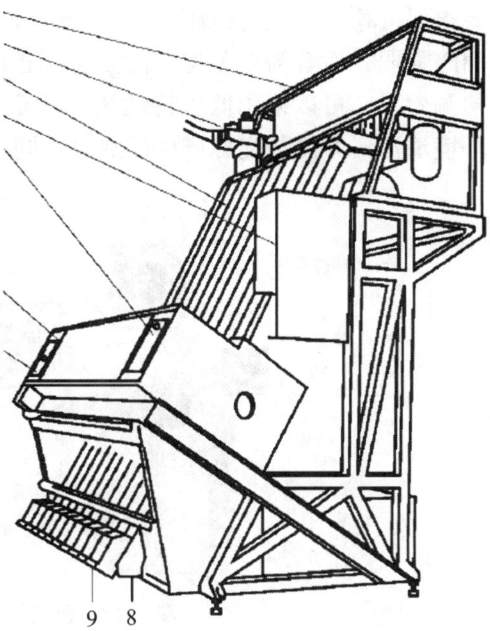

图 2.10 全自动色选机外形图

1. 传感器；2. 指示灯；3. 内部控制器；4. 控制箱；5. 送料滑道；6. 气动控制器；7. 进料斗；8. 杂物出口；9. 成品出口

光电色选机主要由供料系统、检测系统、信号处理与控制电路系统及剔除系统四部分组成，如图 2.11 所示。

(1) 供料系统

供料系统由贮料斗、电磁振动喂料器、斜溜槽（立式）及胶带输送器（卧式）组成，其作用是使被分选的物料按所需速率均匀地排成单列，穿过检测位置并保证能被传感器有效检测。色选机系多管并列设置，生产能力与通道数成正比。

供料的具体要求是：①计量，对某一种物料，保证每个通道中单位时间内进入检测区的物料量均匀一致；②排队，保证物料沿一定轨道一个个按顺序单行排列进入检测位置和分选位置；③匀速，为了保证疵料确实被剔除，物料从检测位置到达分选位置的时间必须为常数，且与从获得检测信号到发出分选动作的时间相匹配，送料速度可达 4 m/s，检测到分选动作的延时为 0.5～100 m/s，视具体情况而定。

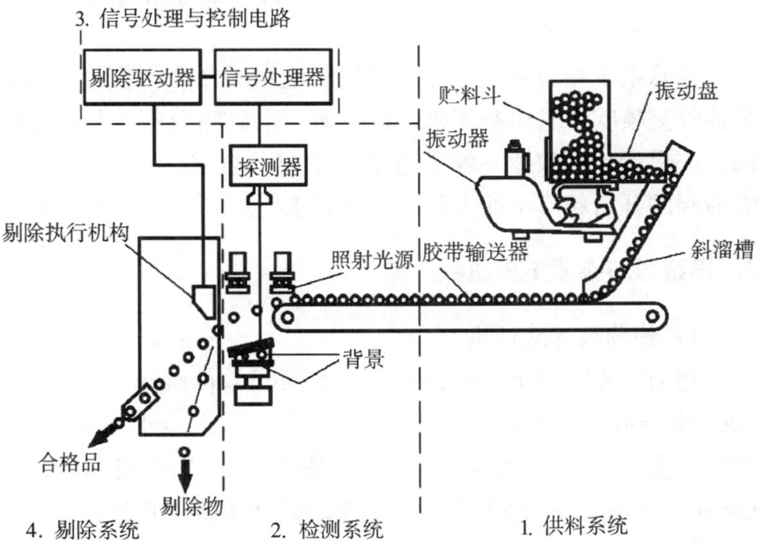

图 2.11 光电色选机系统示意图

(2) 检测系统

检测系统主要由光源、光学组件、比色板、光电探测器、除尘冷却部件和外壳等组成。

检测系统的作用是对物料的光学性质（反射、吸收、透射等）进行检测以获得后续信号处理所必需的受检产品的正确品质信息。光源可用红外光、可见光或紫外光，功率要求保持稳定。色选机用光可采用一种波长或两种波长。前者为单色型，只能分辨光的明暗强弱；后者为双色型，能分辨真正的颜色差别。检测区内有粉尘飞扬或积累，影响检测效果，可以采用低压持续风幕或定时地高压喷吹相结合以保持检测区内空气明净、环境清洁，并冷却光源产生的热量，同时还设置自动扫帚随时清扫，防止粉尘积累。

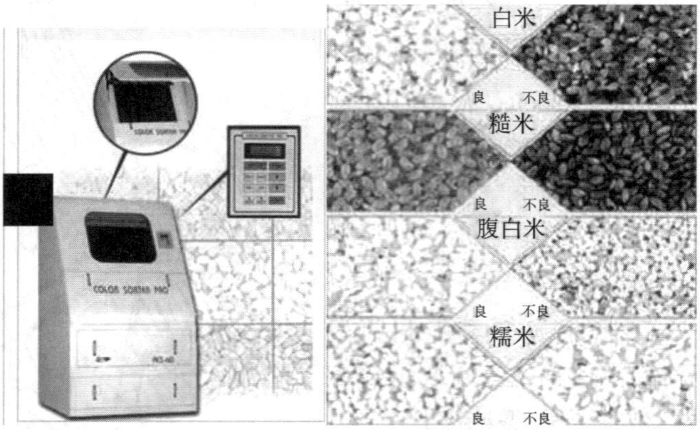

图 2.12 色选机控制系统及色选识别对照图

(3) 信号处理控制电路

信号处理控制电路把检测到的电信号进行放大、整形，送到比较判断电路，判断电路中已经设置了参照样品的基准信号。根据比较结果把检测信号区分为合格品和不合格品信号，当发现不合格品时，输出一个脉冲信号给分选装置（图 2.12）。

(4) 剔除系统

剔除系统接收来自信号处理控制电路的命令，执行分选动作。最常用的方法是高压脉冲气流喷吹。它由空压机、贮气罐、电磁喷射阀等组成。喷吹剔除的关键部件是喷射阀，应尽量减少吹掉一颗不合格品带走的合格品的数量。为了提高色选机的生产能力，喷射阀的开启频率不能太低，因此要求应用轻型的高速、高开启频率的喷射阀。

2. 果蔬原料杂质清理机械

1) 葡萄破碎除梗机

葡萄破碎除梗机（grape crushing and separating machine）的主要机械有双辊压破机（double roller craker）、离心式破碎机（centrifugal craker）等。图 2.13 为双辊压破机的结构示意图。它的主要工作部件是由两个直径相同、带齿的辊筒组成的破碎辊筒（crushing roller），以相反的方向旋转，产生挤压将物料破碎。

破碎辊筒形式有十字形和花瓣形两种，葡萄从辊筒间的空隙加入。破碎辊材料为橡胶，防止破碎时撕碎果皮、压破种子和碾碎果梗。两辊筒间的空隙距离称为开度。开度的大小可经调整确定，一般 3～5 mm，以不破碎葡萄籽为宜。两辊筒的转速比为 1∶1。辊筒两端由轴承托承，主动辊筒的轴承是固定的，被动辊筒的轴承是可移动的，这样可调节辊筒的开度。另外在可移动轴承上还装有弹簧。因此，当葡萄中混有较大块或较硬的杂质时，被动辊筒可以自动拉开以避免机器受损。

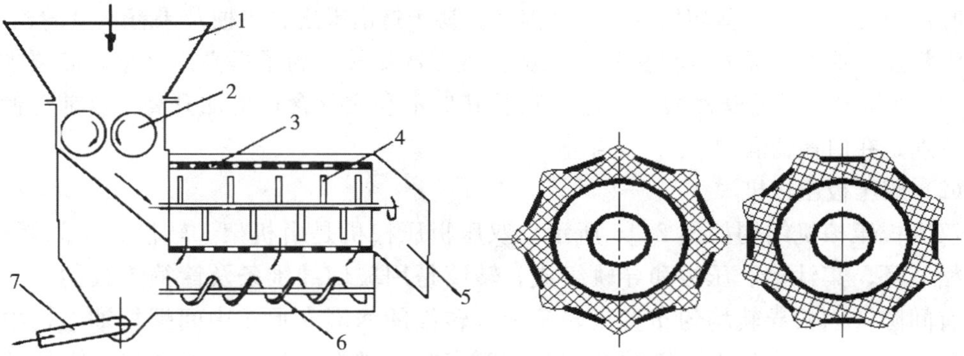

图 2.13　葡萄破碎除梗机及碎辊

1. 料斗；2. 破碎辊筒；3. 圆筒筛；4. 叶片；5. 果梗出口；6. 螺旋输送器；7. 果汁果肉出料口

葡萄破碎除梗机生产能力的计算：

$$Q = 60\pi Dn\beta be\gamma \tag{2.1}$$

式中，Q 为生产能力，kg/h；D 为辊筒直径，m；n 为辊筒转速，r/min；β 为填充系数，软质物料 $\beta=0.5$；b 为辊的轴向长度，m；e 为辊间开度，m；γ 为物料的密度，kg/m^3。

2）连续果汁分离机（continuous juice separator）

目前，葡萄酒行业中进行果汁分离时，较普遍地采用筐栏式压榨机、螺旋果汁分离机及双压板压榨机，后两种分离设备较理想。

（1）螺旋压榨机的工作原理

如图 2.14 所示，物料投入料斗 1 后，部分汁经筛筒 3 的筛孔流入自流汁集汁槽 6 并排出，其余物料在输送螺旋 2 的推动下送往压榨螺旋 4。压榨螺旋与输送螺旋部分为同一根轴上的两段，螺旋外径相等，转速、方向一致，压榨螺旋螺距逐渐减小，使物料得到压榨。压榨汁经筛孔流往压榨汁集汁槽 7 并排出，皮渣从筛筒与调压堵头 5 之间形成的环隙中排出。改变施加于调压堵头上的轴向力 P 的大小，可控制压榨压力的大小。

三个出口流出的汁质量不同，可分别收集存放。

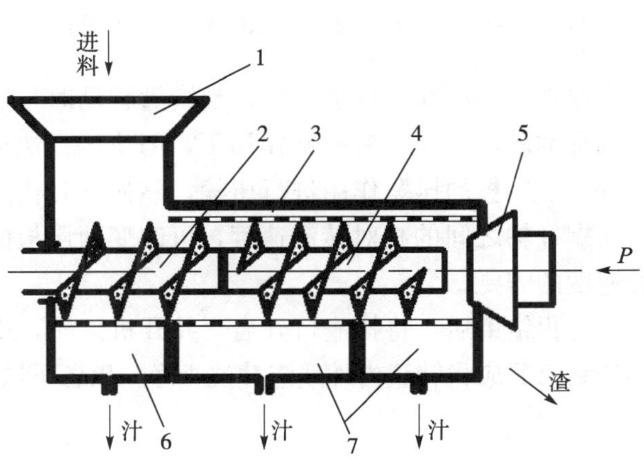

图 2.14　螺旋压榨机

1. 料斗；2. 输送螺旋；3. 筛筒；4. 压榨螺旋；5. 调压堵头；6. 自流汁集汁槽；7. 压榨汁集汁槽

螺旋压榨机的优点是结构简单、操作方便、造价比较低；可实现连续作业。缺点是螺旋叶片与物料之间的剪切作用强，摩擦大；易于挤出果皮、果梗及果籽本身的构成物，使悬浮物及其他不利成分含量提高；无法实现多次压榨，为了提高出汁率，需要加大压力（10～20bar），增强摩擦力，使悬浮物及其他不利成分含量更加升高；目前已使用不多，特别是在白葡萄酒中。

（2）双压板压榨机

双压板压榨机结构如图 2.15 所示，双压板压榨机是由机架、转筐、中间螺杆轴、链、松渣环、集汁槽、压板和导轨组成。转筐是用玻璃纤维条及筐箍连成的圆筒，筐条间有间隙。六根导轨均匀布置于转筐内。转筐的两端支承在中间螺杆轴上，中间螺杆轴的两端支承在机架上。筐的两端分别开有一个进料口和一个排渣口。螺杆轴以筐内中间部位为界，一侧为左旋螺纹，另一侧为右旋螺纹。整个装置由进料端向排渣端倾斜安装。压板装置是由旋合在中间螺杆轴左右螺纹上的两块压板和用不锈钢链系于其上的四个直径稍小于转筐内径的不锈钢松渣环组成。压板周围有六个槽，分别镶嵌在转筐的六根导轨上。链条与压板及松渣环连接。两压板间与筐壁组成的空腔构成压榨室。

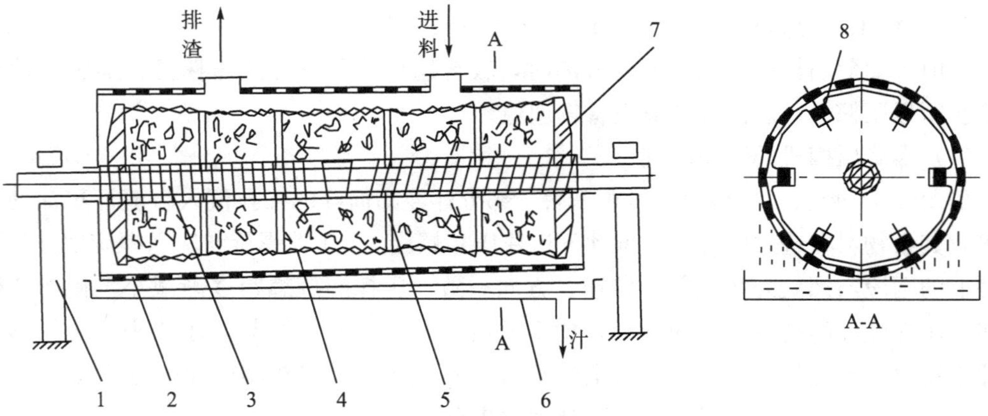

图 2.15 双压板压榨机结构示意图

1. 机架；2. 转筐；3. 中间螺杆轴；4. 链；5. 松渣环；6. 集汁槽；7. 压板；8. 导轨

双压板压榨机工作原理：物料在两压板之间，当转筐转动时，压板随之转动。中间螺杆轴作与转筐转向相反的转动，在左右螺旋作用下，两块压板快速地接近或离开，对葡萄等物料压紧与松开。靠压板的压紧作用进行压榨，靠松开时松渣环的松散作用进行松渣。调整转筐与中间螺杆轴之间的相对转动速度，可改变两压板的移动速度快慢，以满足工艺要求对压榨速度的需要。

排渣与清洗：压榨过程结束后，将排渣口开启，并开机运转，皮渣在两压板的推动下从排渣口排出。排渣结束后应将转筐内外残渣冲洗干净，以备下次使用。

2.2　食品原料清洗机械

2.2.1　滚筒式清洗机

滚筒式清洗机（cylinder cleaning machine）适合清洗柑橘、橙、马铃薯等质地较硬的物料，主要由清洗滚筒（cleaning cylinder）、喷水装置（sprayer）、机架和传动装置等组成。

滚筒式清洗机的清洗原理是：将原料置于清洗滚筒中，借清洗滚筒的转动，使原料在其中不断地翻转，同时用水管喷射高压水来冲洗翻动的原料，达到清洗的目的。

滚筒式清洗机的结构如图 2.16 所示。传动轴用轴承支承在机架上，其上固定有两个传动轮。在机架上另装有两根与传动轴平行的轴，其上有两个与传动轮对应的托轮，托轮可绕其轴自由转动。清洗滚筒是用钻有许多小孔的薄钢板卷制而成，或用钢条排列焊成筒形，滚筒两端焊有两个金属圆环作为摩擦滚圈。滚筒被传动轮和托轮经摩擦滚圈托起在整个机架上。

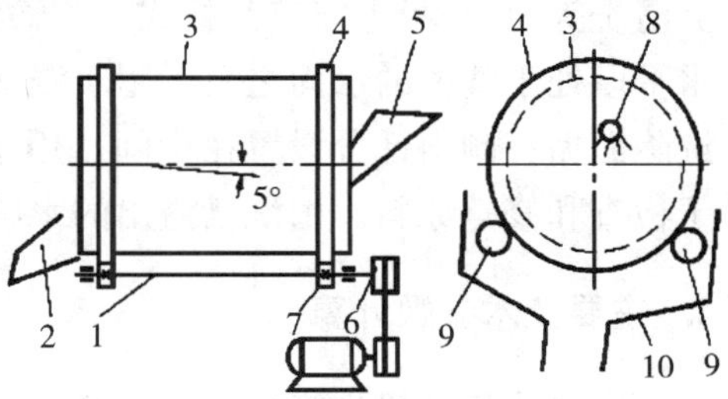

图 2.16　滚筒式清洗机结构示意图

1. 传动轴；2. 出料槽；3. 清洗滚筒；4. 摩擦滚圈；5. 进料斗；6. 传动系统；7. 传动轮；8. 喷水管；9. 托轮；10. 集水斗

滚筒式清洗机工作时，电动机经传动系统使传动轴和传动轮逆时针回转，由于摩擦力作用，传动轮驱动摩擦滚圈使整个滚筒顺时针回转。由于滚筒与水平线有 5°的倾角，所以在其旋转时，物料一边翻转一边向出料口移动，并受高压水冲刷而清洗。污水和泥沙由滚筒的网孔经底部集水斗排出。

滚筒式清洁机的生产能力取决于进料量、物料重量及滚筒滚动速度。一般物料从进口到出口需 1～1.5 min。喷水压力越大，冲洗效果越好，一般喷水压力为 0.15～0.25 MPa，喷头间距 150～200 mm，滚筒倾斜角 5°，滚筒转速 8 r/min，滚筒直径 1000 mm，滚筒长度约 3500 mm。

2.2.2　鼓风式清洗机

1. 鼓风式清洗机的结构特点及工作原理

鼓风式清洗机（air-blowing machine）适合于果蔬原料的清洗。其清洗原理是用鼓风机把空气送进洗槽中，使洗槽中的水剧烈地翻动，对果蔬原料进行清洗。由于利用空气进行搅拌，所以既可加速原料上污物的洗除，又能在强烈的翻动下保护原料的完整性。

鼓风式清洗机的结构如图 2.17 所示，主要由洗槽、输送机、喷水装置、空气输送装置、支架、电动机及传动系统等组成。

洗槽的截面为长方形，送空气的吹泡管设在洗槽底部，由下向上将空气吹入洗槽中的清洗水中。原料进入洗槽，放置在输送机上。输送机的两边有链条，链条之间承载原料的输送带形式因原料而异，有滚筒式（如用于番茄清洗等）、金属丝网式（如用于块茎

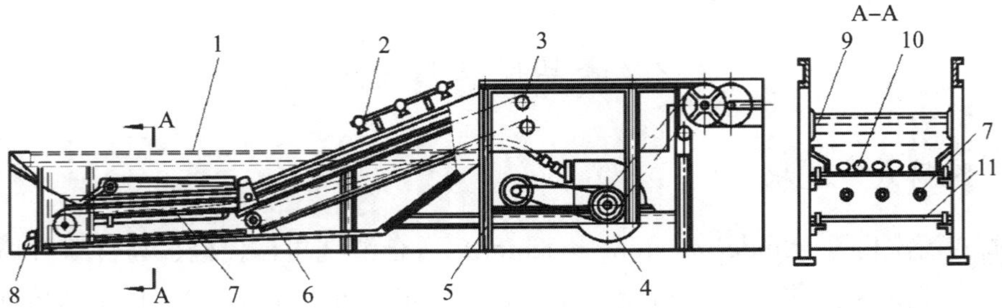

图 2.17　鼓风式清洗机

1. 洗槽；2. 喷水装置；3. 压轮；4. 鼓风机；5. 支架；6. 链条；7. 空气输送装置；8. 排水管；9. 斜槽；10. 原料；11. 输送机

类清洗等）、平板上安装刮板式等。输送机设计为两段水平输送，一段倾斜输送。第一段水平段处于洗槽的水面之下，用于浸洗原料，原料在此处被空气搅动，在水中上下翻滚，洗除泥垢；倾斜部分设置在中间，用于清水喷洗原料；第二段水平段处于洗槽之上，用于检查和修整原料。由洗槽溢出的水则顺着两条斜槽排入下水道，污水从排水管排出。

2. 主要技术参数计算

鼓风式清洗机生产能力的计算：

$$Q = 3600Bhv\rho\varphi \tag{2.2}$$

式中，Q 为生产能力，kg/h；B 为链带宽度，m；h 为原料层高度，m；v 为链带速度，可取 0.12～0.16 m/s；ρ 为物料的容积密度，kg/m^3；φ 为链带上装料系数，可取 0.6～0.7。

要选择合适的鼓风机，必须先求出鼓风机所需的风量和风压，然后查鼓风机的性能曲线选择合适的规格型号。鼓风机的风量可按照水槽的水面面积来确定，一般取 1 m^{2}水面面积需空气量 0.025 m^3。

鼓风机所需全压头等于空气在输送过程中的动压头，因阻力产生的压头及洗槽中水的静压头之和：

$$H = \frac{\gamma_1 v^2}{2g}(1 + \sum\xi) + \gamma_2 h \tag{2.3}$$

式中，H 为鼓风机所需全压头，N/m^2；γ_1为空气密度，kg/m^3；γ_2为水的密度，kg/m^3；h 为在吹泡管上方的液层高度，m；$\sum\xi$ 为总阻力；v 为空气速度，m/s，吸入管的 v＝10～15 m/s，排出管 v＝15～20 m/s；g 为重力加速度，9.8 m/s^2。

鼓风机所需的功率：

$$P = \frac{q_v H}{\eta} \tag{2.4}$$

式中，P 为鼓风机所需功率，W；q_v为空气流量，m^3/s；H 为鼓风机压头，m；η 为鼓风机效率，取决于鼓风机尺寸，一般可在 0.35%～0.67%的范围内选取。

2.2.3　其他清洗机简介

1. 桨叶式清洗机

(1) 清洗机的构造

桨叶式清洗机主要是利用桨叶的搅拌摩擦并配合浸洗共同完成清洗作业，它适用于清洁一些块茎、块根类原料，如马铃薯、胡萝卜、甜菜等。它们的表面凹凸不平，残留的土壤和其他污染物较多，没有充分地浸洗和搅拌摩擦难以清洗干净，桨叶式清洗机就具备了这些特点。其构造简图如图 2.18 所示，主要由机架、洗槽、多孔筛底、桨叶、轴、装料斗、卸料槽和传动装置等组成。

洗槽是用铁板制成的长槽形体，断面形状如图 2.18 中 A－A 截面所示，其下方有一半圆形多孔筛底，通常与洗槽固定连接。洗槽底部安装有排污舱口和闸门。桨叶安装在轴上，呈螺旋线型排列。

(2) 桨叶式块根清洗机的工作过程

桨叶式块根清洗机在使用前应在洗槽内加入清洁水，液面不超过卸料槽口。物料从装料斗进入洗槽后，在受洗液浸泡的同时又不断地受桨叶的翻转搅拌，使物料与物料之间、物料与洗槽壁及桨叶之间都产生相互摩擦，松脱的泥土随时被洗液带走，并通过多孔的筛底落到洗槽的底部。然后根据泥土沉积的情况可以间歇地打开排污舱口和闸门把污物排出，并及时补充清洗用水。由于桨叶呈螺旋形排列，它既翻搅物料又推动物料向前运动，使清洗好的物料从卸料舱口排出。

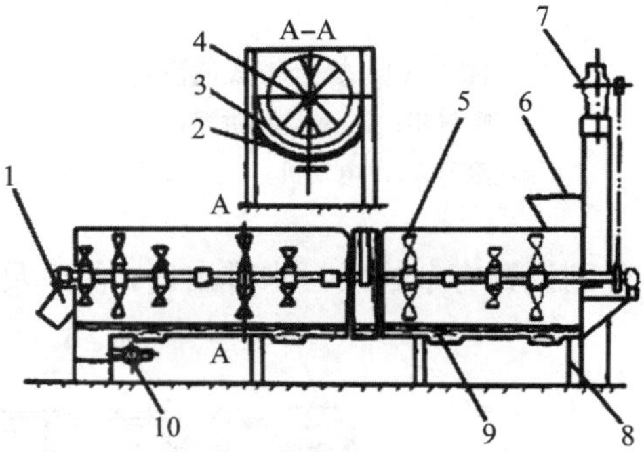

图 2.18　桨叶式块根清洗机

1. 卸料槽；2. 洗槽；3. 多孔筛底；4. 轴；5. 桨叶；6. 装料斗；7. 传动装置；8. 机架；9. 舱口；10. 闸门

为了使物料有充分的清洗作用时间，桨叶式清洗机的洗槽一般都较长，因此增加了外形尺寸，占地较大，这是桨叶式清洗机的一个不足之处。

2. 螺旋带式清洗机

螺旋带式清洁机，是一种具有螺旋带式分离器的洗涤设备。它的主要部件是具有特殊结构的使杂物与物料分离的螺旋带式分离器，其轴上焊有许多金属棒状物或金属板条，旋转时有效地把物料打入水中，螺旋叶片则把物料向前推进（图 2.19）。

3. 螺旋搅拌式清洗机

螺旋搅拌式清洗机多用于马铃薯淀粉生产中，有效保证原料的洁净及减少淀粉成分的流失，提高马铃薯的利用率和淀粉的品质。

螺旋搅拌式清洗机的动力来自三相异步电动机，减速器低速轴端与清洗机主动轴采用联轴器连接，主动轴上装配出料器、搅拌器与翻料器，出料器下方有出料滚筒，搅拌

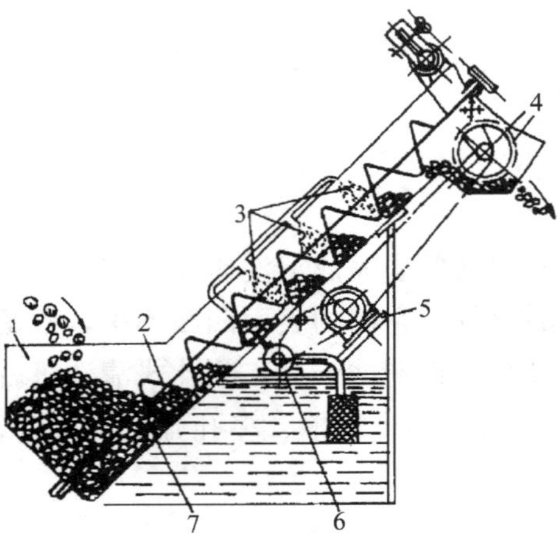

图 2.19　螺旋带式清洗机

1. 喂料斗；2. 螺旋推进器；3. 喷头；4. 滚刀；5. 电动机；6. 泵；7. 滤网

器下方有清洗筛（图 2.20）。清洗筛为半锥柱状，清洗筛大端均在左端，便于马铃薯的移动，主要起输送并把泥沙清洗掉及杂质过滤的作用。考虑节水增效，把清洗筛分为清洗筛 1 和清洗筛 2。清洗筛 2 位于进料端，对马铃薯进行初步清洗；清洗筛 1 位于出料端，清洗筛上均匀分布着小孔，以落掉泥沙及杂质。清洗筛 1 和清洗筛 2 之间装有翻料器，通过翻转可以进一步提高马铃薯的清洁度。因清洗筛承受马铃薯的重力，以及清洗筛的长度较长，所以两端和底部装有支撑板。搅拌器呈螺旋均布装配。主动轴旋转时通过搅拌器螺旋转动带动水流不断冲洗马铃薯表面与凹窝内的泥沙并移动，当移动到出料滚筒上时，出料器旋转将马铃薯输送出清洗机。清洗筛 1 和清洗筛 2 分别设置有杂物及污水排出口，便于及时清理，保证正常工作。

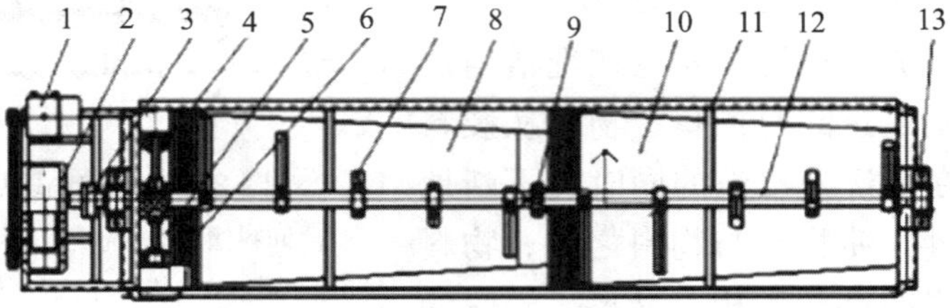

图 2.20　马铃薯淀粉螺旋搅拌式清洗机结构简图

1. 电动机；2. 减速器；3. 联轴器；4. 出料器；5. 出料辊筒；6. 出杂筛；7. 搅拌器；8. 清洗筛 1；9. 翻料器；10. 清洗筛 2；11. 清洗槽；12. 主动轴；13. 轴承座

4. 锥形转子清洗系统

锥形转子清洗系统如图 2.21 所示。它主要由锥形转子洗涤机（杂物分离机）、脱水筛、水槽、物料输送螺旋和循环水的净化系统组成。清洗系统中与水接触的部件都用不锈钢制成；脱水筛机架用冷轧钢制成并涂上环氧树脂，筛板用不锈钢制成。

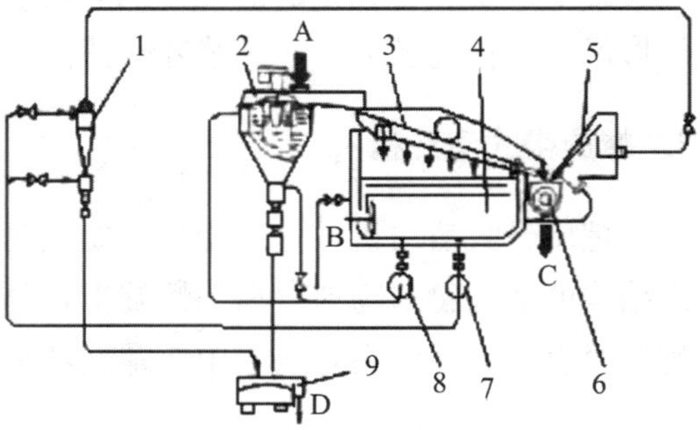

图 2.21　锥形转子清洗系统

1. 除渣器；2. 锥形转子洗涤机；3. 脱水筛；4. 水槽；5. 斜筛；6. 洗后物料输送螺旋；7，8. 水泵；9. 杂物收集槽；A. 物料；B. 补充的新鲜水；C. 洗后物料；D. 杂物

5. 新型组合式清洗机

图 2.22 所示为 CQJ 型臭氧气泡清洗机，该设备的清洗分为两段，前段为预洗，后段为精洗。冲洗水经过过滤后循环使用，冲洗时可调整喷淋水的角度和压力。该设备在气

泡、冲洗、臭氧消毒、提升、喷淋等联合工作下，具有洁净度高、节能节水、设备稳定可靠等特点，并采用国际最先进的臭氧消毒技术，彻底消除果蔬中的农残问题，适用于各种水果加工、蔬菜脱水、冷冻食品等行业。

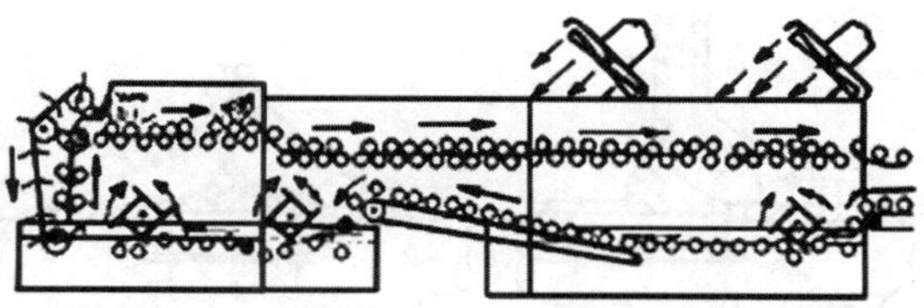

图 2.22　CQJ 型臭氧气泡清洗机

2.3　物料输送机械

2.3.1　流体物料输送机械

1. 离心泵

1）离心泵的工作原理

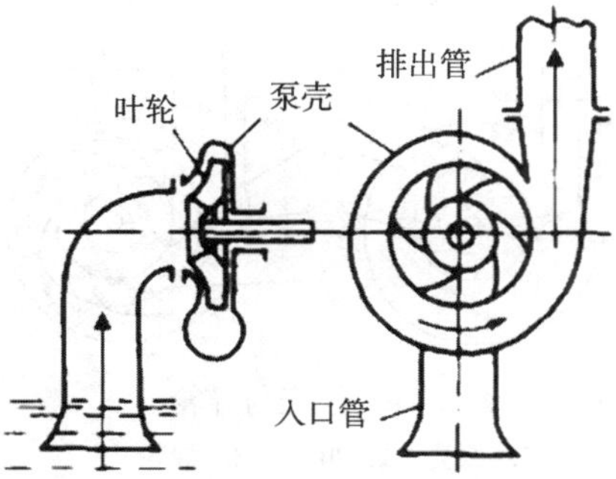

图 2.23　离心泵工作原理示意图

离心泵的结构简图如图 2.23 所示，主要部件是旋转的叶轮和固定的泵壳。具有若干弯曲叶片的叶轮安装在泵壳内并紧固于泵轴上，泵轴可由电动机带动旋转。泵壳中央的吸入口与吸入管路相连接，而在吸入管路底部装有底阀。泵壳侧旁的排出管与排出管路相连接，其上装有调节阀。

离心泵在启动前需先向壳内充满被输送的液体，启动后泵轴带动叶轮一起旋转，迫使叶片间的液体旋转，液体在惯性离心力的作用下自叶轮中心被甩向外周并获得了动能，使流向叶轮外周的液体静压力增高，流速增大。液体离开叶轮进入泵壳后，因壳内流道逐渐扩大而使液体减速，部分动能转换成静压能。于是，受到较大压力作用的液体从泵的排出口进入排出管路，被输送到所需的场所。当液体自叶轮中心甩向外周时，在叶轮中心处产生低压区。由于贮槽液面上方的压力大于泵吸入口的压力，致使液体被吸进叶轮中心。因此只要叶轮不断地旋转，液体便连续地被吸入和排出。由此可见，离心泵之所以能输送液体，主要是依靠高速旋转的叶轮，液体在离心力的作用下获得能量以提高压力。

2）离心泵的主要部件

(1) 叶轮

叶轮是离心泵的关键部件，因为液体在叶轮旋转中获得了动能，或者说叶轮的作用是将原动机的机械能传给液体，使通过离心泵的液体静压能和动能均有所提高。叶轮通常由 6～12 片的后弯叶片组成，按其机械结构可分为开式、半闭

图 2.24　离心泵的叶轮结构

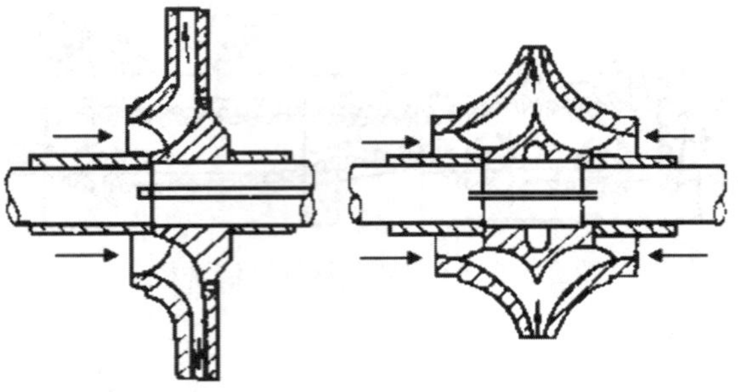
(a) 单吸式 (b) 双吸式

图 2.25 离心泵的吸液方式

式和闭式三种叶轮（图 2.24）。叶片两侧带有前、后盖板的称为闭式叶轮，它适用于输送清洁液体，一般离心泵多采用这种叶轮。没有前、后盖板，仅由叶片和轮毂组成的称为开式叶轮。只有后盖板的称为半闭式叶轮。开式和半闭式叶轮由于流道不易堵塞，适用于输送含有固体颗粒的液体悬浮液。但是由于没有盖板，液体在叶片间流动时易产生倒流，故这类泵的效率较低。

叶轮按其吸液方式不同可分为单吸式和双吸式两种，如图 2.25 所示。单吸式叶轮的结构简单，液体只能从叶轮一侧被吸入。双吸式叶轮可同时从叶轮两侧对称地吸入液体。显然，双吸式叶轮不仅具有较大的吸液能力，而且可基本上消除轴向推力。

(2) 泵壳

离心泵的泵壳通常制成蜗壳形，如图 2.26 中的 1 所示。叶轮在泵壳内沿着蜗形通道逐渐扩大的方向旋转，越接近液体的出口，流道截面积越大。液体从叶轮外周高速流出后，流过泵壳蜗形通道时流速将逐渐降低，因此减少了流动能量损失，且使部分动能转换为静压能。所以泵壳不仅是汇集由叶轮流出的液体的部件，还是一个转能装置。为了减少液体直接进入泵壳时因碰撞引起的能量损失，在叶轮与泵壳之间有时还装有一个固定不动而带有叶片的导轮，如图 2.26 中的 3 所示。由于导轮具有若干逐渐转向和扩大的流道，可使部分动能转换为静压能并减少能量损失。

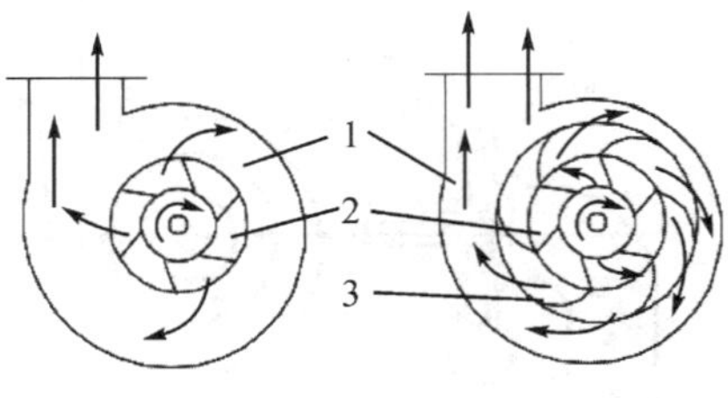

图 2.26 泵壳与导轮

1. 泵壳；2. 叶轮；3. 导轮

(3) 轴封装置

由于泵轴转动而泵壳固定不动，轴穿过泵壳处必定会有间隙。为防止泵内高压液体沿间隙漏出，或外界空气以相反方向进入泵内，必须设置轴封装置。普通离心泵所采用的轴封装置是填料函，即将泵轴穿过泵壳的环隙做成密封圈，于其中填入软填料（例如浸油或涂石墨的石棉绳），以将泵壳内、外隔开，而泵轴仍能自由转动（图 2.27）。

当输送酸、碱以及易燃、易爆、有毒液体时，对密封要求较高。既不允许漏入空气，又力求不让液体渗出。近年来已广泛采用机械密封装置。它是由一个装在转轴上的动环和一个固定在泵壳上的静环所构成，两环的端面借弹簧的弹力互相贴紧而相对运动，起到了密封的作用（图 2.28）。

3) 离心泵的性能参数

(1) 流量

离心泵的流量是指离心泵在单位时间内排送到管路系统的液体体积，常用单位为 m^3/h。离心泵的流量与泵的结构、尺寸（主要为叶轮直径和宽度）及转速等有关。注意，离心泵总是和特定的管路相联系的，因此离心泵的实际流量还与管路的特性有关。

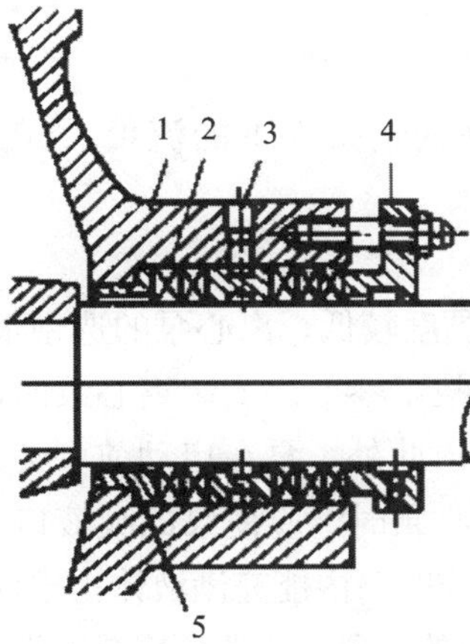

图 2.27　填料密封装置

1. 填料函壳；2. 软填料；
3. 液封圈；4. 填料压盖；5. 内衬套

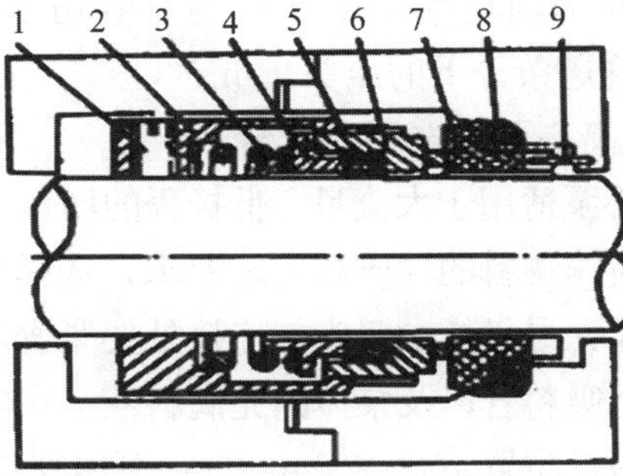

图 2.28　机械密封装置

1. 螺钉；2. 传动座；3. 弹簧；4. 推环；
5. 动环密封圈；6. 动环；7. 静环；
8. 静环密封圈；9. 防转销

（2）压头

离心泵的压头又称扬程，它是指离心泵对单位重量的液体所能提供的有效能量，单位为 m。离心泵的压头与泵的结构（如叶片的弯曲情况、叶轮直径等）、转速及流量有关；对于一定的泵和转速，压头与流量之间具有一定的关系。

（3）效率

离心泵在输送液体的过程中，当外界能量通过叶轮传给液体时，不可避免地会有能量损失，即由原动机提供给泵轴的能量不能全部为液体所获得，致使泵的有效压头和流量比理论值低，通常用效率来反映能量损失。离心泵的能量损失包括以下几项：

①容积损失。容积损失是指泵的泄漏所造成的损失。离心泵可能发生泄漏的地点很多，如密封环、平衡孔及密封压盖等。一部分已获得能量的高压液体通过这些部位被泄漏，致使泵排送到管路系统的液体流量少于吸入量，并消耗了部分能量。容积损失主要与泵的结构及液体在泵进、出口处的压强差有关。容积损失可由容积效率 η_v 来表示。

②机械损失。由泵轴与轴承之间、泵轴与填料函之间以及叶轮盖板外表面与液体之间产生的摩擦而引起的能量损失称为机械损失，可用机械效率 η_m 来反映这种损失，其值一般为 0.96～0.99。

③水力损失。黏性液体流经叶轮通道和蜗壳时产生的摩擦阻力以及在泵局部处因流速和方向改变引起的环流和冲击而产生的局部阻力，统称为水力损失。这种损失使泵的有效压头低于理论压头，可用水力效率 η_h 来反映。水力损失与泵的结构、流量及液体的性质等有关。

离心泵的效率反映上述三项能量损失的总和，故又称为总效率。因此总效率为上述三个效率的乘积，即 $\eta=\eta_v\times\eta_m\times\eta_h$。

4）轴功率

离心泵的轴功率是指泵轴所需的功率。当泵直接由电动机带动时，它就是电机传给泵轴的功率，单位为 W 或 kW。离心泵的有效功率是指液体在叶轮工作中获得的能量。由于存在上述三种能量损失，故轴功率必大于有效功率，即

$$N = \frac{N_e}{\eta},\ N_e = HQ\rho g \tag{2.5}$$

式中，N 为轴功率，W；N_e为有效功率，W；Q 为泵在输送条件下的流量，m^3/s；H 为泵在输送条件下的压头，m。

4）离心泵的选型和安装

离心泵适用于大流量、低扬程的场合，且输送的流体黏度较低。离心泵的选型很重要，应根据所输物料的性质和工艺要求，选择泵的型式及有关技术参数。安装离心泵时，管道不宜过长，尽量减少弯头，连接处要紧密，以防空气进入。此外，泵在启动前，必须保证吸料口、吸料管以及泵体内充满料液。在生产线上安装离心泵时，应使泵的吸液口低于储液槽的最低位置 100～200 mm（视泵体高度而定），以便工作时泵内能充满液体，排除空气，避免发生“气缚”现象。在工作过程中有时会出现吸不上料的现象，主要原因是料液温度过高、安装位置不当（如吸料口高于储液槽的最低位置，使液料管内含有空气）或料液过于黏稠等。应正确计算离心泵在管路中的安装高度，以防运行中泵体内出现麻点或蜂窝状的“汽蚀”破坏现象，直接影响离心泵的性能、操作状况和使用寿命。

2. 往复泵

（1）往复泵的结构

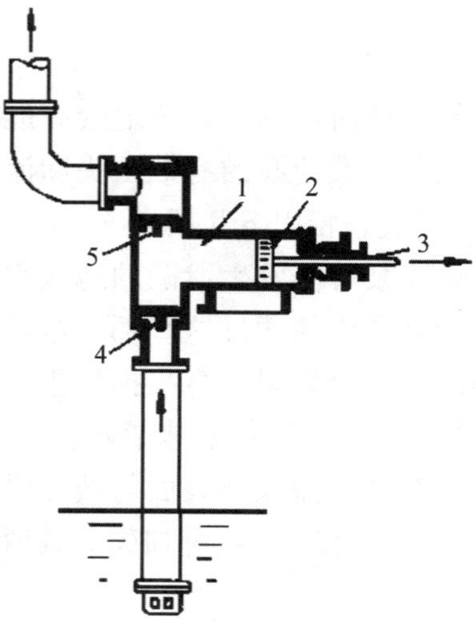

图 2.29 往复泵装置简图

1. 泵缸；2. 活塞；3. 活塞杆；4. 吸入阀；5. 排出阀

图 2.29 为往复泵装置简图。泵的主要部件有泵缸、活塞、活塞杆、吸入阀和排出阀。活塞杆与传动机构相连接而作往复运动，吸入阀和排出阀都是单向阀，泵缸内活塞与阀门之间的空间为工作室。

（2）往复泵的工作原理

当往复泵活塞自左向右移动时，工作室的容积增大，形成低压，便能将贮液池内的液体经吸入阀吸入泵缸内。在吸液体时排出阀因受排出管内液体压力作用而关闭。当活塞移到右端点时，工作室的容积最大，吸入的液体量也最多。此后，活塞便改为由右向左移动，泵缸内液体受到挤压而使其压强增大，致使吸入阀关闭而推开排出阀将液体排出。活塞移到左端点后排液完毕，完成了一个工作循环。此后活塞又向右移动，开始另一个工作循环。

由上可知，往复泵是容积式泵，依靠活塞在泵缸内左右两端点之间作往复运动而吸入和压出液体。活塞左端点到右端点（或反之）的距离称为冲程或位移。活塞往复一次，只吸入和排出液体各一次的泵称为单动泵。由于单动泵的吸入阀和排出阀均装在泵缸的同一侧（图 2.29 中的左侧），吸液时就不能排液，因此排液不连续。而且活塞由连杆和曲轴带动，活塞在左右两端点之间的往复运动也不是等速的，所以排液量也就随着活塞的移动有相应的起伏，其流量曲线如图 2.30(a)所示。

为了改善单动泵流量的不均匀性，常采用双动泵或三联泵。双动泵的工作原理如图

2.31 所示。在活塞两侧的泵体内都装有吸入阀和排出阀，因此无论活塞向哪一侧运动，总有一个吸入阀和排出阀打开，即活塞往复一次吸液和排液各两次，使吸入管路和排出管路总有液体流过，所以送液连续，但流量曲线仍有起伏，如图 2.30(b)所示。三联泵实质上为三台单动泵并联构成，其流量曲线如图 2.30(c)所示，其排液量比较均匀。

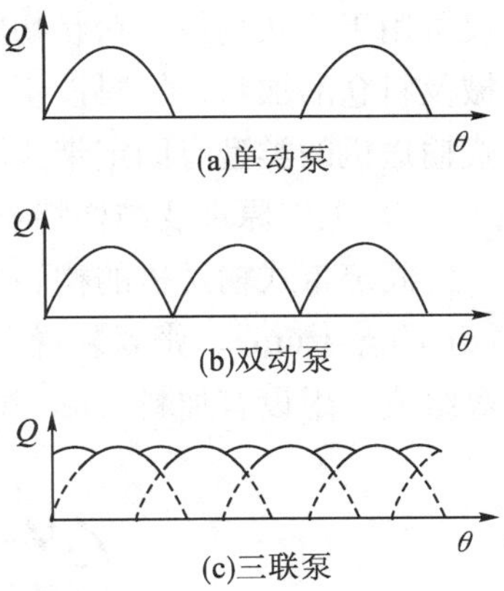

图 2.30　往复泵的流量曲线图

由往复泵的工作原理可知，往复泵内低压是靠工作室的扩张形成的，所以在泵启动前无需向泵内充满液体，即往复具有自吸能力。但与离心泵一样，往复泵的吸上高度（即安装高度）也有一定的限制，这是由于往复泵也是借外界与泵内的压强差而吸入液体的，所以泵的吸上高度也随贮槽液面上方的压强、液体的性质和温度而改变。

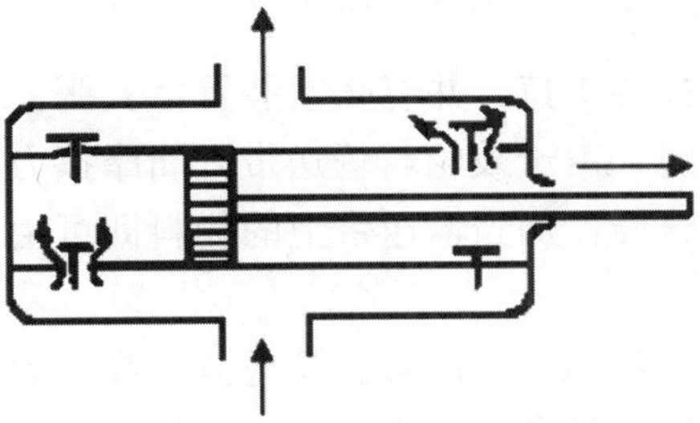
图 2.31　双动泵示意图

3. 计量泵

计量泵又称比例泵，从操作原理来看就是往复泵。图 2.32 所示的是计量泵的一种形式，它是通过偏心轮把电机的旋转运动变成活塞的往复运动。由于偏心轮的偏心距离可以调整，使柱塞的冲程随之改变。若单位时间内柱塞的往复次数不变，则泵的流量与柱塞的冲程成正比，所以可通过调节冲程而达到严格控制和调节流量的目的。

计量泵通常用于要求输液既十分准确又便于调控的场合。另外，还可通过一台电机带动几台计量泵的方法，使在每股液体的流量稳定的同时，各股液体流量的比例也固定。

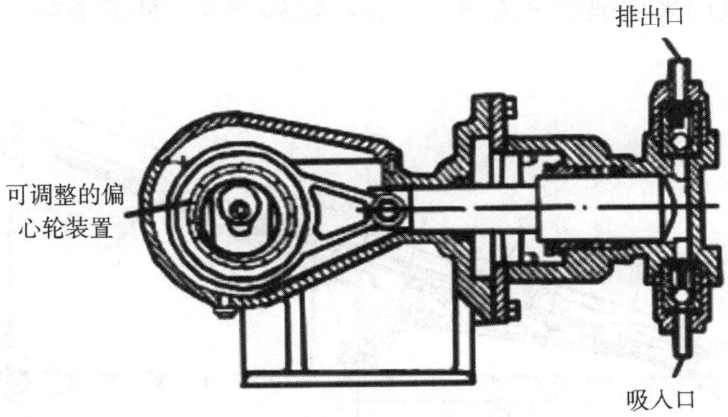

图 2.32　计量泵结构示意图

2.3.2　固体物料输送机械

1. 带式输送机

带式输送机（belt conveyor）是食品工业中应用很广泛的一种连续输送机械。它不仅可用于块状物料、粉状物料及整件物品的水平或倾斜方向的输送，作为向其他加工机械及料仓的加料、卸料设备，还可作为生产线中检验半成品或成品的输送装置。常用带式输送机的类型有固定带式输送机和轻便移动式带式输送机。

1）工作原理及结构特点

固定带式输送机的构造如图 2.33 所示。它主要由封闭的输送带（belt）、驱动鼓轮（driving drum）、张紧装置（tension device）、托辊（roller）、改向辊筒（steering roller）等组成，附设有加料（feeding device）及卸料装置（tripper）。

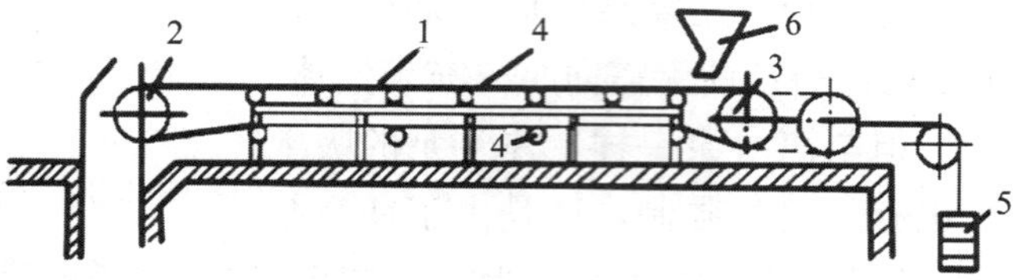

图 2.33　带式输送机示意图

1. 输送带；2. 驱动鼓轮；3. 改向辊筒；4. 托辊；5. 张紧重锤；6. 加料斗

封闭的输送带绕过驱动鼓轮和改向鼓轮，上下有托辊支持，并有张紧装置将其张紧在两鼓轮之间。当电动机经减速器带动驱动鼓轮转动时，由于鼓轮与输送带之间摩擦力的作用，使输送带在驱动鼓轮和改向鼓轮之间运转，这样，加到输送带上的物料即可由一端被带到另一端。

固定带式输送机的输送距离长、工作速度范围大（0.01～4 m/s）、输送能力高、动力消耗低、构造简单、工作可靠、维修方便、运行平稳、无噪声，并可在全机任何地点加料或卸料。其缺点是不能实现密封输送，输送轻质粉状料时易产生粉尘，倾斜输送的斜度小于 18°，只能作直线输送，要改变输送方向则需几台输送机联合使用。

轻便移动式带式输送机的构造如图 2.34 所示。它主要由输送带、驱动滚筒、升降机构、轮胎和钢管机架等组成。移动式输送机采用充气轮胎减少运行阻力，尾部采用电动滚筒驱动；升降机构采用螺旋伞齿轮副，具有结构合理、外形美观、移动方便、轻便、噪声小等特点。

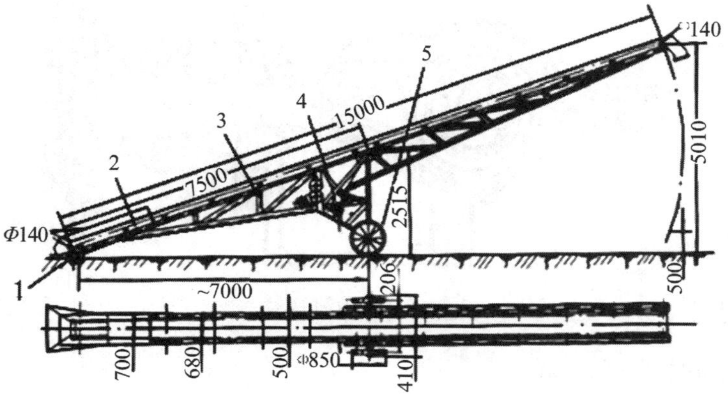

图 2.34　轻便移动式带式输送机

1. 驱动滚筒；2. 橡胶带；3. 钢管机架；4. 升降机构；5. 轮胎

利用输送带的运动输送物料，适用于块状、粉状以及大体积的成件物品的直线输送。

（1）输送带

常用的输送带是橡胶带或钢丝网带。橡胶带是由若干层纤维帆布作为带芯，层与层之间用橡胶加以黏合而成的，其上下两面和左右两侧还附有橡胶保护层。帆布带芯是胶带承受拉力的主要部分，而橡胶保护层的主要作用是防止帆布磨损及腐蚀。橡胶带按其用途不同可分为强力型、普通型和耐热型三种，带宽也有一系列的规格尺寸（200 mm、250 mm、300 mm、400 mm、450 mm、500 mm、650 mm、800 mm、1000 mm、1200 mm、1600 mm 等）。钢丝网带采用低碳钢制成，强度高、耐高温。由于有网孔，故多用于边输送边进行固液分离的场合。

（2）托辊

托辊的作用是防止输送带下垂，支撑整个输送机。托架多采用滚轮式托架，由支架和托辊组成。

（3）驱动鼓轮

驱动鼓轮作为主动轮与电动机相连，常位于输送机的卸料端，借摩擦力带动输送带运动。生产上通常在主动轮内安装磁选装置，又称磁选鼓轮。改向鼓轮作为从动轮位于输送带的进料端，使输送带转向并拉紧。

（4）张紧装置

张紧装置是防止出现主动轮空转以及输送带打滑现象的装置。可用张紧轮、调节螺旋使输送带张紧。

（5）传动装置

传动装置有闭式和开式两种。闭式为电动机经蜗轮减速器或齿轮减速箱传至主动轮上；开式为电动机经敞开的齿轮或链轮减速传至主动轮上，但这种装置易损坏且又不安全。

（6）加料和卸料装置

加料和卸料装置在酒精生产中常用漏斗式加料器，以确保物料均匀地送至输送带上。一般带式输送机的末端为自然卸料，也可加装挡板或斗式卸料器，以防物料漏至地下。

2）输送能力的计算

带式输送机的输送能力由两个因素决定，即单位时间的输送量 Q(t/h) 和输送带的运行速度 v(m/s)。

（1）输送量

连续输送散状物料：

$$Q = 3600 S \rho v C \tag{2.6}$$

式中，Q 为输送能力，t/h；S 为物料在带上的横截面积，m^2；ρ 为物料在带上的容积密度，t/m^3；v 为带速，m/s；C 为输送机倾斜度修正系数，见表 2.1。

输送散物料时，可取物料的堆积宽度 b 为带宽 B 的 0.8 倍，即 $b=0.8B$。设物料的休止角为 β，槽形带水平段长为 $0.4B$（近似等于水平托辊长），斜托辊倾角为 α。物料在输送带上的横截面积可按以下经验公式计算：

$$S = K_s B^2 \tag{2.7}$$

式中，K_s 为截面系数，与物料在带上的休止角 β、托辊倾角（槽角）α 及带宽 B 有关，见表 2.2。

从式（2.7）可知，要计算输送能力，就应首先确定物料在带上的横截面积。物料在带上的横截面积如图 2.35 所示。

输送成件物品时：

$$Q = 3.6\frac{mv}{L} \tag{2.8}$$

式中，Q 为输送能力，t/h；m 为单件物品质量，kg；v 为带速，m/s；L 为带上物品的间距，m。

输送成件物品时，带宽应比物品的宽度尺寸大 50～100 mm。

表 2.1 倾角修正系数

倾角	0°～7°	8°～15°	16°～20°	21°～25°
C	0.95～1	0.90～0.95	0.90～0.95	0.90～0.95

注：当带速较小，物料粒度、休止角较大时，C 应取较大值。

表 2.2 截面系数 K_s

槽角 α		0°				20°				30°			
休止角 β		15°	20°	25°	30°	15°	20°	25°	30°	15°	20°	25°	30°
带宽 B(mm)	300	90	110	145	175	200	220	250	280	240	260	290	320
	400	100	120	160	195	225	245	285	315	275	295	330	360
	500～650	105	130	170	210	245	265	305	340	300	320	355	390
	800～1000	115	145	190	230	270	300	340	380	335	360	400	435

（2）带速的确定

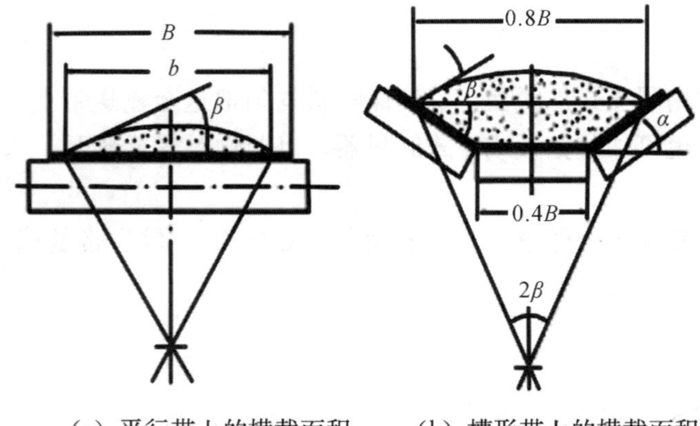

（a）平行带上的横截面积 （b）槽形带上的横截面积

图 2.35 物料在输送带上的横截面积

通过对输送能力的讨论可知，带速越高，输送能力越大。但是带速过大，输送带的抖动也较大，物料容易从带上抛出，而且，输送带也容易因磨损而损坏。所以，合理地选择带速很重要，一般可根据下列原则选定带速：①较长及水平输送机，可选用较高的带速；②输送易扬尘的粉状物料，应取 $v<1$ m/s；③刮板卸料时，一般取 $v<2$ m/s；④人工捡选时，取 $v\leqslant 0.3$ m/s；⑤输送成件物品时，取 $v<1.25$ m/s。

3）带式输送机的选用原则

带式输送机的选用，除了应遵循输送设备选用的一般原则外，具体选用时还应考虑以下几点：①根据工艺的要求及有关工作条件，确定所选输送机的机型。一般情况下，对较长距离、水平或倾角较小的倾斜方向的散体或包装物料进行输送时，应选用固定式水平带式输送机；短距离倾斜方向的散体或包装物料的输送或装卸应选用移动式带式输送机。②根据物料是散装或包装及输送量的大小，确定支承托辊的形式。无载分支均应选用平直单托辊；有载分支输送包装物料时选用平直单托辊，输送散装物料时选用不同形式的槽形托辊。③根据工艺所需的输送量计算确定输送带的宽度，然后依据输送长度及有关条件确定型号规格。选型时可参考有关资料中关于带式输送机的规格及参数的内容。

2. 斗式提升机

斗式提升机（bucket elevator）简称斗提机，它是一种广泛用于粮食、饲料加工，实现垂直或大倾角倾斜向上输送颗粒状、粉状散体物料的连续输送设备。其主要特点是：横向尺寸小，输送量大，提升高度大，能耗小（能耗为气力输送的 1/10～1/5），密封性好；但工作时易过载、易堵塞、料斗易磨损。

1）斗式提升机的一般结构

图 2.36 所示为斗式提升机的一般结构。它主要由牵引构件、料斗、机头、机筒、机座、驱动装置和张紧装置等部分组成。整个斗提机由外部机壳形成封闭式结构，外壳上部为机头，中部为机筒，下部为机座。

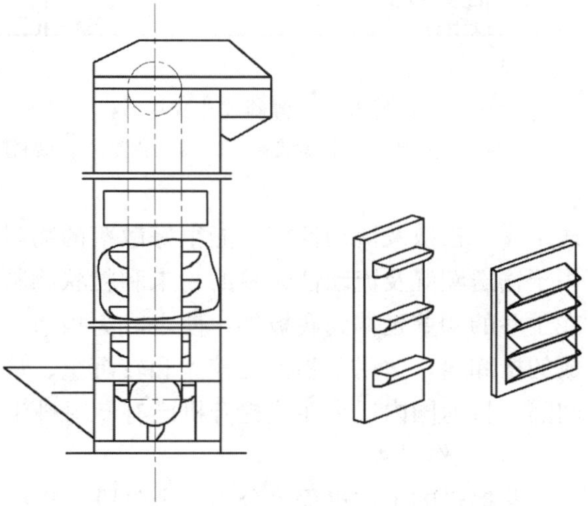

(a) 斗式提升机外形　　(b) 料斗排列方式

图 2.36　斗式提升机

机筒可根据提升高度不同由若干节构成。内部结构主要为环绕于机头头轮和机座底轮形成封闭环形结构的牵引带，牵引构件上每隔一定距离安装了用于承载物料的料斗。斗提机的驱动装置设置于机头位置，通过头轮实现斗提机的驱动；用于实现牵引构件张紧，保证牵引构件有足够张力的张紧装置位于机座外壳上；为了防止牵引构件逆转，头轮上还设置了止逆器；机筒中安装牵引构件跑偏报警器，牵引构件跑偏时能及时报警；底轮轴上安装有速差监测器，以防止牵引构件打滑；机头外壳上设置了一个泄爆孔，能及时缓解密封空间的压力，防止粉尘爆炸的发生。

以上几个特殊构件的设置，都是为了保证斗提机能正常安全地运转。图 2.37 所示为倾斜式斗式提升机。

2）构件及结构特点

斗提机牵引构件的作用是承载、传递动力，要求强度高、挠性好、延伸率小、重量轻，常用的有胶带和链条两种。胶带牵引适合生产能力不大，中等提升高度，磨蚀性小的粉状及小颗粒物料的运输。链式牵引常用板链及环链，适合生产能力及提升高度较大，物料温度较高的场合。

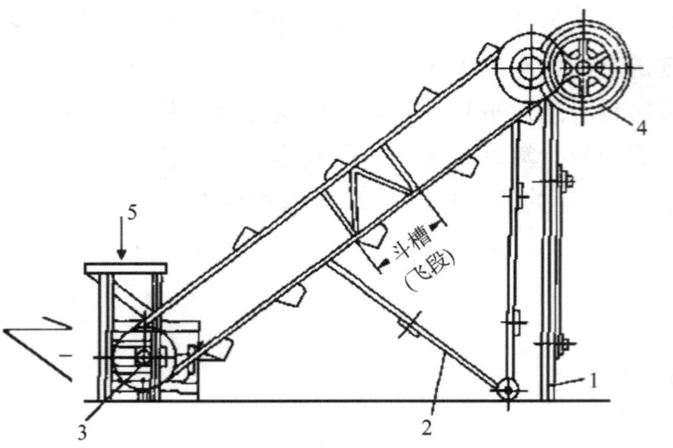

图 2.37　倾斜式斗式提升机

1，2．支架；3．张紧装置；4．传动装置；5．装料门

料斗是盛装输送物料的构件。根据材料的不同，可分为金属料斗和塑料料斗。金属料斗是用 1～2 mm 厚的薄钢板经焊接、铆接或冲压而成；塑料料斗用聚丙烯塑料制成，它具有结构轻巧、造价低、耐磨、与机筒碰撞不产生火花等优点，是一种较理想的料斗。料斗用特定的螺栓固定安装于牵引带上。

为适应不同性质物料的输送要求，料斗可制成深斗、浅斗和尖角形料斗等三种类型。深斗的斗口呈 65°倾斜，斗的深度较大，适宜输送干燥、松散及流动性好、能很好散落的物料；浅斗的斗口呈 45°倾斜，斗的深度较小，用于输送潮湿及流动性较差的粉末和粒状物料；尖角形料斗与上述两种料斗的不同之处在于斗的侧壁延伸到底板外，使之成为挡边，卸料时物料可沿一个斗的挡边和底板所形成的槽卸料，适用于黏稠性较大和较沉重、块状物料的运送。尖角形料斗斗间一般没有间隔。目前国内通用斗式提升机已有专用料斗，并已系列化。

3）工作过程

斗提机的工作过程可分为三个阶段：装料过程、提升过程和卸料过程。

（1）装料过程

装料就是料斗在通过底座下半部分时挖取物料的过程。料斗装满程度用装满系数 φ（φ＝料斗内所装物料的体积/料斗的几何容积）表示。根据装料方向的不同，其装料方式可分为顺向进料和逆向进料两种方式，实际工程中较常用的是逆向进料方式，此种方式的进料方向与料斗运动方向相同，装满系数较大。

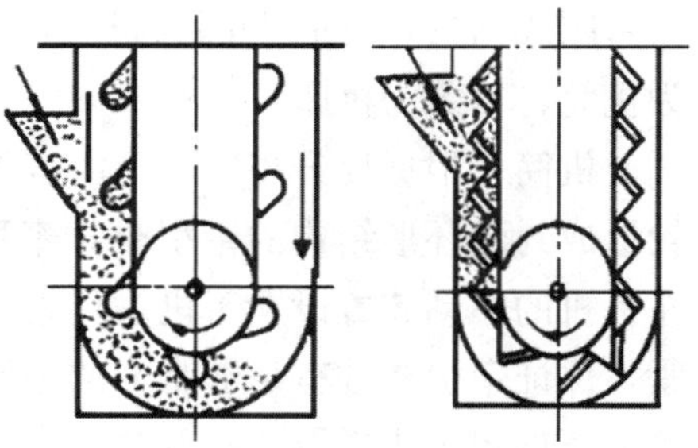

(a) 挖取法　　(b) 装入法

图 2.38　料斗进料方式

斗式提升机的装料方式有挖取法和装入法两种，如图 2.38 所示。挖取法是将物料加到提升机底部，由被运转着的料斗直接挖取而提升。这种装料方法适合于小或磨蚀性小的粉状物料。其运行阻力较小，故料斗的速度较高，为 0.8～2 m/s；装入法是物料直接由装料口被加到运行的料斗中，这种装料法适用于料块较大及磨蚀性较大的物料，料斗是密接布置的，其运行速度较低，一般低于 1 m/s。

（2）提升过程

料斗绕过底轮水平中心线开始至头轮水平中心线截止的过程，即物料随着料斗垂直上升的过程，称为提升过程。此过程应保证牵引带有足够的张力，实现平稳提升，防止撒料现象的发生。

（3）卸料过程

物料随着料斗通过头轮上半部分再离开料斗从卸料口卸下的过程称为卸料过程。卸料方法有离心式、重力式和离心重力混合式三种，如图 2.39 所示。

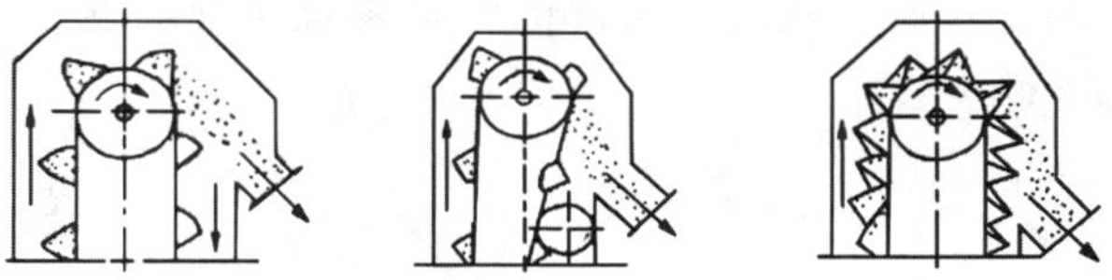

（a）离心式　（b）离心重力式　（c）重力式

图 2.39　斗式提升机的卸料方式

离心式卸料是利用离心力将物料从卸料口卸出，物料的提升速度高，通常为 1～2 m/s。离心卸料要求料斗间的距离大一些，以免砸伤料斗，此种卸料方式适用于粒度较小、流动性好、磨蚀性小的物料。

离心重力式卸料是利用离心力和重力的双重作用进行卸料，物料的提升速度为 0.6～0.8 m/s。这种卸料方式适用于流动性不太好的粉状料及潮湿物料。

重力式卸料是依靠物料本身的自重卸料。物料的提升速度较低，通常为 0.4～0.6 m/s。重力卸料时物料是沿前一个料斗的背部落下，所以料斗要紧密相接。这种卸料方式适宜提升块度较大、磨蚀性强及易碎的物料。

4）主要参数的确定

提升能力按下式计算：

$$Q = 3600\frac{i_0}{a}v\rho\varphi k \tag{2.9}$$

式中，Q 为提升能力，t/h；i_0 为料斗容积，m^3；v 为提升速度，m/s；ρ 为物料堆积密度，kg/m^3；φ 为料斗充填系数，其大小由输送速度、料斗形式、物料种类、性质等多种因素决定；a 为料斗间距，m；k 为供料不均匀系数，一般取 $k=0.65\sim0.85$。

斗式提升机传动轴功率可按下式近似计算：

$$P_0 = \frac{QH}{367}(1.15 + k_1k_2v) \tag{2.10}$$

式中，P_0为传动轴功率，kW；Q 为输送量，t/h；H 为提升高度，m。

3. 螺旋输送机

1）工作原理及结构特点

螺旋输送机（spiral conveyor）俗称绞龙，是一种用于短距离水平或垂直方向输送散体物料的连续性输送机械。螺旋叶片为螺旋形空间曲面，它是由一直线绕轴同时做旋转运动和直线运动形成的。螺旋输送机输送物料时，就是利用固定的螺旋体旋转运动伴随的直线运动推动物料向前输送。物料呈螺旋线状向前运动，也就是在向前输送的同时伴随着圆周方向的翻滚运动。所以，水平慢速螺旋输送机的转速不能太大；而垂直快速螺旋输送机必须利用螺旋体的高速旋转使物料与料槽之间产生足够的摩擦力，以克服叶片对物料的摩擦阻力及物料自身的重力，保证物料向上输送。

水平螺旋输送机的一般结构如图 2.40 所示。它主要由螺旋体、轴承、料槽、进料口、出料口和驱动装置等部分组成。其启动由摆线针轮减速器直连弹性联轴节带动送料螺旋。刚性的螺旋体通过头、尾部和中间部位的轴承支承于料槽，形成可实现物料输送的转动构件，螺旋体的运转通过安装于头部的驱动装置实现，进、出料口分别开设于料槽尾部的上侧和头部下侧。

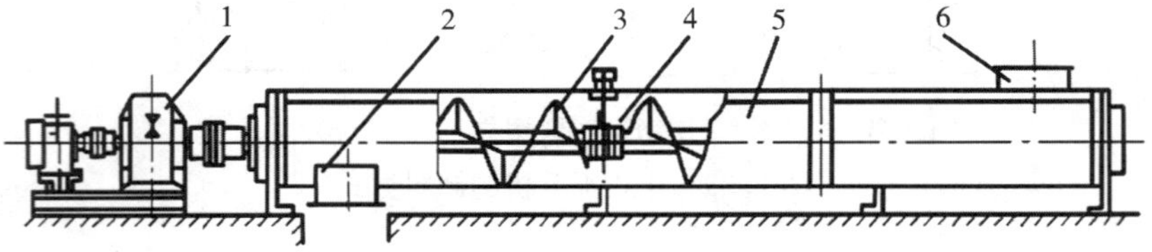

图 2.40　水平螺旋输送机的一般结构

1. 驱动装置；2. 出料口；3. 螺旋体；4. 中间吊挂轴承；5. 壳体；6. 进料口

螺旋输送机的主要特点是：结构简单，外形尺寸小，造价低，密封性好，可实现多点进、卸料，对物料有搅拌混合作用；但其输送距离小，叶片和机壳易磨损，能耗较高，对物料破碎作用较强。根据其结构特点和性能，螺旋输送机通常用于粮油、饲料加工厂生产工艺过程中的物料输送。在葡萄酒行业中，螺旋输送机主要用于输送葡萄和压榨后的葡萄皮。但应注意，它不宜输送大块的、含纤维性杂质较多的、磨损性很强、易破碎或易黏结的物料，以免造成堵塞和物料的破碎。

按安装形式，螺旋输送机可分为固定式和移动式；按输送方向或工作转速，可分为水平慢速和垂直快速两种。在实际工程中，较常用的为固定式水平慢速螺旋输送机。

2）螺旋体

螺旋体是螺旋输送机实现物料输送的主要构件，它由螺旋叶片和螺旋轴两部分构成。常用的叶片形式如图 2.41 所示，有实体面型、带式面型、叶片面型和叶片桨型等形式。实体面型螺旋构造简单、效率高，适宜输送松散、干燥、无黏性的物料；带式面型螺旋加工制造较麻烦、强度较低、磨损大，适宜输送腐蚀性较大及粒度较大的物料；叶片面型螺旋加工制造麻烦、效率低，用于物料输送过程中伴随搅拌及混合等工艺要求的场合；叶片桨型螺旋加工复杂，适于运送韧性、可压缩物料。

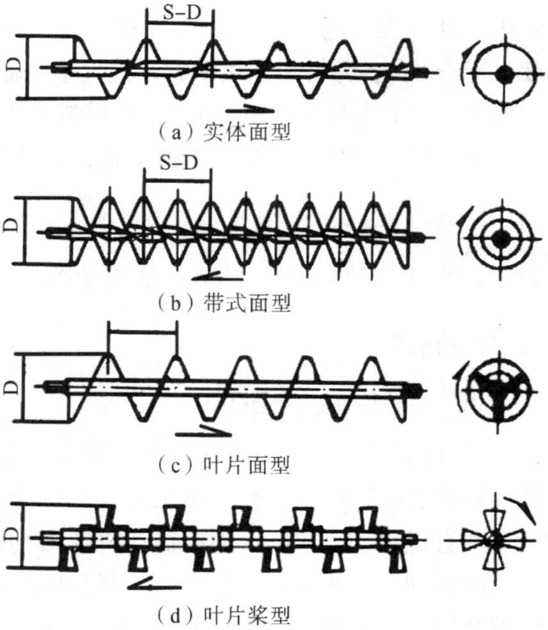

图 2.41　螺旋叶片面型

按叶片在轴上的盘绕方向不同又分为右旋和左旋两种（逆时针盘绕为左旋，顺时针盘绕为右旋）。螺旋体输送物料的方向由叶片旋向和轴的旋转方向决定。具体确定时，先确定叶片旋向，然后按左旋用右手、右旋用左手的原则，四指弯曲方向为轴旋转方向，大拇指伸直方向为输送物料方向。

3）螺旋输送机选用原则

选用螺旋输送机时，必须遵循输送设备选用的一般原则，同时还应考虑到以下几点：

①根据工艺要求选择合适的机型。水平或小倾角短距离输送应选用水平慢速（LSS 型）螺旋输送机；高度不大的垂直或大倾角输送，则应选用垂直快速（LSL 型）螺旋输送机。

②根据被输送物料的性质确定螺旋叶片形式。输送小麦、稻谷等散落性较好的物料时应选用满面式叶片；输送油料类黏性大、易黏结的物料时，为了防止堵塞，应选用带式叶片。应注意，输送原粮类和大米等物料，为了防止物料被破碎，一般不选用螺旋输送机。

③根据工艺设备的布置要求确定螺旋叶片的旋向、螺旋轴的转向及螺旋体的组合。输送机头尾端（进、卸料端）的位置确定后，物料的输送方向即确定，螺旋叶片旋向和轴的转向必须符合要求，如需中间或两端卸料，则应采用旋向不同的叶片组合成一个螺旋体。

4）输送及功率消耗计算

（1）输送量

水平慢速螺旋输送机的输送量可用下式计算：

$$Q = 47D^2 n s \gamma \varphi C \tag{2.11}$$

式中，Q 为输送量，t/h；D 为螺旋叶片直径，m，应选用系列标准值；n 为螺旋轴转速，r/min；γ 为物料容重，t/m^3；φ 为装满系数，一般情况下，发酵用谷物取 $\varphi=0.25\sim0.4$；s 为螺旋叶片螺距，m，满面式叶片 $s=0.8D$，带式叶片 $s=D$；C 为倾斜输送时的修正系数，见表 2.3。

表 2.3　倾斜输送的修正系数

倾斜角 β	0°	5°	10°	15°	20°
修正系数 C	1.00	0.90	0.80	0.70	0.65

在已知输送量的前提下，确定叶片直径 D 后，可用下式计算螺旋轴转速：

$$n = \frac{Q}{47D^2 s \gamma \varphi C} \tag{2.12}$$

水平慢速螺旋输送机的螺旋轴转速 n 不能超过其极限转速，否则其对物料的搅拌作用将大大超过输送作用，甚至只对物料有搅拌作用而没有输送作用。极限转速的计算公式为

$$n \leqslant n_0 = \frac{A}{\sqrt{D}} \tag{2.13}$$

式中，n_0为螺旋轴的极限转速，r/min；A 为物料的综合特性系数，粮油类物料一般可取 $A=65$。

（2）功率

螺旋输送机的功率消耗可按下式进行计算：

$$P_0 = \frac{Q}{367}(L\omega_0 \pm H) \tag{2.14}$$

式中，P_0为螺旋输送机的轴功率，kW；Q 为输送量，t/h；ω_0 为物料阻力系数，与物料的性质有关；L 为输送机的水平投影长度，m；H 为输送机的垂直投影长度，m，向上输送时取正值，向下输送时取负值。

输送机电机功率：

$$P = k_0 \frac{P_0}{\eta} \tag{2.15}$$

其中，k_0=1.2～1.4；η=0.90～0.95。

4. 刮板输送机

(1) 工作原理及结构特点

刮板输送机（scraper conveyor）是一种具有挠性牵引构件的连续输送机械，可用于水平、倾斜和垂直方向输送散体物料，常用于颗粒状、非腐蚀性物料的输送。它可以是永久固定式的，也可以做成移动式的。农场使用的谷物升运器是应用最广泛的刮板输送机。刮板输送机也可以把未加工的产品，如甜菜、土豆、小谷物等向加工设备输送。其主要特点是：结构简单，密封性好，进卸料装置简单，可多点进卸料，布置形式灵活，可同时多方向完成物料的输送。

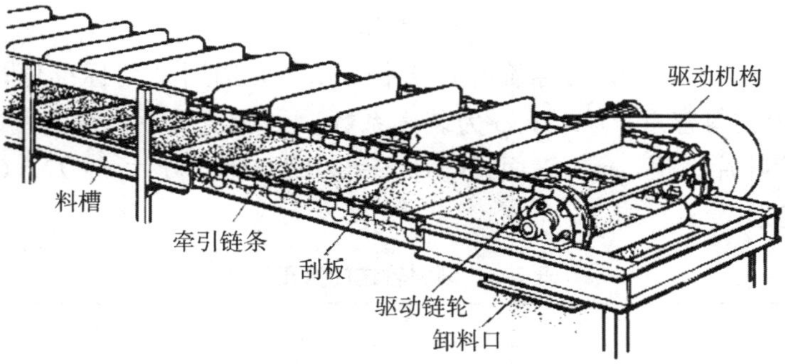

图 2.42　刮板输送机结构示意图

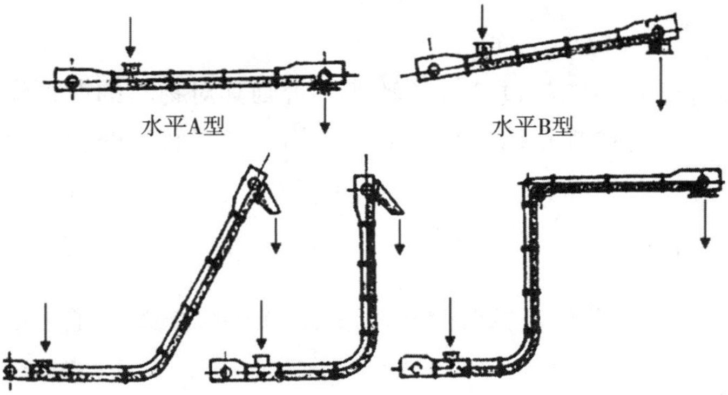

图 2.43　刮板输送机类型

刮板输送机主要由料槽、牵引链条、刮板、驱动链轮、进料口、卸料口和张紧链轮等构件组成，如图 2.42 所示。张紧链轮即尾部链轮，其结构同驱动链轮；链条为牵引构件被环绕支承于驱动链轮、张紧链轮和机槽内；安装于链条上的刮板为输送物料构件。物料在机槽内通过连续运转的刮板、链条实现输送。刮板输送机的驱动链轮安装于输送前端。张紧装置设置于输送尾端，通常采用滑块螺杆式张紧装置。进料口开设于尾部机槽上部，卸料口开设于头部机槽下部。刮板输送机的链条是通过轮齿啮合而实现驱动（图 2.43）。

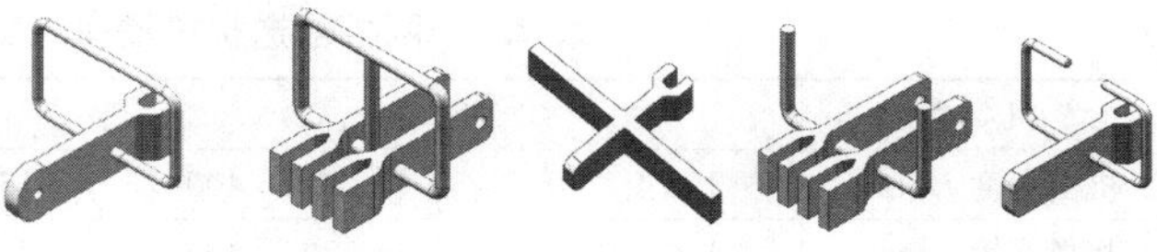

图 2.44　刮板型式

（2）主要部件

链条。链条与刮板连接于一体，其作用是承载、传递动力和输送物料。常用的链条有模锻链、滚子链、双板链三种，要求其必须保证有足够的强度和耐磨性。

刮板。刮板根据其结构不同可分为 T 型、U_1型、U_2型、O_1 型和 O_2型（图 2.44）。它们的包围系数不同，适合于不同物料和不同类型的刮板输送机。一般情况下，MS 型刮板输送机选用 T 型、U_1型刮板；MC 型和 MZ 型刮板输送机选用 U_2型、O_1 型和 O_2型刮板。输送物料的散落性较好，则应选用包围系数大的刮板，这样才能更好地保证物料的稳定输送。

（3）输送量及功率消耗计算

刮板输送机输送量的计算公式为

$$Q = 3600Bhv\gamma\eta \tag{2.16}$$

式中，Q 为输送量，t/h；B 为机槽宽度，m，机槽的有效宽度已系列化，见表 2.4；h 为机槽有载部分的高度，m，水平输送时可取 $h=B$，垂直输送时 $h<B$；v 为刮板链条的线速度，即输送速度，m/s，其取值较小，一般情况下小麦、玉米、豆类等取 $v=0.3\sim0.4$ m/s；稻谷取 $v=0.4\sim0.5$ m/s；大米取 $v=0.3$ m/s；γ 为物料的容重，t/m³，被输送物料容重应在 0.2～1.8 t/m³；η 为输送效率，水平输送时，$B\leqslant20$ cm，取 $\eta=0.75\sim0.85$；垂直输送时可取 $\eta=0.75\sim0.85$。

实际计算时可根据输送量确定机槽宽度 B 和机槽有载部分的高度值，这是选定机型的主要依据。

（4）选用原则

刮板输送机的选用，除了应遵循输送设备选用的一般原则外，具体选用时还应考虑以下几点：

①根据工艺流程的安排，合理选用刮板输送机的机型，如粮库、粮食饲料加工厂的原粮、成品及半成品的输送一般选用 MS 型刮板输送机，油厂的生产工艺过程中对油料的输送可选用 MC 型和 MZ 型刮板输送机；

②根据输送机型式及物料种类确定合适的刮板链条型式，输送粉状物料不宜选用滚子链，刮板的选用可参阅前面的内容；

③根据工艺设备的布置情况和输送长度，合理选择输送机机槽的长度及组合；

④根据工艺所要求的最大输送量确定输送机的型号规格。

表 2.4　刮板输送机机槽有效宽度与高度系列

机　型	MS 型					MC 型				MZ 型		
机槽宽度 B(mm)	160	200	250	320	400	160	200	250	320	160	200	250
机槽高度 h(mm)	160	200	250	320	400	160	200	250	320	160	200	250

5. 振动输送机

振动输送机是一种利用振动技术（即近共振或扩大共振状态），对松散态颗粒物料进行中、短距离输送的输送机械。振动输送机的分类，如按激振驱动方式分为曲柄激振驱动式、偏心激振驱动式和电磁激振驱动式。按工作体结构分为斜槽式、管式和料斗式等。振动输送机由激振器、工作体、弹性支承件及座体等主要部件组成，如图 2.45 所示。

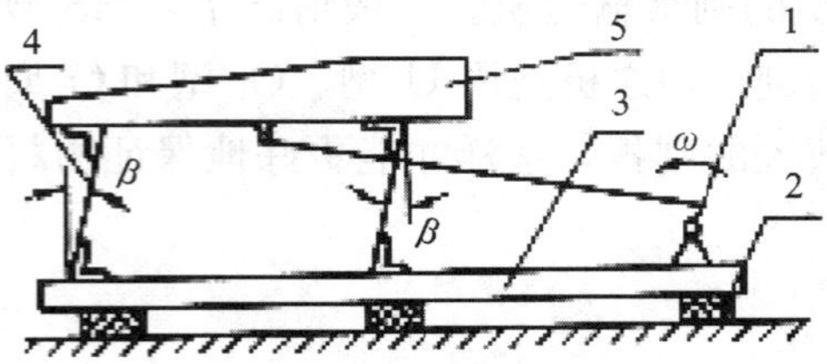

图 2.45　振动输送机结构

1. 激振器；2. 减振弹簧；3. 座体；4. 主振弹簧；5. 工作体

振动输送机工作时，由激振器驱动主振弹簧支承的工作槽体。主振弹簧通常倾斜安装，斜置倾角为 β，称为振动角。激振力作用于工作槽体时，工作槽体在主振板弹簧约束下做定向强迫振动。处在工作槽体上的物品，受到槽体振动的作用断续地被输送前进。

当槽体向前振动时，依靠物料与槽体间的摩擦力，槽体把运动能量传递给物料，使物料得到加速运动，此时物料的运动方向与槽体的振动运动方向相同。此后，当槽体按激振运动规律向后振动时，物料因受惯性作用，仍将继续向前运动，槽体则从物料下面往后运动。由于运动中阻力的作用，物料越过一段槽体又落回槽体上，当槽体再次向前振动时，物料又因受到加速而被输送向前，如此重复循环，实现物料的输送。

振动输送机的优点是它的结构较前面讲的几种输送机简单，制造方便，价格便宜，占地小，维护管理方便。但也存在不足方面，例如：设备输送能力低，特别是按一定角度向上输送时，设备生产率更显著地急剧降低，有振动产生的噪声，不宜用于潮湿、黏性大及粒度细的粉末物料的输送。

2.3.3　气力输送系统

气力输送（air conveyor）也叫“风运”，气力输送是利用强烈的空气流沿管道流动，把悬浮在气流中的物料输送至目的地的一种输送方式。气力输送可用于输送大麦、大米、麦芽等松散物料。气力输送的优点是设备简单，占地面积小，输送能力和输送距离可调性大，易于实现自动化。它的主要缺点是能耗较大，不适于输送潮湿黏稠的物料。

气流输送系统包括旋风分离器、供料装置、卸料装置、除尘设备和气源设备等。

1. 气力输送的类型

根据料、气两相流的流量比和料、气两相流的力学特征不同，气力输送装置可分为三大类，即稀相气力输送装置、中相气力输送装置和密相气力输送装置。按气源压力和压力差的大小可分为低真空气力输送装置、高真空气力输送装置、低压气力输送装置、高压气力输送装置、吸送式气力输送装置、压送式气力输送装置以及吸送－压送混合式气力输送等（表 2.5）。

表 2.5　气力输送装置的分类

分类原则	界限	类型
按料、气质量流量比划分	<5	稀相
	5～50	中相
	>50	密相
按空气流动速度（m/s）划分	10～40	稀相
	8～15	中相
	1.5～9	密相
按气源压力（10^5 Pa）划分	−0.1～0	低真空
	<−0.1	高真空
	0～0.5	低压
	0.5～0.7	高压
按压力差性质划分	大气压	吸送
	>大气压	压送

1）吸送式气力输送

吸送式气力输送装置的一般形式如图 2.46 所示。物料的整个输送过程是在通风机吸气段一侧完成的，它常用于车间内部的物料输送。

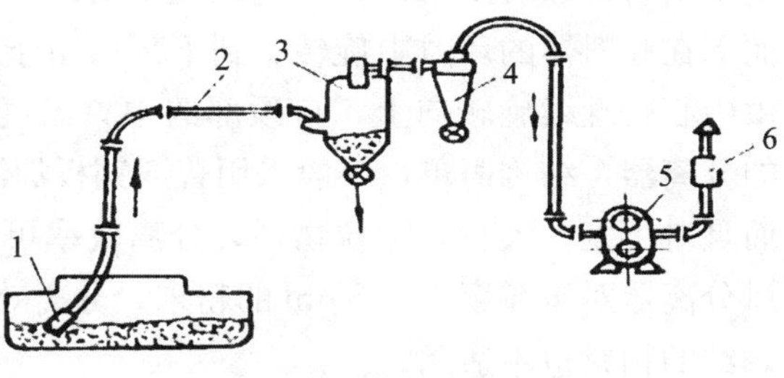

图 2.46　吸送式气力输送系统

1. 吸嘴；2. 输料管；3. 分离器；4. 除尘器；5. 鼓风机；6. 消声器

这种输送形式具有以下特点：①整个输送装置处于负压状态下工作，物料和粉尘不会外逸飞扬，保证了车间内部的卫生；②适宜于物料从多处向一处集中输送；③适用于堆积面广或低、深处物料的输送（如仓库、货船等散装粮的输送）；④喂料方式简单（和压送式相比而言）；⑤对卸料器、除尘器的气密性要求高（要求在气密条件下排料）；⑥输送量、输送距离受到一定的限制，动力消耗较高。

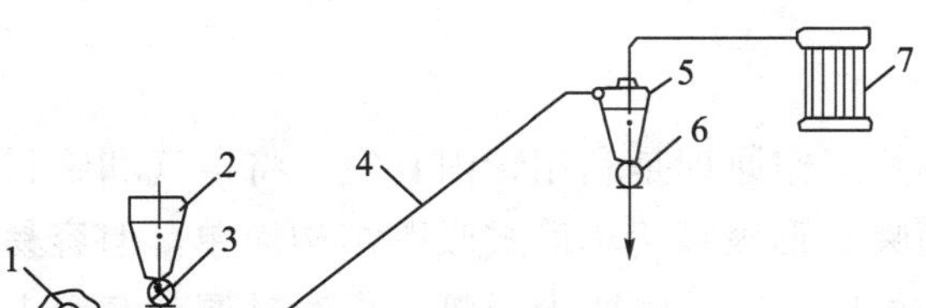

图 2.47　压送式气力输送系统

1. 鼓风机；2. 料斗；3. 供料器；4. 输送管；5. 物料分配器；6. 闭风器；7. 除尘器

2）压送式气力输送

压送式气力输送装置的形式如图 2.47 所示。物料的输送过程是在通风机压气段一侧完成的。这种输送形式具有以下特点：①整个输送装置处于正压状态，容易造成粉尘外逸，污染车间环境；②适宜于物料由一处同时向几个地方输送；③适合于长距离、大流量输送；④供料结构复杂、输送压力较高时，需将供料器上部的料罐做成密闭结构；⑤卸料器结构简单。

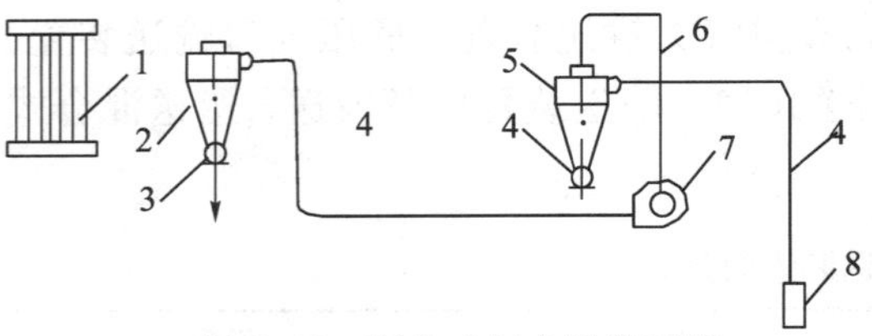

图 2.48 混合式气力输送系统

1. 除尘器；2. 卸料器；3. 闭风器；4. 输料器；5. 卸料器；6. 风管；7. 风机；8. 接料器

(3) 混合式气力输送装置

混合式气力输送装置是由吸送式气力输送装置和压送式气力输送装置组合而成的（图 2.48）。它具有两者的共同特点，适用于既要集料又要配料的场合，一般多用于移动式气力输送装置。

2. 旋风分离器

气流输送中所采用的物料分离设备，一般都采用旋风分离器（whirlwind seperator），主要是利用气流做旋转运动，使物料产生离心力，将悬浮于气流中的物料分离出来。

旋风分离器上部为带有切线方向的圆柱形体，下部为圆锥形壳体结构，并装有旋转密闭式卸料器（图 2.49）。悬浮有物料颗粒的气流，以一定的速度自旋风分离器入口处切线方向进入，气流将高速旋转，并产生离心力。在离心力的作用下，物料颗粒被甩出，并与器壁碰击而沿壁落下，由下部出料口排出。由于出料口加装闭风器，因此只能出料，不能排气。气流自上而下在卸料器的环隙中旋转。到下部后由于没有排气口，只能由中心处继续旋转向上，自顶部的中央出气口排出。这种形式的分离器，结构简单，一般采用普通钢板焊制，加工制造方便，而且对小麦、大豆等颗粒物料，分离效率可达百分之百。但旋风分离器对于粒度小于 5 μm 的粉末，分离效果不好；对于潮湿黏结的物料也不适用。

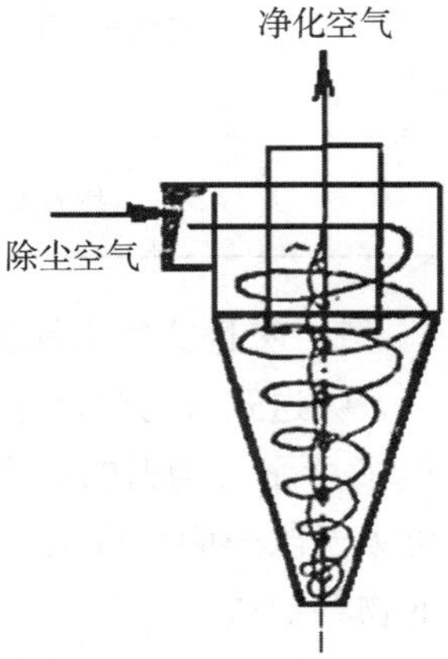

图 2.49 旋风分离器工作原理示意图

3. 供料装置

供料装置的作用是使物料进入输料管并形成一定的混合比。它的结构、工作原理取决于物料的物理性质和气流输送方式。

1）吸嘴

吸嘴是吸送式气流输送系统的供料器，其工作原理是利用管内真空，将空气和物料一起吸进输料管。常用的吸嘴有单筒和双筒喇叭形吸嘴。单筒式吸嘴结构简单，但容易因物料堆积造成空气不能进入管道，使操作中断。双筒喇叭形吸嘴，可通过调节套筒上下位置获得最好的操作条件。

2）叶轮式供料器

叶轮式供料器是一种容积式加料器，广泛用于中、低压的压送式气力输送系统。一般适用于流动性较好、磨损性小的粉粒状和小块状物料。其结构如图 2.50 所示，在机壳内装有可以旋转的、有若干叶片的转子（通常为 6 片或 8 片）。物料从料斗加入后，流进旋转叶轮上部叶片间的格子里，随同叶轮转至下部，借自重落入输料管中。叶轮空格再次转至上部，重新落入物料。于是叶轮不断转动时即完成取料和卸料工作。供料器叶片的转速与加料量有关系，当旋转叶片的圆周速度低于 0.25 m/s 时，供料量与速度成正比。当圆周速度在 0.5 m/s 左右时，供料能力最大，速度再加快，供料能力反而降低。这是由于旋转太快，物料不能充分落入格子里，已落入的又可能被甩出来。生产中为了调节准确的供料量，转子转速应考虑在与供料量成正比例的变化范围之内。

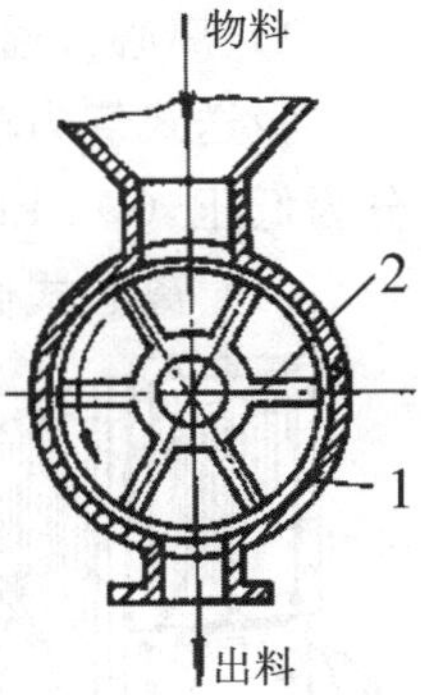

图 2.50　叶轮式供料器

1. 外壳　2. 叶片

4. 空气除尘装置

气流输送系统经过第一段物料分离器——卸料器之后，对于颗粒状物料虽可百分之百地卸出，但排出的气流中还含有大量的粉尘，会严重污染环境。所以对排出的气流应进一步除尘。

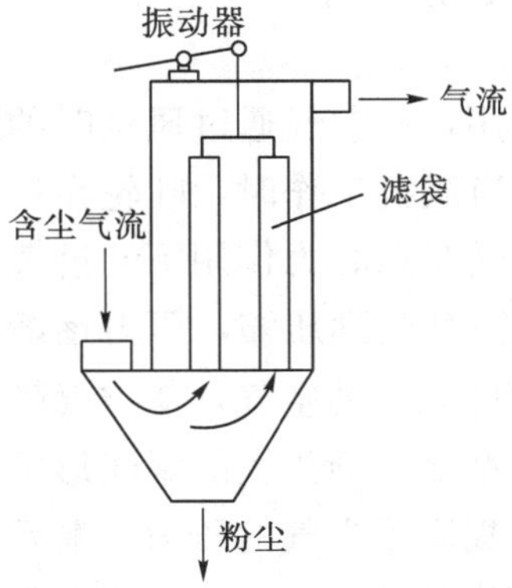

图 2.51　袋滤器

常用除尘器有离心式除尘器、袋滤器除尘器和湿式除尘器。离心式除尘器是气流输送系统中应用最为广泛、效果较好的一种，它的结构和工作原理与旋风分离器类似，不同的是它的外壳半径较小。为了收到更好的除尘效果，常常将两个或几个直径较小的除尘器并联使用。袋滤器在气流输送中，广泛用于二段和三段除尘设备，其结构简单，效果较好。如图 2.51 所示，在外壳内装有许多直径为 100～300 mm 的筒状滤袋，含尘气流由进气口进入，穿过筒状滤袋，灰尘被截留到滤袋内部，从滤袋透出的净化气流由出口排出。袋内灰尘借振动器振落到下部，每隔一定时间打开排灰口以排掉灰尘。

对于旋风分离器不能分离的粉尘可用水进行清除。通常采用的是湿式除尘器。湿式除尘器有各种不同的形式，但除尘机理大致相同，主要是利用水滴与粉尘的碰撞，使粉尘被浸湿而留于水中，其效率可达 95%左右，且压力损耗很小。酒厂气流输送系统的除尘器常采用湿式过滤器（图 2.52）。过滤器的气流进口管装于圆柱缸中，侧面装有带孔的滤水板并浸入水中。含尘气流进入缸内、经滤水板洗涤鼓泡，灰尘被水浸湿而留于水中，净化的气流由上部排出。定期由下部排污口放掉含粉尘的水，再由上部加水口加入新水，重新操作。含粉尘的水可以送去拌料罐使用，以便回收损失的粉料。

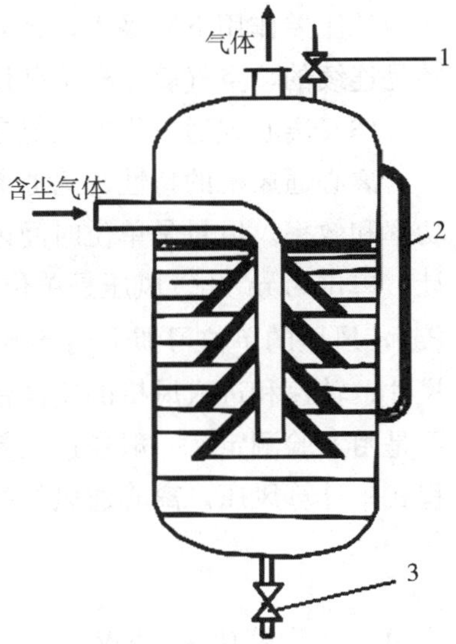

图 2.52　湿式过滤器

1. 水管；2 液面计；3. 排污口

5. 气源设备

气力输送装置所采用的气源设备主要有离心式通风机、空气压缩机、罗茨鼓风机和真空泵等。各种类型风机的排气压力、风量以及真空泵的极限真空度等性能均有一定范围，必须综合考虑各种风机、真空泵的特点、使用场合、工作维护等条件，从经济观点正确选择最适合的气源设备。

1）离心式通风机

吸送式气力输送常采用离心式通风机作为气源设备。按出口风压（表压）大小，可分为低压（≤1 kPa）、中压（1～3 kPa）和高压（3～15 kPa）三种。

（1）离心式通风机结构

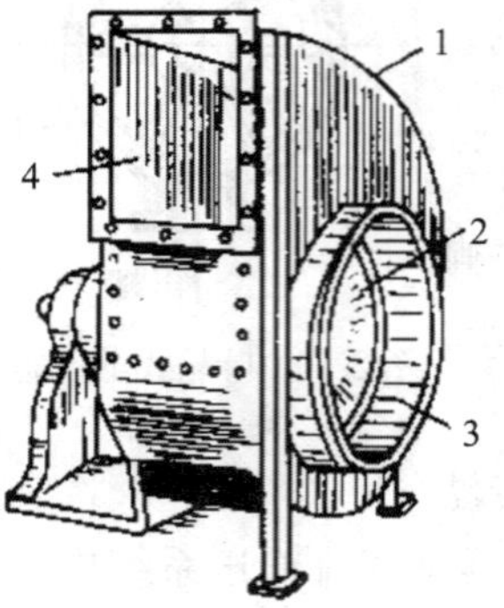

图 2.53 离心式通风机结构简图

1. 机壳；2. 叶轮；3. 吸入口；4. 排出口

离心式通风机结构如图 2.53 所示。它主要由蜗形机壳和多叶片的叶轮组成，气体流通的断面多为方形（高压风机多为圆形），低压通风机的叶片数目多、与轴心呈辐射状安装，按照出口角不同，有前弯叶片、径向出口叶片和后弯叶片三种，叶片结构有弧型、直板型和机翼型。中高压通风机的叶片是后弯的。高压通风机的外形和结构与单级离心泵更相似。中、低压离心通风机主要用于通风换气，高压离心通风机主要用于气体输送。

（2）离心式通风机的工作原理

离心式通风机是利用离心力的作用，使空气通过风机时的压力和速度都得以增大再被送出去。当风机工作时，叶轮在蜗壳形机壳内高速旋转，叶片之间的空气在离心力作用下，沿着叶片之间的流道被推向叶轮的外缘；空气受到压缩，压力逐渐增加，并集中到蜗壳形机壳中。这是将原动机的机械能传递给叶轮内的空气，使空气静压力和动压力增高的过程。这些高速流动的空气，在经过流道截面逐渐扩大的蜗壳形机壳时，速度逐渐降低，又有一部分动能转变为静压能，进一步提高了空气的压力，最后由机壳出口压出。与此同时，叶轮中心部位由于空气变得稀薄形成负压状态，外界空气在内外压差作用下被吸入，经叶轮中心而去填补叶片流道内被排出的空气。由于叶轮旋转是连续的，空气就这样不断地被吸入和排出，完成气体的输送任务。

（3）离心式通风机的性能参数和特性曲线

离心通风机的特性与离心泵相似，主要性能参数包括风量（流量）、风压（压头）、功率和效率。风量是单位时间内从风机出口排出的气体体积，以风机进口处的气体状态计，单位为 m^3/h。风压是单位体积的气体流过风机时所获得的能量，单位为 J/m^3（即 Pa），风压的单位习惯上用 mmH_2O 来表示。离心通风机的风压取决于风机的结构、叶轮尺寸、转速和进入风机的气体密度。离心通风机的风压目前还不能用理论方法进行计算，而是由实验测定。一般通过测量风机进、出口处气体的流速与压强的数值，按伯努利方程式来计算风压。离心通风机的轴功率可以下式计算：

$$N=\frac{H_tQ}{1000\eta} \tag{2.17}$$

式中，N 为轴功率，kW；H_t 为风压，Pa；Q 为风量，m^3/h；η 为效率，因按全风压定出，又称全压效率。注意，式中风量和风压应是同一状态下的数值。

（4）离心式通风机的选用

根据伯努利方程式，计算输送系统所需的实际风压并换算成实验条件下的风压；根据气体的种类（清洁空气、易燃气体、腐蚀性气体、含尘气体、高温气体等）与风压范围，确定风机的类型。若输送的是清洁空气，或与空气性质相近的气体，可选用一般类型的离心通风机，常用的有 4－72 型、8－18 型和 9－27 型。其中，前一类型属中、低压通风机，后两类属于高压通风机；根据所要求的风量与全压，从产品样本或规格目录中的特性曲线或性能表格中查得适宜的类型与机号，选择原则与离心泵的相同，不再详述。

2）离心式鼓风机

离心式鼓风机又称透平式鼓风机，其工作原理与离心式通风机相同，但由于单级叶轮产生的风压很低（一般不超过 50 kPa），故一般都采用多级叶轮，其结构和多级离心泵相似（图 2.54）。由于离心式鼓风机气体的压缩比不高，所以无须设置冷却装置，各级叶轮的直径大致上相等。

气体由吸入口进入后，经过第一级的叶轮和导轮，然后转入第二级叶轮入口，再依次逐级通过以后的叶轮和导轮，最后由排气口排出。

离心式鼓风机的选用方法同离心式通风机。

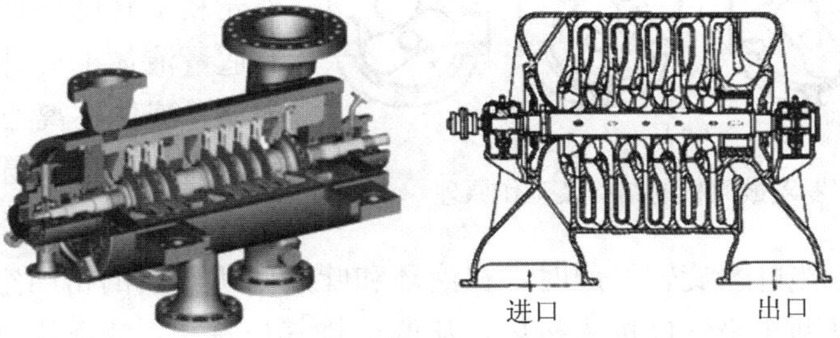

图 2.54　五级离心式鼓风机结构示意图

3）离心式压缩机

离心式压缩机又称透平式压缩机。其工作原理和主要结构与离心式鼓风机相似。离心式压缩机的特点是叶轮级数多，通常在 10 级以上，叶轮转速高，一般为 5000 r/min 以上，因此可产生较高的出口压力，一般在 0.4～1 MPa，甚至更高。由于压缩比高，气体压力逐级增大，气体体积相应减小，叶轮也逐级减小。由于级数多，温度显著上升，需设置中间冷却器。

与往复式压缩机相比，离心压缩机具有体积小、重量轻、运转平稳、操作可靠、调节容易、机内气体无油污染、风量大且供气均匀的优点。缺点是当要求流量偏离设计点时，效率下降，制造精度高。

离心式鼓风机与离心式压缩机的规格、用途等详见机械电子工业有关产品目录。

4）罗茨鼓风机

罗茨鼓风机是应用最广泛的一种旋转式鼓风机。其工作原理与齿轮泵相似（图 2.55）。机壳内有两个渐开摆线形的转子，转子之间和转子与机壳之间的间隙为 0.3～0.5 mm，狭小的缝隙可使转子能自由运动而无过多的泄漏，两转子的旋转方向相反，可使气体从一侧吸入，从另一侧排出。若改变两转子的旋转方向，则吸入和排出口互换。

罗茨鼓风机属于正位移型，其风量与转速成正比，不受出口压力的影响，故称作定容式鼓风机。根据这一特点，选用时不必考虑管路压头的大小，而直接按照生产所需风量和风压，在有关资料中查取。罗茨鼓风机的风量范围在 2～500 m^3/min，风量调节一般用支路调节，出口阀不能完全关闭，出口压力不超过 80 kPa。在 40 kPa 附近，效率较高。

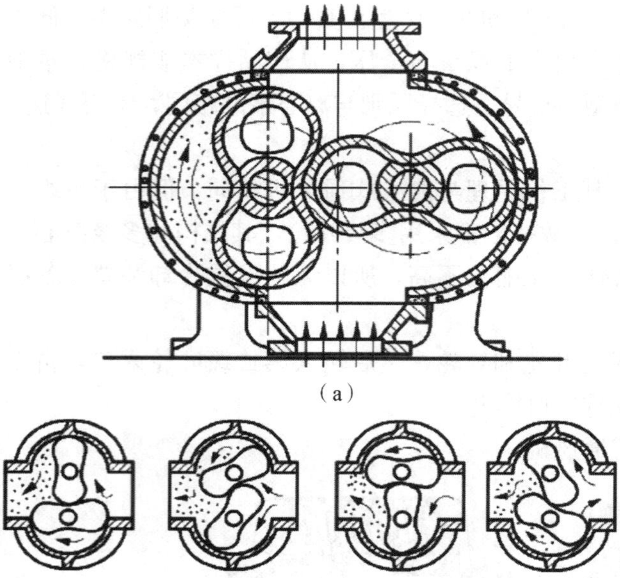

（a）

（b）

图 2.55　罗茨鼓风机的结构及工作原理

气体进罗茨鼓风机前，应尽可能将尘屑、油污等排尽。罗茨鼓风机出口应安装稳压气柜与安全阀，工作温度不能超过 85℃，否则会因转子受热膨胀而发生碰撞。

罗茨鼓风机构造简单、紧凑、体积小、排气连续且均匀，适用于所需压力不大而流量大的情况。

5）液环压缩机

液环压缩机也称纳氏泵，如图 2.56 所示，其结构由略呈椭圆形的外壳和旋转叶轮所组成，叶轮在存有适量液体的壳体内旋转，由叶片带动，液体在离心力的作用下抛向壳体周边形成椭圆形液环。椭圆形长轴处则形成两个月牙形空隙，供气体吸入和排出。当叶轮旋转一周时，在液环和叶片间所形成的密闭空间逐渐变大和变小各两次，气体从两个吸气口进入机内，从两个排气口排出。液环压缩机使气体只与叶轮接触而不与壳体接触，只要叶轮采用耐腐蚀材料制成，就可用于输送腐蚀性气体，泵内所充液体不能与输送气体发生化学反应。

6）往复压缩机

（1）往复压缩机分类

往复式压缩机的分类方法有很多，按活塞的一侧或两侧吸排气而分为单动、双动往复压缩机；按气体受压次数分为单级（压缩比 2～8）、双级（压缩比 8～50）和多级（压缩比 50～100）压缩机；按气体终压大小分为低压（1 MPa 以下）、中压（1～8 MPa）、高压（18～100 MPa）和超高压（100 MPa 以上）压缩机；按风量（生产能力）分为小型（10 m^3/min 以下）、中型（10～30 m^3/min）和大型（30 m^3/min 以上）压缩机；按气缸位置不同，分为卧式（气缸水平）、立式和角式（气缸相互成 V 型、L 型和 W 型）压缩机。

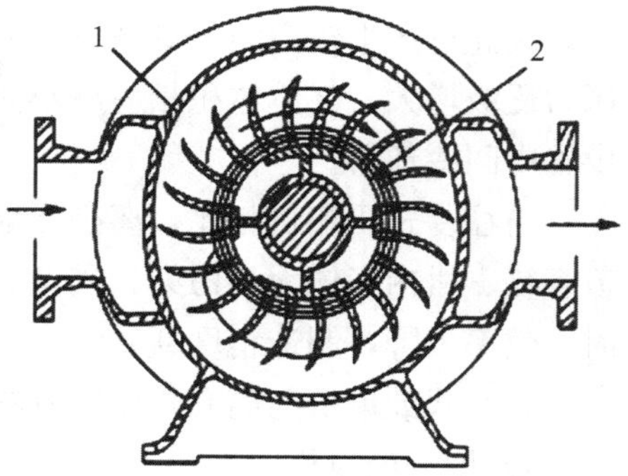

图 2.56　液环压缩机

（2）往复压缩机工作原理和特点

往复压缩机的工作是依靠活塞的往复运动而将气体吸入、压缩和排出。往复式压缩机主要部件有气缸、活塞、吸气阀和排气阀。由于气体具有可压缩性，密度比液体小得多，故压缩机的吸入和排出阀门必须更加灵巧精密，活塞与气缸盖的余隙要小，各处配合需要严密。为移除压缩放出的热量以降低气体温度，需根据压缩情况附设必要的冷却装置。

往复压缩机的工作原理虽与往复泵的相近，但因往复压缩机所处理的是可压缩气体，在压缩后气体的压力增高，体积缩小，温度升高，因此往复压缩机的工作过程与往复泵有所不同，故其排气量、排气温度和轴功率等参数应运用热力学基础知识去解决。

(3) 往复压缩机结构和工作过程

图 2.57 所示为立式单动双缸压缩机。它的机体内装有两个并联的气缸 1，称为双缸，两个活塞 2 连于同一根曲轴 5 上，吸气阀 4 和排气阀 3 都在气缸的上部。气缸与活塞端面之间所组成的封闭容积是压缩机的工作容积。曲柄连杆机构推动活塞不断在气缸中作往复运动，使气缸通过吸气阀和排气阀的控制循环地进行吸气—压缩—排气—膨胀过程，以达到提高气体压力的目的。

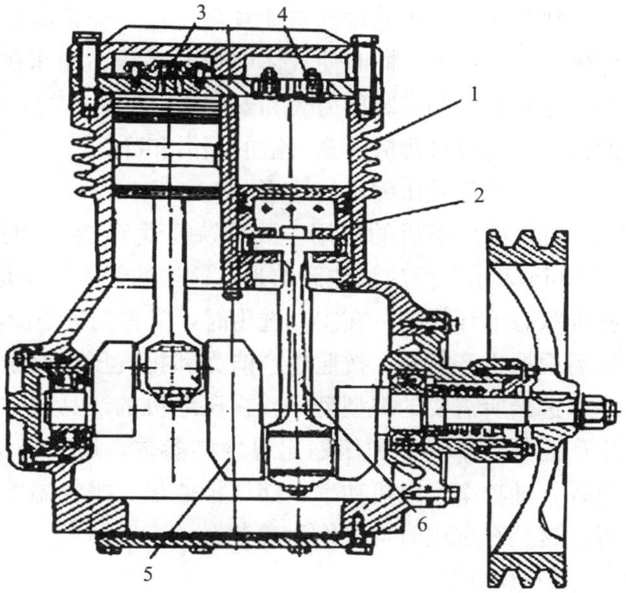

图 2.57　立式单动双缸压缩机

1. 气缸；2. 活塞；3. 排气阀；4. 吸气阀；5. 曲轴；6. 连杆

当气体压缩比大于 8 时，排出气体的温度明显升高，为避免排出气体温度过高并减少压缩机功耗、提高经济性，采用多级压缩。图 2.58 所示为多级压缩过程，即将压缩机内的两个或多个气缸串联起来，气体在第一个气缸内被压缩后，经中间冷却器 2、油水分离器 3 再送入第二个气缸进行压缩，连续地依次经过若干气缸的压缩，即达到所要求的最终压力。每经过一次压缩称为一级，每一级的压缩比只占总压缩比的一个分数。压缩机的级数越多，整个压缩系统结构越复杂，冷却器、油水分离器等辅助设备的数量也随级数成比例地增加，且为克服阀门、管路系统和设备的流动阻力而消耗的能量也增加。因此过多的级数也是不合理的。必须根据具体情况，恰当地确定级数。表 2.6 列出生产级数与终压间的经验关系，以供确定压缩所需级数时参考。

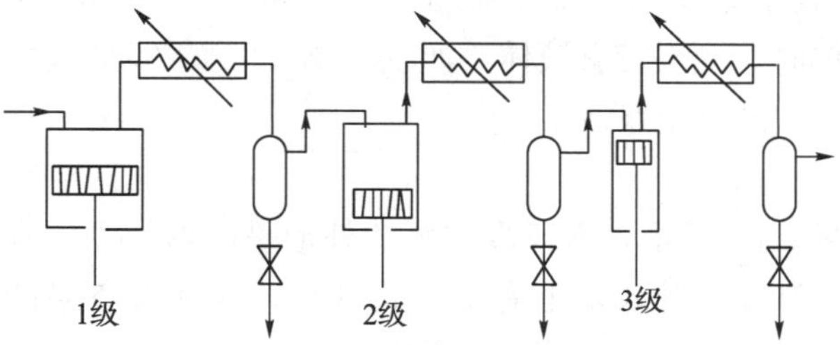

图 2.58　三级往复式压缩示意图

表 2.6　往复式压缩机级数与终压间的关系

终压 (kPa)	<500	500～1000	1000～3000	3000～10000	10000～30000	3000～65000
级数	1	1～2	2～3	3～4	4～6	5～7

往复式压缩机的排气与往复泵排液一样是有脉动的，因此出口要连接储气柜，使气体输出均匀稳定，同时使气体中带的水沫和油沫在此沉降下来，定期排放。为了操作安全，储气柜上要安装压力表和安全阀。压缩机的入口处应装有过滤器以免吸入灰尘杂质。此外，在运转过程应注意气缸的润滑和冷却。

（4）往复式压缩机的选用

往复式压缩机的选用主要取决于生产能力和排气压力两个指标。生产能力通常用 m^3/min 表示。但应该注意的是，这里的气体体积是在温度为 20℃、压力为 101.3 kPa 的标准状态下计算的。在实际选用时，应首先考虑所输送气体的特殊性质选用压缩机种类，然后根据生产需要，按照生产能力和排气压力两个指标以及气缸的空间位置，在产品样本中选出所需要的类型型号。在压缩机的产品样本中，不但提供了每一种型号压缩机的生产能力、排气量和压缩比等性能参数，还列出了级数、转速、活塞行程、气缸数目、直径、轴功率、电机功率、储气柜体积、排气温度、冷却水用量、机身重量和外形尺寸等，这些在选用时均可作为参考。

7）真空泵

生产中某些过程经常需要在低于大气压的情况下进行，真空泵就是获得绝对压力低于大气压力的机械设备，即真空泵就是在负压下吸气，一般在大气压力下排气、用来维持工艺系统要求的真空状态的机械设备。对于几十帕到几千帕的真空度而言，普通的通风机和鼓风机即可满足，但当生产需要维持较高真空度时，就需要专门的真空泵。

真空泵分为干式和湿式两类。干式真空泵是从容器中抽取气体，可以达到 96%～99.9%的真空度；湿式真空泵在抽吸气体时，允许带有液体，产生 85%～90%的真空度。食品工厂常见的真空泵有水环真空泵、旋片式真空泵。

（1）水环真空泵

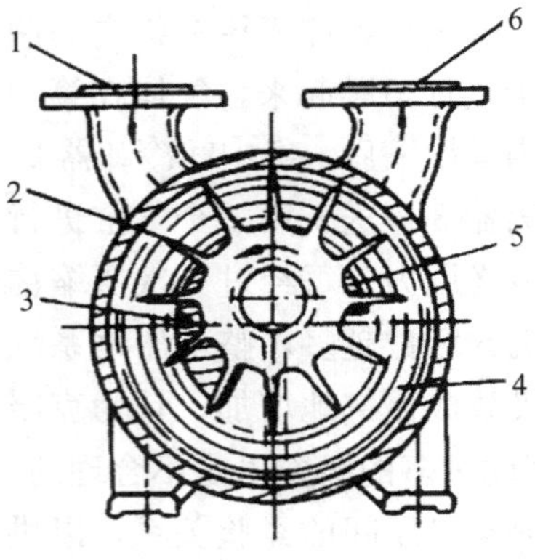

图 2.59　水环真空泵简图

1. 进气管；2. 叶片；3. 吸气口；4. 水环；5. 排气口；6. 排气管

如图 2.59 所示，水环真空泵的外形呈圆形，壳内有一个偏心安装的叶轮，上有辐射状叶片，水环真空泵的壳内注入一定量的水，当叶轮旋转时，在离心力的作用下将水甩至壳壁形成水环。水环具有密封作用，使叶片间的空隙形成大小不同的密封室。当小室增大时，气体从吸入口吸入，当小室从大变小时，气体由压出口排出。

水环真空泵可以造成的最高真空度为 83.4×10^3 Pa 左右，它也可作鼓风机用，但所产生的表压不超过 98.1×10^3 Pa，当被抽吸的气体不宜与水接触时，泵内可充以其他液体。此类泵结构简单、紧凑，易于制造和维修。但泵的效率较低，一般为 30%～50%。另外，该泵产生的真空度受泵内水温的限制。

（2）旋片式真空泵

旋片式真空泵的结构如图 2.60 所示。转子在电动机和传动装置的驱动下绕自身中心轴做逆时针旋转。转子装配在腔体的正上方，与泵体紧密接触。转子上的旋片横嵌在转子圆柱体的直径上，置于中间的弹簧使旋片紧贴在泵体的腔壁上。旋片把泵体和转子之间的空间分隔成两个腔室。当旋片随转子一起旋转时，靠近进气口一侧的腔室容积逐渐增大，从被抽容器中吸入气体，而在另一腔室中，旋片对已吸入的气体进行压缩，使气体推开排气阀，气体从排气阀排出。转子不断转动，过程重复进行，就达到了抽气的目的。为避免漏气，排气阀以下部分全浸没在真空油中。

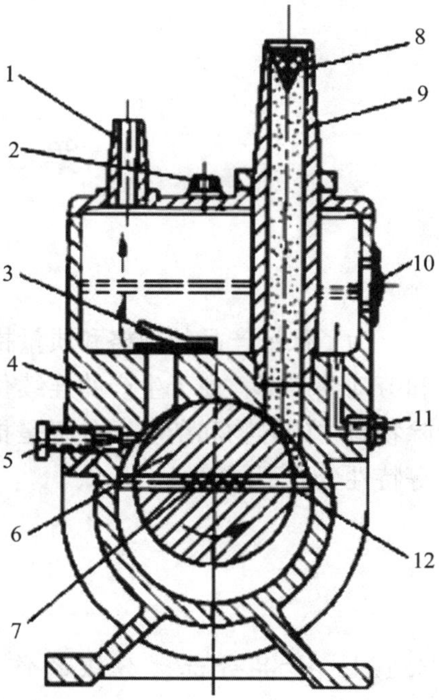

图 2.60　旋片式真空泵结构示意图

1. 排气孔；2. 注油孔；3. 排气阀；4. 泵体；5. 镇气阀；6. 转子；7. 弹簧；8. 滤网；9. 进气孔；10. 油标；11. 放油口；12. 旋片

旋片式真空泵具有结构简单、工作可靠的显著特点，但因为它以油作为密封物质，因此会造成油蒸气的回流和对真空系统造成油的污染。在要求没有油污染的应用场合，也可以使用无油旋片真空泵。但由于没有使用油作为密封与润滑介质，无油旋片真空泵的极限真空度较低，在价格、体积、噪声水平等方面也存在不足之处。

旋片式真空泵不仅可以单独使用，而且经常被用作真空系统的前级真空泵、与其他种类的真空泵配合起来使用以获得更高的真空度。

第 3 章　食品分选机械

为了保证产品的规格和质量指标，降低加工过程中原料的损耗率，提高原料利用率和劳动生产率，便于生产的连续化和自动化，需要对物料进行分选和分级。分选是指清除物料中的异物和杂质；分级是指对分选后的物料按其尺寸、形状、密度、颜色及品质等特性分成不同等级。

3.1　概　　述

3.1.1　食品分选、分级的作用

为了便于加工或使产品的规格和质量达到标准要求，提高产品质量或商品价值，使后续工序顺利进行，需要对物料进行分选和分级。

分选是指清除物料中的异物和杂质；分级是指对分选后的物料按其尺寸、形状、密度、颜色及品质等特性分成不同等级。

食品分选、分级机械的主要作用为：

（1）保证产品的规格和质量指标。

（2）降低加工过程中原料的损耗率，提高原料利用率。

（3）提高劳动生产率，改善工作环境。

（4）有利于生产的连续化和自动化。

（5）有利于降低产品的成本。

3.1.2　食品分选、分级常用的方法

物料分选分级机械种类繁多，分类依据多种多样。根据分选原理可分为尺寸、质量、形状、密度、气流、筛分、光学、电磁学分选机械等多种；按照目的可分为异物与缺陷分离机械、尺寸等级分级机械、品质等级分级机械等。表 3.1 中，按照分选目的列出一些分选机械和分选要素之间的关系。

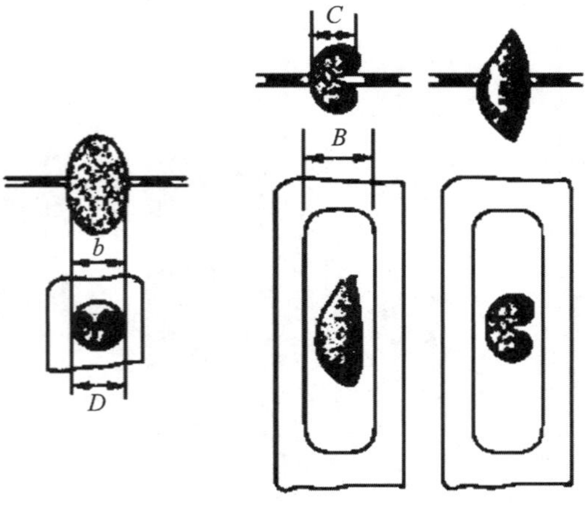

(a) 圆形筛孔　　(b) 长形筛孔

图 3.1　圆形孔和长形孔的分离原理

1. 按物料的宽度分选、分级

按物料的宽度分级一般可采用筛分，通

常圆形孔可以根据颗粒物料的宽度差别进行分选和分级，长形筛孔可以针对颗粒物料的厚度差别进行分选和分级，如图 3.1 所示。

表 3.1　常见分选机械及分选因素之间的关系

目的	分选机名称	分选因素									
		大小	形状	重量	相对密度	磁力	颜色	成分	质地	图像	密度
异物、缺陷清选分离机械	气流清选机			○							
	筛式杂质分离机	○	○								
	比重去石机				○						
	磁力去杂机					○					
	擦麦机								○		
	去石洗麦甩干机				○						
	X射线异物分离机										○
	毛发清除机	○	○						○		
	图像缺陷分离机									○	
尺寸等级分级机械	筛式分级机械	○	○								
	重力分级机			○							
	气流分级机				○						
	窝眼筒精选机	○	○								
	碟片精选机	○	○								
	球度精选器		○								
	果蔬重量分级机			○							
	果蔬光电分级机	○									
	果蔬图像处理分级机		○							○	
	静电分级机			○							
	鸡蛋分级机			○							
品质等级分级机械	大米色选机						○				
	单粒米粒分选机						○				
	涩柿分选器							○			
	成熟度分选机							○			
	糖酸度分选装置							○			
	内部褐变分选装置							○			
	损伤果分选装置							○			
	皱皮果分选装置										○
	空心果分选装置										○

2. 按物料的长度分选、分级

按物料的长度分级是利用旋转工作面上的袋孔（一般称为窝眼）对物料进行分选和分级，长颗粒因重心位置不能进入袋孔而跌出，短颗粒则被袋孔带上去另行倒出。

如图 3.2 所示，在平板表面或圆筒内表面做出许多异形盲孔，也称袋孔、窝眼，当平板或圆筒旋转时，颗粒均可沿长度方向（以其横截面）进入袋孔。但长颗粒的重心在袋孔承托面之外，因而较早从袋孔中跌出；而短颗粒的重心在袋孔承托面之内，因而被袋孔举高，另行倒出和收集。从而实现对断面尺寸相同而长度不同的颗粒的分级。此种方法用于选种时从谷物中选出较长的颗粒作为种子；也用于从小麦中清理野麦、大麦、野豌豆等杂质。

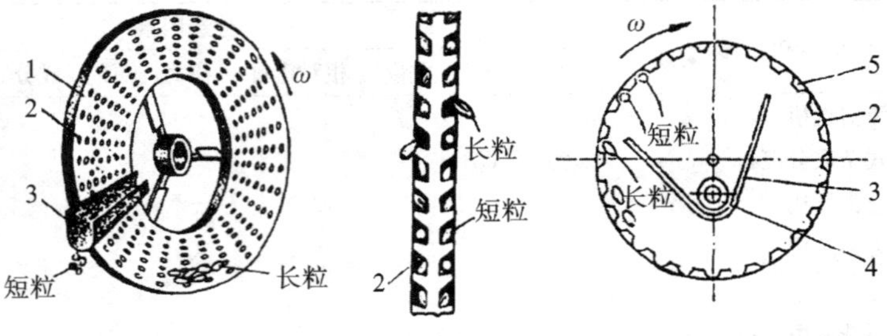

（a）碟片精选原理　（b）袋孔的作用　（c）滚筒精选原理

图 3.2　按颗粒长度分级

1. 碟片；2. 袋孔；3. 收集槽；4. 绞龙；5. 滚筒

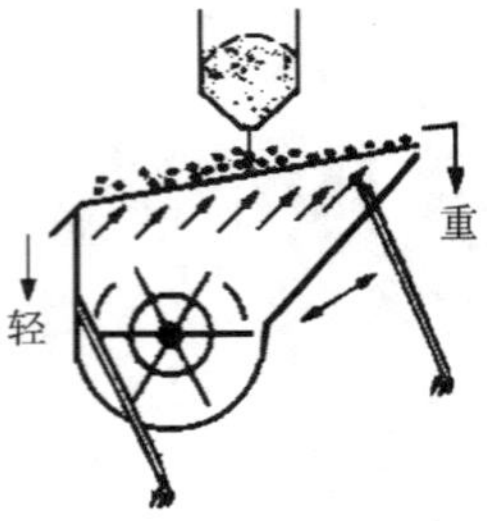

图 3.3　相对密度分级装置

3. 按物料的密度分选、分级

按物料的密度分选和分级主要用于颗粒的粒度或形状相仿但密度不同的物料，利用颗粒群在相对运动过程中产生的离析现象（或称为自动分级）进行分选和分级。颗粒群的相对运动可以由工作面的摇动或气流造成（图 3.3）。

4. 按物料的流体动力特性分选、分级

利用物料流体动力特性的差别，在垂直、水平或者倾斜的气流或水流中进行分选和分级，实际上是综合了物料的粒度、形状，表面状态以及密度等各种因素进行的分选和分级。其中水流分级主要用于不溶性物料，如淀粉制造，小麦去石等（图 3.4）。

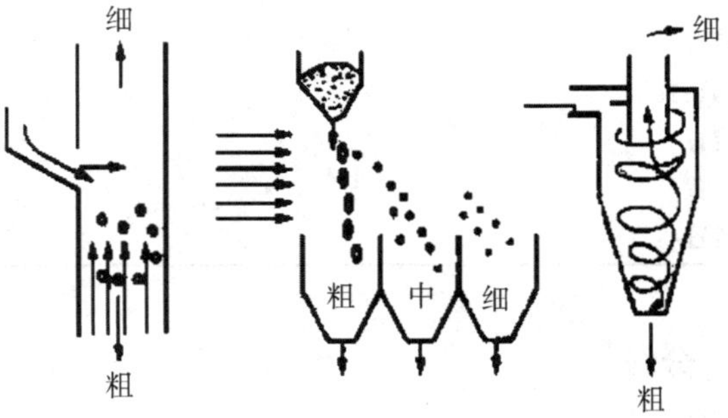

（a）垂直气流　（b）水平气流　（c）切线水平气流

图 3.4　气流分级

5. 按物料的电磁特性分选

按物料的电磁特性分选主要用于食品原料中去除铁杂质。

6. 按物料的光电特性分选、分级

按物料的光电特性分选和分级是利用物料表面的颜色差异，分选出物料中的异色物料，如花生仁光电色选机、大米色选机和果蔬分选机等。

7. 按物料的内部品质分级

按物料的内部品质分选和分级是根据物料的质量指标（如水分、糖度、酸度等化学含量）进行分选和分级，采用的方法往往是物料的某些成分对光反射、透射和吸收的影响，对电特性的影响，对磁特性的影响，对力学特性的影响，对温度特性的影响等无损检测的方法。从食品的安全性和营养性考虑，内部品质的分选和分级比其他分选和分级更具有广泛的意义，但由于涉及相关领域的技术较多，因此分选和分级的难度更大，其关键问题是如何获得可靠的信息和对获得信息的提取与处理。

8. 按物料的其他性质分级

按物料的其他性质分级是指采用某些与物料的品质指标有关联的物理方法检测物料的内部品质并进行物料的分选、分级。如采用嗅觉传感器检测物料的味道，采用计算机视觉系统检测物料的纹理、灰度等。

3.2 果蔬分选机械

随着农业科技的发展和人民生活水平的提高，果蔬品种越来越丰富，人们对果蔬品质要求不断提高。为了提高果蔬的加工质量和产品等级，满足人们日益提高的要求，需要对果蔬进行严格的分级分选。目前，我国主要依靠机械配合人工的方式实现分级分选。但人工分级劳动量大、生产率低而且分选精度不稳定，难以实现快速、准确和无损化。果蔬原料通过分级分选，不仅使产品规格一致，也方便后续工序的加工操作，提高劳动生产率，便于实现生产连续化和自动化。

3.2.1 滚筒式分级机

1. 滚筒式分级机的工作原理

物料通过料斗流入到滚筒时，在其间滚转和移动，并在此过程中通过相应的孔流出，实现分级。滚筒式分级机分级效率较高，广泛用于蘑菇和青豆等的分级。

2. 滚筒式分级机的工作特点

结构简单，分级效率高，工作平稳，不存在动力不平衡现象。但机器的占地面积大，筛面利用率低；由于筛筒调整困难，对原料的适应性差。

3. 滚筒式分级机的主要结构

滚筒式分级机的结构如图 3.5 所示。

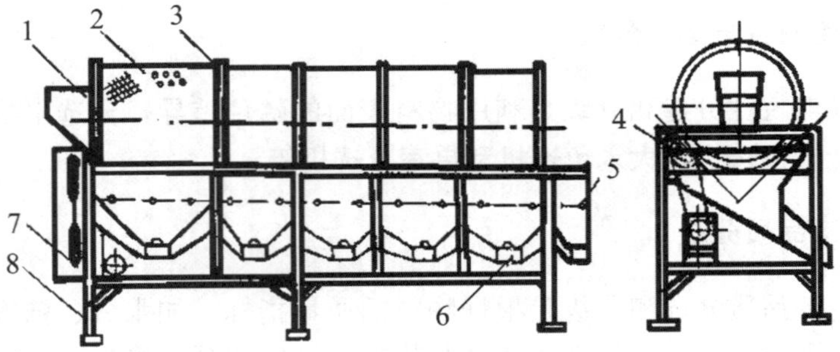

图 3.5 滚筒式分级机

1 进料斗；2. 滚筒；3. 滚圈；4. 摩擦轮；5. 铰链；6. 收集料斗；7. 传动系统；8. 机架

1）滚筒

它由厚度为1.5～2.0 mm的钢板冲孔后卷成圆筒筛。孔的大小和分布按原料工艺要求而定，进口端的孔径最小，出口端最大。

为制作方便，滚筒分节制造，各节之间用法兰连接，法兰边可作为摩擦滚圈，由摩擦轮和托轮支承。滚筒工作时与水平面有一倾斜角度，以保证物料在滚筒内进行分级的同时向出口处运动。

2）支承装置

由滚圈、摩擦轮、机架组成。滚圈装在滚筒上（或利用滚筒的连接角钢），它将滚筒体的重力传递给摩擦轮。而整个设备则由机架支撑，机架用角钢或槽钢焊接而成。

3）收集料斗

收集料斗设在滚筒下面，料斗的数量与分级的数目相同。

4）传动装置

滚筒滚动由电机经减速器、链传动至摩擦轮。摩擦轮与滚圈产生的摩擦力驱动滚筒旋转。

5）清筛装置

工作时，滚筒上的小孔往往被原料堵塞而影响分级效果。常在滚筒外壁装置木制滚轴，滚轴的弹性迫使其压紧滚筒外壁，把堵塞于小孔中的原料挤进滚筒中。也可视原料不同，采用水冲式或安装毛刷清筛。

4. 滚筒式分级机工艺参数的确定

滚筒式分级机的工作参数一般根据原料和工艺要求确定。主要设计参数包括滚筒的倾斜角度、长度与直径的比值、筛孔的排列和转速等。

1）筛孔总数的确定

滚筒上筛孔的大小和形状根据原料的大小和形状进行确定。而筛孔总数可用下式确定：

$$Z = 1000 \times \frac{1000\ G}{3600\ \lambda m} \tag{3.1}$$

式中，Z 为滚筒上的孔眼总数，个；G 为生产能力，t/h，由年产量得出；λ 为在同一秒内从筛孔中掉下物料的系数，取1.0%～2.0%；m 为物料平均质量，g。

2）滚筒直径 D 和长度 L 的确定

滚筒总孔数确定之后，由于原料中各个级别的物料含量不同，各级筛筒的孔数不同，导致各级滚筒直径不同，各级筛孔数不能平均分配到各个级中，而应按工艺要求先确定分多少级、每级筛孔的排数及每排孔数。把滚筒展开成平面，则：

每级孔数=每排孔数×排数；

每级长度=（筛孔直径+筛孔间隙）×排数；

每级直径=（每级孔径+筛孔间隙）×每排孔数/π。

每级筛孔数之和应等于总孔数，每级长度之和就是所设计的滚筒长度。但计算得出的滚筒直径，各级的直径不相等，无法连接在一起。一般选取直径最大的一级作为整个滚筒直径，其他各级可用适当增大筛孔间距的方法解决。初步确定了筛筒直径后，用直径与长度之比值为 1∶(4～6) 进行校核。确定适当的滚筒直径和长度作为滚筒式分级机的结构尺寸。

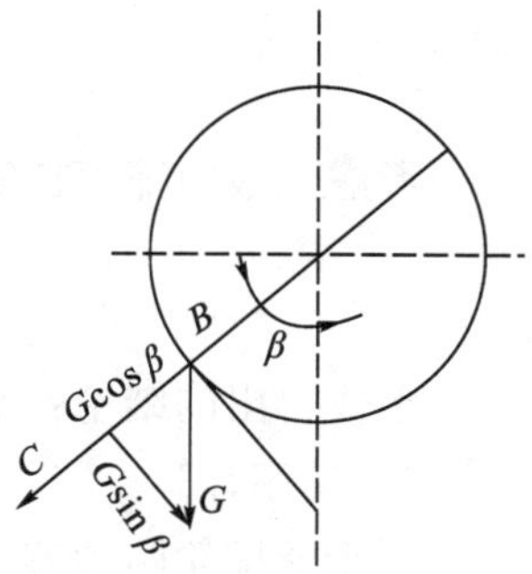

图 3.6　物料在滚筒中的受力情况

3）滚筒转速

滚筒转速直接影响生产能力和分级效率，它与滚筒直径有密切关系。

假设滚筒水平放置，当原料在滚筒内与滚筒一起转动时，其受力情况如图 3.6 所示。

斜面上任意一物料 B，受到重力 G 和离心力 C 的作用。重力 G 可以分解为 $G\cos\beta$ 和 $G\sin\beta$，前者是物料对筒壁的作用力，后者使物料沿筒壁向下滑动；而物料在圆周运动时还受离心力 C，筛面支承力（与正压力、离心力的合力是作用力与反作用力的关系）及筛面阻止物料下滑的摩擦力的共同作用。

如果物料在斜面上开始下滑，则作用于物料上的力在斜面上的投影之和为零。即

$$T = f_0(G\cos\beta + C) = G\sin\beta \text{ 或 } G\sin\beta - f_0(G\cos\beta + C) = 0$$

式中，T 为摩擦力，N；f_0 为物料对筒壁的摩擦系数，$f_0=\text{tg}\,\varphi$，φ 为摩擦角；β 为物料升角。

物料受到的离心力为

$$C = \frac{mV^2}{R} = \frac{GV^2}{gR} \tag{3.2}$$

式中，m 为物料 B 的质量，kg；G 为物料 B 所受的重力，N；g 为重力加速度，m/s^2；R 为滚筒筛半径，m；V 为物料 B 运动的线速度，m/s；n 为滚筒转数，r/min。

将线速计算公式代入离心力公式中，则

$$C = \frac{GRn^2}{900} \tag{3.3}$$

当物料 B 沿滚筒切线方向的下滑力 $G\sin\beta$ 等于最大摩擦力 T 时，物料开始向下滑动（此时物料 B 升至最高点）。即

$$G\sin\beta - f_0(G\cos\beta + C) = 0 \tag{3.4}$$

将摩擦力 T 和摩擦系数 $f_0=\text{tg}\,\varphi$ 代入上式后化简，得

$$\sin(\beta - \varphi) = \frac{n^2 R\sin\varphi}{900} \tag{3.5}$$

经试验资料得知：$\beta-\varphi=5°\sim10°$ 时，设备才能正常工作。对蘑菇和青豆而言，$f_0=$

0.7，$\varphi=35°$，那么 $\beta=40°\sim45°$。将上述数据代入式（3.5），得

$$n=\frac{12\sim14}{\sqrt{R}} \tag{3.6}$$

考虑到滚筒筛存在实际倾角这一因素，则

$$n=\frac{8\sim14}{\sqrt{R}} \tag{3.7}$$

上式得出的结论：滚筒直径越大，其转速应越小。

4）功率计算

对于摩擦轮驱动方式，可用下式计算：

$$N=\frac{Rn(G_1-13G_2)}{60\eta} \tag{3.8}$$

式中，N 为滚筒筛工作时所需电动机功率，W；R 为滚筒内半径，m；n 为滚筒转速，r/min；G_1为滚筒本身重量，N；G_2为滚筒内原料重量，N；η 为机械传动效率，0.6～0.7。

主要工艺参数对滚筒式分级机的分级效率有很大影响，根据实际使用情况，各参数选用以下数据时，工作效果较好：滚筒的倾斜角度取 3°～5°；滚筒直径与长度之比为 1∶(4～6)；滚筒的转速 10～15 r/min，一般不超过 30 r/min；滚筒筛孔的排列方式为正三角形排列。

5. 典型滚筒式形状分级装备

柑橘分选用的滚筒式分级机（图 3.7），采用中空的转筒，每个转筒分别开有 SS、S、M、L、LL 孔眼，转筒呈并列状放置。原料从转筒上部送入，以从小到大的顺序选分。根据工厂规模和进入原料量不同，转筒的数目以 2～4 个组合为宜，原料大小与孔径匹配，见表 3.2。

表 3.2 柑橘果径与分选孔径

孔径标号	果径（mm）	分选机孔径（mm）
SS	50～54	55 以下
S	55～60	61 以下
M	61～66	67 以下
L	67～72	73 以下
LL	73～78	79 以下

美国 A. K. Robin 公司制造的蘑菇分选机将预煮后的蘑菇分成 8 种等级，分级机上装有 7 种不同孔径的不锈钢转筒。而美国 FMC 公司生产的樱桃分级机，由 5ft（152.4 cm）×36in（91.44 cm）的两组卷轴组合，开有不同孔径的 4 组孔，可将樱桃分成 5 种等级，生产能力为 2 t/h，标准孔径为 16 cm、18 cm、20 cm、22 cm。

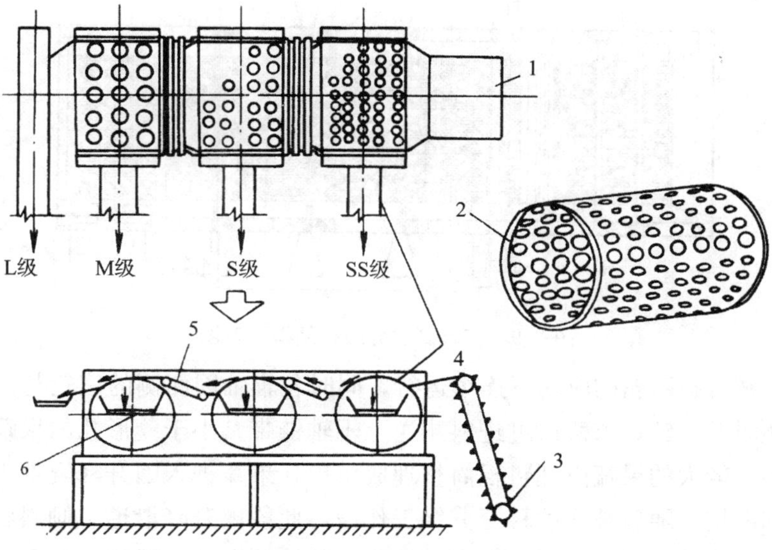

图 3.7　柑橘用转筒式分级机

1，3. 原料；2. 转筒；4. 输入运输带；5. 滚子运输带；6. 输出运输带

3.2.2　三辊筒式分级机

三辊筒式分级机主要用于球形或近似球形的果蔬原料（如苹果、柑橘、番茄和桃子等），按直径大小进行分级。三辊筒式分级机分选水果快而准确，水果损伤小，在水果加工中应用广泛。

三辊筒式分级机主要由辊筒、驱动链、链轮、出料输送带、理料辊等组成（图 3.8，图 3.9）。分级部分是一条由横截面为梯形槽的辊筒组成的输送带，辊轴分固定辊和升降辊两种连接形式，其中固定辊与链条铰接，位置固定，而升降辊浮动安装于链条连接板的长孔内，升降辊与两侧相邻固定辊形成一系列分级菱形孔。链带两侧设有升降辊用升降滑道。

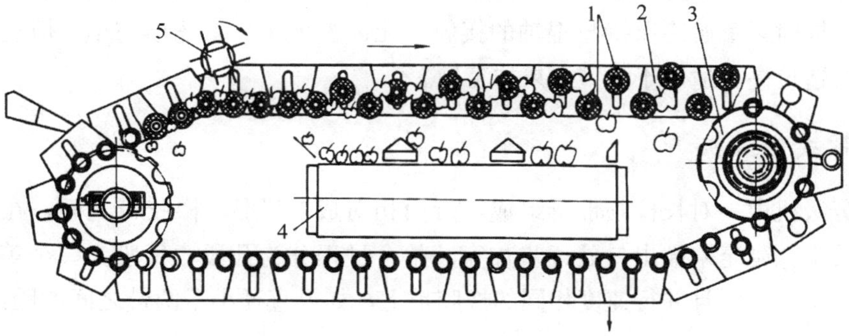

图 3.8　辊筒输送带及辊筒工作原理

1. 辊筒；2. 驱动链；3. 链轮；4. 出料输送带；5. 理料辊

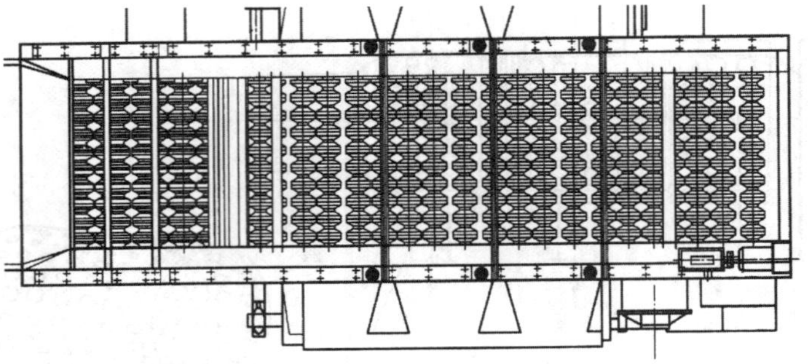

图 3.9　三辊筒式分级机结构示意图

工作时，链带在链轮的驱动下连续运行，同时各辊轴因两侧的滚轮与滑道间的摩擦作用而连续顺时针自转。果蔬通过进料斗送上辊轴链带，小于菱形孔的果蔬直接穿过而落入集料斗内。较大的果蔬由理料辊筒整理成单层，果蔬进入因升降辊处于低位而在菱形孔处形成的凹坑，随后被连续移至分级工作段，此段内升降滑道呈倾斜状，使得升降辊逐渐上升，所形成的菱形孔逐渐变大。各孔处的果蔬在辊轴摩擦作用下不断滚动而调整与菱形孔间的位置关系，当某方向尺寸小于当时的菱形孔尺寸时，即穿过菱形孔落到下面横向输送带的由隔板分隔的相应位置上，并被输送带送出。大于孔的果蔬继续随链带前移，在升降辊处于高位时仍不能穿过菱形孔的果蔬将从末端排出，如图 3.10 所示。

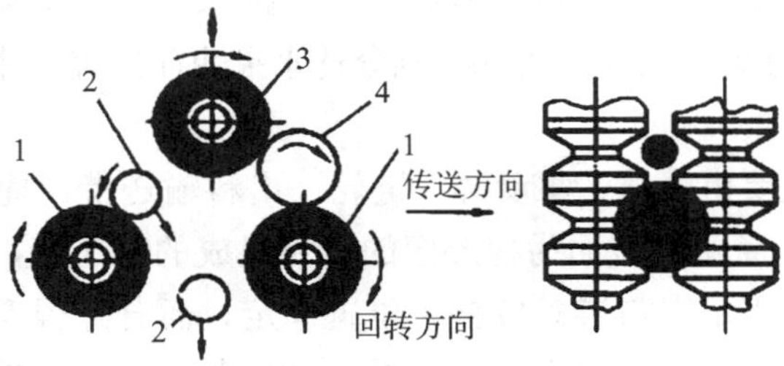

图 3.10　三辊式分级原理

1. 固定分级辊；2. 物料（小）；3. 升降分级辊；4. 物料（大）

这种分级机生产能力强，因在分级过程中，果蔬不断地改变着菱形孔间的位置关系，分级准确，同时果蔬始终保持与辊轴的接触，无冲击现象，果蔬损伤小。但这种分极机结构复杂、造价高，适用于大型水果加工厂。

3.2.3　带式分级机

带式分级机由一对长橡胶带所组成，带面相对成“V”形，橡胶带之间，在物料进口端的距离较窄，延至末端出口处逐步加宽。整个过程分为几段，每段为一个等级。物料进入以后，落在成对且并行速度相同的橡胶带上，如果直径小于两带之间的距离就落下，由输送带送出。

国外生产的带式分级机有两种形式。一种是使用带有孔眼的带；另一种是使用两组带，调整带与带之间的距离进行分级工作。带孔的带主要用于对圆形物料的分级，无孔的带适用于对梨、番茄等物料的分级。

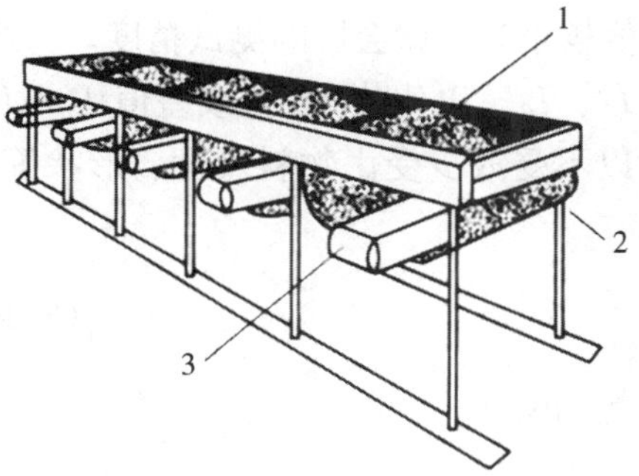

图 3.11　Atlas Pacific 公司带式分级机

1. 选别带；2. 原料入口；3. 输送带

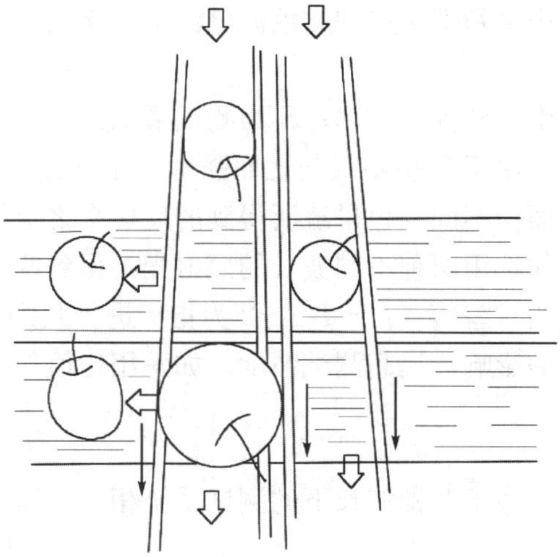

图 3.12　回转带分级原理

图 3.11 为 Atlas Pacific 公司生产的带式分级机，适用于杏、桃、苹果等圆形水果的分级。标准机有 5 组分级带，选别带用不锈钢，带表面用橡胶包覆，以保护水果不致损伤。图 3.12 为采用回转带式的分级机原理图。

3.2.4　光电分级分选设备

因为果蔬表皮颜色与其成熟度、食味、糖分与维生素含量等有密切关系，如番茄、苹果、香蕉、柠檬、草莓等，所以我们可以通过农产品的颜色变化，识别、评价它们的品质（包括内部的成分含量，如糖度、酸度、淀粉、蛋白质等成分含量）特性。家禽以及禽蛋也具有不同的表面颜色，并且它们的表面颜色往往与品质有着密切的关系。光电分级分选设备就是通过对颜色的检测来对物料进行分级的。

1. 光电分级分选原理

（1）利用光反射特性来鉴别

水果表皮的颜色可以利用光反射特性来鉴别，用一定波长的光或电磁波照射水果，根据其反射光的强弱可以判别其表面颜色。图 3.13 所示为一种蜜橘的光反射谱，它表示不同颜色的蜜橘在不同波长光的照射下的反射强度。由该图可以看出，颜色越绿则反射强度越弱，这是因为叶绿素吸光性强。此外，对于不同波长的光，色差造成的反射光强度的差异也不同，其中当采用波长为 678 nm 的光照射时，则其差异较大，故可用此波长来分选。采用光电探测元件将反射光转变为电信号，根据电流强度的

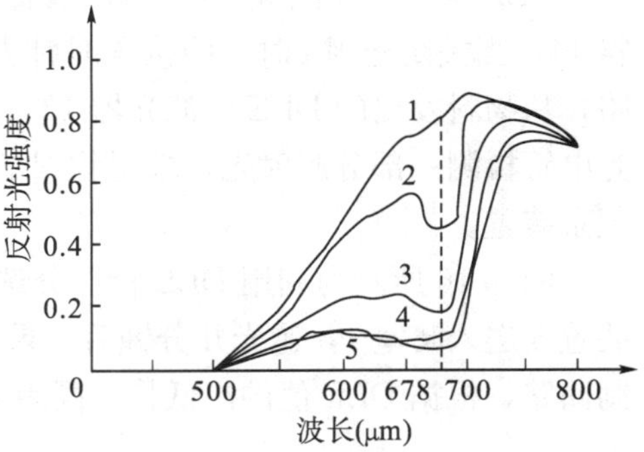

图 3.13　蜜橘的光反射谱

1. 黄色果皮；2. 淡黄色；3. 黄绿色；4. 淡绿色；5. 绿色

大小来判别果皮的颜色。电流 I 由下式确定：

$$I = SR \tag{3.9}$$

式中，R 为反射率；S 为测试系统灵敏度。

由于 S 值不仅与光照强度、光电管灵敏度有关，还与物料尺寸、形状、位置等有关，因而当不同颜色果蔬所得到的反射率之差相对于 S 值较小时，就会影响测试精度。为此，往往选用两种不同波长的照射光，得到两个电流值 I_1、I_2，以比值 I_1/I_2或差值 I_1-I_2，或相对差值（I_1-I_2）/2 为指标进行判别，这样可以不受或少受由物料尺寸、形状等带来的影响，提高测试精度。如采用比值作指标时：

$$\frac{I_1}{I_2}=\frac{S_1R_1}{S_2R_2} \tag{3.10}$$

由于两种波长下的测试系统相同，即 $S_l=S_2=S$，故

$$\frac{I_1}{I_2}=\frac{R_1}{R_2} \tag{3.11}$$

此时，判别指标与 S 值无关，消除了不同物料尺寸、形状等因素的影响。

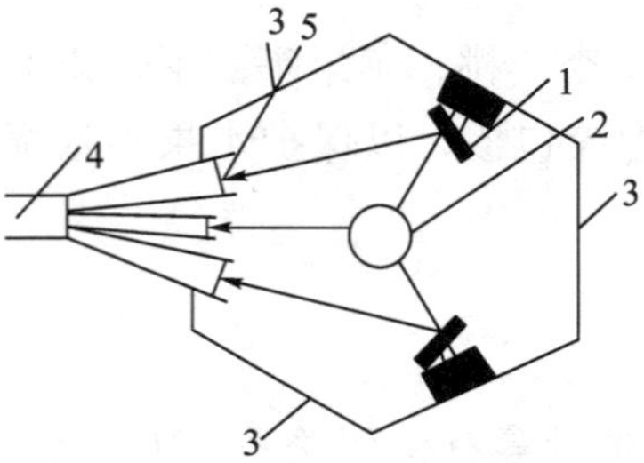

图 3.14　色检箱

1. 反射镜；2. 果实；3. 背景板；4. 集光器；5. 透镜

图 3.14 所示为色检箱，果蔬（如西红柿）依次下落通过色检箱的过程中，受到垂直方向光线的照射；对于不同的物料，为获得适宜波长的光，可更换背景板 3。从果实表皮反射的光，借箱内相隔 120°配置的反射镜 l 反射入三个透镜 5，通过集光器 4 混合，然后分成两之 3 路，分别通过带有不同波长滤光器的光学系统，得到不同波长下的反射率，从而判别果实的颜色。

（2）利用延迟发光特性来鉴别

在暗室内，将光照射到高等植物的叶绿体上，若将光线遮挡数秒至数分钟，被照物上会出现微弱的发光现象，这种现象称为延迟发光现象（简称 DLE）。由于 DLE 强度值（用电压表示）显示了果实叶绿素的含量，而叶绿素含量与果皮颜色间有着一定的关系，因而 DLE 强度值可用来进行颜色分选。

DLE 强度可用图 3.15 所示的装置测定。从光源 4 发出的白色光经反射镜 13 照射物料 14，当关闭光闸 l 时，即按顺时针方向回转 45°，打开了从物料 14 到滤光器 12 的光路，从物料发出的 DLE 经滤光器 12、放大器 8 至记录装置（数据记录仪 7、笔录仪 6）。光电管检测一部分照射光，求得物料的照光时间，通光电管得到电信号，经放大器 9 至记录装置。

图 3.16 所示为利用 DLE 特性分选的装置。果实经光源 4 照射一定时间后，由输送装置 3 送入暗室 1，遮光几分钟后，果实表面的微弱发光经光电管 7 转换为电信号送至控制回路，根据 DLE 值的高低将不同表皮色的果实分别从出口 5 或 6 排出。

2. 光电色选设备系统组成

光电色选设备的工作原理，如图 3.17 所示。贮料斗中的物料由振动喂料器送入一系列通道成单行排列，依次落入光电检测室，在镜头与比色板之间通过。当合格品经过时，

信号处理器产生一个负脉冲信号，剔除驱动器不动作，物料自动落下；当不合格产品经过时，则产生一个正脉冲信号，由剔除机构将物料吹出，从而达到分级目的。

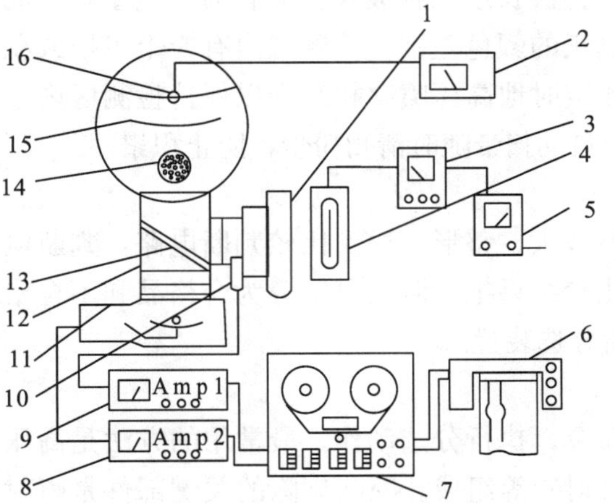

图 3.15　DLE 测定装置

1. 光闸；2. 电压调节器；3. 电流表；4. 光源；5. 电源；6. 笔录仪；7. 数据记录仪；8，9. 放大器；10. 光电管；11. 光电倍增管；12. 滤光器；13. 反射镜；14. 物料；15. 加热器挡板；16. 加热器

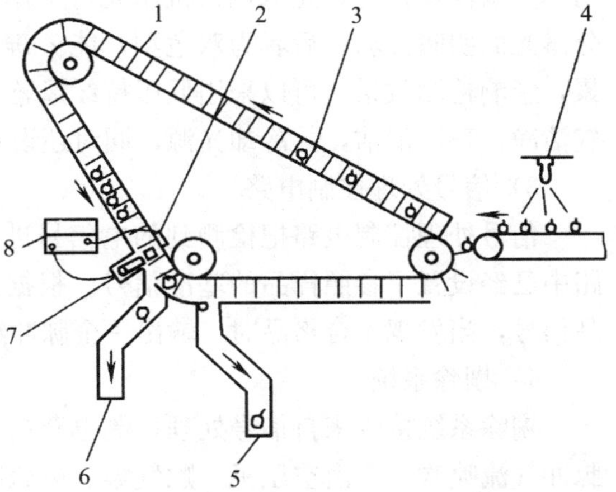

图 3.16　利用 DLE 特性的分选装置

1. 暗室；2. 转向装置和电磁阀；3. 输送装置；4. 光源；5. 黄色果（DLE 值低）出口；6. 青果（DLE 值高）出口；7. 光电管；8. 动力源和控制回路

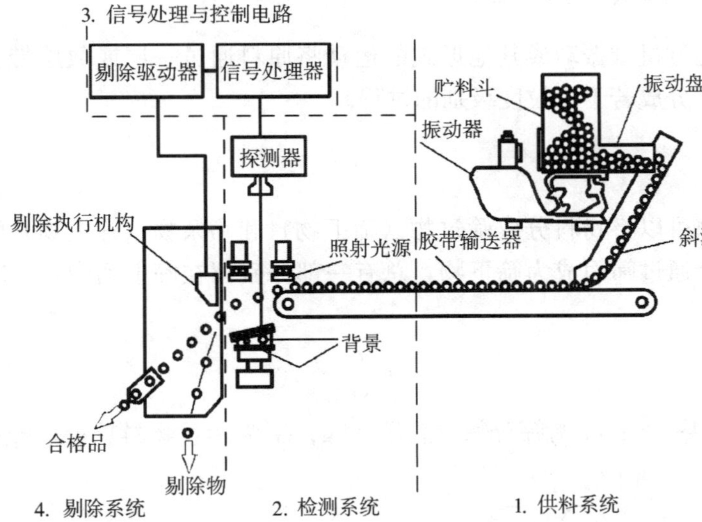

图 3.17　光电色选机的系统示意图

光电色选机由供料系统、检测系统、信号处理、控制电路和剔除系统四部分组成。

1）供料系统

供料系统由贮料斗、电磁振动喂料器、斜式溜槽（立式）或皮带输送器（卧式）组成。其作用是使被分选的物料按一定速率均匀地排成单列，穿过检测位置并保证能被传感器有效检测。

2）检测系统

检测系统主要由光源、光学组件、比色板、光电探测器、除尘冷却部件和外壳等部件组成。检测系统的作用是对物料的光学性质（反射、吸收、透射等）进行检测，以获得后续信号处理所必需的受检产品的正确品质信息。光源可用红外光、可见光或紫外光，功率要求保持稳定。光电色选机用光可采用一种波长或两种波长。前者为单色型，只能分辨光的明暗强弱；后者为双色型，能分辨真正的颜色差别。检测区内有粉尘飞扬或积累，影响检测效果，可以采用低压持续风幕或定时地高压喷吹相结合以保持检测区内空气洁净，环境清洁，并冷却光源，同时还设置自动扫帚随时清扫粉尘，防止积累。

3）信号处理控制电路

信号处理控制电路把检测到的电信号进行放大、整形、送到比较判断电路，判断电路中已经设置了参照样品的基准信号。根据比较结果把检测信号区分为合格品和不合格品信号，当发现不合格品时，输出一个脉冲给分选装置。

4）剔除系统

剔除系统接收来自信号处理控制电路的命令，执行分选动作。最常用的方法是高压脉冲气流喷吹。它由空压机、贮气罐、电磁喷射阀等组成。喷吹剔除的关键部件是喷射阀，应尽量减少剔除不合格品时带走的合格品的数量。

3.3 振动分选机械

3.3.1 振动分选机械的基本常识

振动分选是通过机械振动或其他形式的运动将原料通过一层或数层带孔的筛面，使物料按宽度或厚度分成若干个粒度级别的过程。

1. 筛分效率

每一层筛面都可以将物料分成筛过物（筛下物）和筛余物（筛上物）两部分，但筛下级别不可能完全通过筛面成为筛下物，总有一部分残留在筛上物中，此时采用筛分效率η来评价，即：

$$\eta = \frac{G'}{Gx} \tag{3.12}$$

式中，η为筛分效率,%；G为筛分物料总量，kg；G'为筛过物料总量，kg；x为可筛过物的质量分数,%。

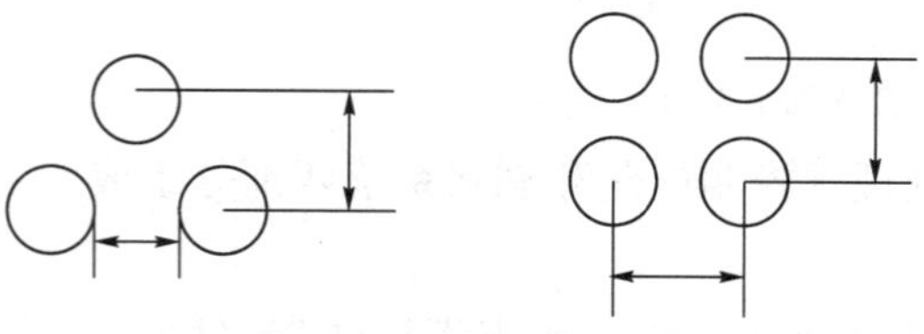

(a)正三角形排列　(b)正方形排列

图 3.18　筛孔排列方式

2. 开孔率或筛孔系数

开孔率是指整个筛面上筛孔所占的面积与总面积之比。开孔率与筛孔的间距和筛孔排列的方式有关（图 3.18）。正三角形排列的开孔率比正方形排列可增加 16%，同时，正三角形排列的筛孔是错开排列的，可增加物料在筛面运动过程中的过筛机会，有利于提高分级效率。

3.3.2　摆动筛的结构及参数

摆动式分级机又称为摇动筛，在食品工厂中常称为振动筛（图 3.19）。从物料在筛面上的受力来看，摆动筛与振动筛是不一样的。摆动筛是以往复运动为主，以振动为辅，摆动次数在 600 次/min 以下，一般为多层筛面结构，可获得几种不同尺寸规格的物料，且不易发生破碎原料现象。而振动筛在选矿和粮食筛选中，常是一次筛分产品，物料在筛面上是剧烈跳动的，是以振动为主，振动频率在 800～1500 次/min 范围内。

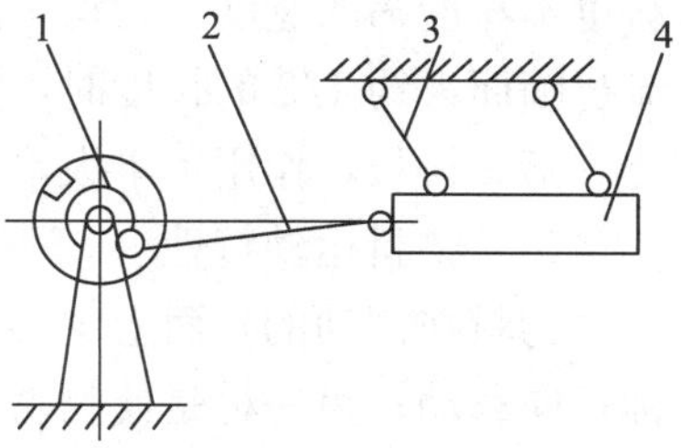

图 3.19　摆动筛结构简图

1. 曲柄；2. 连杆；3. 吊杆；4. 筛体

1. 摆动筛的结构特点

摆动筛通常采用曲柄连杆机构传动，电动机通过带传动使偏心轮回转，偏心轮带动曲柄连杆使机体（上有筛架）沿着一定方向作往复运动。由于机体的摆动，使筛面上的物料以一定的速度向排料端移动，小于第一层筛孔的物料，从第一层掉到第二层筛面，而大于第一层筛孔的物料则从第一层筛面的末端排出收集为一个级别，第二层以下的物料按同样方式进行筛选，从而获得各种不同尺寸级别的物料。

摆动筛的机体运动方向垂直于支杆或悬杆的中心线，机体向出料方向有一倾斜角度，由于机体摆动和倾角存在而使筛面上的物料以一定的速度向前运动，物料是在运动过程中进行分级。

摆动筛的优点：摆动筛的筛面是平的，因而全部筛面都在工作，制造和安装都比较容易，结构简单、调换筛面十分方便，适用于多种物料的分级。缺点是动力平衡较差，运行时连杆机构易损坏，噪声较大等。

2. 摆动筛的主要技术参数

1）筛子

筛子是主要的工作部分，直接影响分级效果。筛子主要有三种形式：扁钢纵横交错焊制，筛孔多为正方形或长方形；钢丝、铜丝或尼龙丝编织而成，多为方形孔；薄钢板钻（冲）孔而成，这种形式的筛面用途最广泛，其特点是制作方便，孔的形状和大小可按工艺要求制造。为了减少筛孔被堵塞，常将筛孔做成圆锥形，孔由上向下逐渐增大，其圆锥角以 7°为宜。

筛孔的形状有圆形、正方形和长方形，圆形的比较常用，也有长方形与圆形混合使用的。

筛孔尺寸应大于所分级物料的尺寸，对于圆孔，孔径是物料尺寸的 1.2～1.3 倍；对于正方形孔，孔的尺寸是物料尺寸的 1.0～1.2 倍；对于长方形孔，则是物料尺寸的 1.1 倍。

2）开孔率

开孔率是反映筛面上筛孔数量的参数，是指筛孔的总面积与整个筛面面积的比值。这个比值越大，分级效率就越高，但比值过高会影响筛面的强度，一般为 50%～60%。

3）生产率

虽说筛面宽度直接影响生产能力，但宽度过大会使结构庞大，同时不便于操作，物料也不易沿筛的宽度方向均匀散落，因此一般筛面宽 600～1200 mm。经实验验证，物料流过筛面大约 1/3 的长度时，大部分可过筛的物料已经过筛，此后过筛率显著减小。因此，筛面再长，作用也不大，在设计和选用时只要从结构上考虑其筛面长度即可。

（4）物料运动特性

物料在摆动的筛面上主要有两种运动，一种是使物料沿筛面倾斜方向向下移动，或称正向移动；另一种是使物料沿筛面倾斜方向向上移动，或称反向移动。前者主要与倾斜角度有关，后者与振幅、偏心轮转速和筛面倾斜角度有关。

物料正向移动速度快，可使物料层处于较薄状态，从而增加过筛机会。若该速度过快，就需要较长的筛面，否则，就会造成来不及过筛的物料进入另一级中。另外，由于料层太薄，物料会因在筛面上跳动过大而影响过筛机会。

一般正向运动应大于反向运动，才能使物料不断向出料口移动。然而又必须有一定的反向移动，才能使物料有更多机会通过筛孔。因此，摆动筛安装好后，要多次调试，选择最佳进料量，做到既有较高的分级效率又有较大的生产能力。

为了使筛面上的物料以一定的速度向排料口方向移动，筛面进料端与排料端之间有一倾斜角度，倾角一般为 1°～5°。倾角过大，物料沿筛面移动的速度很快，降低物料过筛的概率，因而会降低分级效率。滚动性能好的物料，倾角取低值，相反则取高值。

3. 摆动筛工作惯性力造成的振动和噪音

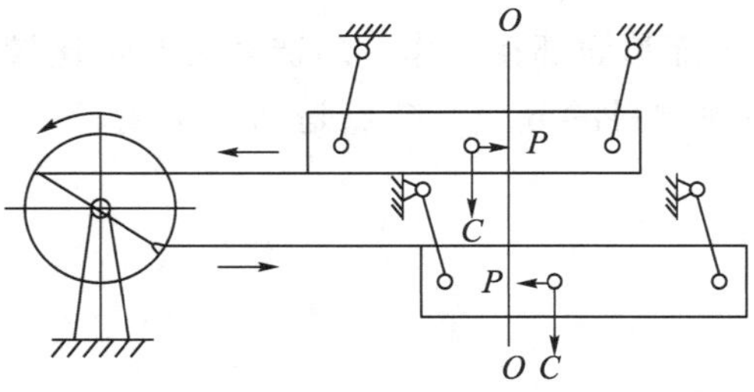

图 3.20 双筛体摆动筛

由于采用偏心轮连杆机构传动，筛体的变速运动导致筛体在运动中产生很大的惯性力，惯性力使设备产生很大的振动和噪声，从而影响设备的使用寿命。为了减少惯性力造成的振动和噪声，除提高设备各构件的制造精度外（如宽度方向的两根吊杆长短应一致，筛面不得向两边倾斜，偏心轴套与传动轴必须紧密配合，不得松动等），应尽量平衡其惯性力，如在偏心轴上装置平衡轮或采用双筛体平衡方法，以消除惯性力所造成的不良影响。

双筛体摆动筛如图 3.20 所示，在驱动轴上装置两个偏心轮，用两根连杆带动上下筛体摆动。由于两个偏心轮的偏心方向相反，因而上下两筛体的摆动方向相反，筛体水平方向的惯性力互相抵消，得到平衡。但垂直方向的惯性力增大，一般由支架和吊杆承受，这是有利的。

带平衡重的摆动筛是在曲柄的对称位置装置一带平衡重的平衡轮，当筛体的质量与平衡重处于对称位置时，平衡重的惯性力与筛体惯性力平衡（图 3.21）。筛体质量与平衡重质量不处于对称位置时，这时在垂直方向上产生了不平衡惯性力，同样此方向上的惯性力也由支架承受。

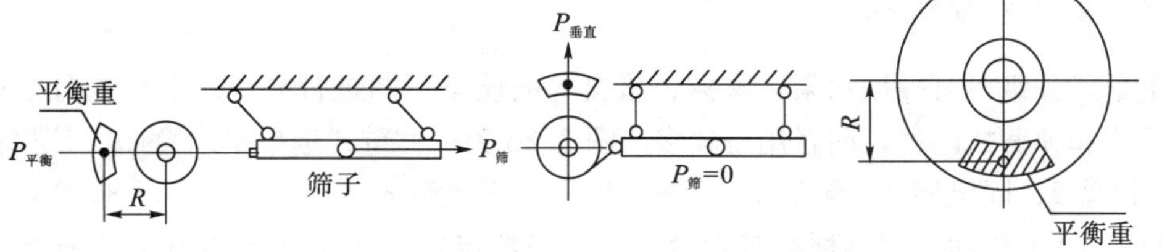

（a）平衡重在水平位置时　（b）平衡重在垂直位置时　（c）平衡轮

图 3.21　平衡重的平衡作用

3.4　其他分选技术与设备

3.4.1　螺旋精选机

螺旋精选机（也称抛车）多用于从长颗粒中分离出球形颗粒，如从小麦中分离出荞麦、野豌豆等。螺旋精选器由进料斗 1、放料闸门 2 及 4～5 层围绕在同一垂直轴上的斜螺旋面所组成。靠近轴线较窄的并列的几层螺旋面 3 称为内抛道，较宽的一层斜面 4 称为外抛道。外抛道的外缘装有挡板 5，以防止球状颗粒滚出。内、外抛道下边均设有出口。小麦由进料斗出口均匀地分配到几层内抛道上，内抛道螺旋斜面倾角要适当，使小麦在沿螺旋面下滑的过程中速度近似不变，其与垂直轴线的距离也近似不变，因此不会离开内抛道；荞麦、野豌豆等球形颗料在沿螺旋斜面向下滚动时越滚越快，因离心力的作用而被抛至外抛道，实现与小麦的分离（图 3.22）。

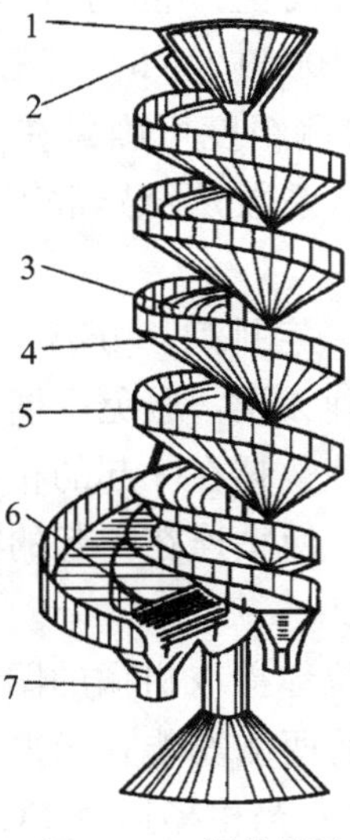

图 3.22　螺旋精选机的结构

1. 进料斗；2. 放料闸门；3. 内轨道；4. 外抛道；5. 挡板；6. 隔板；7. 出口管道

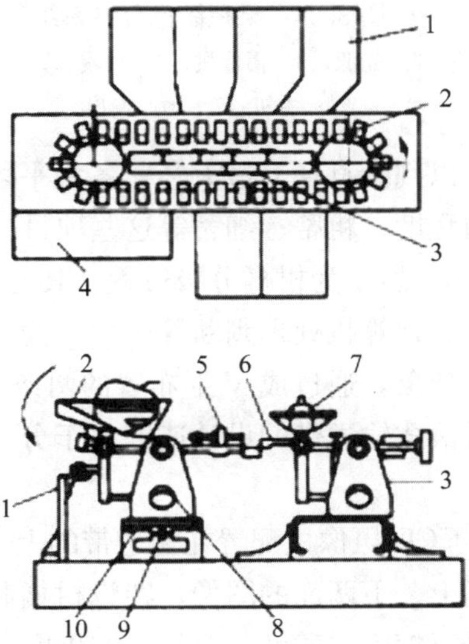

图 3.23　称重式选果

1. 进料斗；2. 料盘；3. 固定秤；4. 喂料台；5. 调整砝码；6. 分离针；7. 砝码；8. 移动秤；9. 辊子链；10. 移动称轨道；11. 小轨道

3.4.2 重量式分级机

重量式分级机可根据水果、家禽、蛋类等的质量不同进行分级。重量式分级机一般有称重式和弹簧式两种，前者用得较多。图 3.23 为一称重式选果机示意图。该机由进料斗 1、料盘 2、固定秤 3、移动秤 8、输送辊子链 9 等组成。移动秤约 40～80 个，随辊子链在轨道 10 上移动。固定秤有若干台（按分级数定），它固定在机架上，在托盘上装有分级砝码。移动称在非秤重位置上时，物料重量靠小轨道 11 支持，使移动秤杠杆保持水平。当移动秤到达固定秤处进行称重（即与小轨道脱离）时，移动秤的杠杆与固定秤的分离针 6 相接触，物料和砝码在移动秤杠杆的两端，通过比较，若物料重量大于设定值，则分离针被抬起，料盘随杠杆转动而翻转，物料被排放到接料箱。物料由重到轻，按固定秤数量而分成若干等级。该机分级精度较高，调整方便，适应性广，但结构较复杂。

3.4.3 果蔬图像处理分级系统

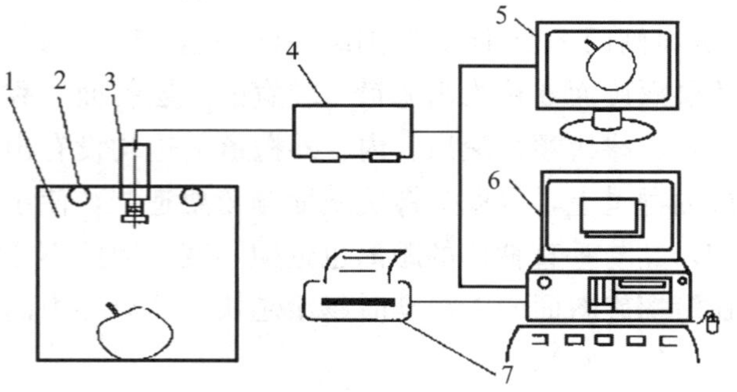

图 3.24 果蔬图像分级系统

1. 光源箱；2. 光源；3. 摄像机；4. 采集卡；5. 监视器；6. 主机；7. 图像输出

果蔬图像处理分级系统如图 3.24 所示，其一般由 CCD（charge coupled device）摄像机、无损伤检测装置、输送带、计算机、电气控制系统等组成。该系统利用 CCD 摄像机进行非接触摄像，并进行形状判断。图像式分级机稳定性高、精度高、处理能力大，可用于各种果蔬的分选。当分选大尺寸果实时，每条线生产能力为3000 个/h，小尺寸时 10000 个/h，直径、长度、粗细等的检测精度可确保在±1 mm左右。还可以判断直径、最大径、各种平均径、长度、各种形状系数是否异常等，比如黄瓜的弯曲程度、粗蒂、细蒂等这些项目。

图 3.25 所示为柑橘分级过程。其分级操作大致分为纵向一字排列、分离、摄像、无损伤检测、计算机处理判断等过程。为了保证摄取的图像准确无误，避免柑橘之间发生摞列粘连现象，通过成 V 形布置的两条速度不同的输送带，使叠摞在一起的柑橘形成单列；通过滚式输送带的设计速度大于分离输送带速度的原理，使粘连在一起的柑橘实现了分离。

5 台 CCD 摄像机配置在输送带的上方及周边，可以全方位地摄取柑橘的图像，为了获得柑橘上、下两面的图像，特设柑橘翻转机构。在输送带的两侧安装有无损伤检测装置，可进行糖度、酸度、腐烂损伤程度、有无皱皮现象的检测。当柑橘通过 CCD 摄像机时，柑橘的颜色、大小、形状、内部质量、糖度和酸度、表面损伤情况等均被记录下来，通过这些信息的计算机综合处理即可完成分级作业。

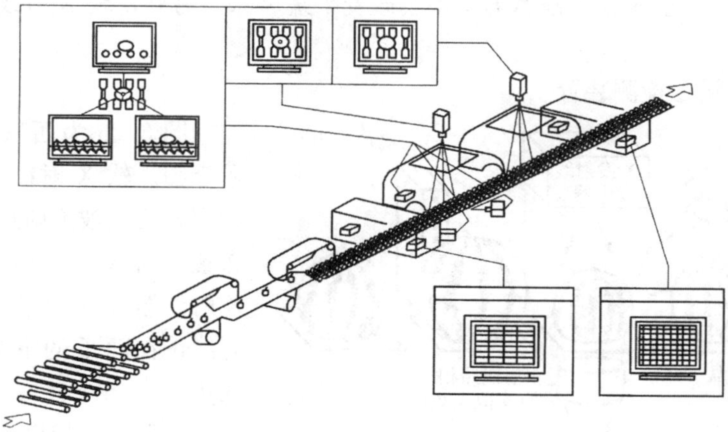

图 3.25　柑橘分级过程

3.4.4　内在品质分选设备

果蔬的品质检测包括表面品质检测和内部品质检测两项内容。表面品质检测项目有表面颜色、果形、表面损伤等，内部品质包括水果的糖度、酸度、叶绿素和内部缺陷、病变等指标。大多数情况，果实的成熟程度可以用果实的颜色间接地代表；但表示成熟度的真实指标是果实内部的糖度、酸度、叶绿素含量、果肉软硬程度等。糖、酸度的破坏性检测技术早已被人们掌握，而无损检测是近年来发展起来的高新技术。果蔬品种多种多样，不同果蔬有时需要不同的检测方式。无损检测方法按检测手段大致可分为 X 射线分析法、近红外分析法、力学分析法、可见光分析法、激光分析法等。按安装方式可分为便携式和在线固定式。

1. X 射线分析法

X 射线与电波、可见光相同，是电磁波的一种，只是波长不同。但 X 射线具有很强的穿透能力，穿透能力又受物质密度的影响，密度大，穿透能力小；密度小，穿透能力大。我们做身体透视检查时能看清身体内部的骨骼与其他部位，就是利用了这个原理。对于可见光而言，即使只有一张黑纸也无法通过；可见光具有反射性质，而 X 射线没有这样的反射。

所谓软 X 射线是指长波长区域的 X 射线，比一般的 X 射线能量低、物质穿透能力差。在果蔬检测方面，因果蔬的密度与骨骼等物质相比要小得多，所以所需 X 射线强度很弱，软 X 射线足以满足实际检测要求。

应用软 X 射线可以检测如马铃薯、西瓜内部的空洞，柑橘的皱皮等内部缺损现象。柑橘在生长过程中，由于环境条件的影响，常出现皱皮现象（果皮大，果肉小）。皱皮果的水分少，味道差，属等外品，在进行分级时必须将其分选出来。

在利用 X 射线检测果蔬时，人们常常存有各种顾虑，担心残留问题。首先，X 射线不是放射能，不存在残留问题；使用的 X 射线能量低，被照射的果蔬不会被放射化；检测用的 X 射线，不会损伤果蔬营养，不会改变果蔬风味，另外，软 X 射线没有杀菌、防腐的效果。

1）西瓜空洞的检测装置

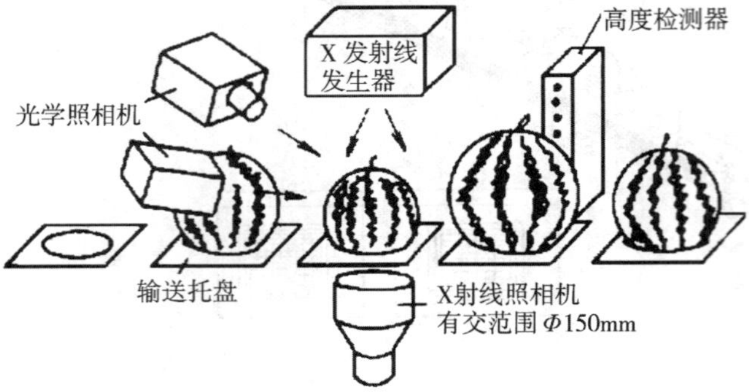

图 3.26　西瓜空洞检测装置示意图

图 3.26 为西瓜空洞检测装置示意图。软 X 射线发生器和 X 射线照相机以被测西瓜为中心，分别布置在西瓜的上下，该图所示为软 X 射线发生器在上，向下发射 X 射线，在西瓜的下方是 X 射线照相机。

X 射线照相机的检测直径范围最大为 Φ150 mm，对于尺寸大的西瓜而言，虽然只能检测 Φ150 mm 范围内的中心部，不能观察全貌，但由于空洞现象常发生在西瓜的中心部附近，在实际使用中不会成为大问题。空洞检测范围与西瓜大小之间的关系如图 3.27 所示。西瓜的直径大小差异很大，不同大小的西瓜需要不同的 X 射线强度，为了及时调节 X 射线强度，先用光电管测量西瓜的大小，然后根据测量的西瓜直径调节 X 射线的发射强度。包括输送带在内，整个 X 射线检测装置应置于安全保护罩内。

在由 X 射线照相机摄取的西瓜内部图像中，白色代表空洞部分，黑色代表果肉。如果是没有空洞的西瓜，也就没有白色部分，相反，如有空洞则会出现白色部分，因此，利用这个原理，很容易将它们区分出来。实际判断情况如图 3.28 所示。

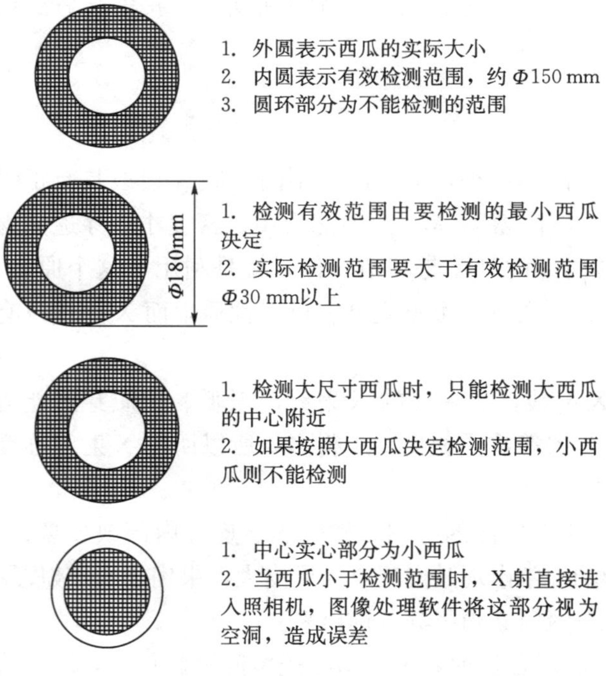

图 3.27　空洞检测范围与西瓜大小之间的关系

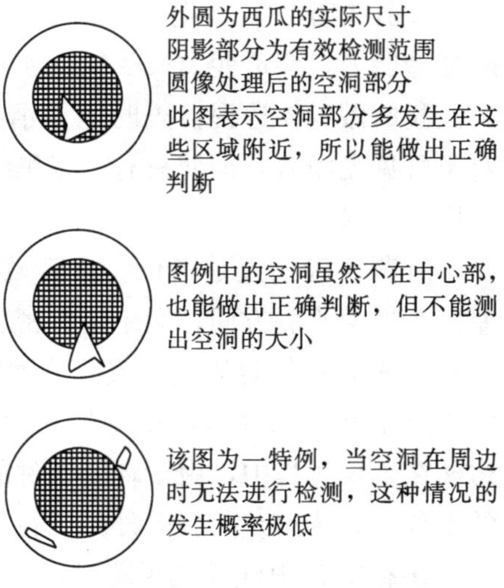

图 3.28　三种空洞判断情况

2）柑橘皱皮果的检测

图 3.29 为柑橘皱皮果检测装置示意图与检测波形。检测装置由 X 射线发射、接收、遮挡罩板、输送带、计算机等组成。为了人身安全，用 2.3 mm 厚的铁板制成防护罩，防止 X 射线的泄露。X 射线发射装置与接收装置分别布置在输送带的两侧。当输送带上无柑橘输送过来时，接收装置接收全部 X 射线信号，并变换成电信号，经 A/D 变换后进入计算机，此时的信号数值最大；当有柑橘通过时，信号数值将随密度的增减而变化。

检测的结果与我们平时习惯了的图像形式不同，它是以波形形式出现的，这主要是为了减少成像时间，达到快速检测（5 个/s）的目的。由图 3.29 中的下图正常果与皱皮果的波形可以看出，正常果的波形圆滑过度，而皱皮果由于局部密度的突然减小，使得波形中途产生突变，根据波形中有无突变现象或大小，即可检测有无皱皮现象发生。

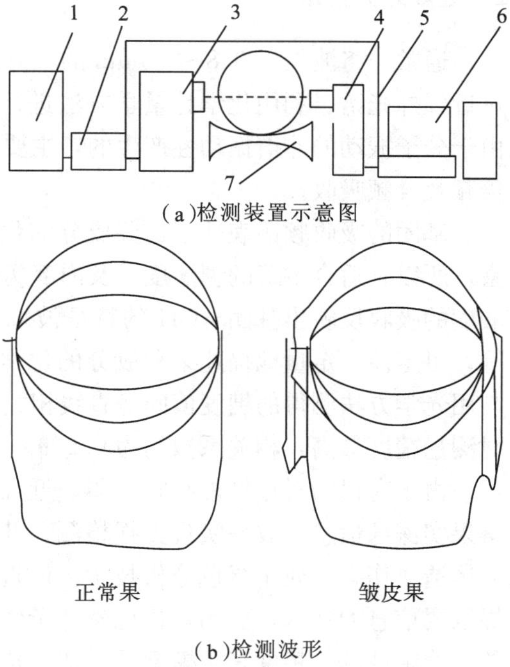

图 3.29　柑橘皱皮果检测装置示意图与检测波形

1. 电源；2. 控制系统；3. X 射线发射装置；4. 接收器；5 防护罩；6. 计算机；7. 输送带

在实际检测中，检测精度是决定该技术能否应用的关键指标之一。检测精度受多种因素影响，诸如柑橘的检测位置、柑橘的大小、X 射线的强度、输送带的速度、判断值的选择等。皱皮是一种生理现象，因常发生在柑橘的柄和花两端，所以 X 射线扫描区域和计算分析的重点也为两端，中间可以忽略；X 射线强度过强和过弱，均造成无法识别波形有无突变问题，在检测前，应根据实际情况进行调节；输送带的速度过快，检测精度降低，过慢将影响生产率；判断值的选择需根据大量实验找出合理的数值。

X 射线在果蔬检测方面的应用及适应性见表 3.3。

表 3.3　X 射线在果蔬检测方面的应用

果蔬	内部品质	适应性	果蔬	内部品质	适应性
葱头	发芽异常	+++	温州蜜橘	糖酸度	−
葱头	烂芯	++	苹果	心腐病、橡皮病	+++
圆白菜	结球状态、抽薹	+++	苹果	成熟度、糖、酸	−
白萝卜	局部失水	+++	柿	有无核的存在	+++
网纹甜瓜	成熟程度	+	柿	成熟度	−
葡萄柚	局部失水	+++	西瓜	空洞	+++
柑	局部失水	+++	香蕉	成熟度	++
温州蜜橘	皱皮	++	香蕉	糖度	−

注：+++优，++良，−不可。

2. 近红外分析法

通常，将波长为0.8～2.5 μm的红外线称为近红外线。所谓近红外分析法，就是通过近红外光谱，利用化学计量学方法进行成分、理化特性分析的方法。因近红外光谱是由于分子振动的非谐振动性产生的，主要是含氢基团（—OH、—SH、—CH等）振动的倍频及合频吸收。

基团的吸收频谱表征了这些成分的化学结构，测量的近红外谱区信息量也就极为丰富，所以它适合果蔬的糖酸度以及内部病变的测量分析。例如食品常见成分：水、糖度、酸度的吸收反映出基团—CH的特征波峰。根据这些基团特征波出现的位置、吸收强度等，可定性、定量地描述某种成分的化学结构。经实验验证，用近红外线测得的糖度值与用光学方法测得的糖度值间呈直线相关，在波长为914 nm、769 nm、745 nm、786 nm时测量精度最高，相关系数约为0.989。

由于有机物对近红外吸收较弱，近红外能深入果实内部，所以可以从透射光谱中获得果实深部信息，故易实现无损检测。此外，近红外光子的能量比可见光还低，不会对人体造成伤害，属于绿色分析技术。但近红外分析是属于从复杂、重叠、变动的光谱中提取弱信息的技术，要用现代化学计量学的方法建立相应的数学模型。而建立一个优秀的（稳定性好、精度高）模型是近红外光谱分析技术应用的关键。

建立近红外分析方法的步骤如下：①选择有代表性的校正集样本并测量其近红外光谱；②采用标准或认可的参考方法测定所关心的组分或性质数据；③根据测量的光谱和基础数据通过合理的化学计量学方法建立校正模型，在光谱与基础数据关联前，对光谱进行预处理；④对未知样本组成性质进行测定。

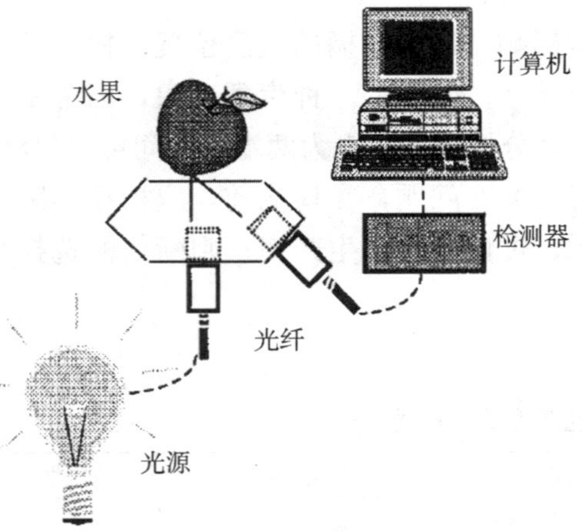

图3.30 近红外检测装置原理图

近红外在果实检测方面，主要用于测量糖度和酸度。图3.30为近红外检测装置示意图。该装置主要由光源、光学检测器、数据处理三大部分组成。由于反射光不能反映水果内部情况，所以光由果实一侧的中部照射。透射果实内部的光由在线特殊检测器接收，并获得果实的透射光谱，经光电变换进入演算部，在演算部，进行糖酸度计算，并将其结果送往各个装置。

第 4 章　食品粉碎机械

粉碎的目的是将大颗粒物料粉碎成为小颗粒，根据原来粒度和成品粒度，粉碎可分为粗粉碎、中粉碎、细粉碎和超细粉碎。习惯上将大块物料分裂成小块物料的操作称为破碎；将小块物料分裂成细粉的操作称为磨碎或研磨，两者又统称为粉碎。食品粉碎机械主要可分为干法粉碎机械与设备、湿法粉碎机械、果蔬加工粉碎机械。

4.1　食品粉碎理论

4.1.1　粉碎理论

粉碎是用机械力的方法克服固体物料内部凝聚力使之破碎的单元操作。习惯上将大块物料分裂成小块物料的操作称为破碎；将小块物料分裂成细粉的操作称为磨碎或研磨，两者又统称为粉碎。

1. 粉碎力的种类与形式

根据施力的种类与方式，物料粉碎时所受到的作用力可分为挤压力、冲击力和剪切力（摩擦力）。

物料粉碎的基本方法包括压碎、劈碎、剪碎、磨碎和击碎等形式（图 4.1）。

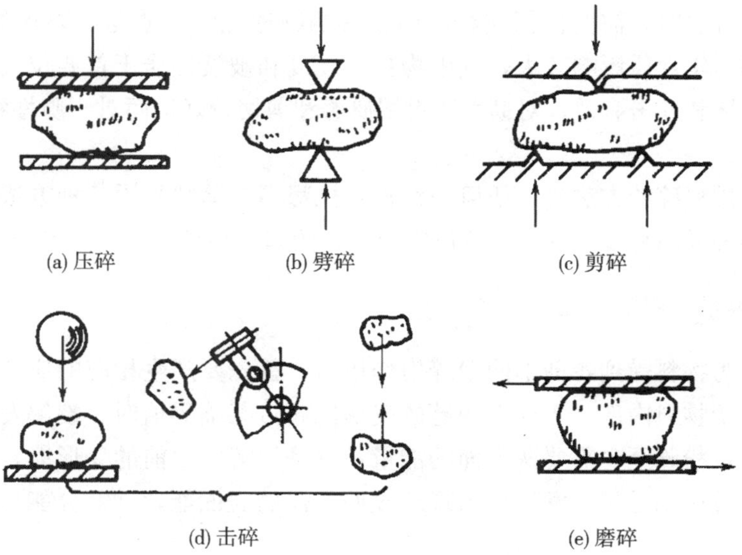

图 4.1　物料粉碎的基本方法

（1）压碎。物料置于两个粉碎面之间，施加压力后物料因压应力达到其抗压强度极限而被粉碎。

（2）劈碎。用一个平面和一个带尖棱的工作表面挤压物料，当劈裂平面上的拉应力达到或超过物料拉伸强度极限时，物料沿压力作用线的方向劈裂。

（3）剪碎。被粉碎的物料相当于承受集中载荷的两支点或多支点梁，当物料内的弯曲应力达到物料的弯曲强度极限时被折断。

（4）磨碎。物料与运动表面相互运动时，物料表面受一定的压力和剪切力的作用，当剪应力达到物料的剪切强度极限时，物料被粉碎。

（5）击碎。物料瞬间受到外来的冲击力而粉碎，它对于粉碎脆性物料最有利。

2. 物料的力学性质

选择物料的粉碎方式与其力学性质密切相关，根据物料应变与应力的关系以及极限应力的不同，物料的力学性质包括四种：硬度、强度、脆性和韧性。

（1）硬度。它是根据物料弹性模量大小来划分的性质，有软硬之分。硬度越高，表明物料抗弹性变形的能力越强。物料的硬度是确定粉碎作业程序、选择设备类型和尺寸的主要依据。

（2）强度。它是根据物料弹性极限应力的大小来划分的性质，有强和弱之分。物料的弹性极限应力越强，其抗塑性变形的能力越大。

（3）脆性。它是根据物料塑性区域长度进行划分的性质，可分为脆性和可塑性。

（4）韧性。它是一种抗物料裂缝扩展能力的性质，韧性越大，裂缝末端的应力集中越容易得到缓解。

对某一具体物料来说，上述四种力学性质之间存在内在的联系，导致物料的综合性质复杂化，对粉碎所需的变形力也有影响。总的来说，若物料的强度越强、硬度越小、脆性越小和韧性越大，所需变形能越多。

选择粉碎方法时，需要根据被粉碎的物料的物理化学性质与所要求的粉碎比而定，尤其是物料的力学性质影响较大，其中物料的硬度和破裂性居于首要位置。对比较坚硬的物料选用挤压和冲击有效，对韧性物料用研磨和剪切较好，而对于脆性物料则以劈裂、冲击为宜。

在实际选用粉碎的方法时，任何一种粉碎机都不是单纯利用某种方法进行粉碎，而是综合应用两种或两种以上的粉碎方法实现的，例如压碎和剪碎，击碎和磨碎等。

3. 物料在粉碎过程中的变化

普遍地认为物料受到各种不同粉碎力作用后，首先要产生相应的应变，并有形变内能形成且积蓄于物料内部。当局部积蓄的变形能超过某临界值时，裂解发生在脆弱的断裂线上。因此，粉碎至少需要两方面的能量：一是裂解发生前的变形能，这部分能量与颗粒的体积有关；二是裂解发生后出现新表面所需的表面能，这部分能量与新出现表面积的大小有关。

到达临界状态（未裂解）的变形能与颗粒的体积有关，这是由于脆弱的断裂线和疵点对于粒度越大的颗粒存在的可能性就越大。大颗粒所需的临界应力比小颗粒小，因而消耗的变形能也较少。这就是粉碎操作为什么随着粒度减小而变得更加困难的原因。

在粒度相同的情况下，由于物料的力学性质不同所需的临界变形能也就不相同。物料受到应力作用时，若应力在弹性极限应力以下则发生弹性形变；若应力在弹性极限应力以上时就会出现永久的变形，直至应力达到屈服应力；若应力在屈服应力以上，物料开始流动，经历塑变区域直至达到破坏应力而断裂。

对任何一种物料的颗粒，都存在一个临界粉碎能量，但粉碎的条件是偶然的，许多颗粒受到的冲击力时不足以使其粉碎，而是一些特别有利的猛烈冲击下才能粉碎。因此，最有效的磨碎机只利用了不到 1%的能量去粉碎颗粒和使物料产生新表面，其余的能量则消耗在以下几方面：①未破碎颗粒的弹性变形；②物料在粉碎室内的来回运转；③颗粒之间的摩擦；④颗粒和磨碎机之间的摩擦；⑤发热；⑥振动的噪声；⑦传动机件和电动机的无效能耗。

假如作用力没有超过物料的弹性极限，物料被迫变形或受到压力。当此力被除去时，颗粒即恢复到原来的状态，而变形颗粒中的应力机械能以热的形式表现出来。当作用力超过弹性极限时，颗粒机会被粉碎。一般颗粒的表面是不规则的，所以表面上高出的那部分就先受到力的作用，这样可能在物料的局部地区产生很高的应力和温度。当粉碎发生时，力的作用点就发生转移，释放出来的能量一部分供给新产生的表面，超过的部分表现为热。

机械研磨法是使用机械使物料达到微粉碎甚至是纳米程度的一种方法。研磨的直接目的是形成裂缝，并通过消耗应变能使颗粒变形从而扩大裂缝产生粉碎。有用功正比于新的表面积，并且因为裂缝长度正比于所产生的新表面积的平方根，有用功反比于原料直径的平方根减去产物直径的平方根。产生新表面消耗的能量 E' 是

$$E' = E\frac{\sqrt{d_1}}{\sqrt{d_1 - d_2}} \tag{4.1}$$

式中，d_1 为进入粉碎机物料的直径；d_2 为粉碎机中产出物的直径；E 为输入的能量。

4.1.2　粉碎的能耗假说

物料粉碎时，当作用力超过颗粒之间的结合力时产生粉碎，外力做的功称为粉碎能耗或粉碎能。粉碎能消耗于以下几方面：

①粉碎机械传动中的能耗；②颗粒在粉碎发生之前的变形能；③粉碎产品新增加表面积的表面能；④颗粒表面结构发生变化所消耗的能，如产生表面活性点、表面形成无定形层或氧化物层；⑤晶体结构发生变化所消耗的能；⑥磨介之间的摩擦、振动及其他耗能。

粉碎过程的实质是通过输入能量使物料的表面积增大的过程。能量消耗主要体现在表面积增大、颗粒变形、摩擦、组织结构的变化等方面。实际粉碎过程中的粉碎粒度分布受两个方面的影响，即原料性质与粉碎设备结构和操作参数。实际粉碎过程是一个复杂的过程，据近百年的研究积累已提出了多种能耗假说，其中比较著名的有表面积假说、体积假说和裂缝假说三种。

1. 表面积假说

表面积假说由 P. R. Rittinger 最早提出。它的物理基础是：组成任何纯粹性晶体物质质点之间具有恒定的分子吸引力，粉碎所消耗的能量与用来拆开分子间吸引力产生新表面所需的能量有一定的关系。鉴于粉碎后产品的比表面积大大增加，输入的粉碎能量越多，产品的粒度越细，则比面积越大，故 P. R. Rittinger 提出了所谓的“表面积假说”：粉碎能耗与粉碎后物料的新生表面积成正比，或粉碎单位重量物料的能耗与新生的比表面积成正比。用式子表示为

$$E(\Delta S)=C_1\Delta S=C_1(S_2-S_1)=\frac{C_1C_2}{\delta}\left(\frac{1}{d_2}-\frac{1}{d_1}\right)=K_1\left(\frac{1}{d_2}-\frac{1}{d_1}\right) \tag{4.2}$$

即

$$E=K_1\left(\frac{1}{d_2}-\frac{1}{d_1}\right)$$

式中，E 为粉碎物料所消耗的能量；ΔS 为物料粉碎后所增加的表面积；δ 为物料密度；d_1、d_2 为物料颗粒粉碎前后的粒度；C_1、C_2、K_1 为比例常数。

表面积假说认为粉碎能耗与物料在粉碎时的表面积的增加呈正比关系，但这不意味着粉碎能等于粉碎产品新生面积的表面能。实际上，新生面积的表面能只占全部粉碎能耗很小的比例。但物料粉碎时消耗的表面能、变形功、摩擦损伤功、颗粒表面结构和内部结构变化所消耗的能，以及噪声、热能等的总和，与物料粉碎后表面积的增加呈正比关系。

2. 体积假说

体积假说由 F. Kick 等人提出，认为物料粉碎所消耗的能量与颗粒的体积成正比，粉碎后物料颗粒粒度也呈正比例减小。据此推导出的计算式为

$$E=K_2\ln\frac{d_1}{d_2} \tag{4.3}$$

式中，E 为粉碎物料所消耗的能量；K_2 为比例常数；d_1、d_2 为物料颗粒粉碎前后的粒度。

在实际应用时，上述两种假说的计算结果可能相差很大，而且常与实际情况不完全相符，但实践又证明，表面积假说对微粉碎和超微粉碎的能耗计算比较适用，而对粉碎物粒度大于 10 mm 的粗碎和中碎来说，体积假说比较适用。这是由于粉碎产品的粒度较大，面积的增加不显著，导致表面及颗粒内部机构变化等消耗的能相对较少，局部粉碎作用也属次要的，而消耗于物料变形和粉碎机传动机构的摩擦等能耗，都与颗粒体积成正比，故可用体积假说来计算粉碎能耗。

3. 裂缝假说

综合分析表面积假说和体积假说，均有其适用范围。但粒度在 1～10 mm 范围内的粉碎操作若按照这两种假说来计算能耗，则误差都较大。为此，F. C. Bond 提出了裂缝假说，较适用于这一粒度范围内粉碎操作的能耗计算。

粉碎发生之前，外力对物料颗粒所作的变形功聚集在颗粒内部的裂纹附近，产生应力集中使裂纹扩张成裂缝，而当裂缝发展到一定程度时颗粒即被粉碎。因此，裂缝假说认为粉碎能耗与裂缝的长度成正比。由于颗粒的裂缝长度既与颗粒的体积有关，又与颗粒的面积有关，经推导得到裂缝假说的计算式为

$$E = K_3\left(\frac{1}{\sqrt{d_2}} - \frac{1}{\sqrt{d_1}}\right) \tag{4.4}$$

4.1.3　粉碎动力学

粉碎动力学主要研究物料粉碎时力度、产量等与时间的关系。在间歇式粉碎过程中，初期粉碎腔内粗颗粒含量较高，粉碎进行得比较迅速；随着粉碎的进行，粉碎腔内的粗颗粒含量逐渐减少，这时粉碎速率也逐渐减慢下来。也就是粉碎速率（以粗颗粒累积含量对时间的导数来表示）与粗颗粒含量成正比：

$$\frac{\mathrm{d}\beta}{\mathrm{d}t} = -\mathrm{k}\beta$$

式中，β 为在 t 时的粗颗粒含量；k 为比例常数。

为提高粉碎速率，应尽量让粉碎在粗颗粒含量较多时进行。对上式移项并积分，得出粉碎动力学公式：

$$\ln\beta = -\mathrm{k}t + \ln\beta_0 \tag{4.5}$$

$$\beta = \beta_0 \mathrm{e}^{-\mathrm{k}t}$$

式中，β_0 为粉碎开始（$t=0$）时粗颗粒含量。

一些试验研究表明，更确切的粉碎动力学公式为

$$\beta = \beta_0 \mathrm{e}^{-\mathrm{k}t^m} \tag{4.6}$$

式中，m 为取决于物料性质及粉碎条件的系数。

还有一些研究中对物料的粒度分布、产量、粉碎时间等关系进行分析和数学推导，提出了粉碎的动力学模型，如静态矩阵模型、动态矩阵模型和总体平衡动力学模型等粉碎数学模型。

4.2　干法粉碎机械与设备

4.2.1　粗碎机械

粗碎机械一般作为预碎设备，为下一阶段做准备工作。食品工业中因所用原料不同，加工目的各异，因此，粉碎机的类型繁多。该节简述几种典型机型的工作原理、结构特点。

1. 冲击式粉碎机

这类粉碎机主要由两种类型，即锤片式粉碎机和齿爪式粉碎机。它们是以锤片或齿爪在高速回转运动时产生的冲击力来粉碎物料的。

1）锤片式粉碎机

锤片式粉碎机具有结构简单，用途广泛，生产率高，易于控制产品粒度，无空转损伤等特点。它主要由进料斗、转子、销连在转子上的锤片、筛片和排料口等组成。按物料喂入方向不同，可分为切向喂入式、轴向喂入式和径向喂入式三种，如图 4.2 所示。

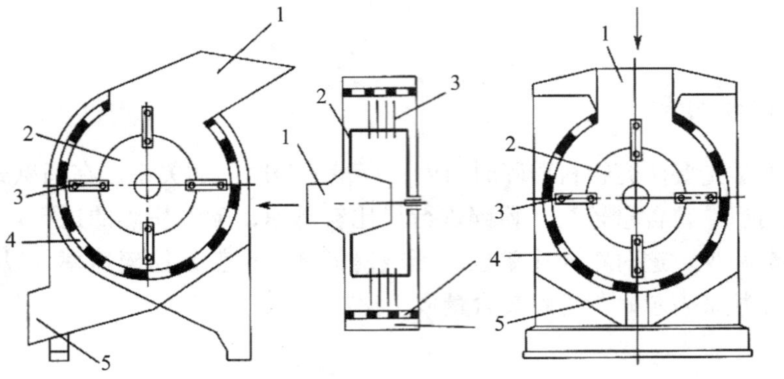

（a）切向喂入式　　（b）轴向喂入式　　（c）径向喂入式

图 4.2　锤片式粉碎机的类型

1. 进料斗；2. 转子；3. 锤片；4. 筛片；5. 出料口

锤片式粉碎机的工作过程为：物料从料斗进入粉碎室后，便受到高速回转锤片的打击，然后撞向固定于机体上的筛板或筛网而发生碰撞。落入筛面与锤片之间的物料则受到强烈的冲击、挤压和摩擦作用，逐渐被粉碎。当粉粒体的粒径小于筛孔直径时便被排出粉碎室，较大的颗粒则继续粉碎直至全部排出机外。粉碎物料的粒度取决于筛网孔径的大小。筛网材料通常为冷轧钢板冲孔筛。

筛网对转子的包角为 α，切向喂入式粉碎机的 $\alpha \leqslant 180°$，轴向喂入式的 $\alpha = 360°$，径向喂入式的 $\alpha < 360°$。

锤片的形状、尺寸和工作密度对粉碎机的单位产量和粉粒体的粒度的分布宽窄都有很大的影响。锤片的工作密度为

$$C = \frac{\delta z}{B_1} \tag{4.7}$$

式中，C 为锤片的工作密度；z 为锤片的轨迹线数，当轨迹不重复时，z 等于锤片数；B_1 为转子总成上最外侧的两锤片间的距离，mm；δ 为锤子的厚度，mm。

目前国内外所用锤片形状很多，其基本类型如图 4.3 所示。其中矩形锤片用得最多。

由于锤片是最主要的易损件，一般寿命为 200～500 h。为了提高使用寿命，除选用低碳钢（如 10 号钢和 20 号钢）和优质钢（如 65 号锰钢）外，通常进行热处理。图 4.3 中（a）所示为普通矩形锤片，当用 10 号钢和 20 号钢渗碳后渗硼复合热处理后仅用渗碳淬火处理或用 65 号锰钢淬火处理锤片寿命可提高 6 倍。图中（b）、（c）锤片是在工作角上涂焊，堆焊碳化钨合金，（d）为在锤片上焊耐磨合金，其寿命可延长 2～3 倍。图中（e）所示锤片工作棱角多、粉碎能力强，但耐磨性较差。（f）、（g）所示锤片工作角尖，适于粉碎纤维性物料。（h）为环形锤片，粉碎时工作棱角经常变动，因此磨损均匀，寿命较长，但结构较复杂。（i）所示为复合钢制成的矩形锤片，具有使用寿命长，粉碎效率高的特点。

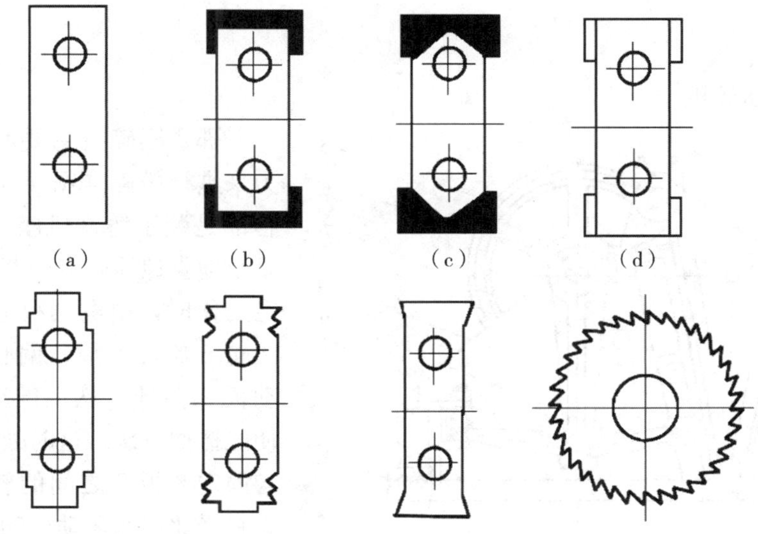

图 4.3　锤片的种类和形状

锤片的排列要求：锤片沿粉碎室宽度运动轨迹均匀分布，物料不推向一侧，并应进行静、动平衡调整试验。

2）爪式粉碎机

爪式粉碎机由进料斗、齿轮盘转子、定齿盘、包角为 360°的环形筛网及出粉管等组成，如图 4.4 所示。定齿盘上有两圈定齿，齿的断面呈扁矩形；动齿盘上有 3 圈齿，其横截面是圆形或扁矩形。工作时，动齿盘上的齿在定齿盘的圆形轨迹线间运动。当物料沿喂料斗轴向喂入时，受到动、定齿和筛片的冲击、碰撞、摩擦及挤压作用而被粉碎，同时受到动齿盘高速旋转形成的风压及扁齿与筛网的挤压作用，使符合成品粒度的粉粒体通过筛网排出机外。动齿的线速度为 80～85 m/s，动、定齿间隙为 3.5 mm 左右。该机特点是结构简单、生产率较高、耗能较低，但通用性差，噪声较大，常用于饲料粉碎等操作。

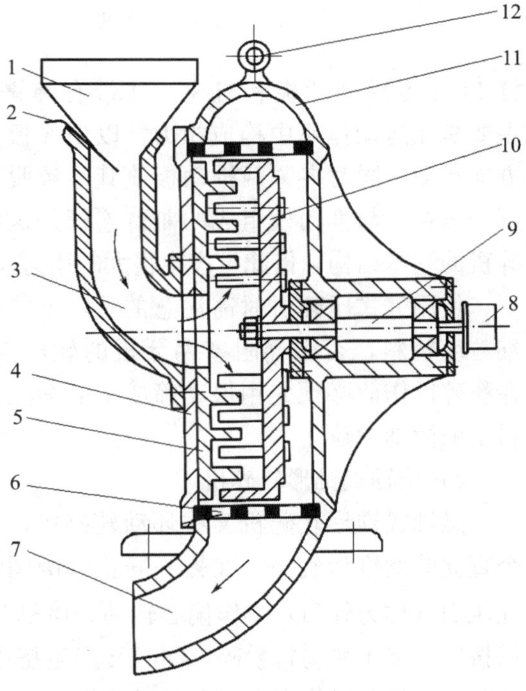

图 4.4　爪式粉碎机

1. 进料斗；2. 流量调节板；3. 入料口；4. 机盖；5. 定齿盘；6. 筛网；7. 排料管；8. 带轮；9. 主轴；10. 动齿盘转子；11. 机壳；12. 起吊环

2. 压碎机械

1）颚式压碎机

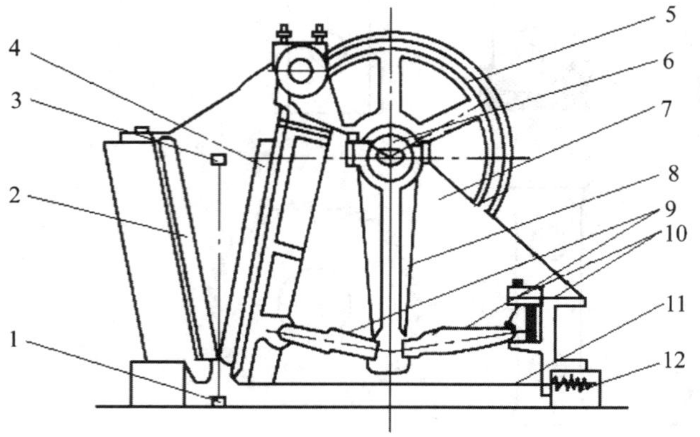

4.5　颚式压碎机

1. 排出口；2. 固定牙板；3. 入口；4. 活动牙板；5. 飞轮；6. 偏心轴；7. 机座；8. 摇臂；9. 推动板；10. 调整板；11. 拉杆；12. 弹簧

颚式压碎机主要利用挤压作用力来进行粉碎（图 4.5）。压碎机的各部是装于铸铁机座 1 内。该机座是由地脚螺栓固定于坚固的地基上。在工作时，由电动机通过皮带拖动飞轮 5 旋转一周，偏心轴 6 带动推动板 9 曲伸一次，推动活动牙板 4 使之摇摆一次，这时处在活动牙板 4 与固定牙板 2 之间的轧压空间内的物料受此摇摆运动的嚼轧而被粉碎。粉碎后的物料从下方排出。根据被粉碎的物料的大小可以调节调整板 10 的相对位置，改变推动板的长度，即可改变鄂板之间的开度。拉杆 11 连接活动牙板和机座，并带有弹簧 12，主要是在运动体系中构成拉力，以使牙板作反方向运动，同时夹紧两推动板使其不致脱节落下。摇臂 8 与推动板组成的曲臂连杆是这种压碎机的基本结构，借此可产生很大的压力。

使用鄂式压碎机时需注意的是，不能加入细粒度物料，否则会阻塞两牙板的轧压空间，在粉碎操作前必须先用振动筛或平面筛除去物料中的微细颗粒。

2）悬轴式锥形轧碎机

悬轴式锥形轧碎机又称环动轧碎机，是一个直立的倒锥形轧头，在另一静止的倒圆锥形轧压面（称为轧臼）中作偏心转动。该机断面如图 4.6 所示。轧头作偏心转动，所产生的挤压力将小块物料粉碎，同时又产生挤压弯曲力，将大块物料破裂粉碎。悬轴式锥形轧碎机在粉碎操作中由于利用了弯曲力，因而可以减小粉碎的动能消耗。

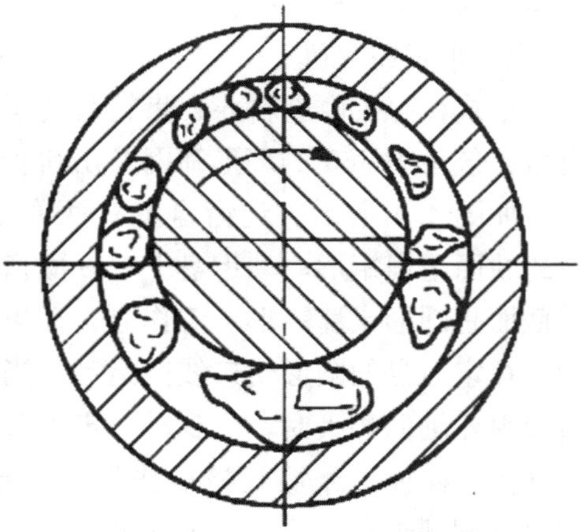

图 4.6　锥形轧碎机内的粉碎示意图

图 4.7 为悬轴式锥形轧碎机的结构示意图，其内圆锥体（轧头）2 安装在轧碎机的立轴 3 上，外圆锥体（轧臼）4 则安装于机壳内。轧头 2 和轧臼 4 之间的轧压空隙可以适当调节。立轴 3 的上端从上部固定并悬吊，其下端则倾斜插入偏心套 8 中，偏心套 8 由大伞齿轮 9 带动。大伞齿轮 9 由小伞齿轮 6 传动，而小伞齿轮则由皮带轮 5 带动。当偏心套转动时，立轴带着轧头做回转运动，立轴中心线的轨迹便在空间形成一圆锥面。同时，由于与磨碎的物料相互摩擦，立轴又环绕其本身中心线而转动。因此，轧头 2 在某

些位置只是将物块钳着，而在某些位置则将物块向轧臼 4 的内壁挤压，致使其碎裂。需要轧碎的物料从加料口 1 加入，而已压碎的物料则通过两圆锥体的缝隙间落下，然后从出料口 7 排出。

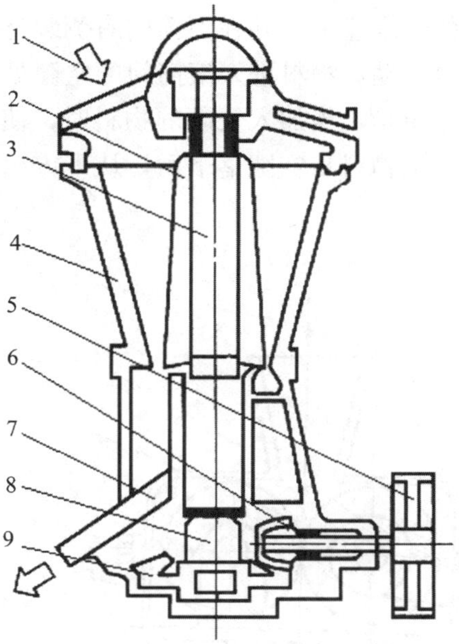

图 4.7　悬轴式锥形轧碎机

1. 加料口；2. 轧头；3. 立轴；4. 轧臼；5. 皮带轮；6. 小伞齿轮；7. 出料口；8. 偏心套；9. 大伞齿轮

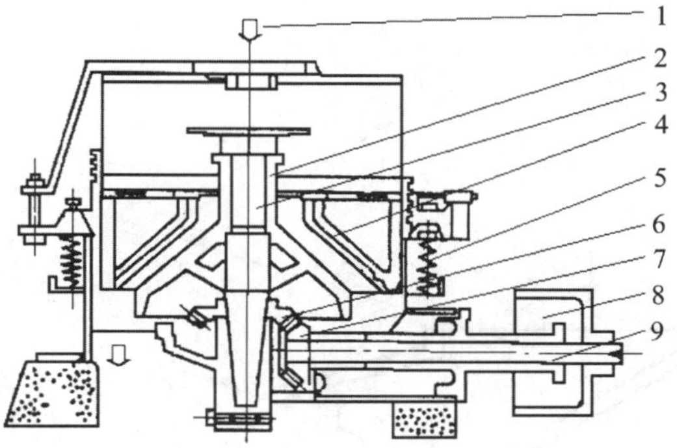

图 4.8　圆锥粉碎机

1. 原料入口；2. 粉碎头；3. 偏心轴；4. 粉碎板；5. 弹簧；6. 大伞齿轮；7. 小伞齿轮；8. 皮带轮；9. 传动轴

4.2.2　中（细）碎机械

常用的中（细）碎机械有圆锥粉碎机、锤碎机和双滚筒轧碎机等。

1. 圆锥粉碎机

圆锥粉碎机与图 4.7 所示的悬轴式锥形轧碎机的工作原理基本相同。如图 4.8 所示，被粉碎物料从入口 1 加入，在粉碎板 4 与粉碎头 2 之间被粉碎。粉碎头固定在偏心轴 3 上，偏心轴上的大伞齿轮 6 由传动轴 9 上的小伞齿轮 7 传动。此时，偏心轴运动的轨迹在空间为一椭圆。由于固定粉碎板上的弹簧 5 的作用，即使加入了较硬的物体，粉碎板也会因弹簧作用自动让开，从而保护了设备。此外，这种机器的粉碎度一般都比较大。

2. 锤碎机

锤碎机的工作原理主要是凭借离心锤击与劈裂的作用而将物料粉碎。如图 4.9 所示，有若干个硬钢锤头，铰接在固定于旋转轴的圆盘上，锤头一般用高锰钢制成。当主轴高速旋转时，锤头在各种不同的位置都能以很大的离心锤击力将物料粉碎。被粉碎成一定粒度的物料，通过机壳内的滤筛从排出口排出；不能通过滤筛的物料，则再次被锤击粉碎，直至能够通过滤筛而被排出为止。这种粉碎机适合加工块根类食物以及中等脆性物料。

3. 双滚筒轧碎机

这是由两个直径相等的圆滚筒所构成，如图 4.10 所示。左侧滚筒由电机驱动，另一个滚筒安装在一组可以沿轴心连线方向做少许滑动的轴承座上，并在滚筒的右侧装有调节弹簧。物料从入口投入，两个滚筒彼此做相反方向转动，物料进入滚筒间的空隙处为摩擦力所夹持，受到挤压力作用而被粉碎。弹簧的作用是，当加入较硬的物料时，使右侧滚筒能自动避让，而起到保护设备的作用。粉碎后的物料从空隙落下后，从下方出料口排出。

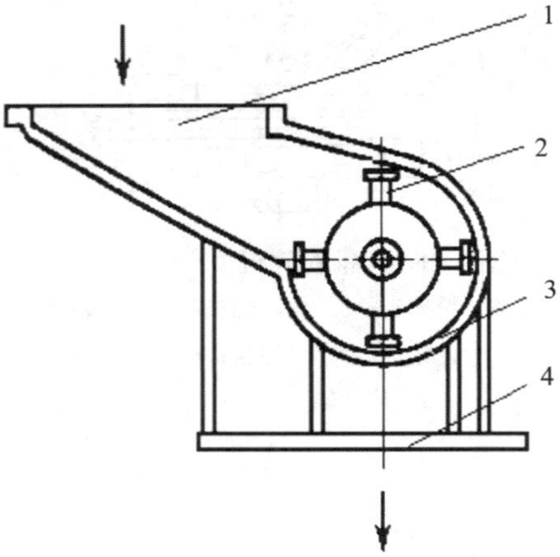

图 4.9 锤碎机

1. 入料口；2. 锤片；3. 滤筛；4. 出料口

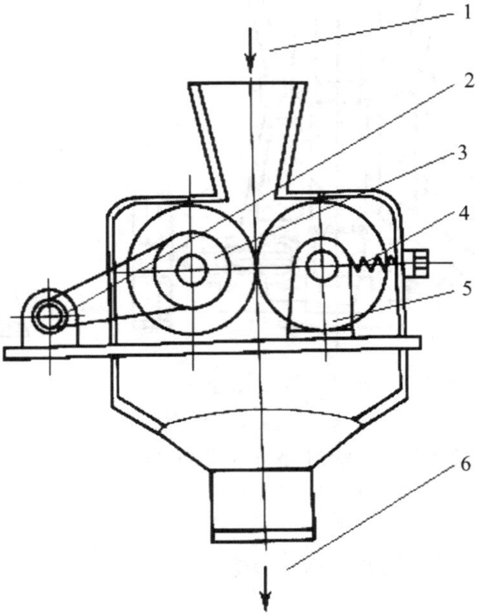

图 4.10 双滚筒轧碎机

1. 入料口；2. 电机；3. 滚筒；4. 弹簧；5. 滑动轴承；6. 出料口

4.2.3 微粉碎机械

微粉碎机械主要有球磨机和棒磨机。

1. 球磨机

在球磨机中，主要利用钢球下落的撞击和钢球与球磨机内壁的研磨的作用将物料粉碎。

当装有圆球的球磨机转动时，由于球磨机内壁与圆球间的摩擦作用，按旋转方向将圆球带动上升，直至上升角超过静止角，圆球才由上落下，其运动情况如图 4.11(a)所示。球磨机的旋转速度加大，则离心力增加，圆球的上升角也增大，直至圆球重力的分力大于离心力为止。此时，圆球便开始向下掉落，下落轨迹如图 4.11(b)所示。这时，若再增大球磨机的旋转，所产生的离心力就更大，当这种离心力超过的圆球本身的重力时，球就会随着球磨机的旋转而旋转，不能再起到碾碎物料的作用，如图 4.11(c)所示。通过计算，球磨机操作时速度一般为其临界速度的 75%。

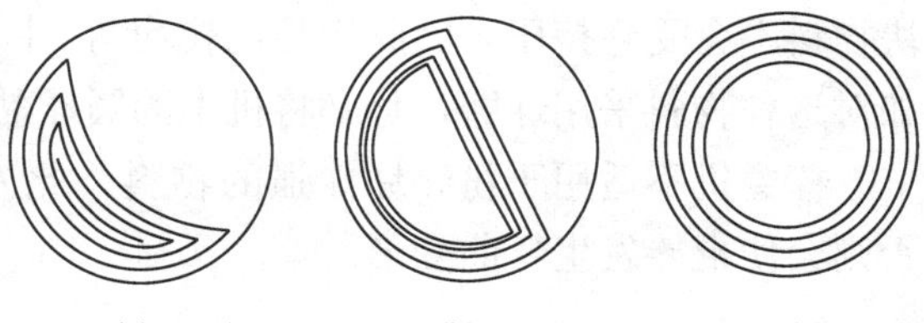

(a)　　(b)　　(c)

4.11　圆球在球磨机内运动的三种情况

锥形球磨机的结构如图 4.12 所示。其主要部件转筒两头呈圆锥形，中部呈圆筒形，转筒由电动机驱动的大齿轮带动，做低速旋转运动。转筒内装有许多作为粉碎媒体的直径为 2.5～15 cm 的钢球或磁性钢球。在原料入口装置的球直径就逐渐减小；与此相对应，被粉碎物料的颗粒也是从进料口顺着出料口的方向而逐渐由大变小。从入口处投入的物料，随着转筒的旋转而做旋转运动，由于离心力作用和钢球一起沿内壁面上升，当上升到一定高度时便同时下落。这样，物料由于受到许多钢球的撞击而被粉碎。此外，钢球与内壁面所产生的摩擦力，也使物料被粉碎。粉碎后制品逐渐转向出口被排出。

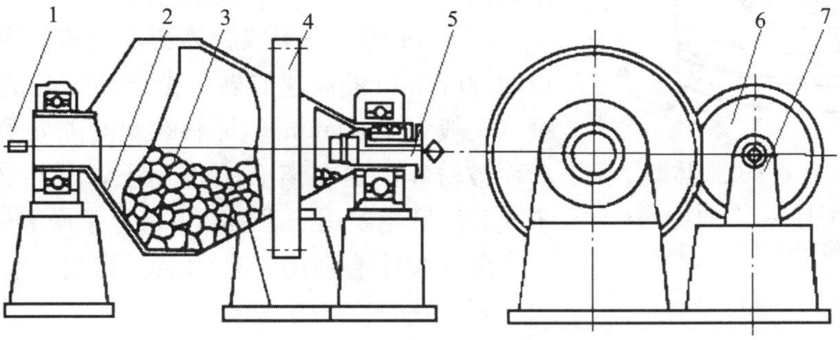

图 4.12　锥形球磨机

1. 入料口；2. 大球；3. 小球；4. 大齿轮；5. 出料口；6. 小齿轮；7. 驱动轴

这类机械主要适用于谷物类及香料等物料的粉碎加工。

2. 棒磨机

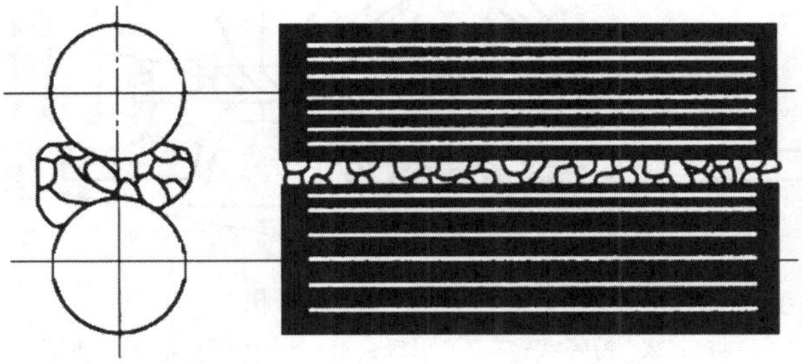

图 4.13　棒磨机结构示意图

图 4.13 为棒磨机结构示意图，主要部件是一直径较大的转筒，由水平轴支承于两平台上。物料从水平轴得到两端投入，在转筒内装有约占转筒体积 1/2 的直径为 50～100 mm 的棍棒，棍棒的材料一般为高碳钢。当转筒转动时，与球磨机同样原理，把物料粉碎。物料中的大块固体先被棍棒破碎成细小颗粒，然后徐徐均匀地被粉碎。粉碎后的原料被转向转筒中央部位。

棒磨机的特点在于长棒与物料的接触是一条线上。如果在中间的是大块物料，则小块物料不会受到挤压，因此产品比较均匀。同时，棒磨机特别适用于黏胶质的固体物料，如对这种物料采用球磨，势必将机中的圆球黏成一团，而无法进行粉碎操作。

棒磨机不适用于粉碎韧性强的物料。此外，在使用时应注意不能投入过硬的物料，否则会使棍棒发生弯曲变形。

4.2.4 超微粉碎机械

超微粉碎机械能加工通过 20～200 目（每英寸长度上的筛孔数）筛的原料，所得制品能够通过 300 目筛，制品粒径可达几微米。这一类机械主要有胶体磨、锤磨机和碾磨机等。

1. 胶体磨

胶体磨能够根据加工原料的干湿度而分为干式和湿式两种类型。干式用于干料粉碎以制取微细粉末；湿式用于湿料，主要具有乳化作用。

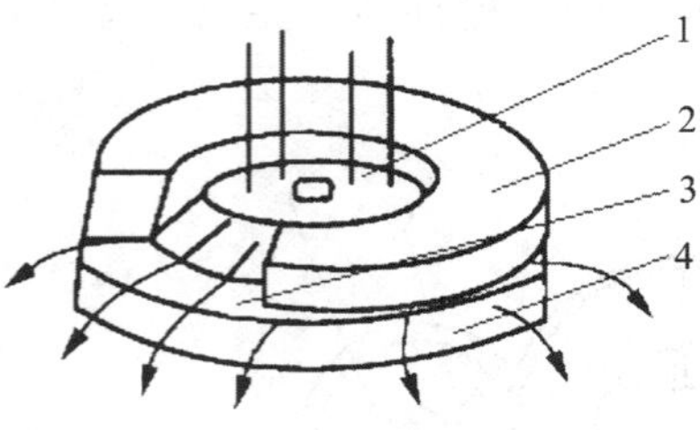

图 4.14 干式胶体磨

1. 入料口；2. 上部固定盒；3. 下部旋转盒；4. 排出口

图 4.14 所示为干式胶体磨，上圆盘固定，下圆盘以 3600 r/min 的高速旋转。由于两圆盘的间隙非常狭窄（一般为 1/40 mm），原料在此间隙处受到摩擦和碾压而被粉碎，并在离心力作用下，从转盘四周抛出。干式胶体磨主要用于香料、可可、干燥酵母等加工。

湿式胶体磨则用于乳制品、奶油、油制品和果汁等加工。

2. 螺旋输送锤碾磨

螺旋输送锤碾磨如图 4.15 所示，从上部加入的原料由螺旋输送至粉碎室。粉碎室内壁凹凸不平，并成齿状。室内有一个带有齿形锤头的轴，以 3000～10000 r/min 的速度高速旋转。由于锤的冲击力及其与壁之间的狭窄间隙所造成的剪切力，物料被充分地粉碎。粉碎后的粉状、粒状物料通过金属筛网便成为一定粒度的制品，未通过金属网的原料将重新进行粉碎。螺旋输送锤磨机主要用于甘薯、马铃薯和油粕等的加工。

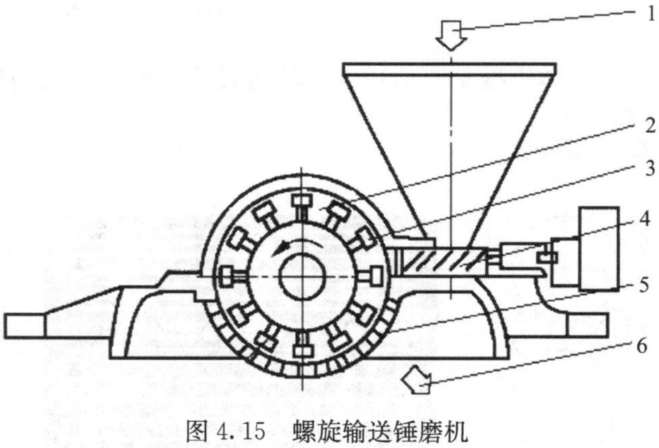

图 4.15 螺旋输送锤磨机

1. 入料口；2. 粉碎室；3. T 形锤；4. 螺旋输送器；5. 滤筛；6. 出料口

3. 摩擦型碾磨机

摩擦型碾磨机如图 4.16 所示，机内用两个圆盘夹住原料，然后依靠圆盘旋转所产生的摩擦力将原料碾磨粉碎。这种碾磨机有单式和复式两种形式。单式碾磨机在两个相互摩擦的圆盘中只有一个圆盘做旋转运动，而另一个则固定不动。复式碾磨机则是两个相互摩擦的圆盘都要旋转，但互成反方向旋转。摩擦型碾磨机常用于玉米、大米的粉碎。

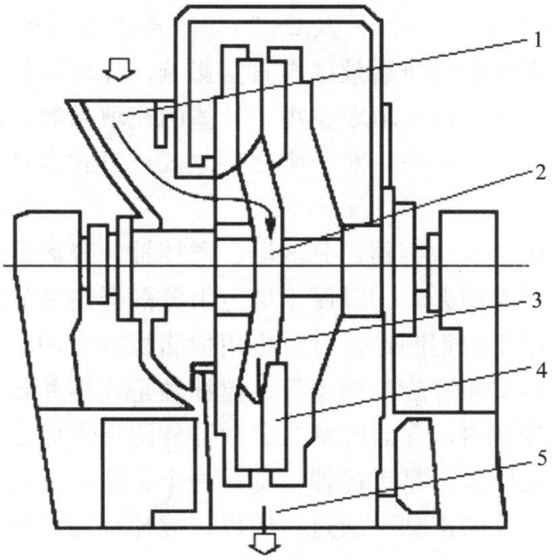

图 4.16　摩擦型碾磨机

1. 入料口；2. 碎料通道；3. 摩擦圆板支持轮；4. 摩擦圆板；5. 出料口

4.3　湿法粉碎机械

超微粉碎技术除了干法处理外，还有湿法处理。有些干法处理设备，如球磨机和振动磨等，也适合用于湿法处理。另外，湿法超微粉碎还有有些专用设备，诸如搅拌磨、胶体磨和均质机等。

4.3.1　搅拌磨

搅拌磨是在球磨的基础上发展起来的。在球磨机内，一定范围内磨介尺寸越小则成品粒度也越细。但磨介尺寸减小到一定限度，它与液体浆料的黏着力加大，这会使磨介与浆料的翻动停止。为解决这个问题，可增添搅拌机构以产生翻动力，为此研制了搅拌磨。

搅拌磨的超微粉碎原理是在分散器高速旋转所产生的离心力作用下，研磨介质和液体浆料颗粒冲向容器内壁，产生强烈的剪切、摩擦、冲击和挤压等作用力（主要是剪切力）使浆料颗粒得以粉碎。搅拌磨能满足成品粒子的超微化、均匀化要求，成品的平均粒度最小可达数微米，已在食品工业、精细化工、医药工业和电子工业等领域得到广泛的应用。

搅拌磨所用的研磨介质有玻璃珠、钢珠和氧化铝珠等，此外还常用天然砂子，因而又称为砂磨。研磨成品粒径与研磨介质粒径成正比，研磨介质越大，研磨的成品粒径也越大，产量越高；研磨介质粒径越小，研磨成品粒径越细，产量越低。但研磨介质过小，反而会影响研磨效率，通常视原料中固体颗粒大小相对成品粒径的要求来决定。研磨介质的粒径必须大于浆料原始平均颗粒粒径的 10 倍。如果对成品粒径要求不高时使用较大直径的研磨介质，可以缩短研磨时间，并提高成品产量。研磨介质粒径通常采用 0.6～1.5 mm（要求成品粒径小于 1～5 μm）及 2～3 mm（要求成品粒径在 5～25 μm）。

研磨介质充填率对搅拌磨的研磨效率有直接影响。充填率视磨介粒径大小而定，粒径大，充填率也大；粒径小，则充填率也小。具体的充填系数，对于敞开型立式搅拌磨为研磨容器有效容积的 50%～60%，对于密闭型立式或卧式搅拌磨为研磨容器有效容积的 70%～90%。

搅拌磨的基本组成包括研磨容器、分散器、搅拌轴、分离器和输料泵等。研磨容器多采用不锈钢制成，带有冷却夹套，以便于带走由分散器高速旋转和研磨冲击作用所产生的能量。分散器也多用不锈钢制作，有时也用树脂橡胶和硬质合金材料等。常见的分散器有圆盘形、异型、环型和螺旋沟槽型等。搅拌轴是连接并带动分散器转动的轴，直接与电动机相连。在搅拌磨内，容器内壁与分散器外圆周之间是强化的研磨区，浆料颗粒在该研磨区内被有效地研磨。靠近搅拌轴却是一个不活动的研磨区，浆料颗粒在该研磨区可能没有研磨，就在泵的推动下通过。所以，搅拌轴设计成待冷却的空心粗轴，以保证搅拌轴周围研磨介质的撞击速度与容器内壁区域的研磨介质撞击速度相近，以得到均匀强度，保证研磨容器内各点比较一致地研磨。

分离器的作用是把研磨容器内的磨介与被研磨浆料分离开，介质留在容器内继续研磨新的浆料，被研磨的浆料成品在输料泵推动下通过分离器排出。分离器的种类很多，通常分为筛网型和无网型两类。

在搅拌磨内，研磨介质和浆料的运动是旋转、切向和纵向速度的综合。研磨介质和浆料两者间有速度差，由速度差产生多大剪切力在分散圆盘的附件很大。所以，分散圆盘和研磨容器的尺寸（直径）间存在一定的比例关系，取值一般为 0.67～0.91。

分散圆盘的旋转速度是影响搅拌磨效率和成品粒度的重要因素之一，它与成品粒度大小成反比关系，而与功率消耗、研磨温度和磨介损耗等成正比例关系，常用的圆周速度取 10～15 m/s。

搅拌磨分敞开型和紧闭型两种，每种又有立式和卧式、单轴和双轴、间歇式和连续式之分，有的还配备有双冷形式。敞开型单轴立式是搅拌磨设备中最简单的一种，其磨介充填率仅 50%～70%，研磨效率较低且不适宜处理高黏度浆料，故常用紧闭型。图 4.17 为紧闭型立式单轴搅拌磨结构示意图。

相比于敞开型搅拌磨，紧闭型搅拌磨的特点主要体现在：①研磨介质的充填率为研磨容积的 70%～90%，研磨容器能充分利用，研磨介质密度大，在输浆泵的推动下能产生较强的剪切力等，所以比敞开型立式砂磨机研磨效率高；②由于研磨容器紧闭，故可在 0.3 MPa 压力下操作，可以研磨 50 Pa·s 的高黏度浆料，对于高触变性或低流动性浆料都适用，这就提高了研磨效率，扩大了研磨范围；③外界空气不能进入容器内，在分散器高速搅拌下溶剂不易发泡，且能避免溶剂挥发或汽化的损伤；④适于研磨含有机溶剂的浆料，能改善操作环境；⑤由于空气不能进入容器里，停止运转放置时筛网和容器内不易结皮，减轻清理工作，即便使用圆筒式筛网分离器，也不会结皮而影响分离效果。但是，紧闭型搅拌磨由于冷却面积较小，故不太适宜磨热敏性物料。

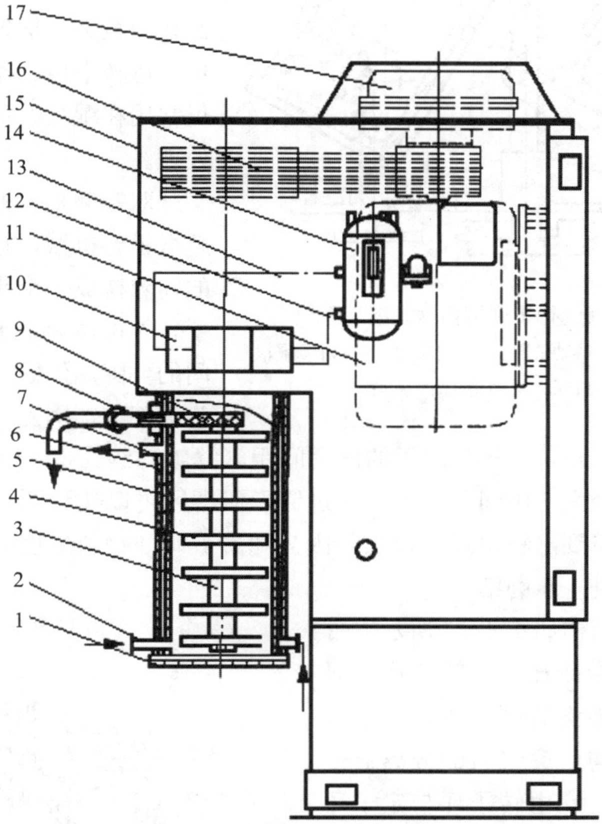

图 4.17　紧闭型立式单轴搅拌磨结构示意图

1. 盖；2. 入料口；3. 搅拌轴；4. 分散圆盘；5. 研磨容器；6. 夹套；7. 冷却水进出口管；8. 出料口；9. 伸入式圆筒筛；10. 机械密封；11. 电动机；12. 密封液进口管；13. 密封液出口管；14. 压力罐；15. 机座；16. 三角皮带轮；17. 液力耦合器

4.3.2　行星磨和双锥磨

行星磨和双锥磨是 20 世纪 80 年代问世的湿法高效超微粉碎机械，可将浆料中的固体颗粒粒度研磨至 1～2 μm 以下。

行星磨由 2～4 个研磨罐组成，这些研磨罐除自转外还围绕主轴作公转，故称行星磨。这些研磨罐设计成倾斜式，以使之在离心运动时同时出现摆动现象，在每次产生最大离心力的最外点旋转时，罐内研磨介质会上下翻动。研磨罐旋转时，离心力大部分产生在水平面上，由罐水平截面来看呈椭圆形。研磨罐围绕主轴旋转时，整个研磨介质和物料的椭圆形不断变化。因此，罐的离心力与做上下运动的力作用在研磨介质上，使之

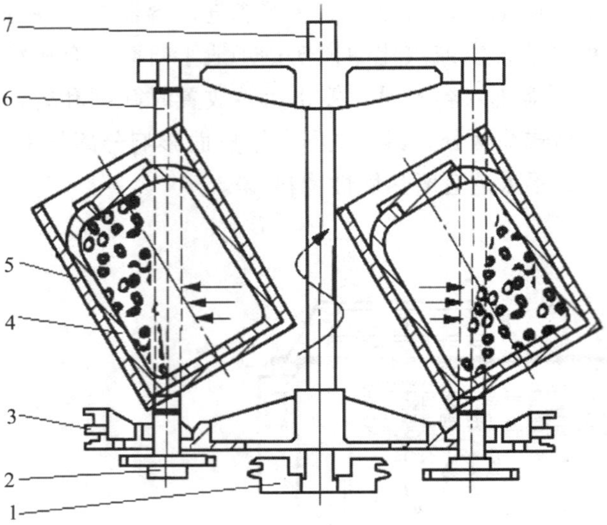

图 4.18 行星磨结构示意图

1. 主动链轮；2. 从动链轮；3. 皮带轮；4. 研磨罐；5. 容器；6. 从动轮；7. 主轴

产生强有力的剪切力、摩擦力和冲击力等，把物料颗粒研磨成微细粒子。图 4.18 为行星磨结构示意图。

行星磨研磨罐的磨介充填率为 30%左右，它的份上效率较球磨机高。不但粒度小（可达 1 μm 以下），而且微粒大小均匀。同时具有结构简单、运转平稳、操作方便等优点。不仅常用在湿法处理上，也适用于干法处理。

双锥磨是一种新型高能量密度的超微粉碎机械，它利用两个锥形容器的间隙构成一个研磨区，内椎体为转子，外椎体为定子。在转子和定子之间的环隙用研磨介质填充，研磨介质为玻璃珠、陶瓷珠或钢珠等。磨介直径通常为 0.5～3.0 mm，转子与定子的研磨间距（缝隙）约为 6～8 mm，与研磨介质直径相适应。介质直径大，则间距也大。通过锥形研磨区可以达到渐进研磨的效果，供研磨用的能量从入料口到出料口逐渐递增，因为随着被研磨物料细度的增加，必须使其获得更高的能量才能进一步磨细。

双锥磨的主要结构如图 4.19 所示。带冷却夹套的定子和带冷却腔的转子构成研磨缝隙，在缝隙内装满研磨介质，转子装在轴上。研磨介质与研磨浆料的分离器采用动态缝隙分离器，它由转子环与定子环构成，浆料由下部入口管在泵的推动下连续地被加入，研磨的浆料经过分离器由上部出口管流出成为成品。

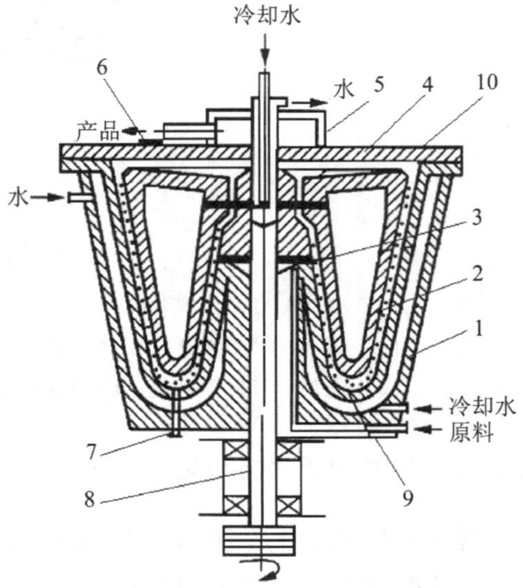

图 4.19 双锥磨结构示意图

1. 磨筒；2. 转子；3. 粗磨盘；4. 分离室；5. 出料环缝；6. 研磨介质加入口；7. 研磨介质排放口；8. 主轴；9. 磨介；10. 筒盖

双锥磨的特点表现在：①具有很高的能量密度和较小的研磨容积体积，因此能获得很细且均匀的成品微粒和很高的生产能力，在同样的生产负荷和细度情况下双锥磨是传统搅拌磨容积的 1/5～1/3，磨介充填率也是后者的 1/5～1/3，所以研磨介质的耗量小，更换研磨品种时残留物少且容易处理；②结构紧凑且在密闭状态下作业，适宜于研磨含有机溶剂的物料，且外界空气不能进入研磨容器内，所以浆料不会起泡；③适宜研磨热敏性物料和在低沸点下溶解的物料。

4.3.3　低温粉碎

低温粉碎又称为冷冻粉碎。据相关资料，采用锤爪式粉碎机等机械方式粉碎物料时，真正用于克服物料分子间内聚力，使之破碎的能，仅占输入耗能的 1%或更小，其余 99%或以上的机械能都转化为热能，使粉碎机体、粉体或排放气体温度升高。这会使低熔点物料熔化、黏结，会使热敏性物料分解、变色、变质或芳香味散失。对某些塑性物料，因施加的粉碎能多转化为物料的弹性变形能，进而转化成热能，使物料极难粉碎。为了解决上述问题，低温粉碎采用了新型的粉碎技术。

1. 低温粉碎原理

这里指的低温粉碎，是指用液氮（LN2）或用液化天然气（LNG）等为冷媒对物料实施冷冻后的深冷粉碎方式。这是由于一般物料都具有低温脆化的特性，因此，在低温下，物料容易粉碎。且用液氮等冷媒不会因结“冰”而破坏动植物的细胞，所以具有粉碎效率高、产品质量好等优点。

低温粉碎的主要缺点是成本较高，这对于某些需要保持高的营养成分和芳香味的食品物料的粉碎，相对而言已是一个次要的问题，且低温粉碎时因物料易于粉碎，对纤维性物料来讲，其生产率通常为常温下通用机型的 4～5 倍，故低温粉碎已得到越来越多的应用。但低温粉碎时应充分注意食品物料含水率对粉碎功耗的影响。

2. 低温粉碎工艺

低温粉碎工艺按冷却方式可分为浸渍法、喷淋法、气化冷媒与物料接触法等。具体选用方法时，视物料层厚薄而定，厚的可用浸渍法，薄层物料可用气化冷媒与物料接触法等。

按操作过程的处理方式有以下三种：

(1) 物料经冷媒处理，使其温度降低到脆化温度以下，随即送入常温状态粉碎机中粉碎。虽然粉碎过程中也存在升温问题，但因物料温度很低，以此为基础，其粉碎后温度也不致达到降低食品品质的程度。主要用于含纤维质高的食品物料的低温粉碎。

(2) 将常温物料投入到内部保持低温的粉碎机中粉碎。此时，虽然物料温度还远高于脆化温度，但因物料处在低温环境中，因为粉碎过程中产生的热量被环境迅速吸收，不致因热量积累而产生热敏性反应。主要适用于含纤维质较低的热敏性物料的粉碎。

(3) 物料经冷媒深冷后，送入机内保持适当低温的粉碎机中进行粉碎。此方式为以上两种方式的适当综合，主要用于热塑性物料的粉碎。

3. 低温粉碎系统

低温粉碎系统由低温粉碎工艺而定。图 4.20 所示的是按上述（3）所述工艺组成的低温粉碎系统。该系统设有冷气回收管路，以降低液氮耗量，充分利用冷媒的作用。

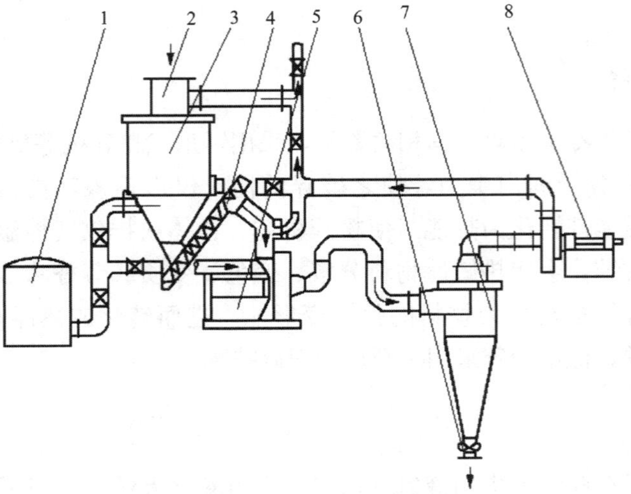

图 4.20 低温粉碎系统

1. 液氮贮槽；2. 入料口；3. 冷却贮斗；4. 输送机；
5. 低温粉碎机；6. 出料口；7. 旋风分离器；8. 风机

由于低温粉碎机在启动、停机时温度变化幅度大，机器本身会产生热胀冷缩，凝结水腐蚀以及绝热保冷等问题，加上粉碎机材料的低温脆化因素，因此，粉碎机各部件材料的选择很重要，应选用在操作条件下不会发生低温脆化作用以及化学稳定性较高的材料。结构上可选用轴向进料式粉碎机，可从入料口吸入已冷却待粉碎材料和气化冷媒。为了使粉碎室内达到所需低温（温度可以从入料口测得），可通过冷媒供给阀来调节进入粉碎室内冷媒的供给量。

4.4 果蔬加工粉碎机械

4.4.1 打浆机

1. 打浆机的结构和工作过程

打浆机采用刮板虑浆式结构，如图 4.21 所示。它主要由下列几部分组成：进料斗、螺旋推动器、破碎桨片、刮板、筛筒、转轴、轴承、收集料斗、出渣口、机架、电机及传动系统。

工作过程为：物料从料斗进入后经螺旋推进器推进，在刮板的作用下破碎以及在圆筒中作螺旋移动，果浆经圆筒筛孔由收集料斗送出，废渣由出渣口排出。

2. 打浆机的主要部件及作用

（1）螺旋推进器。把来自料斗的物料按一定的速度推进到破碎桨叶中。

（2）破碎桨叶。把物料用按摩、挤压的方法先进行粗碎。

（3）刮板。以回转中的离心力与破碎桨叶联合擦破物料。其结构为几块长方形的不锈钢板。有时为了保护圆筛，在不锈钢板上装有耐酸橡胶板。刮板是用螺栓与安装在轴上的夹持器相连的，这样通过螺栓可以调整刮板与圆筛壁之间的距离。刮板对称安装于轴的两侧，与打浆机轴线有一夹角，称为“导程角”。物料在圆筒中移动，与刮板的转速及导程角有关。转速快，移动快，打浆速度就短；而导程角大，则移动速度快，打浆时间亦短。这样，两个参数都影响打浆时间。在打浆操作中，只要改变导程角，就可省去机械调整，同时可以体现导程角与刮板和筛壁间距是否合理。一般来说，对含汁率较高的物料，导程角与间距应小些；反之，导程角与间距应大些。

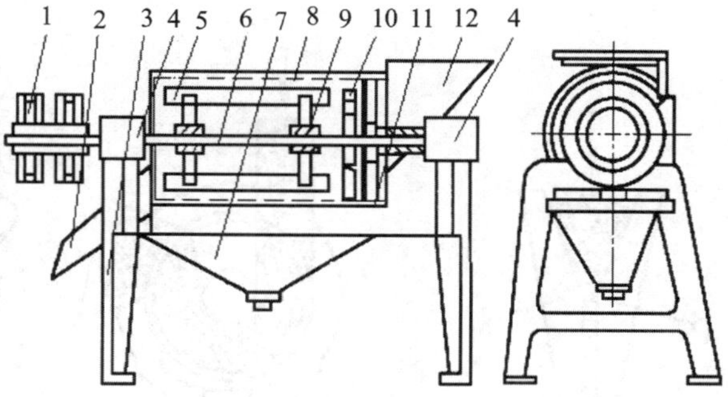

图 4.21　打浆机

1. 传动系统；2. 出渣口；3. 机架；4. 轴承；5. 刮板；6. 转轴；7. 收集料斗；8. 筛筒；9. 夹持器；10. 破碎桨片；11. 螺旋推进器；12. 进料斗

(4) 筛筒。是渣滓分离的装置。用厚度为 0.35～1.20 mm 的不锈钢板弯曲成圆筒后焊接或造成两个半圆体连接而成。圆筒上开孔的孔径为 0.4～1.5 mm，开口率约为 50%。

4.4.2　榨汁机

在果蔬的破碎、提取汁液的工艺上，可分为机械榨取、理化和酶法提取三种方法，但理化和酶法提取因其适应性的局限和副作用的产生而在使用上受到限制。机械榨取果蔬汁液的方法广泛应用于番茄、菠萝、苹果等的压榨上。

机械法榨汁的机械和设备主要有：①螺旋式压榨机，如图 4.22 所示，该机是用螺旋的推进力使果蔬在其中产生挤压等运动而榨取汁液；②锥盘式压榨机，如图 4.23 所示，该机是利用两个相对同向旋转的锥形圆盘在旋转中逐渐减少间隙以挤压浆料；③辊带式压榨机如图 4.24 所示，该机是以辊压的作用压榨物料而提取浆料；④活塞式压榨机，如图 4.25 所示，用泵送的压力榨汁。现主要介绍两种榨汁机。

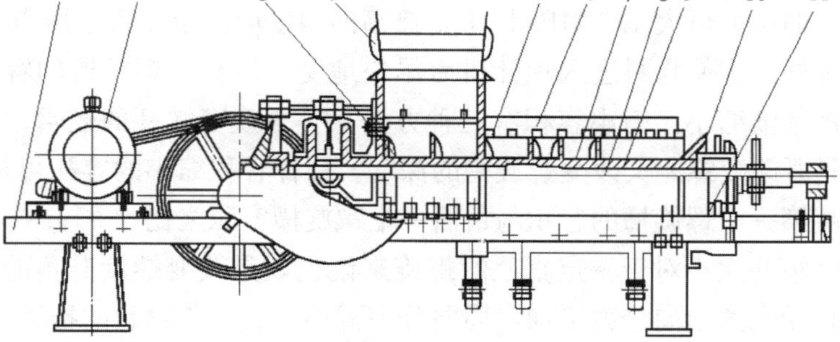

4.22　螺旋连续榨汁机

1. 机架；2. 电动机；3. 外空心轴；4. 进料斗；5. 第一棍棒；6. 冲孔滚筒；7. 第二棍棒；8. 内空心轴；9. 冲孔套筒；10. 锥形阀；11. 排出管

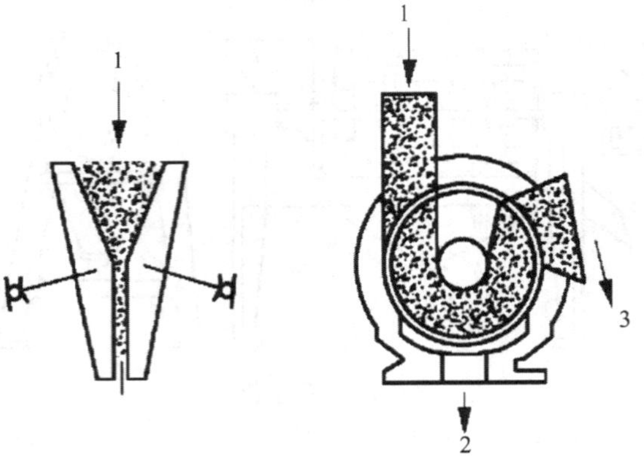

图 4.23 锥盘式压榨机

1. 入料口；2. 果汁；3. 渣

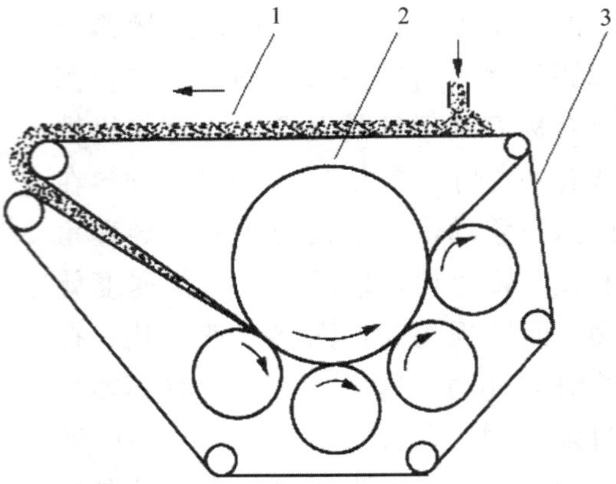

图 4.24 辊带式压榨机原理图

1. 果浆汁；2. 压榨槽；3. 主动辊

1. 螺旋式榨汁机

1）结构和工作过程

图 4.22 所示的是螺旋连续压榨机，主要用于压榨葡萄、番茄、菠萝和苹果等果蔬的汁液。螺旋式榨汁机的结构简单，主要由螺杆、顶锥、料斗、圆筒筛、离合器、传动装置、汁液收集器及支架组成。

螺旋式榨汁机工作时，物料由进料斗进入螺杆，在螺杆的挤压下榨出汁液，汁液自圆筒筛的筛孔中流入收集器，而渣则通过螺杆锥形部分与筛筒之间形成的环状空隙排出。环状空隙的大小可以通过调整装置调节。其空隙改变，螺杆压力也大。空隙大，则出汁率小；空隙小，则出汁率大，但汁液变浊。

2）主要零部件结构

（1）圆筒筛。一般用不锈钢卷成，外加加强环。为便于清理及检修，最好剖分成上下两半，然后用螺栓结合。为方便制造，对较长的圆筛，也可以分成二、三段。圆筛的孔径一般为 0.3～0.8 mm。开孔率可以从两方面考虑：一是榨汁的要求，二是强度。由于螺栓挤压产生的压力可大 1.2 MPa 以上，筒筛的强度应能承受这个压力。

（2）压榨螺杆。为使物料进入榨汁机后尽快地受到压榨，螺杆槽的容积要根据浆料的性质有规律地逐渐缩小。缩小容积有三种方法：一是改变螺杆的逻辑；二是改变螺旋槽的深度；三是既改变螺距又改变螺旋槽的深度。螺杆容积缩小的容积可用压缩比表示，压缩比是进料端第一个螺旋槽的容积与最后一个螺旋槽容积之比。

改变螺旋螺距的大小对于一定直径的螺旋来说也就是改变螺旋升角的大小。采用较小的螺距则物料受到的轴向分力增加，周向分力减小，有利于物料的推进。

（3）调压装置。具有一定压缩比的螺旋压榨机，虽然对物料能产生一定的挤压力，而出渣口中的顶锥与筛筒之间形成的间隙，对榨汁机的工作压力会产生更大的影响。间隙的大小用手轮调整，使螺杆沿轴向方向运动而获得。

2. 活塞式榨汁机

1）结构

活塞式榨汁机结构如图 4.25 所示。它是由连接板、筒体、活塞、集汁—排渣装置、液压系统和传动机构组成。

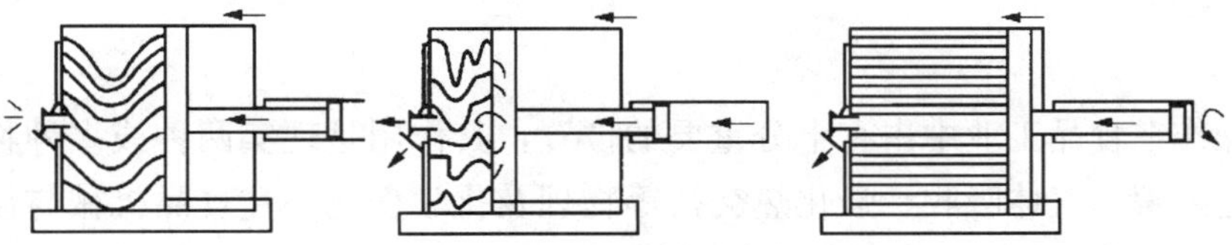

(a)　　(b)　　(c)

图 4.25　活塞式榨汁机作业过程原理示意图

2）工作过程

活塞式榨汁机是由连接板与活塞用挠性导汁芯连接起来，水果经打浆成浆料连接板中心孔进入筒体内，活塞压向连接板，果汁经导汁芯和后盖上的伸缩导管进入集汁装置。为充填均匀和使压榨力分布平衡，在压榨过程中筒体处于回转状态。完成榨汁，活塞后退，弯曲了的导汁芯被拉直，果渣被松散，然后筒向后移，果渣落入排渣装置排出。全部操作可以实现自动化，按拟订工艺程序工作。并且，活塞式榨汁机把过滤和压榨组合在一起，可以较好地使浆料中的固液分离。

第 5 章　搅拌及均质机械

搅拌操作在食品工业中占有十分重要的位置，其作用是现实两种或多种物质的均匀混合和促进溶解、气体吸收、强化热交换等物理及化学变化。在食品机械与设备中主要分为搅拌机和调和机两种。均质机是食品的精加工机械，它常与物料的混合、搅拌及乳化机械配套使用。在炼乳、果汁及冰激凌等生产工艺中，均质机是常用的均质设备。食品均质机按构造分为高压均质机、离心均质机、超声波均质机和胶体磨均质机等。

5.1　搅拌的种类及其特性

搅拌是食品工业中常见的单元操作，在食品工业中占有十分重要的位置。搅拌的作用是实现两种或多种物质的均匀混合和促进溶解、气体吸收、强化热交换等物理及化学变化。

搅拌操作按照实现搅拌的动力不同，可分为机械搅拌、气流搅拌和超声搅拌等。气流搅拌是用压缩空气进行搅拌，超声搅拌是用超声波的作用，机械搅拌是利用搅拌器来实现的。

待搅拌的食品物料主要是流体，其种类及特性比较繁杂。流体食品的搅拌性能，与食品的流变学性质密切相关。食品流变学是研究食品的受力和变形的学科，其研究内容包括物料在外力作用下产生的力学现象（如应力、应变及应变速率等）与物料自身的黏度之间的关系，以及影响物料流动的各种因素，如材料的分子结构、相对分子质量大小及其分布、作用温度和作用压力等。

待搅拌食品物料按物相分类有气体、液体、半固体及散粒状固体。按流体力学概念分类有牛顿型流体与非牛顿型流体。在搅拌机械中。由于搅拌器的作用，使物料流动。这种流动所产生剪切作用（剪应力）的程度对各种流体黏度的影响各有不同。对于牛顿型流体，不管搅拌程度激烈还是缓和，它的黏度与其静止状态都是相同的。在同一搅拌容器中，各处的黏度也是一致的。对于非牛顿型流体，搅拌程度直接影响着流体的性质。如在搅拌假塑性流体时，流体的表观黏度值随搅拌程度的强化而减小，在同一搅拌容器中，流体受剪应力较大处表观黏度较小，而受剪应力较小处表观黏度较大。显然，当流体静止即搅拌器停转时，该流体的黏度最大。对于涨塑性流体，搅拌程度对流体性质的影响恰好相反。即流体的表现黏度随所受剪应力的增大而增大。而对于黏弹性流体（如面团），情况更为复杂。物料的表面黏度随所受剪切作用的程度及搅拌时间的变化而变化。出现上述各种现象的原因主要是由各种流体的内部结构决定的。此外，非牛顿流体搅拌时的黏度还受温度的影响而发生显著变化。对于这些复杂流体搅拌过程，将流动特性用正确的数学公式表现出来是非常困难的，因为多数情况是不能进行解析计算的，所以一般是用被搅拌物料的表观黏度代替牛顿黏度进行计算的处理。

5.1.1　牛顿型流体的概念

在外力的推动下，由于搅拌器的作用而使食品产生剪切运动。从食品中沿平行于流动方向取一个微元研究其流变学性质（图 5.1）。微元的上下两层流体接触面积为 A（单位：m^2），层间距为 dy（单位：m），两层见黏性阻力为 F（单位：N），两层的流速分别为 u 和 $u+du$（单位：m/s）。假定这一流体微元，在 dt（单位：s）内发生了剪切变形。此时，剪切应变 ε 用在剪切应力作用下转过的角度（弧度）表示，即 $\varepsilon=\theta=dx/dy$，则剪切应变的速度 $\dot{\varepsilon}$（简称剪切速度）为

$$\dot{\varepsilon}=\frac{\theta}{dt}=\frac{dx/dy}{dt}=\frac{dx/dt}{dy}=\frac{du}{dy}$$

如果将剪切作用的大小用剪切应力 σ 表示，并定义 $\sigma=F/A$。剪切应力 σ 实际是截面切线方向的应力分量，单位为 Pa。

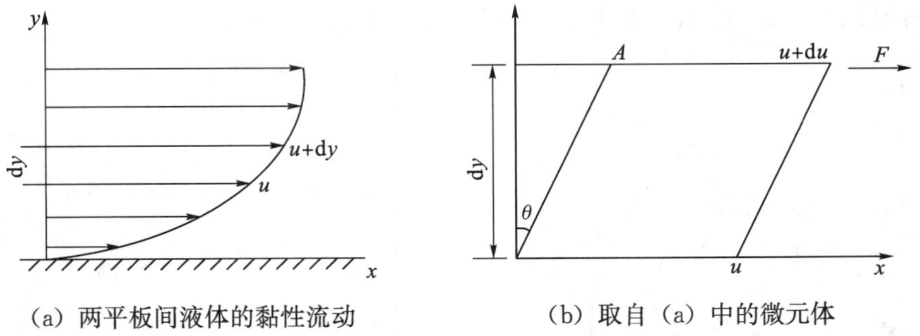

图 5.1　食品液变与性质关系示意图

牛顿黏性定律指出，流体流动时剪切速率 $\dot{\varepsilon}$ 与剪切应力 σ 成正比关系，即：

$$\sigma=\eta\dot{\varepsilon} \tag{5.1}$$

式中，η 称为黏度。

牛顿流体是指剪切应力和剪切速率满足牛顿黏性定力的流体。对于牛顿型流体，无论搅拌程度激烈或缓和，它的黏度与静止相同，在同一搅拌设备内，各处的黏度也是一致的。如图 5.2 所示，牛顿型流体的关系曲线是通过原点的直线 3，而直线的斜率为常数。即其剪切应力与速度梯度成正比。

5.1.2　非牛顿型流体的概念

剪切应力 σ 和剪切速率 $\dot{\varepsilon}$ 不满足式（5.1），且黏度系数不为常数，它随剪切速率的变化而变化，这种流体称为非牛顿流体。非牛顿流体的剪切应力 σ 与剪切速率 $\dot{\varepsilon}$ 之间的关系可用下列经验公式表示：

$$\sigma=k\dot{\varepsilon}^n \text{ 或 } \lg\sigma=\lg k+n\lg\dot{\varepsilon} \tag{5.2}$$

式（5.2）称为非牛顿流体的流动状态方程，也称为幂律模型。式中，k 为黏性系数，因为它与液体浓度有关，因此，称为浓度系数；n 为流动特性指数。显然当 $n=1$ 时，上式

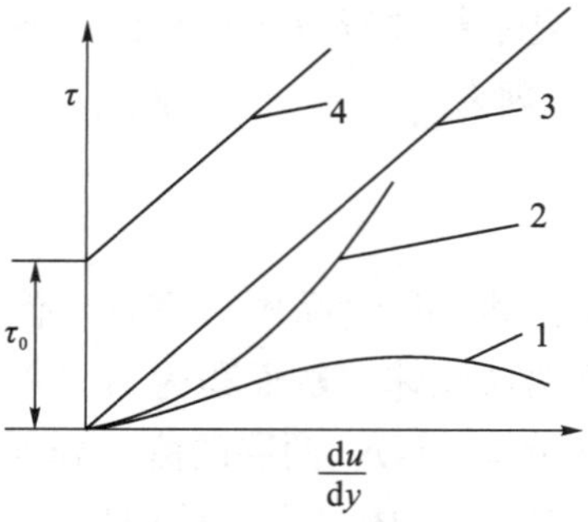

图 5.2 流体示意图

1. 拟塑性流体；2. 涨塑性流体；3. 牛顿型流体；4. 宾格汉塑性流体

就是牛顿流体公式，这时 $k=\eta$，即 k 就成了黏度。

设 $\eta_a=k\varepsilon^{n-1}$，则非牛顿流体的流动状态方程可写成与牛顿流体相似的形式：

$$\sigma=\eta_a\dot{\varepsilon} \tag{5.3}$$

由此式可以看出，η_a 与 η 有同样量纲，表示同样物理特性，所以称 η_a 为表观黏度。然而与 η 不同的是，η_a 与浓度系数 k 和流动特性指数 n 有关，且是剪切速率 $\dot{\varepsilon}$ 的函数。因此，η_a 对应着一定的剪切速率，也就是说 η_a 是非牛顿流体在某一特定剪切速率下的黏度。

非牛顿流体还可以做如下分类：

(1) 假塑性流体（pseudoplastic liquid）

在非牛顿流体流动状态方程中，当 $0<n<1$ 时，即表观黏度随着剪切应力或剪切速率的增大而减少的流动，称为假塑性流动。因为随着剪切速率的增加，表观黏度减少，所以还称为剪切稀化流动。符合假塑性流动规律的流体称为假塑性流体。假塑性流体的流动特性曲线如图 5.3 所示。图中 $\eta_a=\text{tg}\,\theta_i$（$i=1$，2，3，…）。

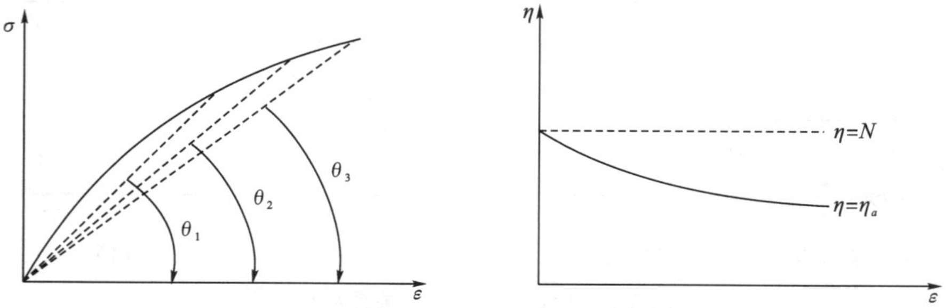

图 5.3 假塑性流体流动特性曲线

假塑性流体流动特性曲线对假塑性流体的表观黏度随剪切速率增加而减少的原因可做如下解释：固形物在液体中悬浮或者在低速流体中流动时往往会发生絮凝和缠绕，增加固形物与流体之间的阻力，表现为高黏度性质。当流速增加，速度梯度增大，剪切力随之增大时，缠绕在一起的固形物或者聚集在一起的固形物会发生解体或者变形，从而降低流动阻力，表现出剪切稀化现象（图 5.4）。

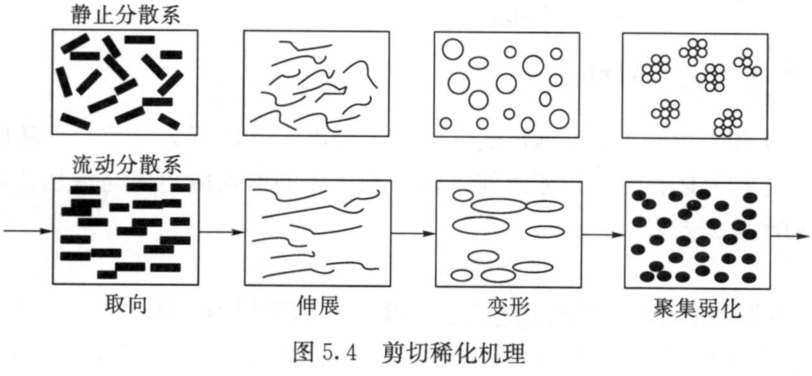

图 5.4 剪切稀化机理

具有假塑性流动性质的液体食品，大多含有链状高分子，它们在剪切力作用下或者卷曲成球状，或者沿流体流动方向变形，从而影响液体的黏性。一些研究表明，剪切稀化的程度与分子链的长短和线型有关，含直链分子多的液体比含多支结构分子的液体更易剪切稀化。

食品工业中遇到的一些高分子溶液、悬浮液和乳状液，如酱油、菜汤、番茄汁、浓糖水、淀粉糊、苹果酱等都是假塑性流体。大多数非牛顿流体都属于假塑性流体。

(2) 胀塑性流体（dilatant liquid）

在非牛顿流体的流动状态方程中，如果 $1<n<\infty$，则称为胀塑性流动，其流动特性曲线如图 5.5 所示。其剪应力与剪切速率关系曲线虽然通过原点，但偏离套轴向上弯曲，所以随着剪应力或剪切速率的增大，表观黏度 η_a 逐渐增大。由于这一特点，胀塑性流动也被称为剪切增稠流动。表现为胀塑性流动的流体，称为胀塑性流体。在液态食品中属于胀塑性流体者较少，比较典型的为生淀粉糊。当往淀粉中加水，混合成糊状后缓慢倾斜容器时淀粉糊会像液体那样流动。但如果施加更大的剪应力，用力快速搅动淀粉，那么淀粉糊反而变硬，失去流动性质，甚至用筷子迅速搅动，其阻力能使筷子折断。

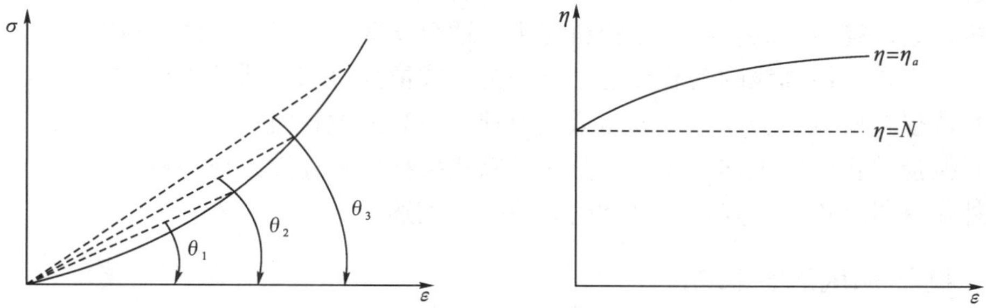

图 5.5　胀塑性流体流动特性曲线

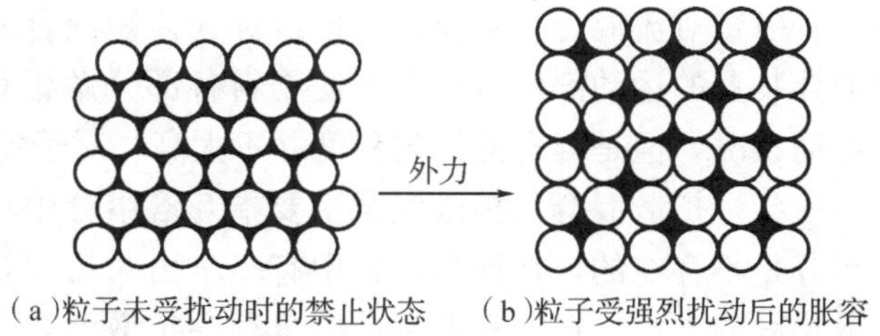

图 5.6　剪切增稠机理

剪切增黏现象可用胀容现象说明，如图 5.6 所示。具有剪切增稠现象的液体的胶体粒子一般处于致密充填状态，是糊状液体。作为分散介质的水，充满在致密排列的粒子间隙中。当施加应力较小、缓慢流动时，由于水的滑动与流动作用，胶体糊表现出较小的黏性阻力。可是如果用力搅动，致密排列的粒子就会一下子被搅乱，成为多孔隙的疏松排列构造。这时由于原来的水分再也不能填满粒子之间的间隙，粒子和粒子间无水层滑润作用，黏性阻力会骤然增加，甚至失去流动性质。粒子在强烈的剪切作用下结构排列疏松，外观体积增大，把这种现象称为胀容现象。

对于牛顿型流体，无论搅拌程度如何，其黏度与静止时相同，在同一搅拌容器中，各处的黏度也一致。但对于非牛顿型流体，则搅拌的程度直接影响流体的性质。如搅拌假塑性流体，流体的表观黏度值随搅拌的强化而减少，在同一搅拌容器中，流体受剪应力较大处表观黏度则较小，显然，搅拌器停转时，表观黏度呈最大值。相反，对于涨塑性流体，流体的表观黏度则随搅拌的程度增加而增大。对于如面团之类的黏弹性流体，情况更为复杂，它不但受搅拌程度的影响，还受搅拌时间的影响。

所以，将非牛顿型物料的黏度用表观黏度表示进行计算，则出于上述的原因。但是，从物理学上得知，黏度是随温度的高低而明显变化的。根据这个特性，对高黏度的非牛顿型流体，根据它与温度的关系采取措施，也可以改善搅拌条件。

5.1.3 搅拌机的分类

根据上述的搅拌机理可知，搅拌各种物料的工艺条件差别很大。从物料的物相分析，有液体与液体、液体与固体、固体与固体及伴有充气过程的搅拌。从物料的黏度而论，有低黏度流体的搅拌和高黏度流体的搅拌。从流体的属性区分，有牛顿流体的搅拌，也有非牛顿流体的搅拌等。因而，使得搅拌机械的型式各有不同。

（1）若按被搅拌物料的性质，可将搅拌设备分为：①搅拌机，它以搅拌黏度较低的流体为主，适用于液－液混合及固－液悬浮液的混合，以及气－液混合等物料的操作；②调和机，又称捏和机、揉和机，它以搅拌高黏度糊状物料及黏滞固体物料为主，适合于液－液混合、固－液相混合或伴有充气、传热、改性等其他一些过程的搅拌操作；③混合机，它以搅拌干燥粒状固体物料为主，适合于固－固相混合物料的操作。

（2）按搅拌容器轴线的安装位置，可分为立式搅拌机和卧式搅拌机。

（3）按搅拌机械的转速，可分为低速搅拌机与高速搅拌机。

（4）按搅拌机械的工作情况，可分为间歇式搅拌机和连续式搅拌机。

另外还有以结构、特点加以分类的，不一一细述。

5.1.4 搅拌机械混合机理

搅拌混合机理可归纳为三种：

（1）对流混合。对流混合也被称为体积混合或移动混合。对于互不相溶组分，依靠搅拌装置的运动部件或重力，使物料各部分做相对运动。其混合作用的强度主要取决于运动状况，但是混合的均匀程度并不太高，对于粉料和液料都是如此。

（2）扩散混合。扩散混合主要指互溶组分中存在的混合现象。实际上，完全不互溶组分是不存在的，在混合过程中有一个由对流混合到扩散混合的过渡，这主要取决于分散尺度的大小。在粉料的运动中也存在扩散混合，例如由于粉粒带电荷而相吸或相斥引起粒子之间的相对运动，在旋转容器式混合机中表现得特别明显。

（3）剪切混合。剪切混合主要因剪切力的作用，物料组分被拉成越来越薄的料层，使某一种组分原来占有区域的尺寸越来越小，对于高黏度组分特别明显。例如，在捏合机、螺旋挤压机等设备中，物料受到强烈的剪切力。实际上，在各种搅拌混合设备中，以上三种混合机理同时并存，但是在不同的机型和物料组分中，不同阶段所起到的作用有所不同。在习惯上，通常将以液相为主者称为搅拌设备，以粉粒料为主者称为混合设备，以黏稠团块物料为主者称为捏合设备或调和设备。

5.1.5 搅拌机械基本结构

搅拌机械的种类较多，但其基本结构是一致的，主要由搅拌装置、轴封和搅拌罐三大部分组成，即：

- 搅拌设备
  - 搅拌装置
    - 传动装置
    - 搅拌轴
    - 搅拌器
  - 轴封
  - 搅拌罐
    - 罐体
    - 附件

(1) 搅拌器（或称搅拌桨）及搅拌轴的主要作用是通过自身的运动使搅拌容器中的物料按某种特定的方式流动，从而达到某种工艺要求。所谓的特定流动（流型）方式是衡量搅拌装置性能最直观的重要指标。

(2) 搅拌容器也称搅拌槽或搅拌罐。它的作用是容纳搅拌器与物料在其内进行操作。对于食品搅拌容器，除保证具体的工艺条件外，还要满足无污染、易清洗等专业技术要求。

(3) 传动装置是赋予搅拌装置及其他附件运动的传动件组合体。在满足机器所必需的运动功率及几何参数的前提下，希望传动链短、传动件少、电机功率小，以降低成本。

(4) 轴封是指搅拌轴及搅拌容器转轴处的密封装置。为避免食品污染，轴封的选择必须给予重视。

5.2　搅　拌　机

搅拌机常用来处理较低黏度液体的混合，包括液体与液体（互溶或不互溶）的混合，固体悬浮液的制取以及伴有加速溶解、强化热交换等操作。在食品加工中，各种面浆、混合乳液、原料糖浆的制备以及糖果生产中的溶糖操作都是采用搅拌机实现的。

5.2.1　混合机理

1. 低黏度、中等黏度物料的混合机理

低、中黏度流体的混合，其强度取决于流型，即对流的强制程度。所谓强制程度，有两种形式：

(1) 主体对流。主体对流是指在搅拌过程中，搅拌器把动能传给周围的液体，产生一股高速的液流，这股液流体又推动周围的液体，逐步使全部的液体在容器内流动起来，这种大范围的循环流动称为“宏观流动”。由此而产生的全容器范围的扩散混合叫作“主体对流扩散”。

(2) 涡流对流。涡流对流是指当搅拌产生的高速液流在静止或运动速度较低的液体中通过时，处于高速流体与低速流体的分界面上的流体受到强烈的剪切作用。因此，在此处产生大量的漩涡，这种漩涡迅速向周围扩散，一方面把更多的液体夹带着加入“宏观流动”中；另一方面又形成局部范围内物料快速而紊乱的对流运动，这种运动被称为“涡流对流”。在实际混合过程中，主体对流扩散只能把不同的物料搅成较大的混合“团块”，而通过“团块”界面之间的涡流，把混合物料的不均匀程度迅速降低。降低的水平只达到涡流本身的大小，而涡流本身最小的也比分子要大得多。因此，对流扩散不能达到分子水平上的完全均匀混合，仅仅是“宏观的混合”。

低、中黏度的食品混合，主要是对流混合。

2. 高黏度物料的混合机理

对于高黏度液体的混合，情况与上述机理有别。在搅拌的作用下，不仅明显的分子扩散现象，而且难以造成良好的湍流以分割组分元素。在这种情况下，物料混合的主要机理是剪切力。剪切力是由搅拌的机械运动所产生的。剪切力把待混合的物料撕成越来越薄的薄层，使得某一组分的区域尺寸减小。图 5.7 所示为平面间的两种黏性流体。开始时主成分以离散的黑色小方块存在，随机分布于混合体中。然后在剪切力的作用下，这些方块被拉长。如果所加的剪切力足够大，对每一薄层的厚度撕到用肉眼难以分辨的程度，到这个程度我们称为“混合”。因此，高黏度流体中，流体的剪切力只能由运动的固体表面造成。而剪切速度取决于固体表面的相对运动及表面之间的距离。所以，在高黏度搅拌机的设计上，一般取搅拌器直径与容器内径的比值几乎等于 1∶1，就是这个道理。

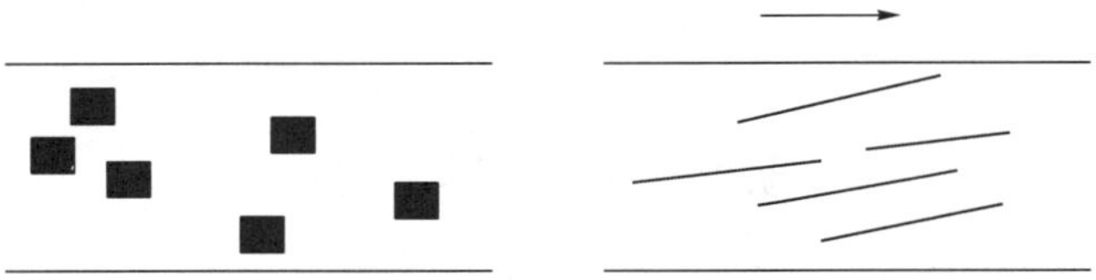

(a) 初始状态　　(b) 剪切状态

图 5.7　液体剪切的混合作

5.2.2　搅拌设备

1. 搅拌设备工作原理

搅拌过程是一个复杂的过程，它涉及流体力学、传热、传质及化学反应等多种原理。从本质上讲，搅拌过程是在流场中进行单一的动量传递，或者是包括动量、热量、质量的传递及化学反应的综合过程。搅拌设备就是通过使搅拌介质获得适宜的流场而向其输入机械能量的装置。因此研究搅拌过程的主要内容是讨论搅拌装置所产生的流场性质及搅拌能量。不同的搅拌目的，要求不同的流场；不同形式的搅拌装置能提供不同的流场以及不同的能量，这些相互关联的问题是设计和使用搅拌设备必须弄清楚的。根据上述的搅拌机理可知，搅拌各种物料的工艺条件差别很大。

2. 搅拌设备的结构与主要构件

在食品工业中用到的搅拌设备种类很多，但其基本结构是一致的。典型的搅拌设备如图 5.8 所示，主要由搅拌容器和搅拌机两大部分组成。搅拌容器包括釜体、外夹套、内构件和各种用途开孔接管等。搅拌机包括搅拌器、搅拌轴、轴封、机架和传动装置等部件。搅拌设备的结构组成如下。

1）搅拌器（或称搅拌桨）与搅拌轴

搅拌器是搅拌设备的核心部件。根据搅拌器在搅拌容器内产生的流型，搅拌器基本上可分为轴向流和径向流两种。例如，推进式叶轮、新型翼形叶轮等属于轴向流搅拌器，而各种直叶、弯叶、涡轮叶则属于径向流搅拌器。搅拌轴通常自搅拌容器顶部中心垂直插入容器内，有时也采用侧面插入、底部伸入或侧面伸入方式，应根据不同的搅拌要求选择不同的安装方式。搅拌轴由电动机及传动装置带动旋转，轴的下端装着有各种形状桨叶的搅拌器。搅拌器和搅拌轴的作用是通过自身运动使搅拌容器中的物料按某种特定的方式运动，从而达到某种工艺要求。这种特定方式的流动（流型）是衡量搅拌装置性能最直观的重要指标。

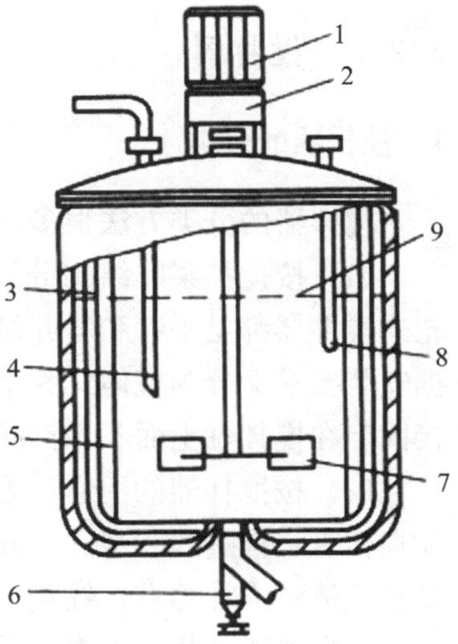

图 5.8　搅拌设备结构图

1. 电动机；2. 传动装置；3. 罐体；4. 料管；5. 挡板；6. 出料管；7. 搅拌器；8. 温度计插管；9. 液面

2）搅拌容器（或称搅拌罐或搅拌槽）

搅拌容器的作用是容纳搅拌器与物料在其内进行操作。其结构型式通常为立式圆筒形，其顶部结构可设计成开放式或密闭式，底部大多数呈蝶形或半球形。由于平底结构容易造成搅拌时液流死角，影响搅拌效果，一般不采用平底结构。其高径比值主要依据操作时容器装液高径比以及装料系数大小而定。而容器装液高径比又视容器内物料性质、搅拌特征和搅拌器层数而异，一般取 1～1.3。同时，根据工艺的传热要求，搅拌容器外可加夹套，并通以蒸汽、冷却水等载热介质。

3）挡板

为了消除搅拌容器内液体的打旋现象，使被搅物料能够上下轴向流动，达到均匀混合，通常需要在搅拌容器内加入若干块挡板。挡板数一般在 2～6 块之间，视具体情况而定。加入挡板后，搅拌功率将明显增加，且随着挡板数的增加而增加；但在满足全挡板条件后，再增加挡板数，搅拌功率将不再增加。

4）导流筒

导流筒为上下开口的圆筒，置于搅拌容器的中心，在搅拌混合过程中起导流作用。通常导流筒的上端都低于静液面，且在筒身上开有槽或孔。当生产中液面降落时物料仍可从槽或孔进入。

5）轴封

搅拌轴及搅拌容器转轴处的密封装置。轴封属于动密封，其作用是保证搅拌设备内处于一定的正压或真空状态，防止被搅物料溢出或杂质的渗入。常用的轴封有液封、填料密封和机械密封。传动装置包括电动机、变速器、联轴器、轴承及机架等，是赋予搅拌装置及其他附件运动的传动件组合体。传动装置的作用是使搅拌轴以所需的转速转动，并保证搅拌轴获得所需的转矩。在满足机械所必需的运动功率及几何参数的前提下，要求传动链短、传动件少、电动机功率小，以降低成本。

5.2.3 搅拌器

1. 搅拌器的分类

搅拌器的分类方法很多，主要有以下几种：

（1）按搅拌桨叶结构分为平叶、斜（折）叶、弯叶、螺旋叶面式搅拌器。桨式、涡轮式搅拌器都是平叶和斜叶结构；推进式、螺杆式和螺带式的桨叶为螺旋面叶结构。根据安装要求又分为整体式和剖分式结构。大型搅拌器往往做成剖分式，便于把搅拌器直接固定在搅拌轴上而不用拆除联轴器等其他部件。

（2）按搅拌器的用途分为低黏流体用搅拌器和高黏流体用搅拌器。用于低黏流体的搅拌器有：推进式、桨式、开启涡轮式、圆盘涡轮式、板框桨式、三叶后弯式等。用于高黏流体的搅拌器有：锚式、框式、锯齿圆盘式、螺旋桨式、螺带式等。

（3）按流体流动形态分为轴向流搅拌器和径向流搅拌器。在运转时，流体既产生轴向流又产生径向流的搅拌器称为混合流搅拌器。推进式搅拌器是轴流型的代表，平直叶圆盘涡轮搅拌器是径流型的代表，而斜叶涡轮搅拌器是混合型的代表。

（4）按叶片运转速度分为小面积叶片高速运转搅拌器和大面积叶片低速运转搅拌器。属于小面积叶片高速运转的搅拌器有涡轮式、旋桨式等，多用于低黏度的物料；属于大面积叶片低速运转的搅拌器有框式、垂直螺旋式等，多用于高黏度的物料。各种典型的搅拌器形式如图 5.9 所示。

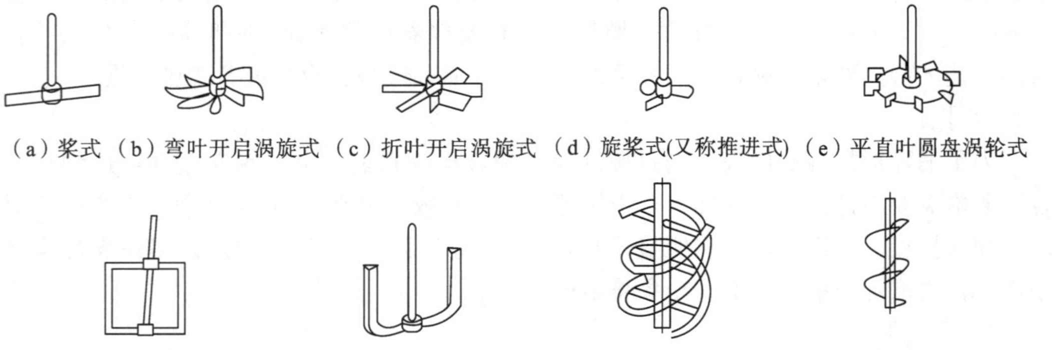

（a）桨式 （b）弯叶开启涡旋式 （c）折叶开启涡旋式 （d）旋桨式(又称推进式) （e）平直叶圆盘涡轮式

（f）框式 （g）锚式 （h）螺带式 （i）螺杆式

图 5.9 典型的搅拌器

2. 搅拌器的安装形式

搅拌器不同安装形式会产生不同的流场，使搅拌效果有明显的差别。通常搅拌器安装形式分为如下几种：

1）立式中心搅拌安装形式

这种安装形式应用最为广泛，其特点是搅拌轴与搅拌器配置在搅拌罐的中心线上，呈对称布局。驱动方式为带传动、齿轮传动或者通过减速传动，也有用电动机直接驱动的。安装、操作和检修比较方便。其搅拌设备功率可以从 0.1 kW 至数百千瓦，常用的功率范围为 0.2～22 kW。食品工业中多用小型搅拌器。根据不同的用途，桨叶的结构有各种各样的组合方式，如以三叶旋桨式、涡轮式为主体，可组合成多种结构形式，以适应多种用途。此形式搅拌设备的结构如图 5.10 所示。

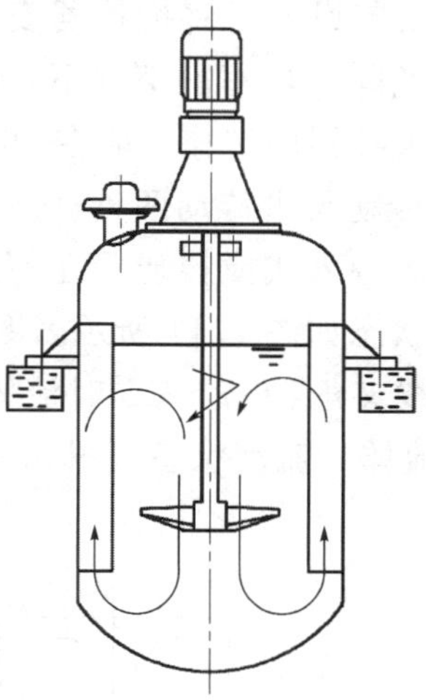

图 5.10　立式中心搅拌

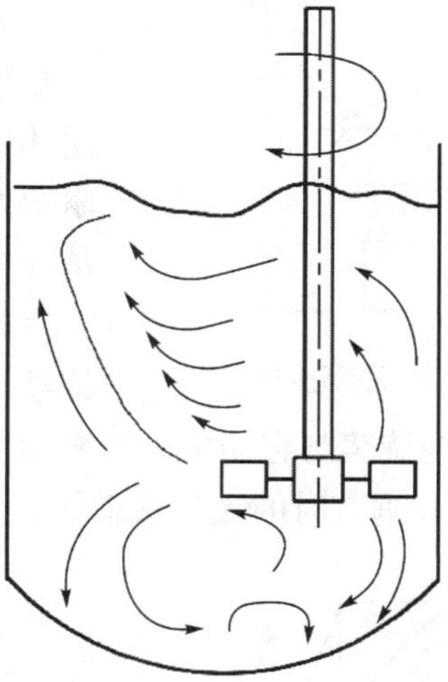

图 5.11　偏心式搅拌

2）偏心式搅拌安装形式

将搅拌器安装在立式容器的偏心位置，这种安装形式能防止液体在搅拌器附近产生涡流回转区域，其效果与安装挡板相近似。其结构示意图及搅拌过程产生的流动情况如图 5.11 所示。这种搅拌轴中心线偏离容器轴线，会使液流在各点处压力分布不同，加强液层间的相对运动，从而增加液层间的湍动，使搅拌效果得到明显的改善。但偏心搅拌容易引起设备在工作过程中的振动，一般此类安装形式只用于小型设备上。

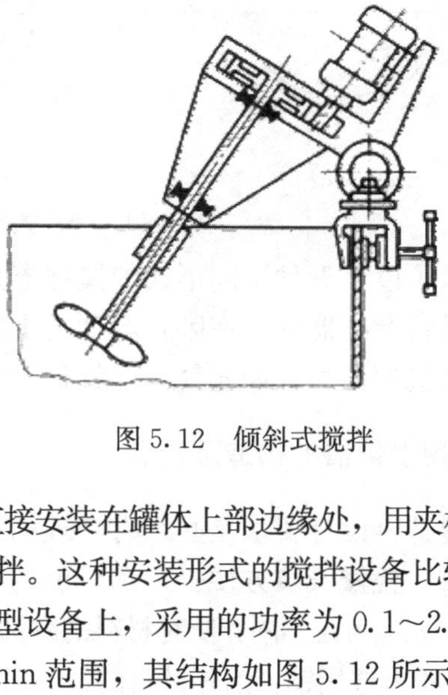

图 5.12　倾斜式搅拌

3）倾斜式搅拌安装形式

为了防止产生涡流，对搅拌容器比较简单的圆筒形结构或方形敞开式搅拌设备，可将搅拌器直接安装在罐体上部边缘处，用夹板或卡盘与圆筒边缘夹持固定，搅拌轴斜插入容器内进行搅拌。这种安装形式的搅拌设备比较机动灵活，使用维修方便，结构简单、轻便，一般用于小型设备上，采用的功率为 0.1～2.2 kW，使用一层或两层桨叶的搅拌器，转速在 36～300 r/min 范围，其结构如图 5.12 所示。

4）底部搅拌安装形式

搅拌器安装在容器底部，它具有轴短而细的特点，无需用中间轴承，可用机械密封结构，具有使用维修方便、寿命长等优点（图 5.13）。此外，搅拌器安装在下部封头处，有利于上部封头处附件的排列与安装，特别是在上部封头带夹套、冷却构件及接管等附件的情况下，更有利于整体合理布局。其底部出料口能得到充分的搅动，使输料管路畅通无阻，有利于排出物料。此类搅拌设备的缺点是桨叶叶轮下部至轴封处常有固体物料

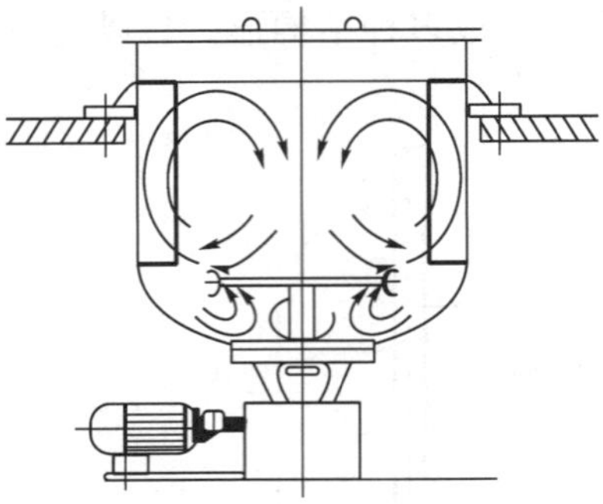

图 5.13 底部搅拌

黏附，容易变成小团物料混入产品中影响产品质量。

5）旁入式搅拌安装形式

旁入式搅拌安装设备是将搅拌器安装在容器罐体的侧壁上，在消耗同等功率的情况下，能得到最好的搅拌效果。这种搅拌器的转速一般在 360～450 r/min，驱动方式有齿轮传动与带传动两种。该设备主要缺点是轴封比较困难。旁入式搅拌装置在不同旋桨位置所产生的不同流动状态如图 5.14 所示。图 5.14（a）为旋桨与容器中心线夹角 $\alpha=7°\sim12°$ 时流体的流动状态；图 5.15（b）为旋桨与容器中心线夹角大于 12°时流体的流动状态；图 5.15（c）为旋桨与容器中心线相垂直时的流动状态。

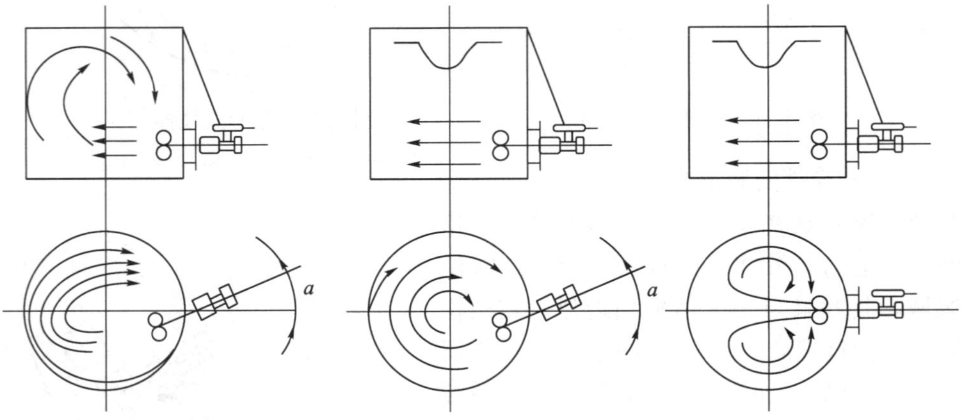

(a) (b) (c)

图 5.14 旁入式搅拌装置不同旋桨位置与流动状态

除了以上五种不同形式的搅拌器外，还有其他安装形式的搅拌器。如卧式容器搅拌器，是将搅拌器安装在卧式容器的上方，此类布局可以降低整台设备的安装高度，提高设备的抗振能力，如充气搅拌就是采用的卧式容器搅拌设备。

3. 常用搅拌器的构造及特点

搅拌器设计要求是必须有合理的结构（包括制造工艺合理，桨叶与搅拌轴的连接牢固可靠，检修安装方便等）和足够的强度。搅拌器材质的选用除了满足强度、刚度的要求外，还应考虑不同介质对材料的腐蚀作用。目前，使用的材料大多数是碳钢、不锈钢、铸铁等；也有选用铜、铝等材料的，有时还用木材、搪玻璃、衬胶等。随着塑料工业的发展，工程塑料也将是可以选用的优质材料。下面以钢制桨叶为例，叙述常用搅拌器的构造与特点。

1）平桨式搅拌器

平桨桨叶一般采用不锈钢或扁钢制成。对于小型桨叶常加工成整体焊接形式，为不可拆卸结构，如图 5.15（a）所示。这种结构制造方便，但强度不大，不能拆换桨叶，常用于小直径容器中。图 5.15（b）所示为螺栓连接方式，依靠桨叶与轴的摩擦力带动桨叶旋转。这种结构拆卸方便，但功率大时容易产生打滑现象而不能正常运转，多用于小功率设备中。图 5.15（c）所示的结构是图 5.15（b）型结构的改进型，把圆轴改成方轴，这样可克服打滑现象，但轴的加工困难。图 5.15（d）所示为键连接方式，它兼有以上几种结构的优点，被广泛采用。

为了改善搅拌效果，同时减少搅拌阻力，常常把平直桨叶安装成一定的角度，倾斜角度 α 一般应小于 90°，45°左右的较常用。另一种与倾斜安装类似的结构是折叶桨，这种结构使桨叶部分扭转而中间连接部分仍保持平直形式。它既起到了倾斜桨叶改善搅拌效果作用，又简化了连接方法，也被广泛采用。折叶桨结构及连接方法如图 5.16 所示。

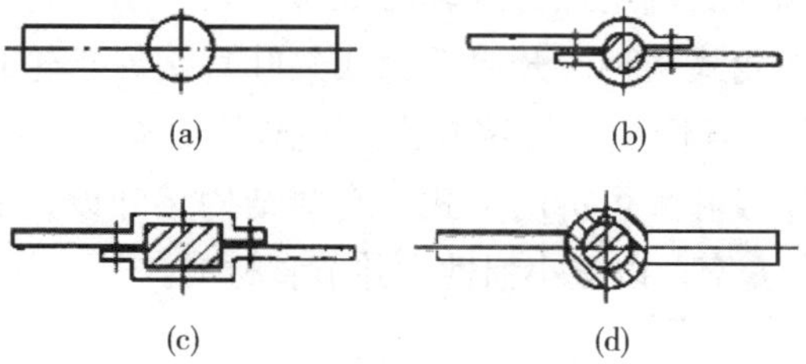

图 5.15　平桨叶与轴的固定方法

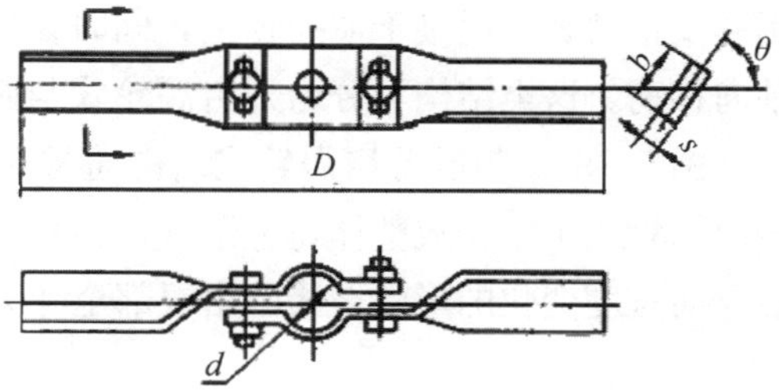

图 5.16　折叶桨结构与连接

桨式搅拌器主要用于流体的循环，由于在同样的排量下，折叶式比平直叶式的功耗少，操作费用低，因而使用折叶式搅拌器的较多。桨式叶可用于高黏流体的搅拌，以促进流体的上下交换，代替价格昂贵的螺带式搅拌器，尚能获得良好的效果。桨式叶轮的桨叶直径 d 对容器内径 D 之比一般为 0.35～0.50，对高黏度液体为 0.65～0.90；转速一般在 20～100 r/min，介质黏度最高可达 20 Pa・s。

2）框式与锚式搅拌器

框式与锚式搅拌器结构相似，它的特点是起搅拌作用的框架能增大搅拌范围，并带走容器壁面上的残留物料液层。搅拌器外形轮廓与容器壁形状相似，底部形状为适应罐底轮廓，多为椭圆或锥形等。为了增大对高黏度物料的适应范围及提高桨叶的刚度，常常在框式与锚式的主体架上增加一些加强肋。框式与锚式搅拌轴的连接方式类似于桨式。锚式搅拌器的结构及连接方法如图 5.17 所示。桨叶与轴连接的一端制作成半圆形的轴环，两片桨叶的圆环用螺栓夹紧在轴上，同时用穿过轴心的螺栓固定桨叶和搅拌轴。图 5.18 所示为锚式结构加上扁钢加强肋的形式，以增加桨叶的强度与刚度。由于此类搅拌器外形尺寸较大，为便于装拆，多数采用螺栓连接。只有小型的采用铸造或焊接。桨叶以扁钢、角钢制造的居多，取材和加工都比较方便。

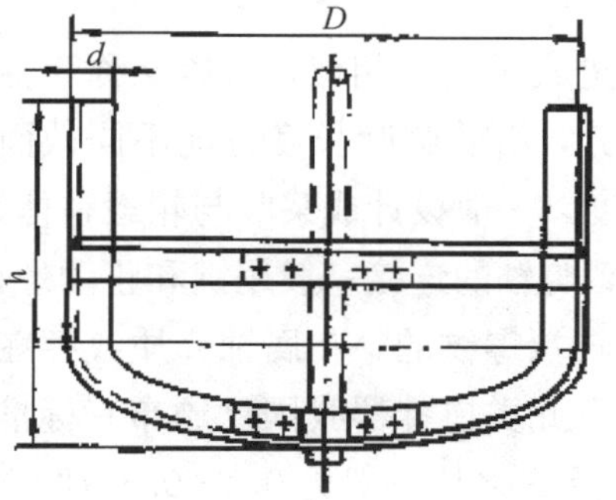

图 5.17　锚式搅拌器

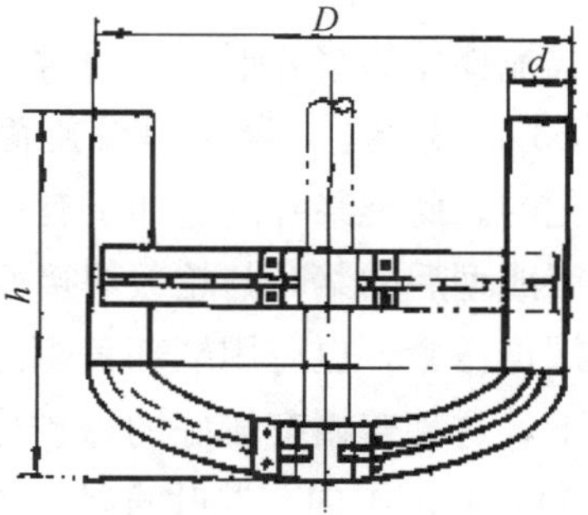

图 5.18　加肋锚式搅拌器

锚式搅拌器的一般参数为桨叶直径 d 对容器内径 D 之比，0.90～0.98，叶端速度为 1～5 m/s。锚式或框式搅拌器只适用于对混合要求不太高的场合。由于锚式搅拌器在容器壁附近流速比其他搅拌器大，能得到较大的表面传热系数，故常用于传热、晶析操作，也常用于搅拌高浓度淤浆和沉降性淤浆。

3）涡轮式搅拌器

涡轮式搅拌器能有效地完成几乎所有的搅拌操作，并能处理黏度范围很广的流体。涡轮式搅拌器的叶片较多，转速高，结构比桨式复杂，种类较多。一般连接方式是通过轮毂用键及止动螺钉连接于搅拌轴上，同时在搅拌轴的底端用螺钉或轴端螺母压紧，防止轮毂轴向移动。这类结构可分为开启涡轮式与圆盘涡轮式两种。开启涡轮式桨叶直接焊于轮毂上（图 5.19）。折叶开启涡轮式结构通常在轮毂上开倾槽，将桨叶嵌入后焊牢（图 5.20）。开启涡轮式可制作成整体铸造形式，也可以制作成叶片可拆的形式。有些结构桨叶设计成沿径向宽度变化的形状，桨叶由根部至叶尖逐渐变窄，以减小惯性力并节省材料。

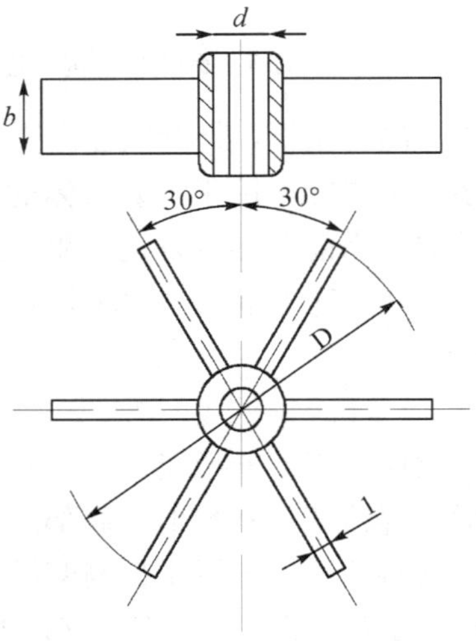

图 5.19　平直叶开启涡轮

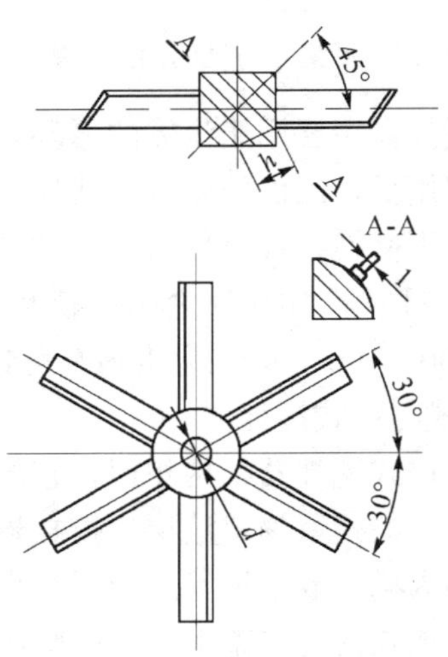

图 5.20　折叶开启涡轮

开启涡轮式搅拌器的圆盘起支承桨叶的作用，大多数设计成整体式并与轮毂焊接。桨叶与圆盘的连接方式，对小型桨叶（桨径小于 400 mm）常采用焊接如图 5.21 所示，对桨径大于 500 mm 时多采用可拆连接方式如图 5.22 所示，便于装拆及保证装配精度。

4）旋桨式搅拌器

旋桨式搅拌器的桨叶形状与通常使用的推进式螺旋桨相似，所以又称为推进式搅拌器（图 5.23）。实质上，桨叶是螺旋面的一部分，沿着桨叶长度方向不同截面处的升角是逐渐变化的。此类桨叶制造加工有一定的难度。一般设计成桨叶与轮毂整体铸造结构，也有用模锻成型后的桨叶与轮毂焊接而成。轮毂与轴的连接一般用键和止动螺钉的形式。轴端部用螺母压紧，也有用端部盖帽形式保护轴端螺纹的，在腐蚀介质或存在固体沉积物的场合下，这种盖帽有较好的保护作用。关于此类搅拌器我国已颁布有标准，其桨径在 150～700 mm 范围内。桨叶直径 d 与容器内径 D 之比一般为 0.1～0.3；叶端速度一般为 7～10 m/s，最高达 15 m/s。

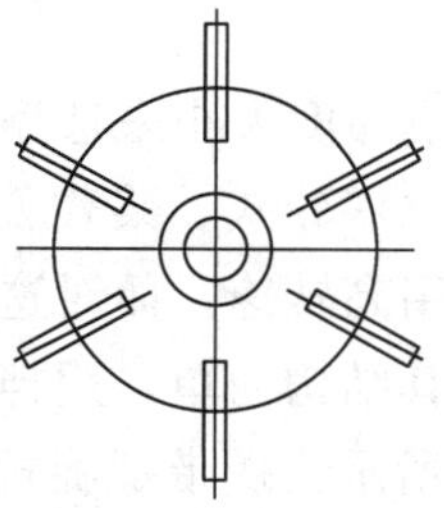

图 5.21　焊接圆盘涡轮

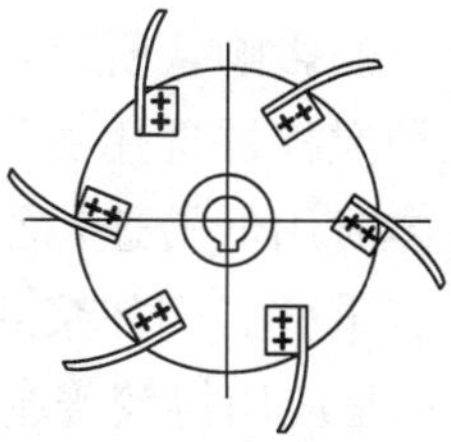

图 5.22　可拆式圆盘涡轮

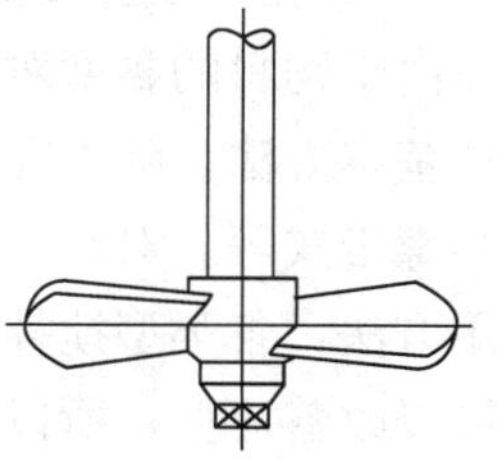

图 5.23　可拆式圆盘涡轮

5）螺带式搅拌器

螺带式搅拌器由一定宽度的带材或圆柱棒材制作成螺带形状。它适用于中、高黏度的搅拌，有较好的上下循环性能。螺带式搅拌器有单条或双条螺带结构。一般螺带的外廓尺寸接近容器内壁，使搅拌操作遍及整个罐体。由于螺带尺寸较大，与轴有较大的距离，因此要用支撑杆件使螺带固定在搅拌轴上，每个螺距设置杆件 2～3 根。支撑杆一端与螺带焊接，另一端夹紧在搅拌轴上，也可以采用支撑杆与轴的键连接的形式。部分支撑杆可采用止动螺钉与轴相对固定。这种结构既保证传递转矩可靠，又保证了装拆方便。如螺带较长，可设计成分段螺带的形式，再用螺栓连接成一体。可拆式螺带搅拌器的结构示意图如图 5.24 所示。

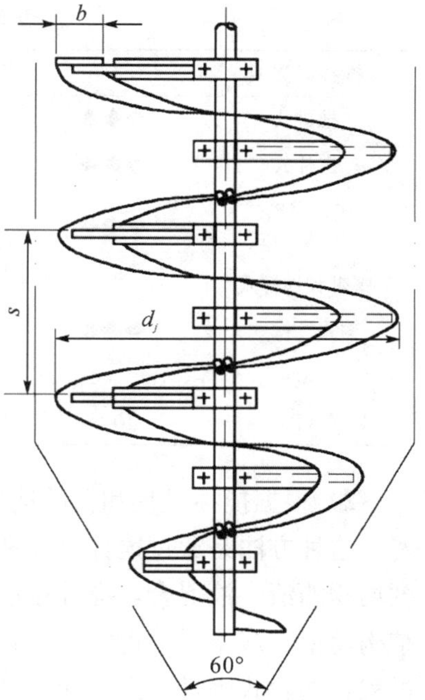

图 5.24　可拆式螺带搅拌

6）螺杆式搅拌器

螺杆式搅拌器结构与螺带式相似，但螺杆式的螺旋面部分可拆式螺带搅拌直接与搅拌器的轴相接触，保证了中心部分流体的流动。螺带多与轴直接焊接，也可以设计成可拆式结构。螺杆常与螺带组合在一个搅拌轴上，称为螺带—螺杆式搅拌器，如图 5.25 所示，螺杆与螺带的螺旋方向相反，螺杆推动液体向下，螺带推动液体向上，造成液体的全罐混合均匀。

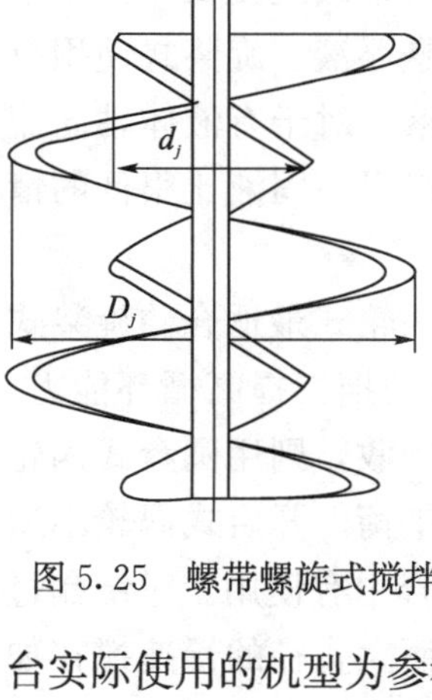

图 5.25　螺带螺旋式搅拌

4. 搅拌器的选型

由于搅拌过程以及搅拌器性能具有各自的共性，各种搅拌器的通用性较强，同一种搅拌器可用于几种不同的搅拌过程。一般选择搅拌器时主要应从介质的黏度高低、容器的大小、转速范围、动力消耗以及结构特点等几方面因素综合考虑。也可以通过小型试验进行选择，通常可采用经验类比的方法，以某台实际使用的机型为参考，在相近的工作条件下进行类比选型。

1）根据介质黏度的高低选型

由于物料的黏度对搅拌状态有很大的影响，所以，根据搅拌介质黏度大小来选型是一种基本方法。随着黏度的增高，各种搅拌器选用的顺序为旋桨式、涡轮式、桨式、锚式和螺带式等。对旋桨式，大容量液体时用低转速，小容量液体时用高转速。而对这种选用方法，各类型搅拌器的使用范围有重叠。例如桨式搅拌器由于其结构简单，用挡板后可以改善流型，所以，在低黏度时也是应用得较普遍的。图 5.25 所示为螺带螺旋式搅拌。而涡轮式由于其对流循环能力、湍流扩散和剪切力都较强，几乎是应用最广泛的一种桨型。表 5.1 给出各种搅拌器适用的黏度范围。

表 5.1　各种搅拌器适用的黏度范围

搅拌器类型	低黏度				高黏度	
推进式	◆◆◆	◆◆◆	◆◆◆	◆		
齿片式	◆◆◆	◆◆◆	◆◆◆	◆◆		
桨式、涡轮式、三叶后折式	◆◆◆	◆◆◆	◆◆◆	◆◆◆◆	◆	
螺带和螺杆式				◆◆	◆◆◆	◆◆
锚式、框式	◆◆◆	◆◆◆	◆◆◆	◆◆◆◆	◆	
			◆◆	◆◆◆	◆	
黏度（Pa·s）	10^{-3}	10^{-2}	10^{-1}	1	10	10^{2}

2）根据搅拌过程和目的选型

这种方法是通过搅拌过程和目的，对照搅拌器造成流动状态做出判断来选择。低黏度均相的液—液混合，搅拌难度小，旋桨式循环能力强，动力消耗少，最适用。平桨式结构简单，成本低，适宜小容量液相混合。涡轮式动力消耗大，增加费用。对分散操作过程，涡轮式因具有高剪切力和较大循环能力，所以最适用。其中平直叶涡轮剪切力作用大于折叶或后弯叶的剪切力作用，因此应优先选用。为了加强剪切效果，容器内可设置挡板。对于固粒悬浮液操作，涡轮式使用范围最广，其中以弯叶开启涡轮式最好。它无中间圆盘，上下液体流动畅通，排出性能好，桨叶不易磨损。而桨式速度低，只用于固体粒度小、固液相对密度差小、固相浓度较高、沉降速度低的悬浮液。旋桨式使用范围较窄，只适用于固液相对密度差小或固液比在5%以上的悬浮液。对于有液体轴向流动的搅拌器，可不加挡板。因固体颗粒会沉积在挡板死角内，所以只在固液比很低的情况下才能使用挡板。

固体溶解过程要求具有搅拌器的剪切作用和循环能力，所以涡轮式最适合。旋桨式循环能力大而剪切作用小，只用于小容量溶解过程。平桨式需借助挡板提高循环能力，一般只使用在容易悬浮起来的溶解操作中。若搅拌过程中有气体吸收，则用圆盘式涡轮最合适。它剪切力强，圆盘下可存住一些气体，使气体的分散更平衡。开启式涡轮不适用。平桨式及旋桨式只在少量易吸收的气体要求分散度不高的场合中有使用。对结晶过程的搅拌操作，小直径的快速搅拌如涡轮式，适用于微粒结晶，而大直径的慢速搅拌如桨式，用于大晶体的结晶。考虑搅拌目的时，搅拌器的选型见表 5.2。

表 5.2　搅拌目的与推荐的搅拌器形

搅拌目的	挡板条件	推荐型式	流动状态
互溶液体的配合	无挡板	三叶折叶涡轮（$\theta=24°$）、六叶折叶开启涡轮（$\theta=45°$）、桨式、圆盘涡轮	湍流（低黏液体）
	有导流筒	三叶折叶涡轮（$\theta=24°$）、六叶折叶开启涡轮、桨式、推进式	
	有货无导流筒	桨式、螺杆式、框式、螺带式、锚式	层流（高黏流体）
固-液相分散并在其中溶解	有或无挡板	桨式、六叶折叶开启式涡轮	湍流（低黏流体）
	有导流筒	三叶折叶涡轮（$\theta=24°$）、六叶折叶开启涡轮（$\theta=45°$）、桨式、推进式	
	有或无导流筒	螺带式、螺杆式、锚式	层流（高黏流体）
液-液相分散（互溶的液体）及在其中强化传质	有挡板	三叶折叶涡轮（$\theta=24°$）、六叶折叶开启涡轮（$\theta=45°$）、桨式、圆盘涡轮、推进式	湍流（低黏流体）
液-液分散相（不互溶的液体）及在其中强化传质	有挡板	圆盘涡轮、六叶折叶开启涡轮（$\theta=45°$）	湍流（低黏液体）
	有反射物	三叶折叶涡轮（$\theta=24°$）	
	有导流筒	三叶折叶涡轮（$\theta=24°$）、六叶折叶开启涡轮（$\theta=45°$）、桨式、推进式	
	有或无导流筒	螺带式、螺杆式、，锚式	层流（高黏液体）
气-液相分散及在其中强化传质	有挡板	圆盘涡轮、闭式涡轮	湍流（低黏流体）
	有反射物	三叶折叶涡轮（$\theta=24°$）	
	有导流筒	三叶折叶涡轮（$\theta=24°$）、六叶折叶开启涡轮（$\theta=45°$）、推进式	
	有导流筒	螺杆式	层流（高黏流体）
	无导流筒	锚式、螺杆式	

（3）按搅拌器形式和适用条件选型

表 5.3 为以操作目的和搅拌器的流动状态选用搅拌器的选型表。由此表可见，对低黏度流体的混合，推进式搅拌器由于循环能力强，动力消耗小，可应用到很大的搅拌容器中。涡轮式搅拌器的应用范围较广，各种搅拌操作都适用，但流体黏度不宜超过 50 Pa·s。桨式搅拌器结构简单，在小容积的流体混合中应用较广，对大容积的流体混合，则循环能力不足。对于高黏度流体的混合，则以锚式、螺杆式、螺带式更为合适。

表 5.3　搅拌器形式和适用条件

搅拌器型式	流动状态			搅拌目的									釜容积范围（m^3）	转速范围（r/min）	最高黏度（Pa·s）
	对流循环	湍流扩散	剪切流	低黏度混合	黏度混合传热反应	分散	溶解	固体悬浮	气体吸收	结晶	传热	液相反应			
涡轮式	◆	◆	◆	◆	◆	◆	◆	◆	◆	◆	◆	◆	1～100	10～300	50

续表

搅拌器型式	流动状态			搅拌目的									釜容积范围(m^3)	转速范围(r/min)	最高黏度(Pa·s)
桨式	◆	◆	◆	◆	◆		◆	◆		◆	◆	◆	1～200	10～300	50
推进式	◆	◆		◆		◆	◆	◆		◆	◆	◆	1～1000	100～500	2
折叶开启涡轮式	◆	◆		◆		◆	◆	◆			◆	◆	1～1000	10～300	50
锚式	◆				◆		◆						1～100	1～100	100
螺杆式	◆				◆		◆						1～50	0.5～50	100
螺带式					◆		◆						1～50	0.5～50	100

搅拌设备的主要部件除搅拌器以外，还有搅拌罐。它是盛装物料的容器，也是支承其他附件的本体部分。有关搅拌罐结构及技术数据在化工容器的搅拌器部分中有很详细的资料，选用时可以直接查阅。另外，搅拌设备中还包括其他一些部件，如传动装置、顶盖、底盖、夹套、工艺接管及观察部件，某些搅拌设备还装有压出管以及温度计套管、保温视镜等。

5. 搅拌设备的使用与维护

搅拌机在使用过程中应注意以下事项：①起动电源前应检查电动机上铭牌所指定电压及负荷电流，并确认输入为正确电压及确认是否配合超载继电器；②桨叶未完全浸入液体中严禁空车运转，以免造成危险及设备之损坏；③设备的固定基础需要有足够的刚性，没有共振影响的工作环境为佳；④起动搅拌机电源前请先确认基础螺栓及各部螺丝均已完全固定；⑤开机后设备如有异常声音、温升及晃动的状况，应即刻停止运转再检查；⑥电动机温度是否异常，当负荷增加到正常负荷时，应检查电流是否超过额定电流，如有过载时，需改用较大功率。搅拌设备的使用见表 5.4 所示。

表 5.4 搅拌设备的使用

运动特性	机械密封及循环保护系统	减速机	搅拌容器
设备启动时	必须确保循环保护系统内及机械密封内（或润滑盒内）有足够的封液 必须先对循环保护系统加压，然后升高釜内压力	当环境温度低于 0℃时，减速机启动前应采取措施使油温升到 0℃以上然后再启动 启动前齿轮箱内必须有足够的润滑油，油品应符合该机使用说明书得规定	容器内液面必须保持正常位置，特别对柔性轴严禁低于搅拌器
运转中	循环保护系统压力应保持比釜内介质压力高 0.05～0.1 MPa 因温度升高压力超出釜内压力 0.1 Pa，应通过平衡罐顶部的放气阀调节降压 环保护系统内密封液最高温度不超过 80℃ 当运转中循环保护系统密封液需补充时，应停止设备的运转，卸压后才可以进行	带润滑油泵的减速机，泵的运转及出油情况应正常，浸油润滑的减速机应保持油位正常 配有机械无极变速机的减速机，其调速（变速）必须在运转过程中调速。在使用过程中不宜长期停留在某一固定速度上使用，应适当有所变化以利机件使用寿命	

续表

运动特性	机械密封及循环保护系统	减速机	搅拌容器
停车	应先停止搅拌轴的转动，待釜内温度常压后再关闭密封液系统及冷却水		

6. 常见故障分析与排除

搅拌设备由搅拌容器、搅拌机两大部分组成。搅拌机又由搅拌器、搅拌轴、轴封、减速机等部分组成，这里重点列出各类齿轮减速机、摆线减速机、蜗杆副传动减速机和机械密封及其循环保护系统的常见故障、原因及处理方法（表 5.5）。

表 5.5　搅拌设备常见故障及排除方法

类别	故障现象	故障原因	排除方法
减速机	运转时有异声	滚动轴损坏 圆锥滚子轴承间隙过大 齿轮或蜗杆副磨损严重 针齿销、套、轮磨损（摆线针轮减速机）	更换滚动轴承 调整圆锥棍子轴承间隙 更换齿轮或蜗杆侧 更换新零件
	齿轮箱或轴承温度升高	润滑油过多或润滑油过少 不来油或润滑情况不好 轴承损坏 圆锥滚子轴承间隙调整过紧 两轴连结处不同心，产生轴承偏磨 润滑油变质 超负荷运球	放油降低低油位或补充润滑油至规定的油位 油泵未启动，旋转方向不对或进入端漏气 （及油管有否堵塞） 更换新油泵 重新调整轴承间隙 检查并调整至规定的两轴线对中值 放油并清洗油池再加新油 降低负荷
	轴头或结合面漏油	油位过高 结合面密封失效 结合而压紧螺栓松动 油封损坏	放油降低油位至规定位置 清理结合面重新密封 拧紧螺栓或拆开清理结合而后 重新密封均匀拧紧螺栓 更换新油封
	减速机循环大	两轴连结处相对位移过大 零部件联结出油松动 轴承或及其他零件损坏	检查并按规定要求调整好轴线的对中 检查电动机、箱体、联轴器、机架等件 的松动并紧固好 更换轴承或零件 降低载荷
搅拌容器	搅拌容器振幅大	釜内两轴连结相对位移量过大或 联轴出紧固螺栓松动 底轴承和导向轴承中心产生 偏移或轴承损坏 搅拌器本体不平衡 釜内液面纸于搅拌器（特别是柔性轴） 搅拌器产生弯曲	检查并调整两轴线的对中，固定好联轴器 检查并调整两轴承的对中性或更换轴承 重新平衡搅拌器 提高液面并注意检查搅拌器的弯曲 校正或更换

续表

类别	故障现象	故障原因	排除方法
机械密封及其循环保护系统	机械密封泄露量过大、湿度过高	轴的轴向窜动量超过允许值 轴封处轴的径向位移超过允许值 密封胶内压力低于釜内压力 密封液中有固体杂质，密封液严重损坏 密封面温度过高超过允许值 动、静环处的O型圈损坏 单端外装式机封润滑盒内页面低于密封面 单端面外装式静环端面与搅拌轴垂直度超差	按规定值调整好轴向窜动量 按规定值调整好轴的径向位移量 调整循环保护系统，一般应高于釜内压力0.05～0.1 MPa 放液并冲洗机封内腔及循环保护系统，更换动、静环 加大冷却水流量，没有冷却系统的应增设冷却系统 更换新的O型圈 增加润滑液，液面应高于密封面15 mm，严重的应冲洗换液 检验并调整，垂直度应不大于0.05mm

5.3 调 和 机

调和机又称捏合机。它主要加工高黏度糊状、膏状物料及黏滞性固体物料。例如在粉状物料中掺入少量液体，制备成均匀的塑性物料或糊状物料；在高黏稠物料中加入少量液体或粉体制成均匀混合物。除混合物外，还可根据调制物料的性质及工艺要求，完成某种特定操作，如打蛋、调和糖浆等。调和机的性能直接影响到制品的产量和质量。

5.3.1 调和机理

调和机的捏合操作目的是获得均匀的混合物，所处理的物料大多是黏度极高的非牛顿型流体，一般黏度在几百帕秒至几十万帕秒之间，流动性极小。桨叶搅拌形成的局部物料运动不能波及整个容器，因此，不能像搅拌低黏度液体那样利用对流混合或分子扩散，而是剪切混合。桨叶移动产生剪切力，将物料拉延撕裂，同时这部分物料受搅拌桨叶推挤而被压向邻近物料，千百次折叠、包裹，如此反复，经过一段时间强制均匀混合，得到合格产品。

调和操作有以下特点：①调和操作比其他混合操作困难，混合时间长。②调和操作需要在单位容积下加入较多能量。因此，调和机工作容量小，消耗功率大。③桨叶与调和机容器壁间隙大小及桨叶形状对调和效果影响很大。桨叶必须与物料尽量多接触，因此，桨叶与器壁间隙很小，才能产生很强的剪切力，促使物料分散。桨叶形状要适合待处理物料的性质才能控制物料运动路径和运动范围，将物料不断地带到有效调和区。一般来说，物料黏度越大，调和机作用面积要求越大，桨叶轴转速就应该越低。④调和操作若伴有传热过程，则高黏度物料易粘着在壁面上，降低传热能力，恶化操作性能。为保证传热速率，控制操作温度，调和机单位容积的传热面积应很大，叶片能稳定快速地刮除传热面上的黏着物料，并及时送回到有效调和区。

5.3.2 调和机分类

调和机专用性强，往往根据其特殊要求来选择。调和操作则是按食品加工的生产需要来决定的。由于处理物料的性质相差很大，随着物料性质的变化，操作也变得复杂。

按调和机的调和容器轴线位置分，有立式调和机和卧式调和机；按调和机搅拌轴数量分，有单轴式调和机和多轴式调和机；按调和机工作情况分，有间歇式调和机和连续式调和机；按调和机在仪器加工中的主要用途分，有打蛋机和调粉机；按调和机搅拌桨转速分，有高速调和机和低速调和机。

5.3.3　打蛋机

1. 打蛋机工作原理

打蛋机在食品加工中常用来搅打多种蛋白液。搅拌物料主要是黏稠浆体，如软糖、半软糖生产所需的糖浆，各种蛋糕生产所需的面浆及各式花样糕点上的装饰乳酪等。打蛋机操作时，搅拌器高速旋转，强制搅打，被调和物料充分接触并剧烈摩擦，从而实现混合、乳化、充气及排出部分水分的作用。如在砂型奶糖的生产中，搅拌使蔗糖分子形成微小结晶体。又如充气糖果生产中，将浸泡的干蛋白、蛋白发泡粉、浓糖浆、明胶液等混合后得到洁白、多孔结构的充气糖浆。由于浆体物料黏度低于调粉机搅拌的物料，因此，打蛋机转速高于调粉机转速，常在 70～270 r/min 范围内，被称为高速调和机。

2. 打蛋机结构及主要零部件

打蛋机有立式与卧式两种，以立式打蛋机应用居多（图 5.26）。

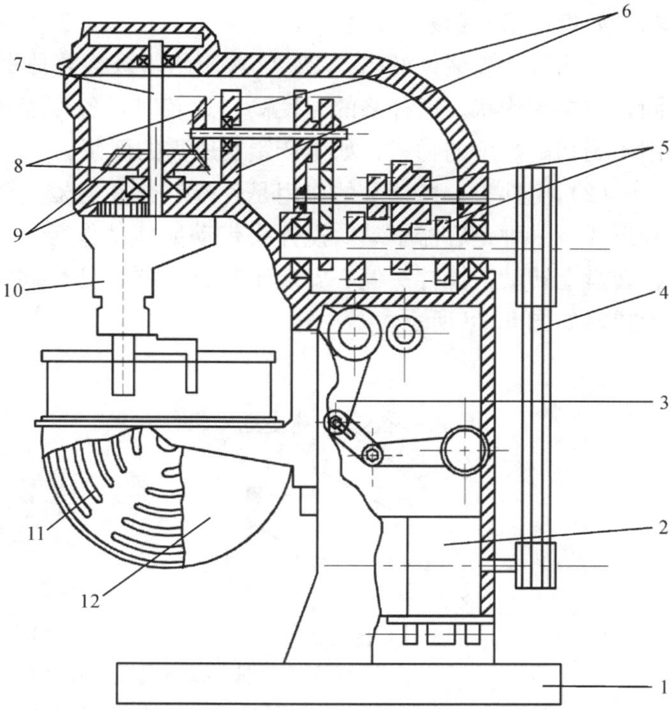

图 5.26　立式打蛋机

1. 机座；2. 电机；3. 钢架及升降机构；4. 皮带轮；5. 齿轮变速机构；6. 斜齿轮；7. 主轴；8. 锥齿轮；9. 行星齿轮；10. 搅拌头；11. 搅拌桨叶；12. 搅拌容器

立式打蛋机一般由搅拌器、容器、传动装置及容器升降机构等组成。其工作过程为：电机把动力通过传动机构传到搅拌器，搅拌器与容器间获得一定规律的相对运动，使物料得以搅拌，搅拌效果由搅拌器运动规律限制。

1）搅拌器

立式打蛋机的搅拌器由搅拌桨和搅拌头两部分组成。搅拌桨在运动中搅拌物料，搅拌头则使搅拌桨相对于容器形成公转与自转的运动规律。

（1）搅拌桨。搅拌桨的结构形状根据被调和物料的性质以及工艺要求决定。较为典型的有三种结构为钩形搅拌桨、网形搅拌桨和鼓形搅拌桨，如图 5.27 所示。

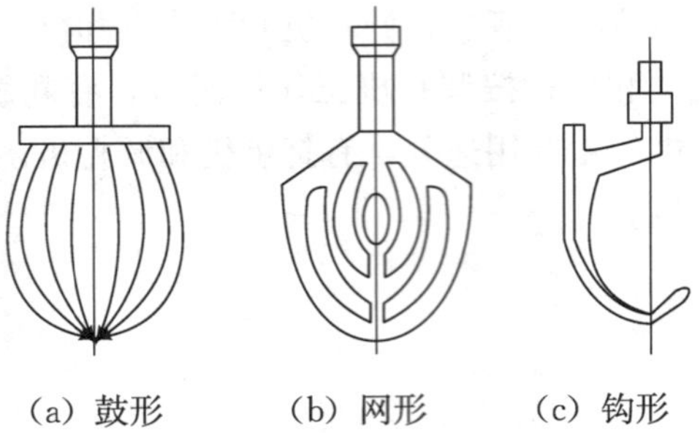

图 5.27 搅拌桨

①鼓形搅拌桨，如图 5.27（a）所示。它由不锈钢丝制成鼓形结构，这类桨搅拌时可造成物料液的湍动，但由于搅拌钢丝较细，故强度较低，只适用于工作阻力小的低黏度物料的搅拌，如稀蛋白液。

②网形搅拌桨，如图 5.27（b）所示。该桨整体锻造成网拍形，桨叶外缘与容器形状一致，它具有一定的强度，作用面积较大，可增加剪切作用，适用于中黏度物料的调和，如蛋白浆、糖浆、饴糖等。

③钩形搅拌桨，如图 5.27（c）所示。该桨整体锻造，一侧形状与容器侧壁弧形相同，顶端为钩状。这种桨的强度高，运转时，各点能在容器内形成复杂运动轨迹，主要用于调和高黏度的物料，如生产蛋糕所需的面浆。

（2）搅拌头。搅拌头的作用是使搅拌桨在容器内形成一定规律的运动轨迹。它有两种形式：一种是容器不动，搅拌头带动搅拌桨作行星式运动；另一种类型是将容器安装在转盘上转动，搅拌头偏心安装于靠近容器壁处作固定转动，为食品工业上较为常用的形式，如图 5.28 所示。

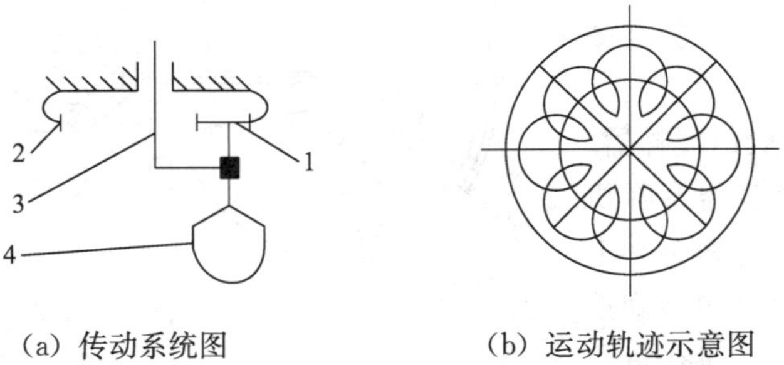

图 5.28 搅拌头的传动系统和行星运动轨迹

1. 内齿轮；2. 行星齿轮；3. 转臂；4. 搅拌桨

行星运动式搅拌头的传动系统如图 5.28（a）所示，其运动轨迹如图 5.28（b）所示。在传动系统中，内齿轮 1 固定在机架上，当转臂 3 转动时，行星齿轮 2 受 1、3 的共同作用，既随转轴外端轴线旋转，形成公转，又与内齿啮合，绕自身轴线旋转，形成自转。其合成运动形成行星运动，从而满足调和高黏度物料的运动要求。

搅拌桨自转与公转的关系式为

$$N_z = (1 - Z_g / Z_c) n_g \tag{5.4}$$

式中，N_z为搅拌桨自转数，r/min；n_g为搅拌桨公转数，r/min；Z_g为搅拌头内齿轮齿数；Z_c为搅拌头行星齿轮齿数。

2）轴封

打蛋机的轴封主要是防止搅拌头内传动机构中的润滑油脂漏入容器内。通常的轴封措施为：①采用可靠性高的密封装置，如机械密封等；②在设计上采用圈形间歇式结构；③采用耐高温的食品机械密封润滑剂；④采用封闭轴承或含油轴承以减少润滑剂的加入量。

3）调和容器

立式打蛋机的调和容器结构特征与搅拌器容器相似，为圆柱形桶身下接球形底，两体焊接成型或以整体模压成型。容器根据食品工艺的要求分为闭式和开式两种，以开式为普遍。为满足调制工艺的需要，调和容器通常设有升降和定位机构。常用的升降和定位自锁机构如图 5.29（a）所示。

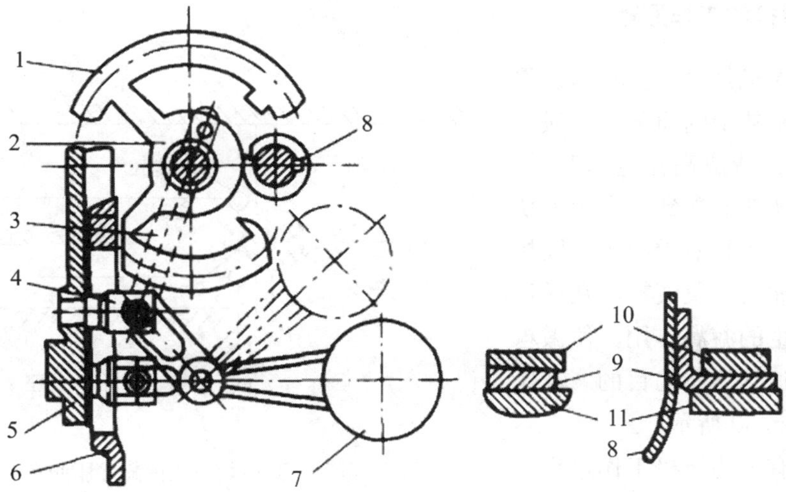

（a）升降和定位机构　　（b）支板固定和自锁

图 5.29　打单机调和容器的升降和定位机构

1. 手轮；2. 凸轮；3. 连杆；4. 滑块；5. 支架；6. 机座；7. 平衡块；8. 定位销；9. 调和容器；10. 支板；11. 斜面压板

该机构的工作过程为：在操作时转动手轮 1，使同轴凸轮 2 带动连杆 3 及滑块 4，使支架 5 沿机座 6 的燕尾导轨作垂直升降移动，升降的距离由凸轮的偏心距而定，一般约为 65 mm，当手轮顺时针转到凸轮的突出部分与定位自锁销 8 相碰时，即处于极限位置，此时连杆轴线刚好低于凸轮曲柄轴，使容器支板固定并自锁在上述极限位置处，如图 5.29（b）所示。其中平衡块 7 通过滑块销轴产生向上的推力，目的是减缓升降时容器支架的重力作用。

4）机座

立式打蛋机的机座承受搅拌操作的全部负荷。搅拌器高速行星运动，使机座受到交变偏心矩和弯扭联合作用，因此，采用薄壁大断面轮廓铸造箱体结构来保证机器的刚度和稳定性。

5.4 均 质 机

食品均质机是食品的精加工机械，它常与物料的混合、搅拌及乳化机械配套使用。目前，国内外食品均质机械的品种很多，并不断地发展。就其原理来说，都是通过机械作用或流体力学效应造成高压、挤压冲击、失压等，使物料在高压下挤研，强冲击下发生剪切，失压下膨胀，在这三重作用下达到细化和混合均质的目的。食品均质机按构造分为高压均质机、离心均质机、超声波均质机和胶体磨均质机等。

5.4.1 高压均质机

1. 高压均质机的工作原理

高压均质机是以物料在高压作用下通过非常狭窄的间隙（一般小于 0.1 mm），造成高流速（150～200 m/s），使料液受到强大的剪切力，同时，由于料液中的微粒同机件发生高速撞击以及液料流在通过均质阀时产生的漩涡作用，使微粒碎裂，从而达到均质的目的。其作用原理如图 5.30 所示。

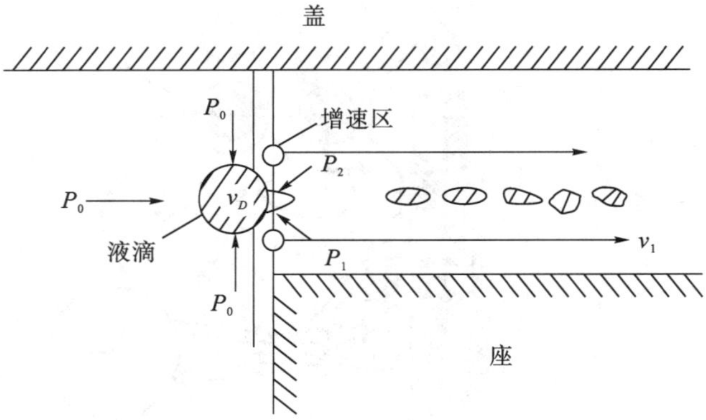

图 5.30 高压均质阀内粉碎脂肪示意图

目前，有关均质机工作过程的机理，可归纳为以下三种学说：

1）剪切学说

剪切学说认为，流体在高压作用下高速流动，通过均质机的均质阀缝隙处，由于产生极大的速度梯度，在剪切力作用下使液滴破碎，达到均质的目的。

当液滴在高压下通过很小缝隙的入口时，液滴的速度为 v_0，压力为 P_0，通过缝隙时所受压力为 P_1，速度达到 v_2，在缝隙中心处的液滴流速最大，缝隙壁面的液滴最小，很大的速度梯度引起的剪切力使液滴发生变形并破裂，达到均质效果。

通常使用的高压均质机主要由高压泵与均质阀组成。物料被柱塞往复泵吸入泵腔中，在高压作用下的液滴通过高压泵排出管路上的均质阀，料液从阀芯与阀座形成的很小的缝隙中高速流过，一般缝隙宽度在 0.1 mm 左右，流速高达 150～200 m/s。

2）撞击学说

撞击学说认为，在高压作用下，流体中的液滴与均质阀发生高速撞击现象，从而使液滴破裂达到均质的目的。

3）空穴学说

空穴学说认为，在高压作用下使料液高速流过缝隙，从而产生了高频振动，引起了迅速交替的压缩与膨胀作用，在瞬间引起空穴现象，使液滴破裂，达到均质目的。

对以上三种理论的解释到底哪一种作用是主要的，哪些是次要的。如何根据正确的理论设计出更有效的均质机结构，有待进一步的理论探讨和试验研究。

2. 高压均质机的结构和工作过程

在食品工业中，广泛采用的高压均质机是以三柱塞往复泵作为主体，并在泵的排出管路中安装双级均质阀头。高压均质机的结构主要由三柱塞往复泵、均质阀、传动机构及壳体等组成。均质机结构组合图如图 5.31 所示，均质机机体组合如图 5.32 所示。

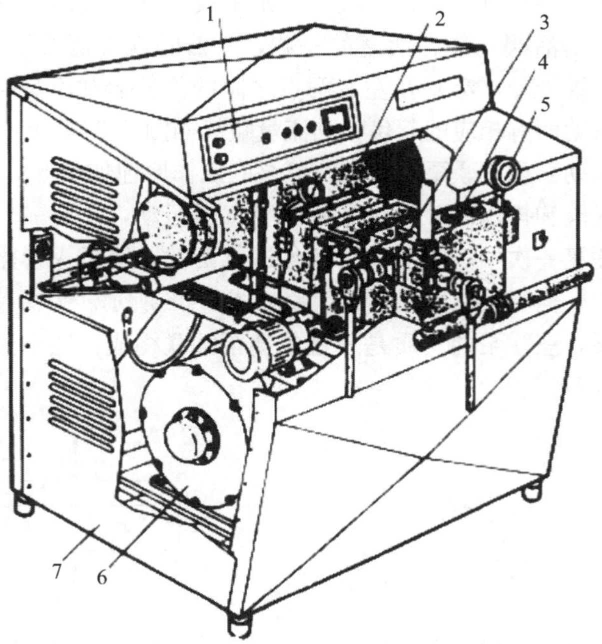

图 5.31　均质机结构组合图

1. 操纵盘；2. 传动机构；3. 均质头；4. 泵体；5. 高压表；6. 电动机；7. 机座及外壳

1）三柱塞往复泵

泵体结构如图 5.33 所示。泵体为长方体，内有三个泵腔，活塞在泵腔内往复运动使物料吸入，加压后流向均质阀。泵体与活塞通常用不锈钢制造，为防止液体泄漏及渗入空气，采用填料密封装置，材料可用皮革、石棉绳及聚氟乙烯等。

高压泵的每个泵腔内配有两个活阀，由予活塞往复运动改变腔内压力，使活阀交替地自动开启或关闭，以完成吸入与排出液料的功能。三柱塞泵共有 6 个活阀，其中吸入和排出阀各 3 个。均质阀可通过调整弹簧对阀芯的压力，以达到调节流体压力的目的。

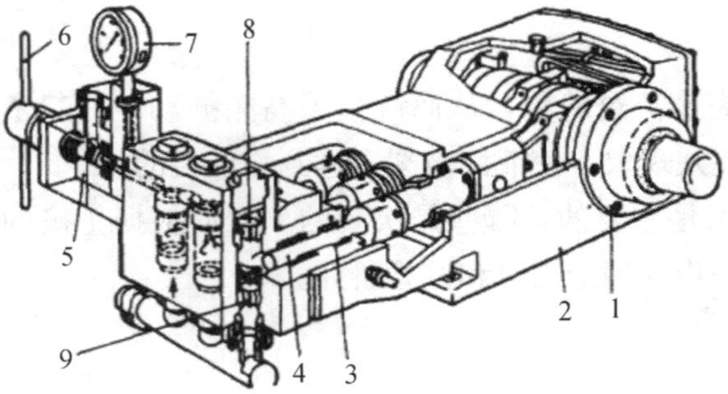

图 5.32 均质机机体组合图

1. 连杆；2. 机架；3. 柱塞；5. 均质阀；6. 压力调节杆；7. 高压压力表；8. 上阀门；9. 下阀门

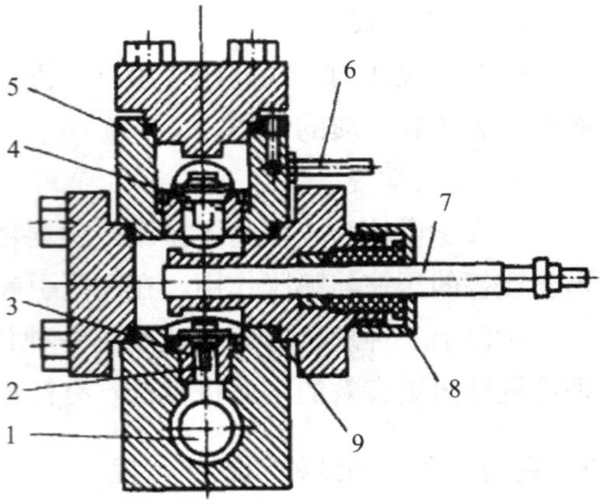

图 5.33 柱塞泵泵体结构

1. 进料腔；2. 吸入活门；3. 活门座；4. 排出活门；5. 泵体；6. 冷却水管；7. 柱塞；8. 填料；9. 垫片

往复泵在活塞来回一次过程中，只吸入和排出液体各一次的泵称为单动泵。由于单动泵的吸入活阀和排出活阀均装在活塞的一侧，吸液时就不能排液，因此排液不连续。由于活塞由连杆和曲轴带动，活塞在左右两点之间的往复运动不是等速的，所以，排液量也就随着活塞的移动而有相应的起伏，其流量瞌线如图 5.34 所示。为了改善单动泵的不均匀性，多采用双动泵或三联泵。双动往复泵的工作原理如图 5.35 所示。在活塞两侧的泵体内部装有吸入阀和排出阀，无论活塞向哪一边运动，总有一个吸入阀和一个排出阀打开，即在活塞往复一次中，吸液和排液各进行两次，使吸入管路和排出管路总有液体流过，使送液连续，但流量曲线仍有起伏，如图 5.36 所示。为保持排出液的连续且均匀，通常采用三联泵，三联泵的实质是三台单动泵并联构成，通常又称为三柱塞泵，其流量曲线如图 5.37 所示。

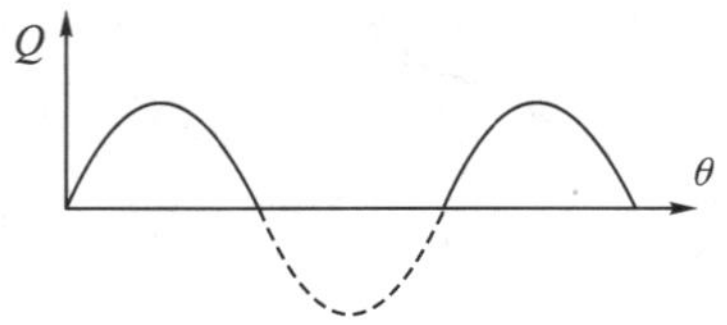

图 5.34 单动泵流量曲线

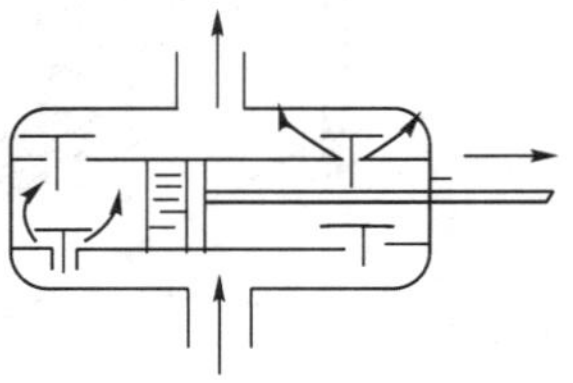

图 5.35 双动泵作用原理

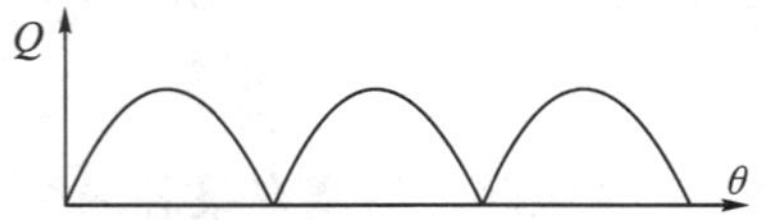

图 5.36 单动泵流量曲线

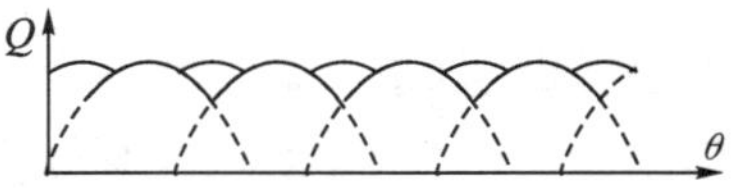

图 5.37 双动泵流量曲线

2）均质阀

均质阀的工作原理如图 5.38 所示。一般在均质操作中设有两级均质阀，第一级为高压流体，其压力高达 20～25 MPa，主要作用是使液滴均匀分散，经过第一级后的流体压力下降至 3.5 MPa，第二级的主要作用是使液滴分散。由于高压物料的高速流动，阀座与阀芯（又称阀盘或均质头）的磨损相当严重，一般多用含有钨、铬、钴等元素的耐磨合金钢，并经过精细的研磨加工制造。双级均质阀的结构示意图如图 5.39 和图 5.40 所示。

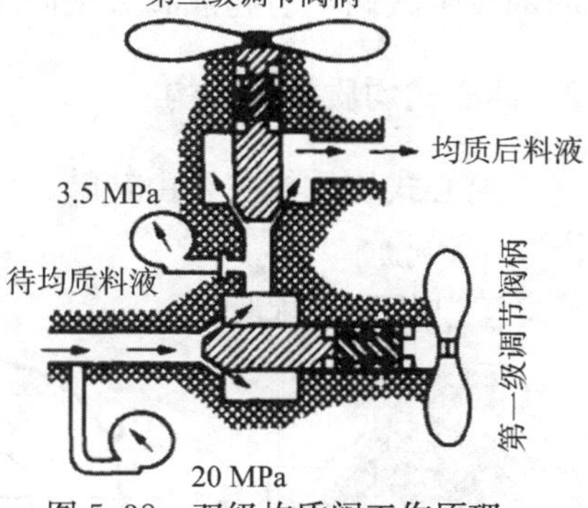

图 5.38　双级均质阀工作原理

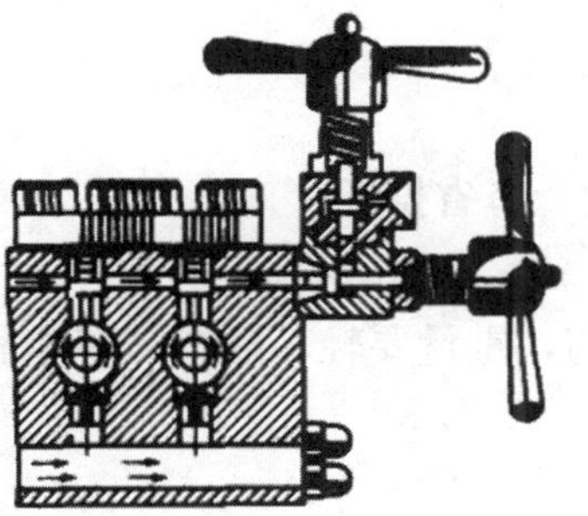
图 5.39　双级均质阀结构示意图

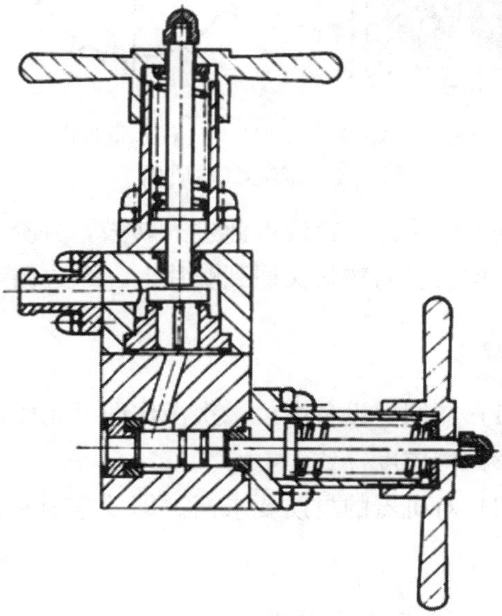
图 5.40　手控（圆柱弹簧）均质头

3. 高压均质机生产能力的计算

高压均质机生产能力 G 可用下式计算：

$$G = 60\pi r^2 szn\varepsilon (\mathrm{m^3/h}) \tag{5.5}$$

式中，r 为柱塞半径，m；s 为柱塞冲程，m；z 为柱塞个数；n 为柱塞往复次数，次/min；ε 为工作体积的填料系数，一般为 0.8～0.9。

5.4.2　离心式均质机

1. 离心式均质机的工作原理

离心式均质机是一种兼有均质与净化功能的均质机。离心式均质机是以高速回转鼓使料液在惯性力的作用下分成密度大、中、小三相，密度大的物料成分（包括杂质）趋向鼓壁，密度中等的物料顺上方管道排出，密度小的脂肪类被导入上室，上室内有一块带尖齿的圆盘，使物料以很高的速度围绕该圆盘旋转并与其产生剧烈地相对运动，使得局部产生漩涡，引起液滴破裂而达到均质的目的。

2. 离心式均质机的结构

离心式均质机主要由转鼓、带齿圆盘与传动机构组成。

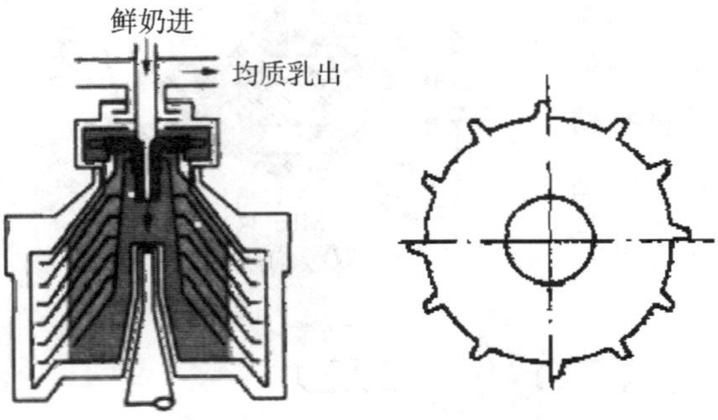

(a) 转鼓　(b) 带齿圆盘

图 5.41　离心式均质机

1）转鼓

转鼓结构如图 5.41（a）所示。它由转轴与蝶片等组成。为增加分离能力，一般装有数十块蝶片，蝶片的形式与离心机的蝶片相似。

2）带齿圆盘

带齿圆盘结构如图 5.41（b）所示。盘上有突出的尖齿，一般为 12 齿，齿的前端边缘呈流线形，后端边缘则削平。工作时，圆盘随转鼓一起回转，转鼓的上方中心处是料液口，料液由此进入转鼓，并充满容腔，在进口的外侧是均质液出口，经带齿圆盘均质后的物料又回到蝶片上，一边循环一边均质，均质后的物料则由其出口排出。

3. 特点

（1）在同一设备内，一次操作即可完成均质与净化，节省投资。

（2）均质度一致。

（3）对机器的材质要求高。即要求材料的强度要高，重量要轻，以提高转速和均质效果。

5.4.3 超声波均质机

超声波均质是利用声波和超声波，在遇到物体时会迅速地交替压缩和膨胀的原理实现的。物料在超声波的作用下，当处在膨胀的半个周期内，料液受到拉力呈气泡膨胀；当处在压缩的半个周期内，气泡则收缩。当压力变化幅度很大且压力低于低压时，被压缩的气泡会急剧崩溃，在料液中会出现“空穴”现象，这种现象又随着压力的变化和外压的不平衡而消失；在“空穴”消失的瞬时，液体的周围引起非常大的压力和温度增高，起着非常复杂而强力的机械搅拌作用，以达到均质的目的。同时，在“空穴”产生且有密度差的界面上，超声波亦会反射产生激烈的搅拌。

根据这个原理，超声波均质机是通过将频率为 20～25 kHz 的超声波发生器放入料液中或使用使料液具有高速流动特性的装置，利用超声波在料液中的搅拌作用使料液实现均质的。超声波均质机按超声波发生器的形式分为机械式、磁控振荡式和压电晶体振荡式等。

1. 机械式超声波均质机

机械式超声波均质机主要由喷嘴和簧片组成，其发生器的原理及结构如图 5.42 所示。

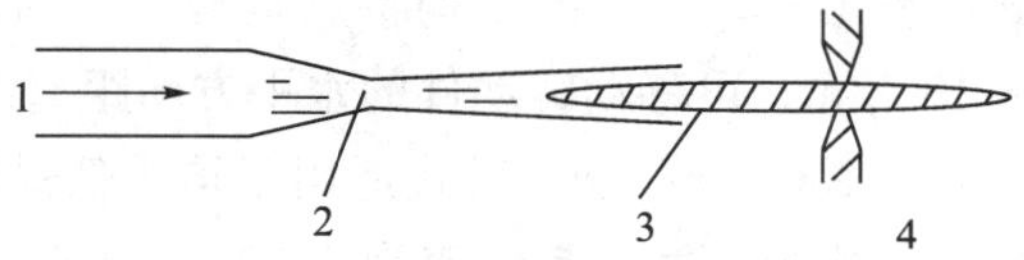

(a) 机械式超声波发生器工作原理示意

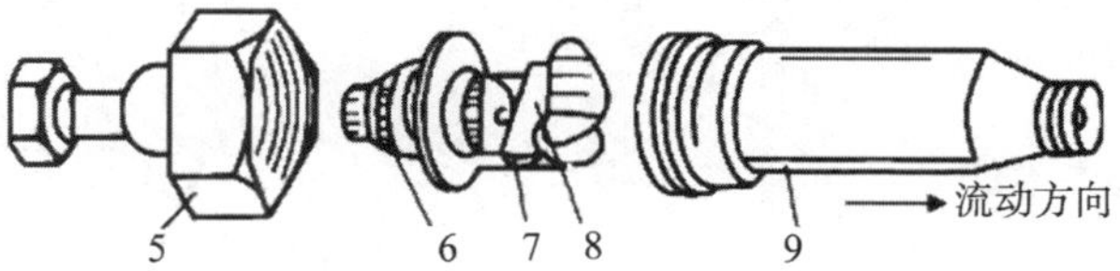

(b) 机械式超声波发生器结构

图 5.42　机械式超声波发生器原理及结构

1. 料液进口；2. 矩形缝隙；3，8. 簧片；4. 夹紧装置；5. 底座；6. 可调喷嘴体；7. 喷嘴心；9. 共鸣钟

机械式超声波均质机主要由喷嘴和簧片等组成。簧片处于喷嘴的前方，它是一块边缘呈楔形的金属片，被两个或两个以上的节点夹住。当料液在 0.4～1.4 MPa 的泵压下经喷嘴高速射到簧片上时，簧片便发生振动，其振动频率为 18～30 kHz。这种超声波立即传给料液，使料液呈激烈的搅拌状态，料液中的大粒子便碎裂，并均质化，均质后的料液即从出口排出。

机械式超声波均质机适用于牛奶、花生油、乳化油和冰激凌等食品的加工。但超声波均质机对安装和使用有一定的要求，主要表现在：①安装基础需牢固、平坦，其纵向和横向的水平度允许差为 0.5 mm/100 mm；②因均质机冷却要求高，为此冷却措施要得当；③对密封要求高，同时需要经常加以检查；④运动部件要保持润滑，并有检查油泵的制度；⑤均质机要注意灭菌，机器停止工作时应立即拆洗消毒。

2. 磁控振荡式均质机

磁控振荡式均质机一般通过用镍粒铁等磁控振荡式的超声波发生器在频率达几十千赫兹时，使料液在强烈的搅拌作用下达到均质的目的。

3. 压电晶体振荡式均质机

压电晶体振荡式均质机用钛酸钡或水晶振荡制作超声波振荡器，其振荡频率达几十千赫兹以上，对料液进行强烈地振荡而达到均质。

5.4.4 其他类型的均质机

部分食品加工会用到胶体磨均质机。胶体磨是一种磨制胶体或近似胶体物料的超微粒粉碎、均质机械。其工作原理是：胶体磨由一固定的表面（定盘）和一旋转的表面

（动盘）所组成。两表面间有可调节的微小间隙，物料就在此间隙中通过。物料通过间隙时，由于转动件高速旋转，附于旋转面上的物料速度最大，而附于固定面上的物料速度为零，其间产生变化急剧的速度梯度，从而物料受到强烈的剪切力摩擦和湍动搅动，使物料乳化、均质。

胶体磨有卧式和立式两种形式。卧式的结构特点是转动件的轴水平安置，固定件与转动件之间的间隙为50～150 μm，可移动转动件的水平方向距离以达到调整间隙的要求，转动件的转速极高。在3000～15000 r/min，卧式适用于均质低黏度的物料。对于黏度较高的物料，均质加工可采用立式胶体磨，其转速为3000～10000 r/min，立式结构的特点是卸料与清洗都比较方便。卧式胶体磨结构如图5.43所示，立式胶体磨结构如图5.44所示。

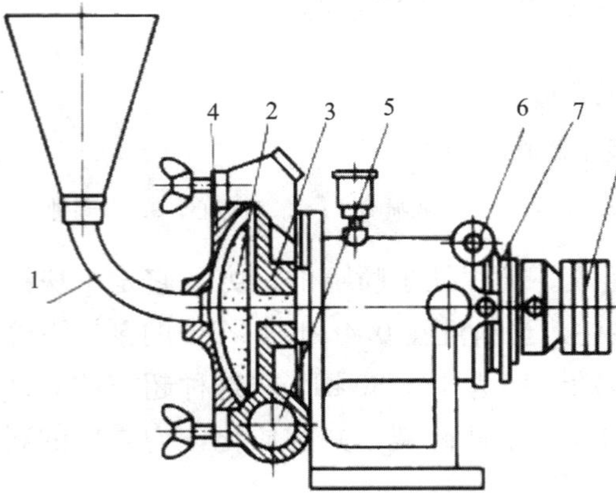

图5.43 卧式胶体磨结构示意图

1. 进料口；2. 转动件；3. 固定件；4. 工作面；5. 卸料口；6. 锁紧装置；7. 调整环；8. 皮带轮

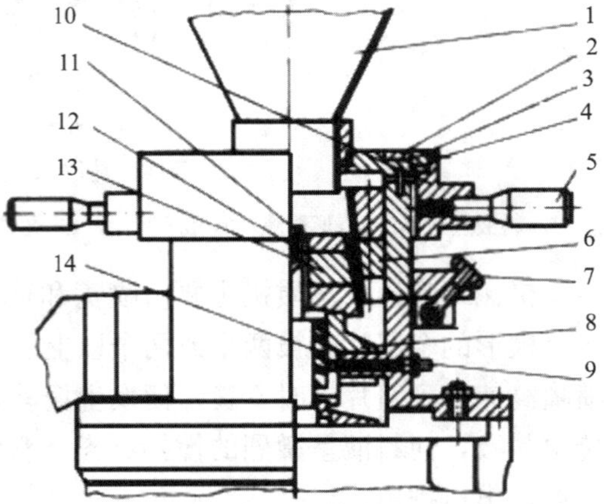

图5.44 立式胶体磨结构示意图

1. 料斗；2. 刻度环；3. 固定环；4. 紧定螺钉；5. 调节手柄；6. 定盘；7. 压紧螺帽；8. 离心盘；9. 溢水嘴；10. 调节环；11. 中心螺钉；12. 对称键；13. 动盘；14. 机械密封

5.4.5 均值压力及均质化的能耗

均质机的设计主要考虑通过一定的方法在微粒化区域内制造速度梯度以产生剪切力，使物料微粒化或打碎脂肪球以达到物料的均质。如高压均质是通过均质阀间隙的压力降来维持速度梯度，其消耗的能量主要是压力能。而离心式均质是利用带有齿形的转盘转动在径向上的线速不同而产生速度梯度。胶体磨则是利用两盘面的相对运动来维持盘面间隙中的速度梯度和剪切力，其能量的消耗主要为动能。

在层流流动中，液滴所受之应力应分解为切向应力和法向应力。切向应力是连续相界面，力图使液滴变形，并引起液滴的旋转。法向应力则是不连续地环绕界面，产生液滴内部与外部的压力差 Δp_G。这个压力差的大小沿液滴的表面而变化，在与主流方向成 $\frac{\pi}{4}$ rad处达到最大的负值。有如下两种情况：

（1）当速度梯度不大时，液滴在此压力差作用下，产生变形，但不破裂，靠界面张力保持在一起。

(2) 界面张力本身又产生一个界面两侧的正压力差 Δp_σ。

对于未变形的液滴：

$$\Delta p_\sigma \frac{2\sigma}{R}$$

对于变形的液滴：

$$\Delta p_\sigma = \sigma\left(\frac{1}{R_1}+\frac{1}{R_2}\right)$$

式中，R_1、R_2为曲面上某点的曲率半径。

当速度梯度相当大时，致使 $\Delta p_G > \Delta p_\sigma$ 时，液滴立即产生破裂。由此可见，液滴的均质化现象与液滴所受的拉力、界面张力、本身的大小等主要因素有关。

在实用上，可把剪应力 τ、滴径 d_{vs}（沙的平均直径）和界面张力 σ 三者组成一个修正韦伯准数 $W_e = \tau \cdot d_{\mathrm{vs}}/\sigma$，来归纳均质化的现象。由于剪应力，近似地正比于液体通过均质阀的压力降 Δp_{H}，故上述韦伯准数中的 τ 可被 Δp_{H} 所代替而成为如下形式的韦伯准数：

$$W_e = \frac{\Delta p_{\mathrm{H}} \cdot d_{\mathrm{vs}}}{\sigma} \tag{5.6}$$

$$\Delta p_H = K_1 \cdot \frac{\sigma}{d_{\mathrm{vs}}^0}\left(\frac{d_{\mathrm{vs}}^0}{d_{\mathrm{vs}}}\right)^m \tag{5.7}$$

式中，Δp_{H} 为液体通过均质阀的压力降，d_{vs}^0为最初液滴的沙的平均直径，m；d_{vs}为沙的平均直径，m；m 为经验常数，根据文献介绍 $m=1\sim3.1$；K_1为经验常数，由均质机实测确定；σ 为液滴的界面张力，N/m。

均质中微粒化的程度可用粉碎比表示，即均质前后的滴径比，称为均质效应。即：

$$X = \frac{d_{\mathrm{vs}}^0}{d_{\mathrm{vs}}} \tag{5.8}$$

由此，均质所需的压力通过书伯准数方程表示为

$$W_e = K_1 X^m \tag{5.9}$$

而更一般的形式表示为

$$W_m = K\,(X-1)^m$$

即，当 $X=1$ 时，W_e 趋向于零，表示所需的均质压力 Δp_{H}。

设均质机的生产能力为 Q（单位：$\mathrm{m^3/s}$），则均质化所必需的功率消耗为

$$N = \Delta p_{\mathrm{H}} \cdot Q = K_1 \cdot \frac{\sigma}{d_{\mathrm{vs}}^0} \cdot X^m \cdot Q \tag{5.10}$$

或

$$N = K\frac{\sigma}{d_{\mathrm{vs}}^0}\left[\frac{d_{\mathrm{vs}}^0}{d_{\mathrm{vs}}}-1\right]^m \cdot Q \tag{5.11}$$

5.4.6 均质机的选型与使用

1. 均质机的选型

(1) 根据物料的特性与工艺要求选型既能满足性能要求，能耗低，操作方便，又安

全且容易维修等性能的型号。

（2）根据生产线的生产量选型要选择能满足生产能力的规格型号，在连续性大批量生产过程中，应与其他机型的生产能力相配合，以达到均衡生产。

（3）要考虑到一机多用，所选机型要尽量满足不同物料的加工要求，以适应产品更换时的加工需要，提高经济效益。

（4）要尽量选用新型高效的设备，当前，技术进步与机型的改进日新月异，要采用最新技术与先进设备。

2. 均质机安装注意事项

（1）由于机体重量较大，并且有些运动部件产生一定的振动，因此，安装基面必须坚固平坦，以避免因振动引起设备倾斜，保证机器正常运转。

（2）泵体要经常清洗消毒处理，要使机座基面高出地平面，便于冷却水与物料的供给和环境清理工作。

（3）安装整机后，带轮及其他运动件应加保护罩，以保证操作安全。

（4）为排出泵内气体、剩液、洗涤消毒水等，高压泵必须装旁通管，在进料管道中要安装管间过滤器，以防杂质进入，加速均质头的磨损。

（5）要定期按设备保养要求检修，每次检修完毕要清洗后再使用。

3. 均质机操作注意事项

（1）均质机不许空转，启动前要仔细检查紧固件与连接件是否牢固可靠。

（2）启动前应先通冷却水，以保证柱塞工作过程中的可靠冷却。

（3）运转启动后，要逐渐调整至要求的工作压力，启动过程中排出的料液应回流到料腔，待压力达到要求的稳定值后才能排出产品。

（4）设备使用完后要进行清洗（可用 90℃以上的热水或用无毒化学药剂），并进行消毒杀菌处理。

（5）柱塞的填料要调整至适当的紧密度，以保证可靠密封。

（6）需要润滑的部件应按时加注适宜的润滑油。

（7）不能用于高黏度物料的均质操作。

第 6 章　食品分离机械与设备

食品加工工业中，大多数物料是混合物，且大致分为均相混合物和非均相混合物两大类。其中若物系内有隔开不同相的界面存在，且界面两侧的物料性质有差别者，则为非均相混合物或非均相物系。悬浮液、乳浊液及泡沫液都属于液态非均相物系。其中悬浮液是含有悬浮固体颗粒的液体系统；乳浊液则是含有液体微粒的液体系统，有些乳浊液还含有少量的固体颗粒。固液分离就是从上述系统中将固相和液相分离的操作过程。由于固液分离中连续相和分散相具有不同的物理性质，故一般可用机械方法将其分离，要实现这种分离，必须使分散相和连续相之间发生相对运动。按运动方式和作用方式的不同，固液分离的方法可分为沉降、过滤和压榨 3 种。

1. 沉降

沉降操作是利用悬浮液中固液两相的密度差异，使之发生相对运动而实现对悬浮液进行分离的方式。分离时，在重力或惯性离心力的作用下，密度较大的固体颗粒沉降，从而得到固体的沉渣和澄清的液体；当固相颗粒密度较液相密度小时，则固体颗粒浮在液体表面，相当于液相沉降，如浮选法、倾析法即是利用这种原理。若各相间不存在密度差，则不能用沉降方法进行分离。根据作用力的不同，沉降过程有重力沉降和离心沉降两种方式。

2. 过滤

过滤是利用多孔物质作为过滤介质进行固液分离的方法。在推动力的作用下，迫使悬浮液（滤浆）流经过滤介质，固体颗粒被截留形成滤饼，液相通过过滤介质，得到澄清的液体（滤液）或固相产品。过滤过程中的推动力有重力、表面压力、离心力、真空等，过滤过程之所以能顺利进行，是由于过滤介质两侧存在着压力差，而不是固液两相的密度差。

3. 压榨

压榨是利用挤压力把固体中所含的液体压榨出来，使固液分离的过程，如水果榨汁、甘蔗榨汁等。压榨和过滤类似，也是分离固液混合物的单元操作，不同的是分离的混合物是不能流动的，或者是不能被泵输送的。应用压榨法分离的物料，多半是外观上似固体，实际上含有相当数量与固体密切结合的液体。因此，作为压榨分离的推动力只能是直接或间接的机械压缩力，即机械方式，且机械压缩力远大于加压过滤时所用的压力。

由于对食品加工的营养、卫生等方面要求的特殊性，与化工产品分离相比，食品物料分离设备要求更高。分离机械在食品工业生产过程中基本上属于后处理设备。

6.1 过滤机械

过滤是分离悬浮液最普遍和最有效的操作方式之一，借助过滤操作可获得清净的液体或固相产品，与沉降分离相比，过滤操作可使悬浮液的分离更迅速更彻底。但过滤只适用于悬浮液，而不适用于乳浊液的分离。

6.1.1 过滤分离原理

过滤操作分为两大类：一类为滤饼过滤，其特点是固体颗粒呈滤饼层状沉积于过滤介质的上游一侧，适用于处理固相含量稍高的悬浮液；另一类为深层过滤，其特点是固体颗粒的沉积发生在较厚的粒状过滤介质深层内部，悬浮液的颗粒直径小于床层孔道直径，当颗粒随流体在床层内的曲折孔道中穿过时，便黏附在过滤介质上。这种过滤适用于悬浮液中颗粒甚少而且含量甚微的场合。食品加工所处理的悬浮液浓度往往较高，一般为滤饼过滤。过滤时，滤液的流动阻力为过滤介质阻力和滤饼阻力。大多数情况下，过滤的主要阻力为滤饼，而滤饼阻力的大小取决于滤饼的性质及其厚度。

滤饼可分为不可压缩滤饼和可压缩滤饼两种。不可压缩滤饼由不变形的滤渣所组成，如淀粉、砂糖、硅藻土等，其流动阻力不受滤饼两侧压力差的影响，也不受固体颗粒沉积速度的影响。可压缩滤饼则随压力差和沉积速度的增大，滤饼的结构趋于紧密，阻力也增大，如酱油、干酪、豆浆等滤渣。

过滤介质是促使滤饼形成并且是滤饼的支承物。对过滤介质的基本要求是：①具有多孔性结构，使滤液容易通过，其孔道的大小应能使悬浮粒子得以截留；②化学稳定性高，如耐热性和耐蚀性强等；③足够的机械强度和适当的表面特性；④无毒，且不易滋生微生物，易于清洗消毒。

常用的过滤介质主要有：①粒状介质，此类介质由各种固体颗粒（如细砂、焦炭、石砾、石棉、硅藻土）或非编织纤维等堆积而成，多用于深床过滤；②织物介质（织状介质、滤布）主要由棉、毛、丝、麻等天然纤维及合成纤维制成的织物，以及由玻璃丝、金属丝等织成的网或布，该类介质可截留颗粒的最小直径为 5～65 μm；③多孔性固体介质，这类介质是具有很多微细孔道的固体材料，如多孔陶瓷、多孔塑料及多孔金属制成的管或板，能截留 1～3 mm 的微细颗粒。

为防止胶状微粒对滤孔的堵塞，有时用助滤剂（如硅藻土、活性炭等）涂布于滤布上，或按一定比例均匀混合于悬浮液之中，一起进入过滤机过滤，形成渗透性好、压缩性较低的滤饼，使滤液能顺畅流通。

过滤操作过程一般包括过滤、洗涤、干燥、卸料四个操作工序。

1. 过滤

悬浮液在推动力作用下，克服过滤介质的阻力进行固液分离，固体颗粒被截留，逐渐形成滤饼，且不断增厚，因此过滤阻力也随之不断增加，致使过滤速度逐渐降低。当过滤速度降低到一定程度后，必须转入下道工序。

2. 洗涤

停止过滤后，滤饼的毛细孔中包含有许多滤液，必须用清水或其他液体洗涤，以得到纯净的固体颗粒产品或得到尽量多的滤液。

3. 干燥

用压缩空气排挤或真空抽吸，把滤饼毛细管中存留的洗涤液排走，得到含湿量较低的滤饼。

4. 卸料

把滤饼从过滤介质上卸下，并将过滤介质洗涤，以备重新进行过滤。

实现过滤过程四个操作工序的方式可以是间歇的，也可以是连续的。

间歇式过滤机的四个操作工序在不同时间内，在过滤机同一部位依次进行。它的结构简单，但生产能力较低，劳动强度较大。间歇式过滤机有重力过滤机、板框压滤机、厢式压滤机、叶滤机等。

连续式过滤机的四个操作工序在同一时间内，在过滤机的不同部位进行。它的生产能力较高，劳动强度较小，结构复杂。连续过滤机多采用真空操作，常见的有转鼓真空过滤机、圆盘真空过滤机等。

6.1.2　过滤机分类

过滤机按过滤推动力可分为：重力过滤机、加压过滤机和真空过滤机。

按过滤介质的性质可分为：粒状介质过滤机、滤布介质过滤机、多孔陶瓷介质过滤机和半透膜介质过滤机等。

按操作方法可分为：间歇式过滤机和连续式过滤机等。

间歇式过滤机的过滤、洗涤、干燥、卸料四个操作工序在不同时间内，在过滤机同一部分上依次进行。它的结构简单，但生产能力较低，劳动强度较大。间歇式过滤机有重力过滤器、板框压滤机、厢式压滤机、叶滤机等。

连续式过滤机的四个操作工序在同一时间内，在过滤机的不同部位上进行。它的生产能力较高，劳动强度较小，但结构复杂。连续过滤机多采用真空操作，常见的有转筒真空过滤机、圆盘真空过滤机等。圆盘真空过滤机实际上是真空过滤机与压滤机的结合，一方面实现了连续操作，另一方面由于驱动力的成倍增加，使过滤效果比真空过滤明显改善，滤饼水分显著降低，生产率成倍提高。但是这种过滤机结构复杂，设备投资大。

6.1.3　板框压滤设备

1. 板框压滤机结构

板框压滤机是间歇式过滤机中应用最广泛的一种。其原理是利用滤板来支承过滤介质，滤浆在加压下强制进入滤板之间的空间内，并形成滤饼。板框压滤机是压滤机中早期应用最广泛的机型，它分为手动箱式、液压自动箱式、液压隔膜箱式等。虽然型式不同，压紧装置不同，但其过滤过程基本相同。

板框压滤机由机架、滤板、滤框、滤布、压紧装置和其他附属装置组成。板框压滤机由多块滤板和滤框交替排列而成。滤板和滤框都用支耳架在一对横梁上，用压紧装置压紧或拉开，其结构如图 6.1 所示。滤板和滤框数目由过滤的生产能力和悬浮液的情况而定，一般有 10～60 个，形状多为正方形，如图 6.2 所示，其边长在 1m 以下，框的厚度约为 20～75 mm。压滤机组装时，将滤框与滤板用过滤布隔开且交替排列，借手动、电动或油压机构将其压紧。因板和框的角端均开有小孔，此时就构成供滤浆或洗涤水流通的孔道。框的两侧覆以滤布，空框与滤布围成了容纳滤浆及滤饼的空间。滤板的作用是支撑滤布并提供滤液流出的通道。为此，滤板板面制成各种凸凹纹路。滤板又分成洗涤板和非洗涤板。为了辨别，常在板和框的外侧铸有标志。每台板框压滤机有一定的总框数，最多达 60 个。当所需框数不多时，可取一盲板插入，以切断滤浆流通的孔道，盲板后面的板和框即失去作用。板框压滤机内液体流动路径如图 6.4 所示。

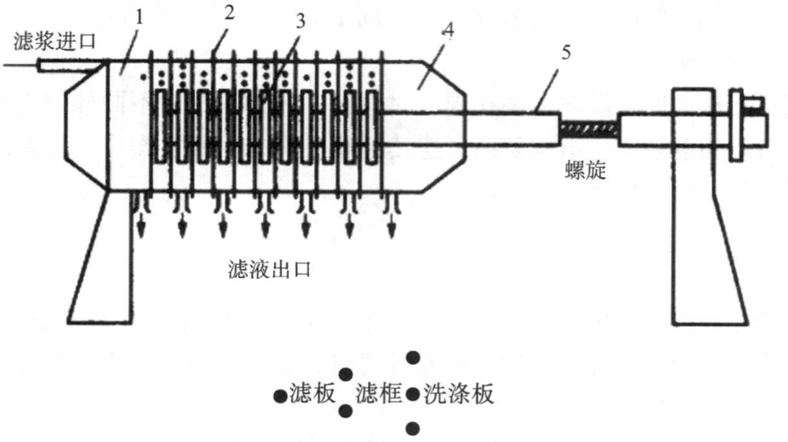

图 6.1　滤框压滤机简图

1. 固定端板；2. 滤布；3. 板框支座；4. 可动端板；5. 支承横梁

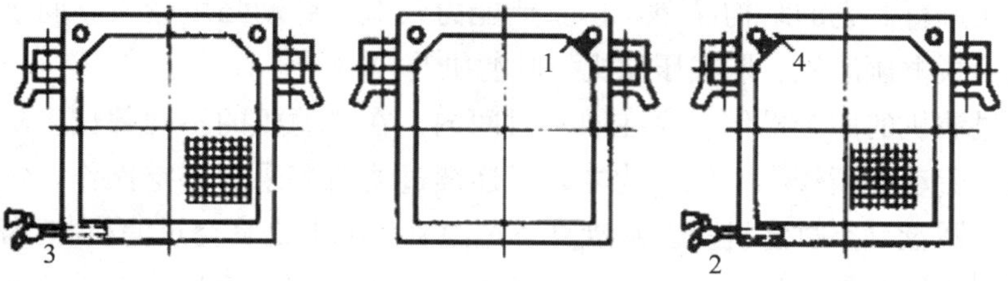

(a) 滤板　　(b) 滤框　　(c) 洗涤板

图 6.2　滤板和滤框示意图

1. 料液通道；2. 滤液出口；3. 滤液或洗涤水出口；4. 洗涤水通道

2. 工作原理

滤浆由滤框上方通道进入滤框空间，固粒被滤布截留，在框内形成滤饼，滤液则穿过滤饼和滤布流向两侧的滤板，然后沿滤板的沟槽向下流动，由滤板下方的通孔排出。排出口处装有旋塞，可观察滤液流出的澄清情况。如果其中一块滤板上的滤布破裂，则流出的滤液必然混浊，可关闭旋塞，待操作结束时更换。上述结构滤液排出的方式称明流式。另一种称暗流式的压滤机滤液是由板框通道组成的密闭滤液通道集中流出。这种结构较简单。且可减少滤液与空气的接触。

当滤框内充满滤饼时，其过滤速率大大降低或压力超过允许范围，此时应停止进料，进行滤饼洗涤。洗涤板如图 6.2（c）所示。在洗涤板的左上角的小孔有一与之相通的暗孔，专供洗涤水输入之用。此孔是洗涤板与过滤板的区分之处。它们在组装时必须按顺序交替排列，即滤板—滤框—洗涤板—滤框—滤板。过滤操作时，洗涤板仍起过滤板的作用，但在洗涤时，其下端出口被关闭，洗涤水穿过滤布和滤框的全部向滤板流动，并从滤板下部排出。洗涤完后，除去滤饼，进行清理，重新组装，进入下一循环操作。洗涤速率仅为过滤终了时过滤速率的 1/4，板框压滤机的操作压力一般为 0.1～1 MPa。板框过滤机的过滤和洗涤操作如图 6.3 和图 6.4 所示。

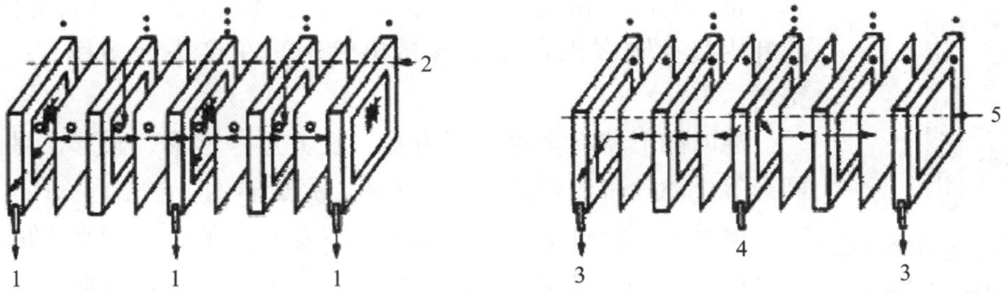

（a）过滤操作　　（b）洗涤操作

图 6.3　板框压滤机的过滤和洗涤操作

1. 滤液出口；2. 滤液进口；3. 洗涤水出口；4. 洗涤时关闭；5. 洗涤水进口

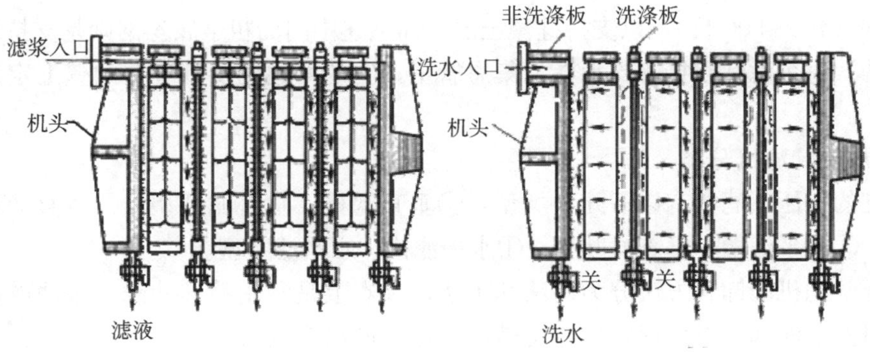

（a）过滤阶段　　（b）洗涤阶段

图 6.4　板框式压滤机内液体流动途径

3. 特点与应用

板框压滤机的优点是结构简单、制造方便、造价低、过滤面积大、无运动部件、辅助设备少、动力消耗低、过滤推动力大（最大可达 1 MPa 以上，一般在 0.3～0.5 MPa）、管理方便、使用可靠、便于检查操作情况，适应各种复杂物料的过滤，特别适于黏度大、颗粒度较细、可压缩、腐蚀性的各种物料。缺点是装卸板框的劳动强度大、生产效率低、滤饼洗涤慢、不均匀、滤布磨损严重。板框压滤机在食品工业上有广泛应用，特别适用于低浓度悬浮液、胶体悬浮液、分离液相黏度大或接近饱和状态的悬浮液的过滤。

6.1.4 加压叶滤机

加压叶滤机是由一组并联滤叶装在密闭耐压机壳内组成。悬浮液在加压下送进机壳内，滤渣截留在滤叶表面上，滤液透过滤叶后经管道排出。加压叶滤机可以作为预敷层过滤机来使用。

1. 加压叶滤机的概述

1）滤叶

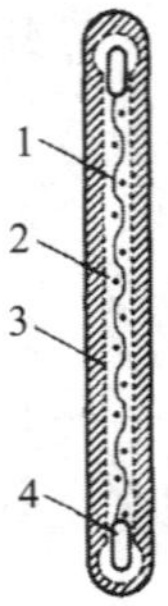

图 6.5 滤叶的结构
1. 金属网；2. 滤布；3. 滤饼；4. 空框

滤叶是加压叶滤机的重要过滤元件。一般滤叶由里层的支撑网、边框和覆在外层的细金属丝网或编织滤布组成，其结构如图 6.5 所示；也有的滤叶由配置了支撑条的中空薄壳，外面覆盖滤网组成。滤叶用接管镶嵌固定在滤液排出管上，在接头处多用“O”形圈密封。

滤叶的形状有多种：正方形、长方形、梯形、圆形、弓形和椭圆形等。滤叶可以是固定的，也可以是旋转的。

滤叶在压滤机里的工作位置可以是垂直的，或者水平的。垂直滤叶的两面都是过滤面，而水平滤叶仅上表面是过滤面。在滤槽尺寸相同的情况下，垂直滤叶型压滤机的过滤面积为水平型的 2 倍。

滤叶是两面紧覆着细金属丝网的滤框，它的骨架是用管子弯制的方形框，框的中间平面上夹持着一层粗的大孔格金属丝网，在它的两侧紧覆以细密的金属丝网（400～500 目），以支持硅藻土层，而上述中间的粗金属丝网则是支持两侧细金属丝网的。每个滤叶以接管支承在汇集总管上，它的两边则受到容器的壁上定位槽架的支持。

2）加压叶滤机分类

常见的加压叶滤机有以下几种类型：①垂直滤槽，垂直滤叶型；②垂直滤槽，水平滤叶型；③水平滤槽，垂直滤叶型；④水平滤槽，水平滤叶型。

加压叶滤机的卸料方法分为湿法和干法，基本上是利用喷淋冲洗、振动或离心力作用来卸料。湿法卸料是用固定的或旋转的、摆动的喷头喷淋洗液将滤渣冲掉；或者喷头不动，由滤叶旋转卸渣。干法卸料可以用人工或机械方法进行，如冲击、振动、空气反吹、离心力等。此外，有的利用滤叶缓慢旋转，用刷子帮助卸料；水平槽水平滤叶过滤机过滤之后，将滤叶或者滤槽转 90°，然后卸料，即过滤是水平位置，卸料是滤叶在垂直位置由重力卸料。提高叶滤机生产能力所面对的重要问题是，如何自动地、完全地卸除滤饼，并使过滤介质再生。

加压叶滤机一般用在中、小规模的生产上，当它作为预敷层过滤机使用时，悬浮液含固体量少，需要保留的是液体而不是固体，如啤酒、果汁、矿泉水、各种油类的净化等。

2. 垂直滤叶型压滤机

1）振打卸料垂直槽垂直滤叶型叶滤机

该叶滤机具有密封加压、多滤叶、微孔精密过滤的特点（图 6.6）。在一个密闭的机壳内，垂直装有多片不锈钢滤叶，用来支承和贴附，起主要过滤作用，底部平法兰上装有不锈钢平面滤网，其作用是使壳体内液体完全过滤，无残液。过滤时，先循环过滤进行预涂，使滤叶表面形成一层预涂层，待滤液清亮后（通过视镜观察），即可进行正常过滤。

当输液泵向机壳内输入一定数量含有活性炭粉末或活性白土粉末的溶液时，将会产生一定的压力，液体在压力的作用下流入滤网，活性炭粉末或活性白土粉末截留在滤网表面，产生一定的过滤阻力，形成内外压差，随着溶液中的活性炭粉末或活性白土粉末随溶液的流入，逐渐地吸附于滤叶表面，经循环一定时间，并形成具有相当过滤能力的滤饼层，溶液经滤饼层去除杂质流入滤叶内腔，再经出液管，流出清液。

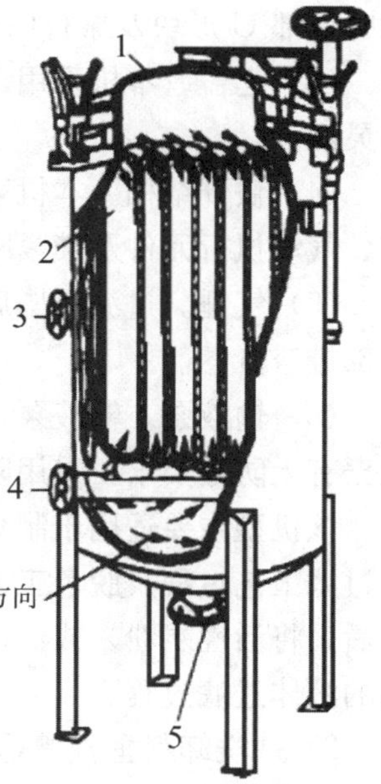

图 6.6　垂直槽固定滤叶型加压叶滤机

1. 快开顶盖；2. 滤叶片；3 滤浆入口；4. 滤液排出口；5. 滤饼排出口

振打卸料垂直槽垂直滤叶型叶滤机流程图如图 6.7 所示。加压振打过滤机主要由机壳、滤叶、起盖、快开结构、气锤、输液泵等组成。

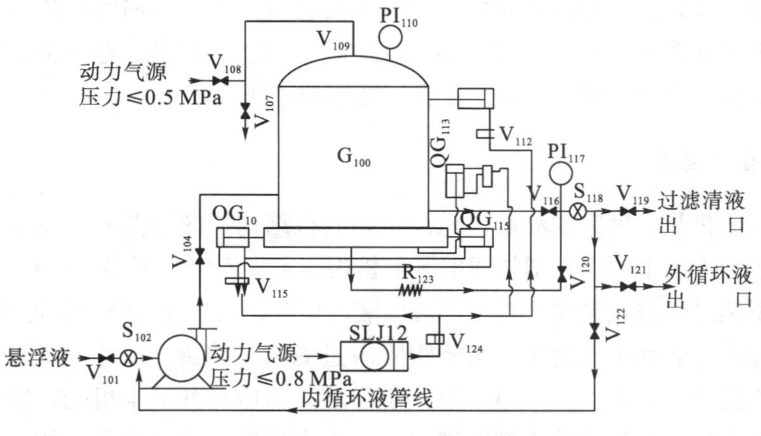

图 6.7　振打卸料垂直槽垂直滤叶型叶滤机流程图

G. 过滤机；P. 泵；V. 阀门；S. 视镜；QG. 汽缸；R. 软管；PI. 压力显示

（1）机壳。机壳由筒体、上封头、底部快开平法兰等组成。筒体与上封头为密封连接，由上下法兰及密封圈通过手轮螺母与螺栓压紧密封圈来实现密封的。底部快开平法兰由上下法兰及密封圈通过翻转汽缸启闭及旋转汽缸锁紧来实现密封。整个机壳装有许多零配件，顶部装有进、排气阀，压力表及安全阀，筒体焊有进、出液管，底部快开平法兰有出液管、金属软管，以便安装管道和阀门以及其他零件等。

（2）滤叶。滤叶是过滤机的关键部件，由框架、滤网、衬网、压板垫片、支承头、固定块等零件焊接和组装的，安装于机壳内，其组装质量及密封性能要求较高。

滤叶锁紧是每个滤叶下部出液嘴及O形密封圈插入滤液集中出液管内，并依靠每个滤叶上部U形块及振打中心轴上的螺母进行锁紧来固定滤叶。

（3）起盖。本机采用千斤顶进行上部封头及法兰的起盖升降，并能做旋转。操作简单灵活。

（4）快开结构。本机采用气动快开实现底部法兰的启闭功能。有翻转汽缸、旋转汽缸、气动执行元件及锁紧圈。

（5）气锤。过滤完毕后，滤渣卸除通过气锤高频率振打，使滤渣脱落滤叶卸料，自下部排渣。

（6）输液泵。输液泵是用来提供原液和预涂液，流量 8 m^3/h 左右，扬程 40～65 m，根据有无防爆要求，采用防爆或非防爆电机。

该机型主要适用于制药、生物工程、油脂、化工等工业液体脱色工艺过程及其他液体过滤工艺过程。脱色工艺过程一般采用活性炭粉末或活性白土粉末进行脱色。脱色完毕后，将活性炭粉末或活性白土粉末滤除。该机也可用于其他采用助滤剂或不采用助滤剂的液体过滤过程。

2）冲洗卸料垂直槽垂直滤叶型叶滤机

冲洗卸料垂直槽垂直滤叶型叶滤机通过在密闭的容器内，垂直或水平放置多片滤叶作为过滤元件，进行加压或真空过滤。根据过滤的不同要求，有时还要在滤叶上预敷硅藻土、珍珠岩等助滤剂，助滤剂也可采用掺浆过滤的方法加入，以提高过滤效率。采取冲洗方式卸料，一般是正清洗机构，也可根据要求实现反冲洗及反吹的功能，且操作简单方便，洗涤效果好。在密闭的条件下，对滤饼进行洗涤，以回收有用的物料，回收率高。其工艺流程如图 6.8 所示。该机型广泛应用于啤酒、白酒、葡萄酒、黄酒、果汁饮料、蜂蜜、明胶、溶剂、脱炭以及其他类似液体的过滤。

3. 卧式滤叶型压滤机

施德兰叶滤机是一种卧式滤叶型压滤机，其机结构简图如图 6.9 所示。多片圆形滤叶组合体置于由上、下两个半圆构成的圆形机内，上半固定，下半用铰链连接借以开启。工作时，上下两半用螺栓紧密连接，原液由液入口 1 泵入，经各滤叶的滤液由液输送管 2 排出，滤渣在滤布表面形成滤饼。当滤饼阻碍过滤时，残留于筒内的原液即由液出口 3 排出。欲剥除滤饼时，先由液入口 1 泵入洗净液，而后打开下半机壳，滤叶及滤饼皆露出，可用压缩空气、蒸汽或清水卸除滤饼，并用水洗净。该机容易解体，用少量洗净液即能洗净，滤布损耗也小。

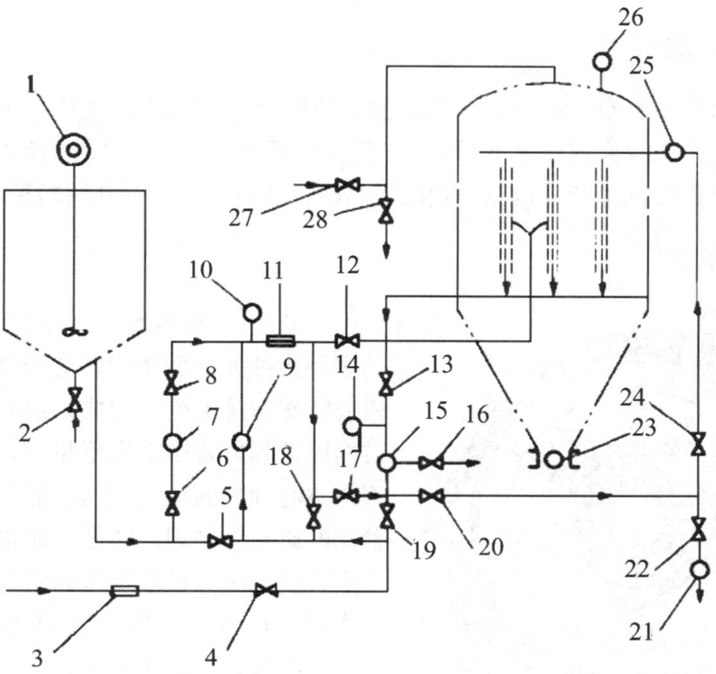

图 6.8　冲洗卸料垂直槽垂直滤叶型叶滤机流程图

1. 搅拌电机；2. 排放阀；3. 进料视镜；4. 进料阀；5. 混合进液口阀；6. 计量泵进口阀；7. 计量泵；8. 计量泵出口阀；9. 输液泵；10. 安全阀；11. 视镜；12. 输液泵出口阀；13. 清洗止向阀；14. 出口压力表；15. 平视镜；16. 取样阀；17. 清洗阀Ⅰ；18. 回流阀Ⅱ；19. 循环阀；20. 出液阀；21. 流量计；22. 出液阀Ⅱ；23. 排渣阀；24. 清洗网；25. 清洗电机；26. 进口压力表；27. 进气阀；28. 排气阀

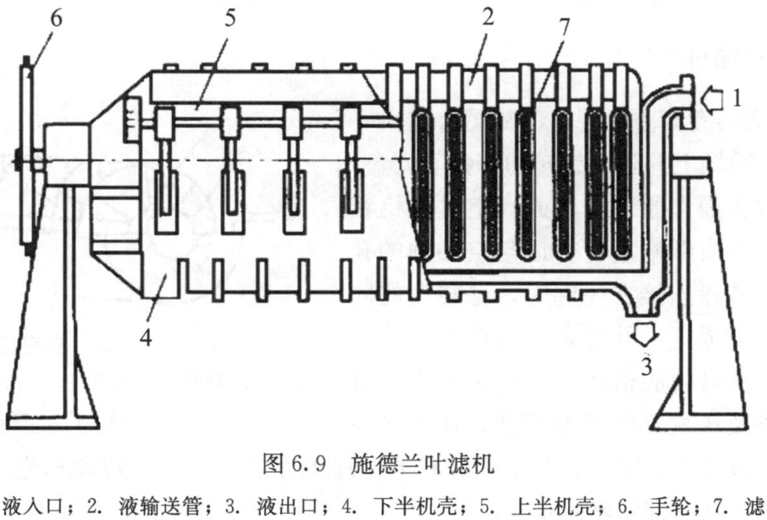

图 6.9　施德兰叶滤机

1. 液入口；2. 液输送管；3. 液出口；4. 下半机壳；5. 上半机壳；6. 手轮；7. 滤叶

综上所述，叶滤机的共同优点是：灵活性大，节省劳力，而且单位体积过滤面积大，生产能力高，容易洗涤且效果好。其缺点是：结构复杂、成本高，滤饼不如压滤机干燥，会出现滤饼不均匀现象。

叶滤机适宜过滤周期长、滤浆特性稳定的过滤操作。

6.1.5 真空过滤机

真空过滤机以抽真空为推动力，其过滤介质的上游压力为大气压，下游为负压。推动力仅限制在1个工程大气压之下（1个工程大气压约为98.1 kPa），所以一般均为连续式操作，是一种连续性生产和机械化程度较高的过滤设备。以下介绍两种真空过滤机。

1. 转鼓真空过滤机

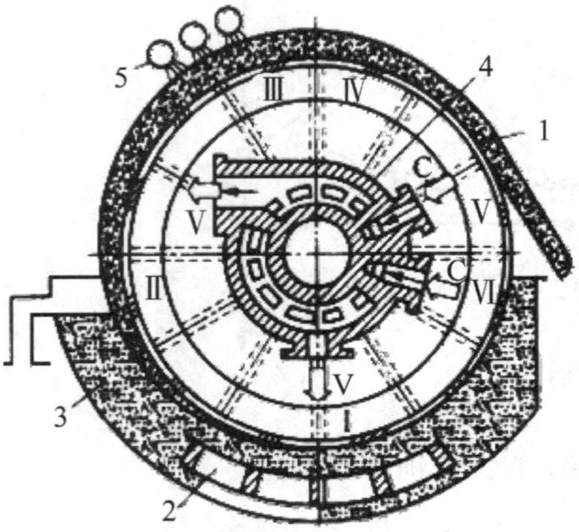

图6.10 转鼓真空过滤机操作原理图

1. 转鼓；2. 搅拌；3. 滤浆槽；4. 控制阀；5. 喷头；Ⅰ. 过滤区；Ⅱ. 第一脱水区；Ⅲ. 洗涤区；Ⅳ. 第二脱水区；Ⅴ. 卸料区；Ⅵ. 滤布再生区；V. 与真空相通；C. 与压缩空气相通

图6.10为转鼓真空过滤机的操作原理图。其主要构件为一低速旋转的转鼓，表面用多孔板或特殊的排水构件构成，滤布覆盖其上。转鼓内腔被隔成若干个扇形格室，每个格室有吸管与空心轴内的孔道相通，而孔道沿轴向通往轴端的旋转控制阀。转鼓内腔借控制阀分别与真空管路、洗液贮槽及压缩空气管路相通。当工作时，转鼓表面即形成过滤区、第一脱水区、洗涤区、第二脱水区、卸料区和滤布再生区六个工作区，使过滤操作循序进行。

转鼓真空过滤机适宜于过滤悬浮液中颗粒度中等、黏度不太大的物料。操作过程中，可用调节转鼓转速来控制滤饼厚度和洗涤效果，而且滤布损耗要少。但过滤推动力小、设备费用高是其主要缺点。

2. 转盘真空过滤机

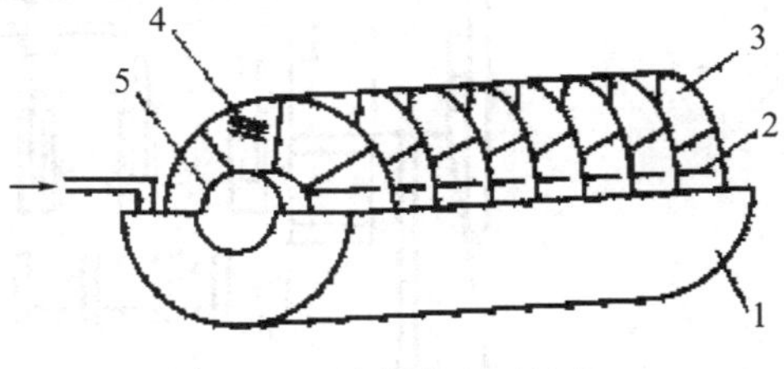

图6.11 转盘真空过滤机

1. 料槽；2. 刮刀；3. 转盘（滤盘）；4. 金属丝网；5. 控制阀

图6.11为转盘真空过滤机的简图。它由一组安装在水平转轴上并随轴旋转的转盘（滤盘）构成。其结构和操作原理与转鼓真空过滤机相同。转盘的各个扇形格室有管道与空心轴的孔道相通，当各转盘连接在一起时，各转盘的同相位扇区格室形成连通孔道，并与轴端的旋转控制阀相连。转盘内腔借控制阀分别与真空管道、洗液贮槽及压缩空气管路相通，使转盘在转动时表面形成吸附、洗涤、脱水和卸料的循序工作过程。每一转盘相当一个转鼓，各有其滤饼卸料装置，卸料较困难。

转盘真空过滤机的优点如下：过滤面积非常大；与其他过滤机比较，单位过滤面积占地面积小；滤布更换容易且耗量少；能耗低。其缺点是滤饼洗涤不良，洗涤水易与悬浮液在滤槽中相混。

6.2 离心机械

6.2.1 离心分离原理

1. 原理与应用

离心机是利用惯性离心力进行固－液相、液－液或液－液－固相离心分离的机械。离心机的主要部件是安装在竖直或水平轴上的快速旋转的转鼓。鼓壁上有的有孔，有的无孔。料浆送入转鼓内随鼓旋转，在惯性离心力的作用下实现分离。在有孔的鼓内壁面覆以滤布，则流体甩出而颗粒被截留在鼓内，称为离心过滤。对于鼓壁上无孔且分离的料浆是悬浮液，分离出的密度较大的颗粒沉于鼓壁，而密度较小的流体集中于中央并不断引出，称为离心沉降。对于鼓壁上无孔且分离的料浆是浊浮液，分离出的两种液体按轻重分层，重者在外，轻者在内，各自从适当位置引出，称为离心分离。分离因数是用来表示离心机分离性能的主要指标，其定义是物料所受的离心力与重力之比值，也等于离心加速度与重力加速度之比值。即

$$K_c = R\omega^2/g \tag{6.1}$$

式中，K_c为分离因数；R 为转鼓半径；ω 为转鼓回转角速度；g 为重力加速度。

离心机的分离因数由几百到几万，也就是说离心分离的推动力——离心力为重力的几百倍到几万倍。分离因数的大小，要根据不同的分离物料性质和不同的分离要求来选取。

离心机在食品工业中应用较多，如制糖工业的砂糖糖蜜分离，奶制品工业的牛奶分离，制盐工业的晶盐脱卤，淀粉工业的淀粉与蛋白质分离，油脂工业的食油精制，以及啤酒、果汁、饮料的澄清，味精、橘油、酵母分离，淀粉脱水，脱水蔬菜制造的预脱水过程，回收植物蛋白，糖类结晶，食品的精制等都使用离心机。

2. 离心机的分类

1）按离心机分离因数大小分类

离心机按分离因数大小可分为三类：常速离心机，$K_c<3000$，主要用于分离颗粒不大的悬浮液和物料的脱水；高速离心机，$3000<K_c<50000$，主要用于分离乳状和细粒悬浮液；超高速离心机，$K_c>50000$，主要用于分离极不易分离的超微细粒的悬浮系统和高分子的胶体悬浮液。

2）按操作原理分类

（1）过滤式离心机。过滤式离心机的鼓壁上有孔，它是借离心力作用实现过滤分离，其转速一般在 1000～1500 r/min 范围，分离因数不大，适用于易过滤的晶体悬浮液和较大颗粒悬浮液的分离和物料脱水。

（2）沉降式过滤机。沉降式过滤机的鼓壁上无孔，但也是借离心力作用来实现沉降分离的。在食品加工中，主要是用于回收动植物蛋白，分离可可、咖啡和茶等的滤浆，以及鱼油去杂和制取。它的典型设备有螺旋卸料沉降式离心机，常用于分离不易过滤的

悬浮液。

（3）分离式离心机。分离式离心机的鼓壁上也无孔，但转速极大，约 4000 r/min 以上，分离因数 3000 以上。主要用于乳浊液的分离和悬浮液的增浓或澄清。

3）其他分类

离心机除了常用的按分离因数和操作原理分类外，还有其他多种分类方式。按操作方式分类分为：间歇式离心机、连续式离心机。按卸料方式分类分为：人工卸料离心机、重力卸料离心机、刮刀卸料离心机、活塞卸料离心机、螺旋卸料离心机、离心卸料离心机、振动卸料离心机、进动卸料离心机。按转鼓主轴位置分类分为：卧式离心机、立式离心机。按转鼓内流体和沉渣的运动方向分类分为：逆流式、并流式。按分离工艺操作条件分类分为：常用型、密闭防爆型。

6.2.2 卧式离心机

1. 卧式螺旋卸料过滤离心机

卧式螺旋卸料过滤离心机能在全速下实现进料、分离、洗涤、卸料等工序，是连续卸料的过滤式离心机（图 6.12）。

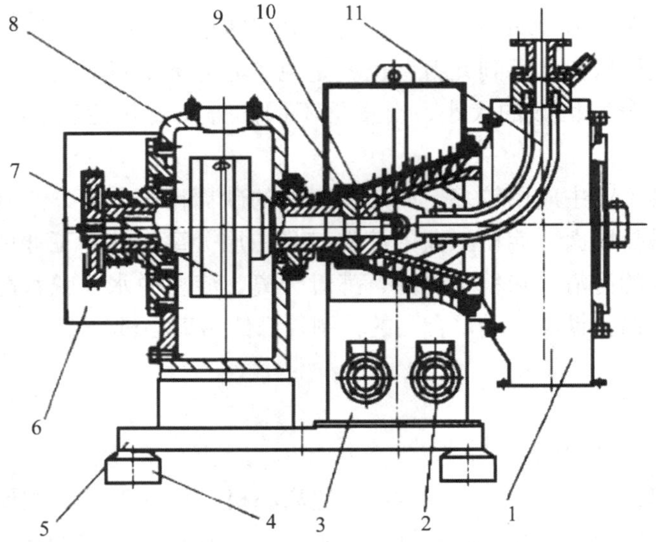

图 6.12 卧式螺旋卸料过滤离心机

1. 出料斗；2. 排液口；3. 壳体；4. 防振垫；5. 机座（底座）；6. 防护罩；7. 差速器；8. 箱体；9. 圆锥转鼓；10. 螺旋推料器；11. 进料管

圆锥转鼓 9 和螺旋推料器 10 分别与驱动的差速器轴端连接，两者以高速同一方向旋转，保持一个微小的转速差。悬浮液由进料管 11 输入螺旋推料器内腔，并通过内腔料口喷铺在转鼓内衬筛网板上，在离心力的作用下，悬浮液中液相通过筛网孔隙和转鼓孔被收集在机壳内，从排液口 2 排出机外，滤饼在筛网滞留。在差速器的作用下，滤饼由小直径处滑向大直径端，随转鼓直径增大，离心力递增，滤饼加快脱水，直到推出转鼓。

卧式螺旋卸料过滤离心机带有过滤型锥形转鼓，利用差速器调节螺旋推料器的转速，以控制卸料速度，并有过载保护装置，可实现无人安全操作。并且，这种机型运转平稳，噪声低，操作和维护方便，与物料接触零件均采用耐腐蚀不锈钢制造，适用于腐蚀介质的物料处理。

2. 卧式螺旋卸料沉降离心机

卧式螺旋卸料沉降离心机是用离心沉降的方式分离悬浮液，以螺旋卸除物料的离心机。该机在高速旋转的无孔转鼓 8 内有同心安装的输料螺旋 7，二者以一定的差速同向旋转，该转速差由差速器 1 产生。悬浮液经中心的进料管 12 加入螺旋内筒，初步加速后进入转鼓，在离心力作用下，较重的固相沉积在转鼓壁上形成沉渣层，由螺旋推至转鼓锥段进一步脱水后经小端出渣口排出；而较轻的液相则形成内层液环由大端溢流口排出（图 6.13）。

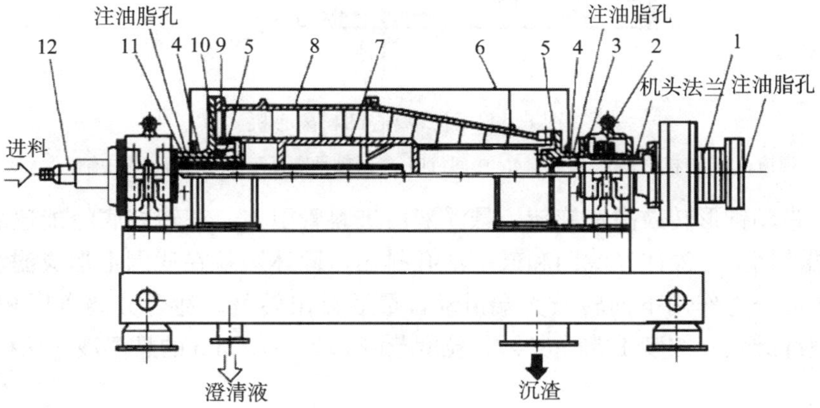

图 6.13　卧式螺旋卸料沉降离心机

1. 差速器；2. 主轴承；3. 油封Ⅰ；4. 左右铜轴瓦；5. 油封Ⅱ；6. 外壳；7. 螺旋；8. 转鼓；9. 油封Ⅲ；10. 轴承；11. 油封Ⅵ；12. 进料管

卧工螺旋卸料沉降离心机在全速运转下连续进料、分离和卸料，适用于含固相（颗粒粒度为 0.005～2 mm）浓度 2%～40%悬浮液的固液分离、粒度分级、液体澄清等。具有连续操作、处理能力大、单位耗电量小、结构紧凑、维修方便等优点。尤其适合过滤布再生有困难，以及浓度、粒度变化范围较大的悬浮液的分离。该机符合 GMP 规范设计。

3. 卧式离心卸料离心机

卧式离心卸料离心机为连续操作、自动卸料的过滤式离心机，加料、分离、卸料等工序均在全速运转下连续进行，故分离效率高，生产能力大（图 6.14）。

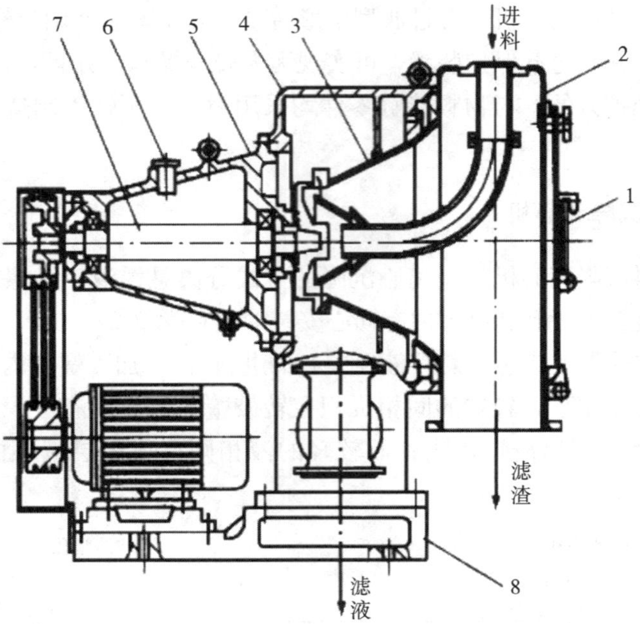

图 6.14　卧式离心卸料离心机

1. 视镜；2. 前机壳；3. 转鼓；4. 中间机座；5. 轴承座；6. 注油孔；7. 主轴；8. 底座

电动机带动锥形转鼓高速旋转，悬浮液由进料管引入，在转鼓底经加速后均匀分布于转鼓小端滤网上，液体经滤网和鼓壁滤孔排出，固体颗粒在滤网上形成滤渣，滤渣受离心力在锥面分力作用下向转鼓大端滑动，最后排出转鼓。适合分离含固相（结晶状、无定形或短纤维状）浓度 40%～80%，粒度范围 0.25～10 mm 的悬浮液。该机符合 GMP 规范设计。

4. 刮刀卸料离心机

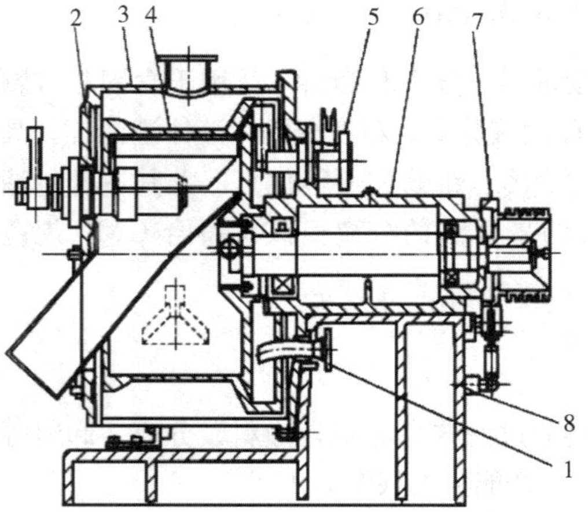

图 6.15　刮刀卸料离心机

1. 反冲装置；2. 门盖组件；3. 机体组件；4. 转鼓组件；5. 虹吸管机构；6. 轴承箱；7. 制动器组件；8. 机座

刮刀卸料离心机是一种连续运转，循环实现进料、分离、洗涤、脱水、卸料、洗网等工序的过滤式离心机。在全速运转下，各工序均能实现全自动或半自动控制（图 6.15）。

启动控制，空转鼓全速运转，进料阀自动开启，悬浮液沿进料管进入全速转鼓内。在离心力作用下，大部分液体经滤网、衬网及转鼓上的小孔被甩出，经机壳排液阀排出机外，固体则留在转鼓内。进料阀经一定时间自动关闭，进料停止，固相在转鼓内被甩干。需要洗涤的物料可进行洗涤。刮刀自动旋转，将固相经接料斗排出机外。然后自动洗网，开始下一个循环。该机型的工作原理如图 6.16 所示。

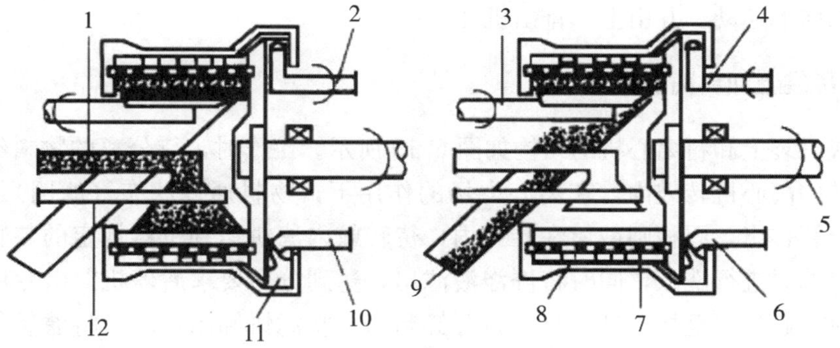

图 6.16　刮刀卸料离心机工作原理

1. 悬浮液入口；2. 分离液出口；3. 刮刀；4. 虹吸管；5. 主轴；6. 反冲管；7. 内转鼓；8. 外转鼓；9. 滤渣出口；10. 反冲水入口；11. 虹吸室；12. 洗涤液入口

6.2.3　立式离心机

1. 自动排出式

图 6.17 为自动排出式离心机的结构简图。锥形篮子周围设有篮网，原液由上方流入，篮子带动原液高速回转，滤液在离心力作用下穿过篮网由下部排出。而固形物则附着在篮网表面，同时沿锥面不断向上推移，由上部落下自动排出机外。该机可用于水果、蔬菜榨汁，植物蛋回收白及冷冻浓缩的冰晶分离等，也可用于糖类结晶食品的精制及脱水蔬菜制造的预脱水过程。

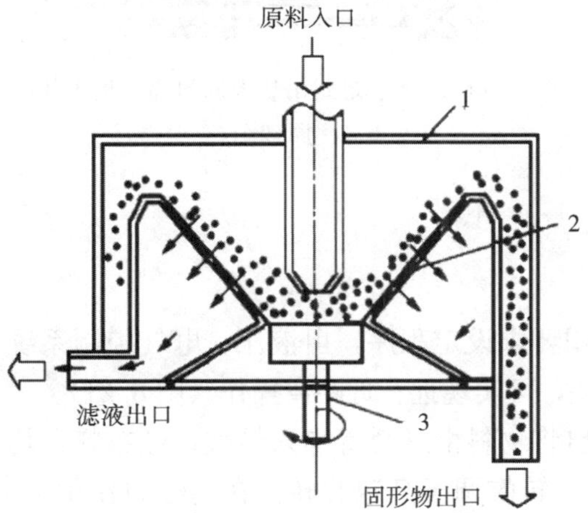

图6.17　立式连续离心卸料离心机（自动排出式）

1. 固定槽；2. 回转篮；3. 驱动轴

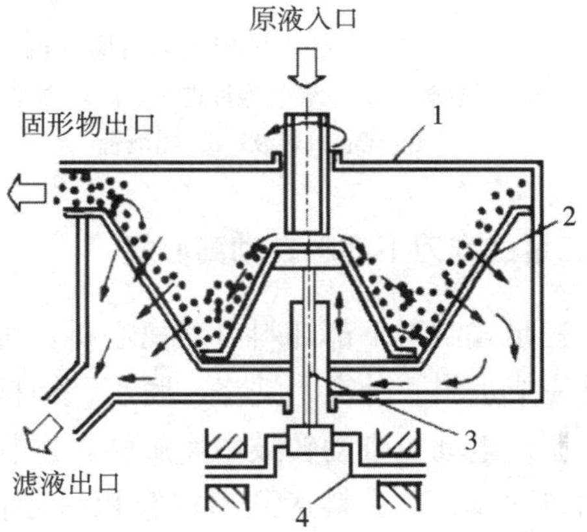

图6.18　立式连续离心卸料离心机（振动式）

1. 固定槽；2. 回转篮；3. 驱动轴；4. 曲柄轴

2. 振动式

图 6.18 为振动式立式离心机的结构简图。它由固定槽、回转篮、驱动轴、曲柄轴及机架等构成。工作时，原液由上方进入，回转篮以高速旋转，并利用曲柄轴的作用同时沿垂直方向振动。在离心力作用下，滤液穿过篮网飞散过滤，并由下部排出。而固形物

则紧贴篮网向上移动，并由上部排出机外。

3. 三足式吊袋上卸料离心机

三足式吊袋上卸料离心机的结构如图 6.19 所示。工作时，待分离的物料经进料管进入高速旋转的离心机转鼓内，在离心力场的作用下，物料通过滤布（滤网）实现过滤。液相经出液管排出，固相则截留在转鼓内，待转鼓内滤饼达到机器规定的装料量时，停止装料，对滤饼进行洗涤，同时将洗涤液滤出，达到分离要求后停机。由专用的吊具将滤袋同滤饼一起吊出至指定卸料处，打开卸料口，将滤饼卸出，然后将滤袋复位，进入待机状态（图 6.20）。

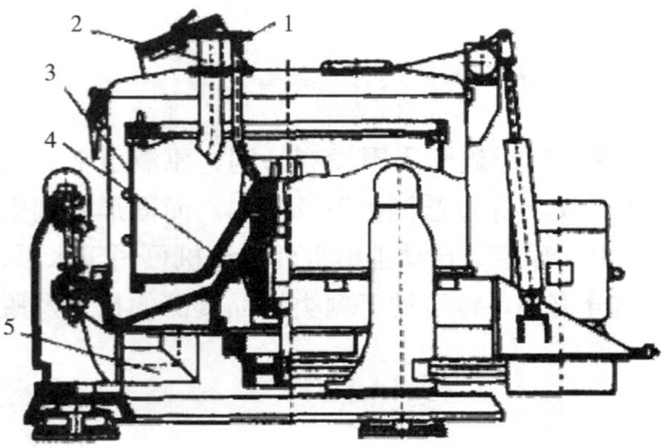

图 6.19 三足式吊袋上卸料离心机

1. 进料管；2. 滤饼洗涤液进入管；3. 滤袋；4. 离心机转鼓；5. 出液管

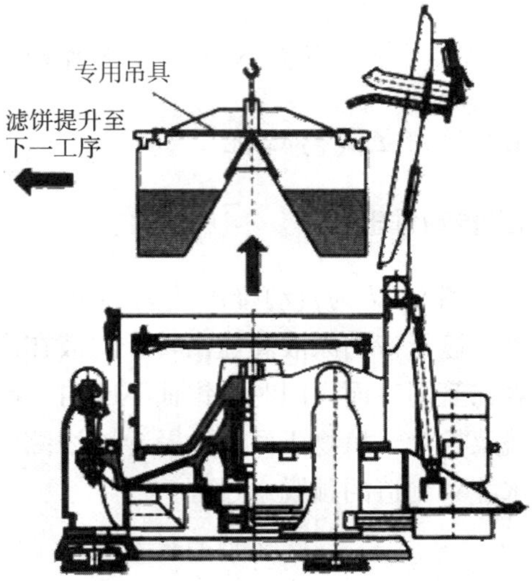

图 6.20 三足式吊袋上卸料离心机工作原理图

4. 三足式刮刀下卸料自动离心机

三足式刮刀下部卸料自动离心机，可按使用要求设定程序，由液压、电气控制系统自动完成进料、分离、洗涤、脱水、卸料等工序，可实现远、近距离操作（图 6.21）。

调速电动机带动转鼓中速旋转，进料阀开启将物料由进料管加入转鼓，经布料盘均匀洒布到鼓壁，进料达到预定容积后停止进料，转鼓调至高速旋转，在离心力作用下。液相穿过滤布和鼓壁滤孔排出，固相截留在转鼓内，转鼓降至低速后，刮刀旋转往复动作，将固相从鼓壁刮下由离心机下部排出。

该机采用窄刮刀低速卸料，因此除广泛用于含粒度 0.05～0.15 mm 固相颗粒的悬浮液分离外，特别适宜热敏感性强、不允许晶粒破碎、操作人员不宜接近的物料的分离。该机具有自动化程度高、处理量大、分离效果好、运转稳定、操作方便等优点。该机符合 GMP 规范设计。

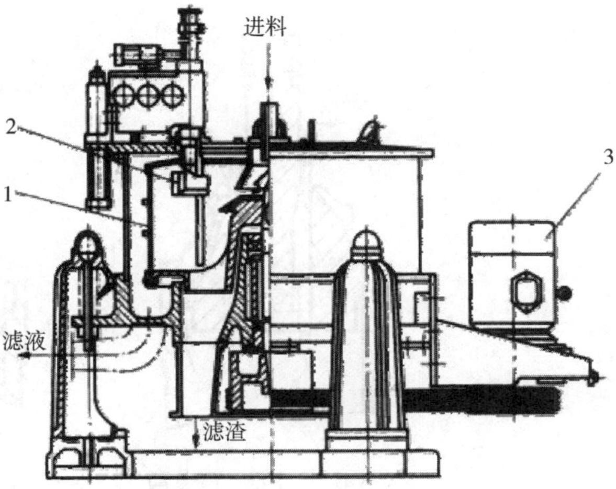

图 6.21　三足式刮刀下卸料自动离心机

1. 转鼓；2. 刮刀；3. 电动机

5. 高速管式离心机

高速管式离心机主要由转鼓、机架、机头、压带轮、滑动轴承组和驱动体六部分组成（图 6.22）。

转鼓由三部分组成：上盖 8、带空心轴的底盖 3 和管状的转鼓 18。转鼓内沿轴向装有对称的四片翅片 4，使进入转鼓的液体很快地达到转鼓的转动角速度。被澄清的液体从转鼓上端出液口排出，进入积液盘 7 和 9，再流入槽、罐等容器内。固体则留在转鼓上，待停机后再清除。

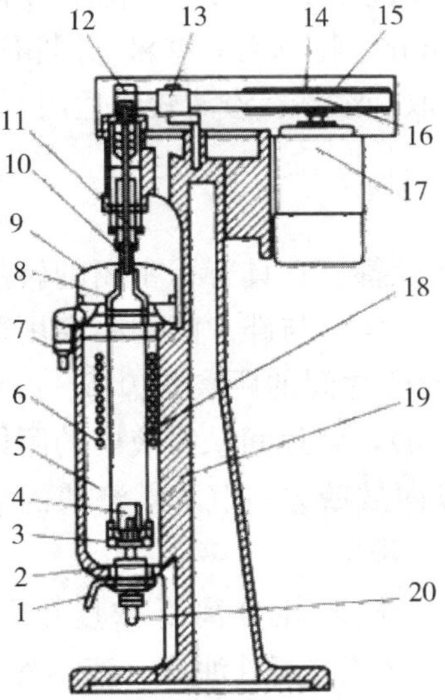

图 6.22　高速管式离心机（液固型）

1. 手柄；2. 轴承组；3. 底盖；4. 翅片；5. 箱门；6. 冷却盘管；7，9. 积液盘；8. 上盖；10. 螺母；11. 主轴；12. 主轴皮带轮；13. 压带轮；14. 电机带轮；15. 传动箱；16. 传动带；17. 电动机；18. 转鼓；19. 机身；20. 进料口

转鼓及主轴 11 以挠性连接悬挂在主轴皮带轮 12 上，主轴皮带轮与其他部件组成为机头部分。主轴上端支承在主轴皮带轮的缓冲橡皮块上，而转鼓用连接螺母 10 悬于主轴下端。转鼓底盖上的空心轴插入机架上的一滑动轴承组 2 中，滑动轴承组靠手柄 1 锁定在机身上，该滑动轴承装有减震器，可在水平面浮动。只要将转鼓与主轴间的连接螺母拧松，即可把转鼓从离心机中卸出。离心机的机身 19、箱门 5 等，是转鼓的保护罩。在机身内壁，装有冷却盘管 6。机身的下部有进料口 20。物料进入进料口后经喷嘴和底盖的空心轴进入转鼓。

电动机 17 装在机架上部，带动压带轮 13 及平皮带转动而使转鼓旋转。电动机通过传送带、张紧轮将动力传递给被动轮，从而使转鼓绕自身轴线超速旋转，形成强大的离心力场。物料由底部进液口射入，离心力迫使料液沿转鼓内壁向上流动，且因料液不同组分的密度差而分层。对于液－液物系，密度大的液相形成外环，密度小的液相形成内环，流动到转鼓上部各自的排液口排如图 6.23（a）所示，微量固体沉积在转鼓壁上，待停机后人工卸出。对于液－固物系，密度较大的固体微粒逐渐沉积在转鼓内壁形成沉渣层，待停机后人工卸出，澄清后的液相流动到转鼓上部的排液口排出，如图 6.23（b）所示。

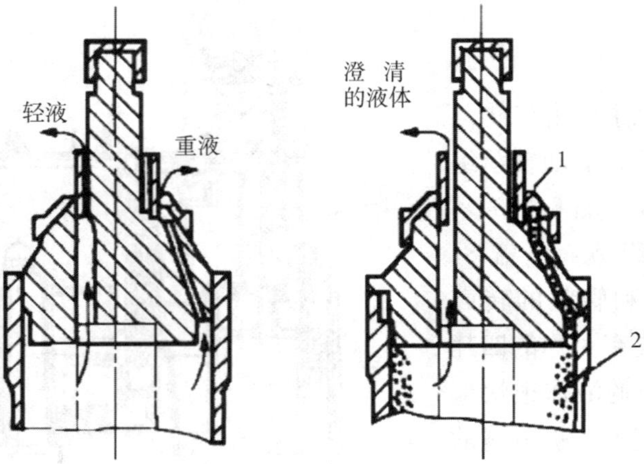

(a) 用于液－液分离 (b) 用于液－固分离

图 6.23 高速管式离心机液液和液固分离工作状况

1. 用石棉垫堵塞；2. 渣

高速管式分离机主要用于生物医学、中药制剂、保健食品、饮料、化工等行业的液－固两相或液－液－固三相分离。最小分离颗粒为 1 mm，特别对一些液－固相比重差异小、固体粒径细、含量低、介质腐蚀性强等物料的提取、浓缩、澄清较为适用。

6. 碟片式离心分离机

碟片式离心沉降分离机是应用最为广泛的离心沉降设备。它具有一密闭的转鼓，鼓中放置有数十个至上百个锥顶角为 60°～100°的锥形碟片，碟片与碟片间的距离用贴附于碟片背面的、具有一定厚度的狭条来调节和控制，一般碟片间的距离为 0.5～2.5 mm。当转鼓连同碟片以高速旋转时（一般为 4000～8000 r/min），碟片间悬浮液中的固体颗粒因有较大的质量，先沉降于碟片的内腹里面，然后连续向鼓壁方向沉降，澄清的液体则被迫向反方向移动，最终从转鼓顶部进液管周围的排液口排出。

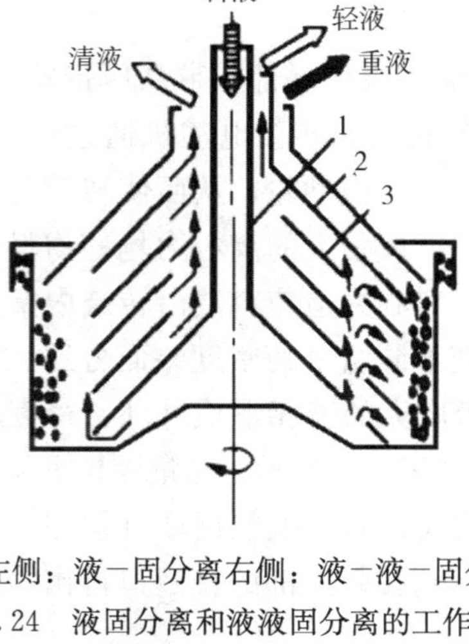

左侧：液－固分离右侧：液－液－固分离

图 6.24 液固分离和液液固分离的工作原理

1. 进料管；2. 重轻液分隔板；3. 碟片

碟片式离心机既能分离低浓度的悬浮液（液－固分离），又能分离乳浊液（液－液分离或液－液－固分离）。两相分离和三相分离的碟片形式有所不同，对于液－固或液－液两相分离所用的碟片为无孔式，它们的工作原理如图 6.24 左侧所示。液－液－固分离所用的碟片在一定位置带有孔。以此作为液体进入各碟片间的通道，孔的位置是处于轻液和重液两相界面的相应位置上，如图 6.24 右侧所示。

根据排出分离固体的方法不同，碟片式离心机可以分为两大类。

1）喷嘴型碟片式离心机

喷嘴型碟片式离心机具有结构简单、生产

连续、产量大等特点。排出固体为浓缩液，为了减少损失，提高固体纯度，需要进行洗涤；喷嘴易磨损，需要经常调换；喷嘴易堵塞，能适应的最小颗粒约为 0.5 μm，进料液中固体含量为 6%～25%最合适。

2）自动分批排渣型碟片式离心机

这种离心机的进料和分离液的排出是连续的，而被分离的固相浓缩液则是间歇地从机内排出。离心机的转鼓由上下两部分组成，上转鼓不做上下运动，下转鼓通过液压的作用能上下运动。操作时，转鼓内液体的压力传入上部水室，通过活塞和密封环使下转鼓向上顶紧。卸渣时，从外部注入高压液体至下部水室，将阀门打开，将上部水室中的液体排出。下转鼓向下移动，被打开至一定缝隙以卸渣。卸渣完毕后，又恢复到原来的工作状态。

这种离心机的分离因数为 5500～7500，能分离的最小颗粒为 0.5 μm，料液中固体含量为 1%～10%，大型离心机的生产能力可达 60 m^3/h。排渣结构有开式和密闭式两种，根据需要也可不用自控而用手控操作。

这种离心机适用于从发酵液中回收菌体、抗生素及疫苗的分离，也可应用于化工、医药、食品等工业。

6.3 旋流分离器

旋流分离技术是一种高效节能型的分离技术，它的关键部分是旋流分离器，简称旋流器。它是利用切向注入的混合物高速旋转产生的离心力来加速颗粒沉降，非均相物料在分离器内形成向下的外旋流和向上的内旋流，达到不同密度的相或不同粒度颗粒的分离。因此。旋流器可用于具有密度差的固-液、气-液、固-气、液-气、液-液以及固-固等非均相混合物的分离，包括生物、食品（如淀粉生产、制糖工业、奶制品工业、食用油工业、啤酒工业、葡萄酒生产工业等）、三废（废气、废液和废固）处理等领域中的澄清、增浓或脱水、分级、洗涤等分离过程，甚至还可集强化传热传质和分离于一身，用作旋流干燥器等。

6.3.1 旋流器的基本结构及工作原理

用于液-液分离的旋流分离器，简称旋流器。旋流器是一种利用离心沉降原理将非均相混合物中具有不同密度的相机械分离的设备。旋流分离器的基本构造为一个分离腔、一至两个入口和两个出口（图 6.25）。分离腔主要有圆柱形、圆锥形和柱-锥形三种基本形式。柱-锥形又有单锥形和双锥形两种。入口有单入口和多入口几种。但在实践中，一般只有单入口和双入口两种。就入口与分离腔的连接形式来分，入口又有切向入口和渐开线入口两种。出口一般为两个，而且多为轴向出口，分布在旋液分离器的两端。靠近进料端的为溢流口，远离进料端的为底流口。

在互不相溶、且具有密度差的液体混合物以一定的方式及速度从入口进入旋流分离器后，在离心力场的作用下，密度大的相被甩向四周，并顺着壁面向下运动，作为底流排出；密度小的相向中间迁移，并向上运动，最后作为溢流排出。这样就达到了液-液分离的目的。

6.3.2 全旋流分离系统

全分离系统是按一定工艺将旋流器连接起来，形成一套完整、封闭的分离系统，用一套多级旋流器代替多级筛分和离心分离设备的组合。在淀粉制备时，直接由多级旋流器分离薯渣、汁液和洗涤淀粉，其优点十分显著。

全旋流分离工艺分为前半区（旋流器 A～F）和后半区（旋流器 1～9）两部分（图 6.26），前半区主要是将薯渣和汁液混合物从马铃薯糊浆中分离出去，充分分离可提高淀粉提取率；后半区主要是分离蛋白质和洗涤淀粉，充分分离可提高淀粉质量。马铃薯糊浆首先进入旋流器 A，经分离后的薯渣和汁液混合物从旋流器 F 溢流输出，淀粉乳经多级蛋白分离和淀粉洗涤后从旋流器 9 底流输出。

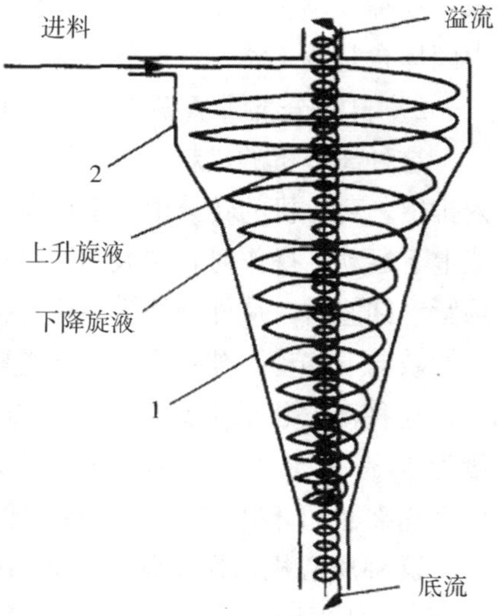

图 6.25 旋流器内流型示意图
1. 锥筒；2. 圆筒

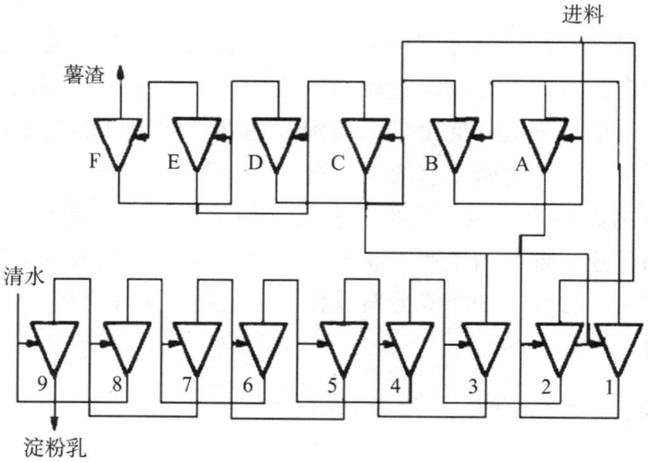

图 6.26 全旋流分离工艺流程

6.3.3 旋流分离器的优缺点

旋流分离技术具有以下优点：①结构简单；②成本低，占用空间小、重量轻、维护费用少、能耗低（不到碟片式离心机的 10%）、不需要任何帮助分离的介质；③安装灵活方便，旋流器可以以任何角度安装；④工作连续、可靠，操作维护方便，一旦设计、调试好，就可自动、稳定地工作。

旋流分离技术也有不足之处：①由于旋流器内流体的流动产生一定的剪切作用，如果参数设计不当，容易将液滴（油滴或水滴）打碎乳化而恶化分离过程；②通用性较差，处理不同性质的物料往往需要不同结构尺寸或操作条件的旋流器；③由于流体流动中湍流的存在，旋流器的分离能力不如离心机（超高速离心机）的大，即可分离的最小颗粒粒度（边界粒度）没有离心机的小。但旋流器的边界粒度也可达到 2 m 左右。最新研究发现，旋流器甚至可从啤酒中分离酵母。另外，针对不足之处②，国际上已开发出低剪切旋流器，成功地用于液-液分离。

6.4　溶剂萃取设备

萃取是分离和提纯有机化合物常用的操作之一。应用萃取可以从固体或液体混合物中提取出所需要的物质，也可以用来洗去混合物中少量的杂质。通常称前者为抽提或萃取，后者为洗涤。萃取是利用物质在两种不互溶（或微溶）溶剂中分配特性的不同来达到分离、提纯或纯化目的的一种操作。

6.4.1　萃取原理

设溶液由有机化合物 X 溶解于溶剂 A 构成。要从其中萃取 X，我们可选择一种对 X 溶解度极好，而与溶剂 A 不相混溶合不起化学反应的溶剂 B。把溶液放入分液漏斗中，加入溶剂 B，充分振荡。静置后，由于 A 和 B 不相混溶，故分成两层，利用分液漏斗进行分离。

此过程中 X 在 B、A 两相间的浓度比，在一定温度下，为一常数，叫作分配系数，以 K 表示，这种关系叫作分配定律。即

$$K = C_B/C_A \tag{6.2}$$

式中，C_B为 X 在溶剂 B 中的浓度；C_A为 X 在溶剂 A 中的浓度。

假设：V_A为原溶液的体积，mL；m_0为萃取前溶质 X 的总量，g；m_1、m_2、…、m_n分别为萃取一次、二次……n 次后 A 溶液中溶质的剩余量，g；V_B为每次萃取溶剂的体积，mL。

第一次萃取后：

$$\frac{(m_0-m_1)\ /V_B}{m_1/m_A}=K$$

$$m_1=m_0\left(\frac{V_A}{KV_B+V_A}\right)$$

第二次萃取后：

$$\frac{(m_1-m_2)\ /V_B}{m_2/V_A}=K$$

$$m_2=m_1\left(\frac{V_A}{KV_B+V_A}\right)$$

第 n 次萃取后：

$$m_n=m_0\left(\frac{V_A}{KV_B+V_A}\right)^n$$

例如：100 mL 水中含有溶质的量为 4 g，在 15℃时用 100 mL 苯来萃取（K=3）。如果用 100 mL 苯一次萃取，可提出 3.0 g 溶质。如果用 100 mL 苯分三次，每次以 33.3 mL

萃取，则可提出 3.5 g 溶质。由此可见，将 100 mL 苯分三次连续萃取要比一次萃取有效得多。

依照分配定律，要节省溶剂而提高提取的效率，用一定分量的溶剂一次加入溶液中萃取，则不如把这个分量的溶剂分成几份作多次萃取好。

6.4.2 溶剂萃取设备的分类

据料液和溶剂接触的次数及接触时的流动方向，溶剂萃取设备可以分成单级萃取设备和多级萃取设备，后者又可分为错流接触设备和逆流接触萃取设备。多级逆流萃取过程具有分离效率高、产品回收率高、溶剂用量少等优点，是工业生产最常用的萃取流程。多级萃取设备也有多种类型，如混合沉降器、筛板萃取塔、填料萃取塔等。

根据操作方式不同，溶剂萃取设备可分成间歇萃取设备和连续萃取设备。

根据分离物系构成的不同，溶剂萃取设备可分成液−液萃取设备和液−固萃取设备。

6.4.3 液−液萃取设备

液−液萃取设备按照接触的方式不同，可以分为逐级式和微分式两大类。常用的液−液萃取装置如图 6.27 所示。

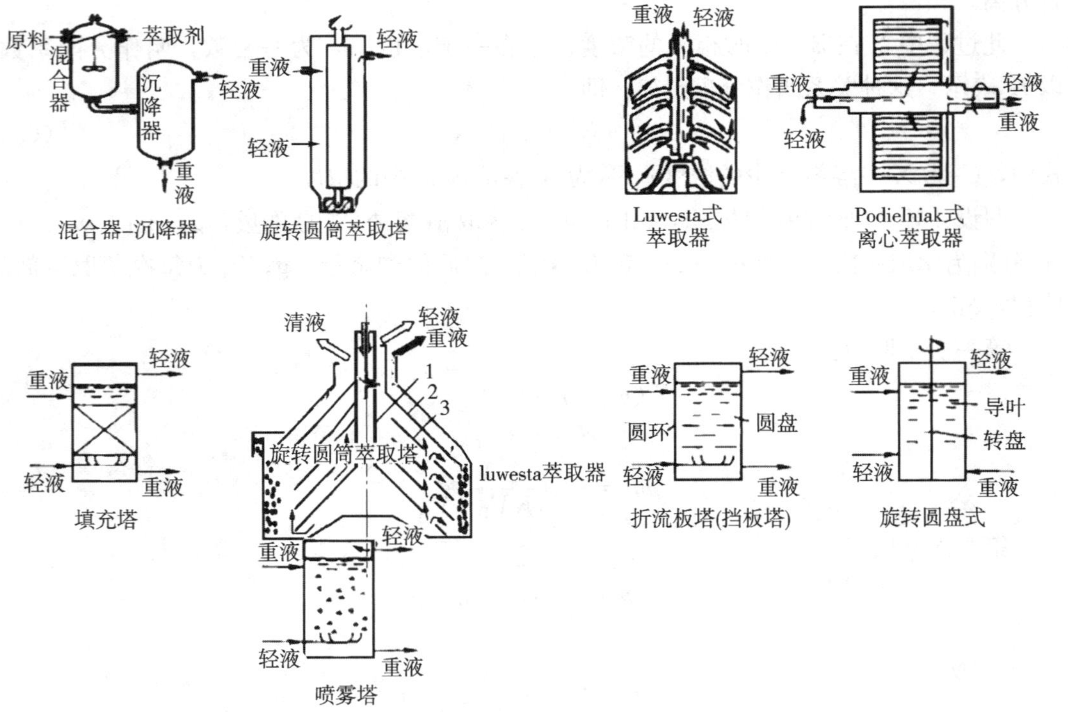

图 6.27 常用的液−液萃取装置

1. 混合器；2. 沉降器；3. 圆环

微分萃取，就是在一个柱式或塔式容器中，互相溶混的两液相分别从顶部和底部进入并相向流过萃取设备，目的产物（溶质）则从一相传递到另一相，以实现产物分离的目的。其特点是两液相连续相向流过设备，没有沉降分离时间，因而传质未达平衡状态。

微分萃取操作只适用于两液相有较大密度差的场合。微分萃取设备主要是一个萃取塔，图 6.28 为常见的三种典型设备结构示意图。其中，(a) 为多层填料萃取塔，(b) 为多级搅拌萃取塔，(c) 为转盘萃取塔。此外，文丘里混合器、螺旋输送混合器也常用于萃取操作。

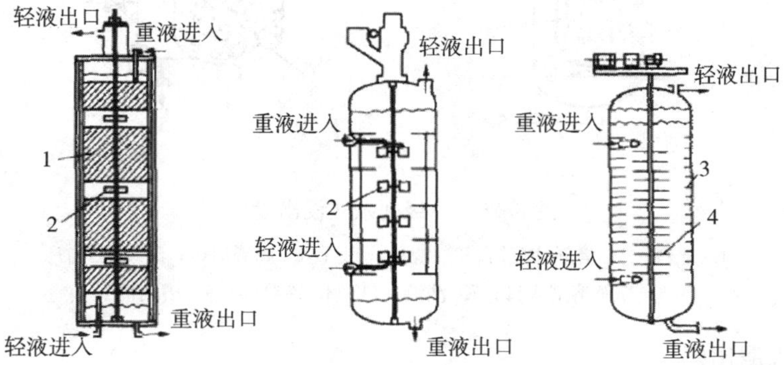

(a) 多层填料萃取塔 (b) 多级搅拌萃取塔 (c) 转盘萃取塔

图 6.28 三种常用的微分萃取塔

1. 网丝；2. 搅拌器；3. 静环；4. 转动环

对于填料萃取塔，宜选用不易被分散相润湿的填料，以使分散相更好地分散成液滴，有利于和连续相接触传质。通常，陶瓷材料易被水溶液润湿，塑料填料易被大部分有机液体润湿，而金属材料无论对水或是对有机溶剂均能润湿。若以轻液为分散相由塔底进入，常用喷洒器使轻液分散。搅拌器的作用是使轻液、重液两相在每层丝网之间得到更好的均匀再分散。

转盘萃取塔的分离效率与转盘转速、直径及隔板的几何尺寸等结构参数有关。通常，塔径与转盘直径比值 D/d 为 1.5～3，环形隔板间距 h 为塔径的 1/8～1/2，隔板宽度约为塔径的 1/10～1/5，而转盘转速为 80～150 r/min。

6.4.4 固–液萃取设备

固–液萃取操作主要包括不溶性固体中所含的溶质在溶剂中溶解的过程和分离残渣与浸取液的过程。

固–液萃取设备按其操作方式可分为间歇式、多级逆流式和连续式。按固体原料的处理方法，可分为固定床、移动床和分散接触式。按溶剂和固体原料接触的方式，可分为多级接触型和微分接触型。

1. 单级间歇式浸出器

图 6.29 (a) 是一种溶剂再循环式浸出器，由浸出部分 A 和溶剂蒸发部分 B 组成。原料在 A 处完成浸出操作后，浸出液经滤板流至 B 处。浸出液在 B 处受热后，其中溶剂蒸发，并经冷凝后重新使用。反复几次后，最后以蒸气进行喷淋直接排代溶剂，则可得残渣，浸出液经蒸发溶剂后可得到没出物。

图 6.29 (b) 所示是一种简单的浸出器。

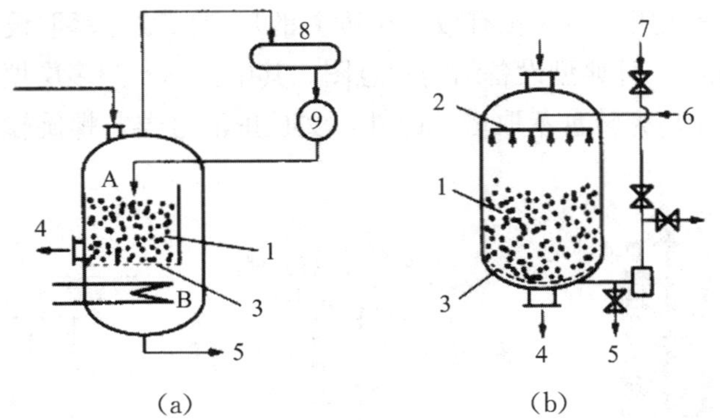

图 6.29　单级间歇式浸出设备

1. 原料；2. 溶剂分配器；3. 滤板（底）；4. 滤渣出口；5. 浸出物；
6. 新鲜溶剂入口；7. 洗液入口；8. 冷凝器；9. 溶剂槽

2. 多级逆流式浸出器

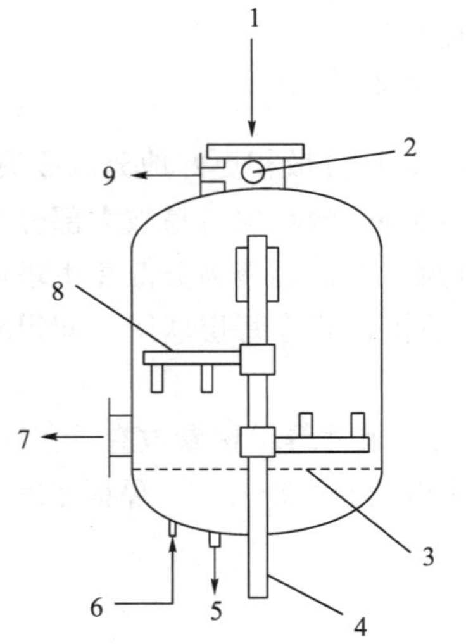

图 6.30　浸出罐

1. 原料进口；2. 溶剂进口；3. 滤板；
4. 转轴；5. 浸出液出口；6. 蒸汽进口；
7. 残液；8. 搅拌器；9. 蒸汽出口

多级逆流式浸出器通常是由 6 个浸出罐组合而成，如图 6.30 所示。其浸出流程图如图 6.31 所示。在操作中各罐的状态如下：1、2、3 罐处于浸出操作中；4 罐处于加料操作中；5 罐排出残渣；6 罐通蒸汽以除去溶剂。

1、2、3 罐组成一组浸出系列，先将溶剂泵进 1 罐进行浸出，某浸出液则逐步进入 2 及 3 罐，由 3 罐出来的浸出液浓度较高，送往蒸发塔以回收浸出物。当 1 罐的浸出操作完了后，则与此浸出系列隔开，此时 4 罐则加入浸出系列而形成另一个新的浸出系列（2、3、4 罐），其状态如下：1 罐通蒸汽以除去溶剂；2、3、4 罐处于浸出操作中；5 罐处于加料操作中；6 罐排出残渣。

如此类推操作，则可得到浸出物与残渣。为了提高效率，须选择适当的溶剂比、浸出时间和浸出罐的组合数。

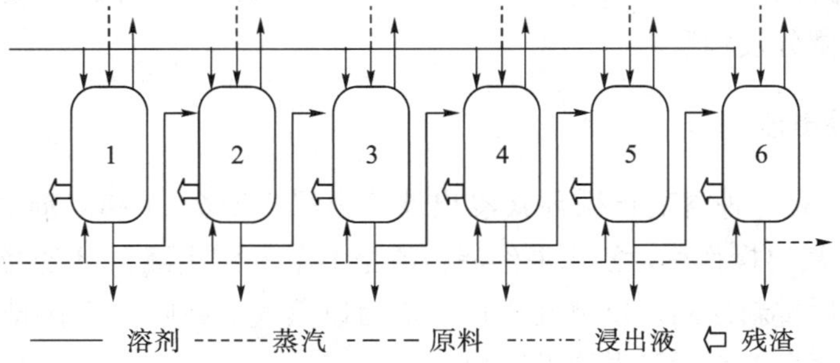

图 6.31　多级逆流式浸出流程图

3. 连续式浸出器

连续式浸出器有三种形式：①浸泡式，原料完全浸没于溶剂之中而进行的连续浸出；②渗滤式，喷淋于原料层上的溶剂在通过原料层向下流动的同时进行浸出；③浸泡和渗滤相结合的方式。

1）浸泡式连续漫出器

图 6.32 所示为两种典型的浸泡式连续浸出器。图中（a）为 L 形管式（螺旋式）浸出器。原料进入后与溶剂的走向相反。螺旋片均带滤孔。浸出液排出前经过一特殊过滤器的过滤。图中（b）为单塔重力式浸出器。它是单一的立式塔，内部由水平板分成若干个塔段。物料受桨叶的推动经过塔板上的开口自上而下流动。新鲜溶剂由塔底泵入。逐板向上流动，从塔顶排出。

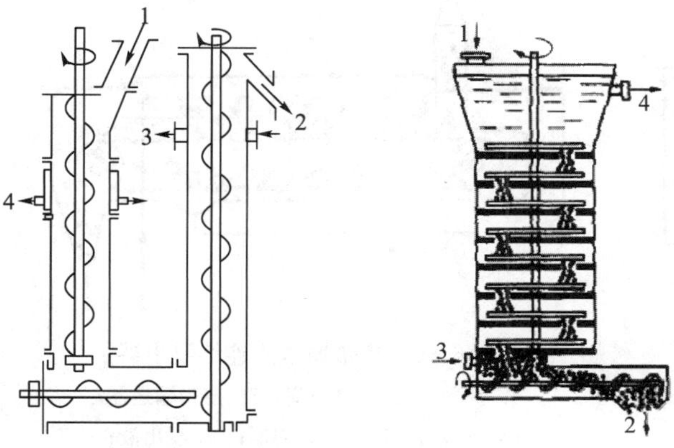

(a) L 形管式（螺旋式）　　(b) 单塔重力式

图 6.32　浸泡式连续浸出器

1. 原料；2. 残渣；3. 溶剂；4. 浸出液

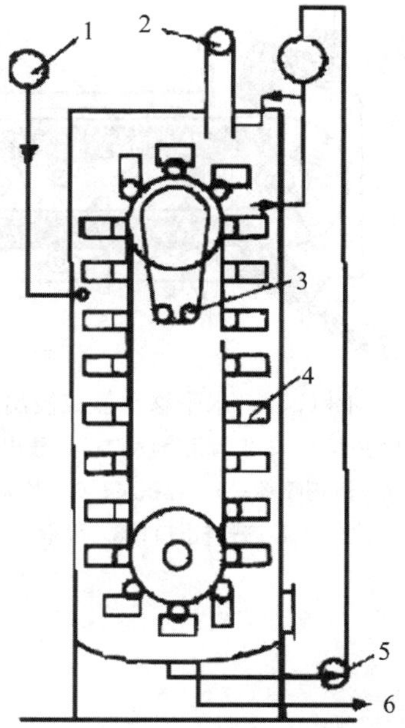

图 6.33　垂直移动蓝式浸出器

1. 溶剂入口；2. 原料进口；3. 卸料螺旋；4. 料斗；5. 循环泵；6. 浸出物

2）渗滤式连续浸出器

（1）垂直移动篮式浸出器。它类似于斗式提升机。料斗钻有孔，让溶液穿流而过，物料首先由回收的稀溶液浸出，料斗从右侧转到左侧后，再由新鲜溶剂自上而下进行浸出。残渣由输送机送出。同时自右侧渗滤而下的浓溶液从底部卸出。如图 6.33 所示。

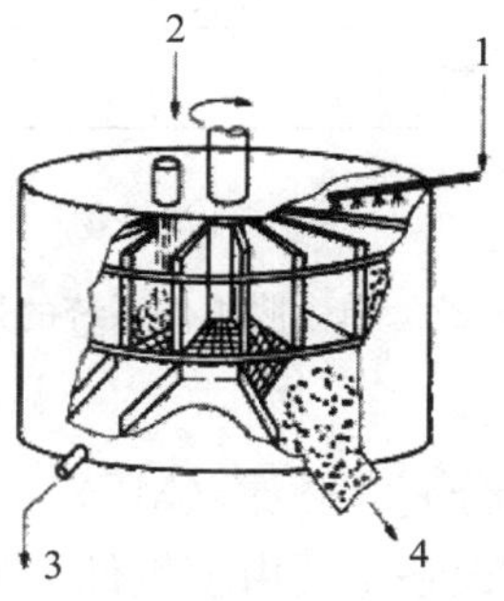

图 6.34　旋转隔室式浸出器

1. 纯溶剂；2. 原料；3. 卸渣；4. 浸出液

（2）旋转隔室式连续浸出器。其结构如图 6.34 所示。它是由在完全密封的圆筒形容器内的一组隔室构成。各隔室随轴缓慢旋转，其底部有可开启的筛网。当卸料后的空室转至加料管下方时，原料即散布于隔室的筛网上，随着转至下一位置即开始进行浸出。当旋转将近一周后，隔室筛网随转动而自动开启，残渣即下落至容器底部排出。随转动网底又自动复位，进行再次加料、浸出循环。新鲜溶剂在残渣快要排出之前由扇形隔室上方加入，散布于固体之上渗滤而下，流入器底的一个分格内，再由泵送入前一扇形隔室上方。如此依次进行，达到逆流浸出的效果。最后浓溶液从刚装好原料的扇形隔室底的器底下分格内被排出。

（3）水平移动篮式浸出器。它是由无顶及无底的移动隔板带和网状履带所构成，符合大生产能力的需要。物料和溶剂的走向如图 6.35 所示。

（4）皮带输送式连续浸出器。其流程如图 6.36 所示。将原料层厚度、输送速度、溶剂量等适当调整，可适用于各种原料的浸出。其生产规模小、设备廉价。

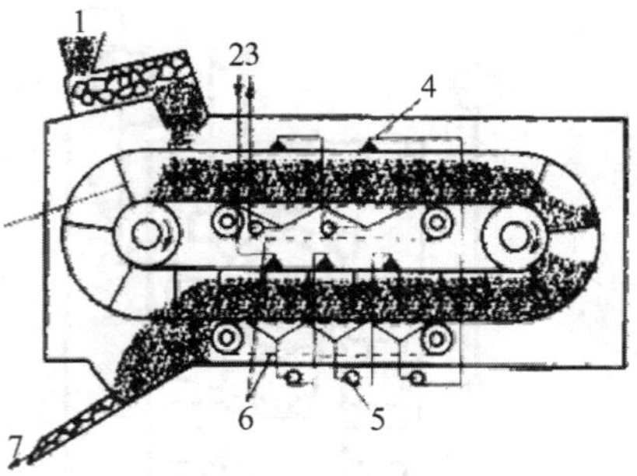

图 6.35　水平移动篮式浸出器

1. 原料入口；2. 新溶剂入口；3. 浸出液入口；4. 溶剂喷嘴；5. 容积泵；6. 网状履带；7. 残渣出口；8. 隔板

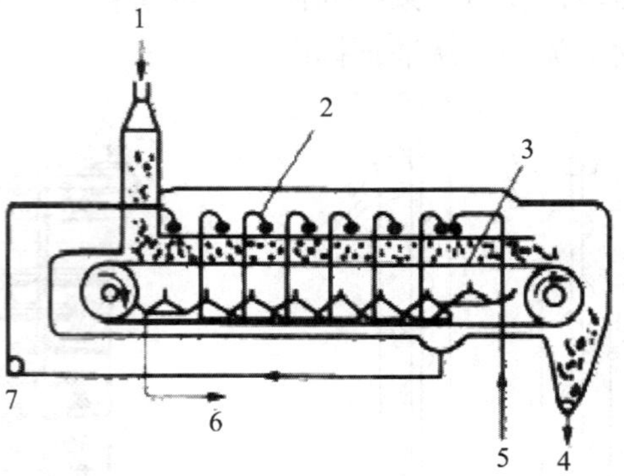

图 6.36　皮带输送式连续浸出器

1. 原料；2. 溶剂喷嘴；3. 皮带输送器；4. 残渣出口；5. 新溶剂；6. 浸出液；7. 浸出液循环泵

6.5　膜分离设备

膜备膜分离是利用膜的选择性，以膜的两侧存在一定量的能量差（压力差或电位差）作为推动力，由于溶液中各组分透过膜的迁移速率不同而实现的分离。

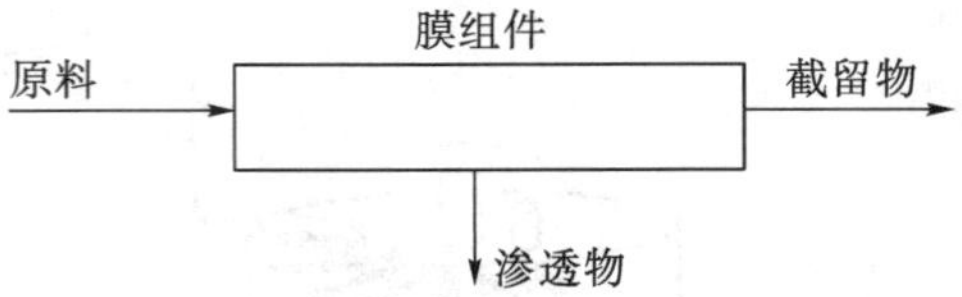

图 6.37　单一膜组件系统的过滤示意图

图 6.37 为单一膜组件系统的过滤示意图。膜分离操作属于速率控制的传质过程，具有设备简单、可在室温或低温下操作、无相变、处理效率高、节能等优点，适用于热敏性的生物工程产物的分离、浓缩与纯化。它在水处理、工业分离、废水处理、食品和发酵工业等方面的应用都取得了重大突破。

膜分离有微滤（MF）、超滤（UF）、纳滤（NF）、反渗透（RO）、电渗析和透析等。膜分离设备主要由膜组件、液料的传输系统、压力和流量的控制系统等构成。图 6.38 为一膜分离系统构成图。

膜组件设计可以有多种形式，根据膜的构性设计可分为两种：①平板构型；②管式构型。板框式和卷式膜组件均使用平板膜，而管状、毛细管和中空纤维膜组件均使用管式膜。

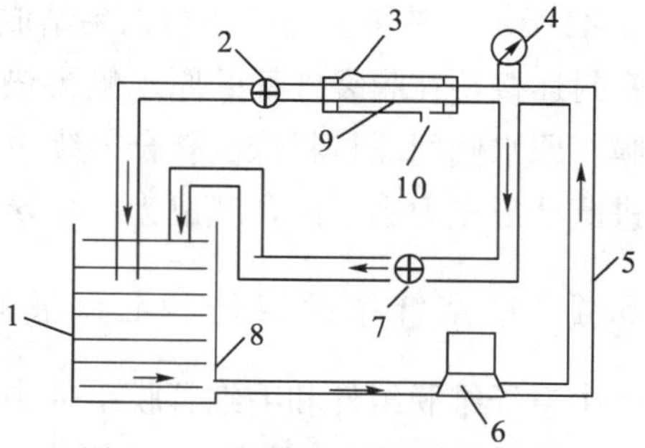

图 6.38　陶瓷膜过滤装置示意图

1. 料液；2，7. 阀门；3，10. 渗透液出口；4. 压力表；5. 输料液管；6. 水泵；8. 贮料桶；9. 多通道陶瓷微滤膜

6.5.1　平板式膜组件

平板式组件要组装不同数量的膜，如图 6.39 所示。由于隔板的存在，原液流通截面积较大，使用时不易堵塞，因而对原液的预处理要求相对较低，压力损失较小，原液的流速可高达 1～5 m/s。

为了提高流体的湍动速度，减少浓差极化现象，隔板被设计成各种形状的凹凸波纹。

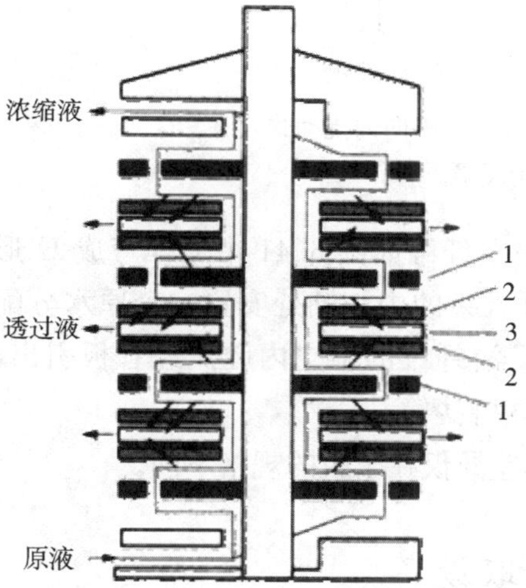

图 6.39　平板膜分离装置结构原理图

1. 隔板；2. 膜；3. 支撑板

6.5.2　管式膜组件

管式膜组件主要是把膜和支撑体均制成管状，二者装在一起，或者直接把膜刮制在支撑管上，再将一定数量的管以一定方式连成一体而组成，其外形极类似列管式换热器，如图 6.40 所示。

管式膜组件按膜附着在支撑管的内侧或外侧而分为内压管式和外压管式组件。按管式组件中膜管的数量又可分为单管式和列管式两种。

管式组件的优点是流动状态好；流速易控制；安装、拆卸、换膜和维修均较方便。由于支撑管的管径相对较大（一般在 0.6～2.5 cm），所以能处理含悬浮团体的溶液，不易堵塞。但与平板式组件相比，单位体积内有效膜面积较少；此外，管口的密封也较困难。

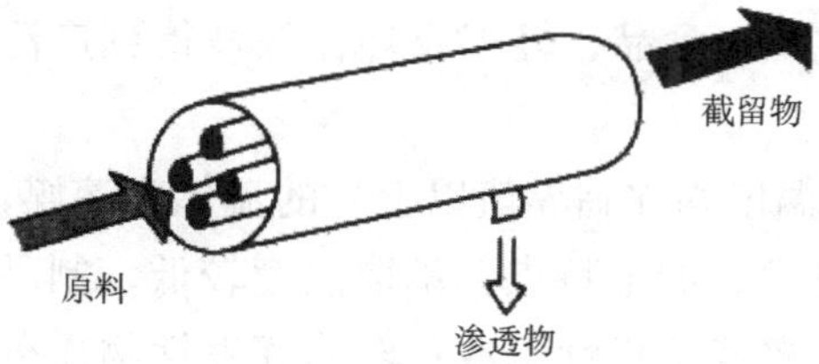

图 6.40　管式膜组件示意图

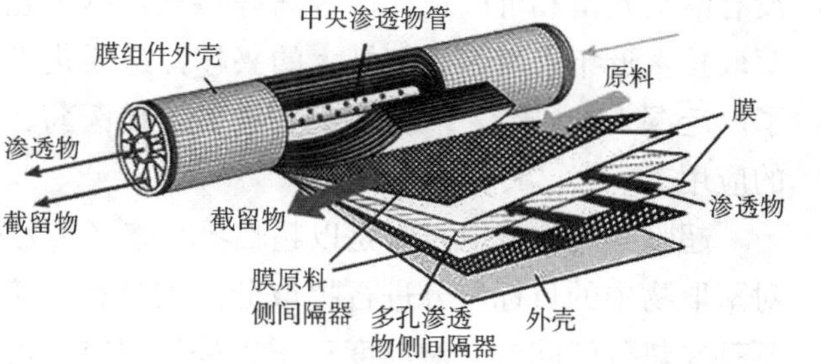

图 6.41　卷式膜组件示意图

6.5.3　卷式膜组件

卷式组件主要是由中间多孔支撑材料，两边是膜的“双层结构”装配组成的，如

图 6.41所示。其中三边被密封而黏结成膜袋状，另一个开放边与一根多孔中心产品收集管密封连接，在膜袋外部的原水侧再垫一层网眼型间隔材料，也就是把膜—多孔支撑体—膜—原水侧间隔材料依次叠合，绕中心产品水收集管紧密地卷起来形成一个膜卷，再装进圆柱形压力容器内，就成为一个卷式组件。

6.5.4　中空纤维膜组件和毛细管膜组件

中空纤维膜组件和毛细管膜组件中空纤维膜是一种自身支撑膜，实际上为一厚壁圆筒。纤维外径为 50～200 μm，内径为 25～42 μm，其特点是具有在较高压力下不变形的强度（图 6.42）。

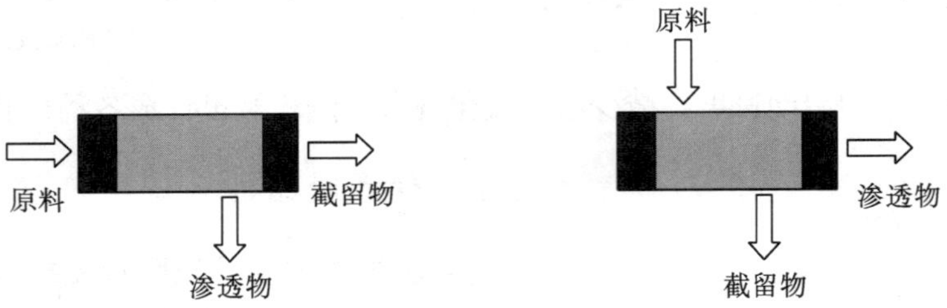

（a）从内向外流动式　（b）从外向内流动式

图 6.42　中空纤维膜组件示意图

中空纤维组件的组装，一种是把几十万根以上中空纤维如图 6.41 中那样弯成 U 形而装入耐压容器内，纤维的开口端密封在管板中。纤维束的中心轴处安置一个原水分配管，使原水径向流过纤维束。淡水透过纤维管壁后，沿纤维的中空内腔流经管板引出，浓水在容器的另一端排出。其他组装方式还有平行集束装填等。

毛细管膜组件与中空纤维膜组件的形式相同，其差异仅在于膜的规格不同。

6.6　超临界流体萃取设备

超临界流体萃取是一项发展很快，应用很广的实用性新技术。它具有低温下提取、没有溶剂残留和可以选择性分离等特点，越来越受相关企业和机构的重视。超临界流体萃取技术近年来引起人们极大的兴趣，这项化工新技术在化学反应和分离提纯领域开展了广泛深入的研究，取得了很大进展，在医药、化工、食品、轻工及环保领域得到广泛的应用。

超临界流体萃取技术是以超临界状态（压力和温度均在临界值以上）的流体为溶媒，对萃取物中的目标组分进行提取分离的过程。该技术有如下特点：萃取温度较低，制品不存在热分解问题；对温度和压力进行调节，可以实现选择性萃取；对非挥发性物质分离非常简单；制品中无溶剂残留问题；溶剂可以再生、循环使用，运行经济性较好；无环境污染问题。

超临界流体萃取技术常以 CO_2 作为溶媒，其优点有：CO_2 的超临界状态容易实现；食品和药品无毒性污染问题；有防止细菌活动的作用；是惰性气体，不易燃烧，化学性质稳定；价格低廉，经济性好。

6.6.1　超临界流体萃取的基本流程

超临界流体萃取的流程往往根据萃取对象的不同而进行设计，最基本的流程如图 6.43所示，超临界流体的循环借助压缩机或泵完成。具体操作步骤如下：

(1) 首先将经过前处理的原料放入萃取釜。

(2) CO_2经过压缩机的升压，在设定的超临界状态被送入萃取釜。

(3) 在萃取釜内可溶性成分被溶解进入流动相，通过改变压力和温度，在分离釜中CO_2将可溶性成分分离。

(4) 分离了可溶性成分的 CO_2，再经过压缩机或泵和热交换器实现循环使用。若使用压缩机，从分离器出来的 CO_2不需使其发生相变，直接以气体的形式进行循环；若使用泵，则须对 CO_2冷凝液化，使其以液体的形式进行循环。

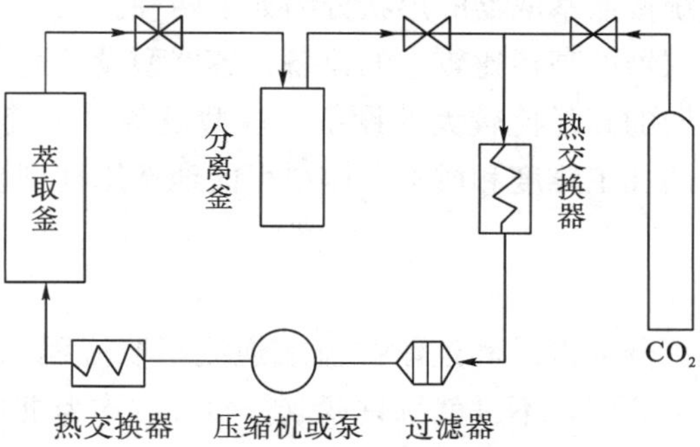

图 6.43　超临界 CO_2 萃取基本流程

6.6.2　超临界 CO_2萃取系统分类

1. 按分离的方法分类

超临界流体萃取的主要设备为萃取器和分离器，根据萃取物与超临界流体的分离法，可将其分为以下几种，如图 6.44 所示。

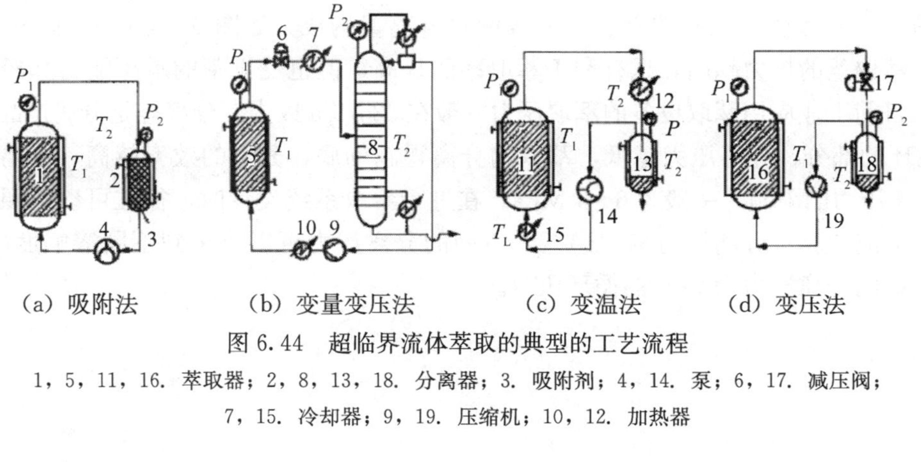

图 6.44　超临界流体萃取的典型的工艺流程

1，5，11，16. 萃取器；2，8，13，18. 分离器；3. 吸附剂；4，14. 泵；6，17. 减压阀；7，15. 冷却器；9，19. 压缩机；10，12. 加热器

（1）变压法。指采用压力变化方式进行分离的方法。萃取器与分离器在等温条件下，将萃取相减压分离出溶质。超临界气体采用压缩机加压，再重新返回萃取器。

（2）变温法。指采用变化温度的方式进行分离的方法。在等压的条件下，将萃取相加热升温，分离气体与溶质。气体经压缩冷却后重新返回至萃取器。

（3）压力、变温变压法。指通过温度和压力同时变化的方式进行分离的方法。分离器的温度和压力都与萃取器不同。

（4）吸附法。指采用吸附剂进行分离的方法。在分离器中放入吸附剂，在等压、等温的条件下，将萃取相中的溶质吸附，气体经压缩返回至萃取器。

（5）水洗法。指采用水洗涤吸收进行分离的方法。在分离器内，在等压、等温的条件下，通过水逆向洗涤携带溶质的 CO_2，以便吸收溶质。

2. 按萃取器的形状分类

超临界流体萃取系统按照萃取器的形状分为如下两种。

（1）容器型。指萃取器的高径比较小的设备，容器型设备适宜于固体物料的萃取。

（2）柱型。指萃取器的高径比较大的设备，柱型设备对于液体和固体物料的处理均可。为了降低大型设备的加工难度和成本，应尽可能地选用柱型设备。

3. 按操作的方式分类

按操作的方式不同可分为批式和连续并流或逆流萃取流程。对于固体原料，一般用多个萃取釜串联的半连续流程，不过就每只萃取釜而言，均为批式操作；对于液体物料，多用连续逆流萃取流程更为方便和经济。

6.6.3 固体物料的超临界流体萃取系统

在超临界流体萃取研究中面临的大部分萃取对象是固体物料，而且多数用容器型萃取器，进行间歇式提取。

1. 普通的间歇式萃取系统

普通的间歇式萃取系统是固体物料最常用的萃取系统，如图 6.45 所示。这种系统结构最简单，一般由一只萃取釜、一只或两只分离釜构成，如图 6.45（a）、图 6.45（b）所示。萃取釜的压力越高，越有利于萃取率的提高，但也受设备的承压能力和经济性的限制，目前工业应用萃取设备的萃取压力一般在 32 MPa 以内。分离釜是分离产品和实现 CO_2 循环的部分，分离压力越低，萃取物分离得越彻底，分离的效率越高，分离压力受 CO_2 液化压力的限制，一般为 5～6 MPa。在进行萃取系统设计时，往往可以按照要求设置多个分离釜，且分离压力依次递减，不同的分离压力可以收集到不同溶解度的组分，最后一级的分离压力为 CO_2 的循环压力。

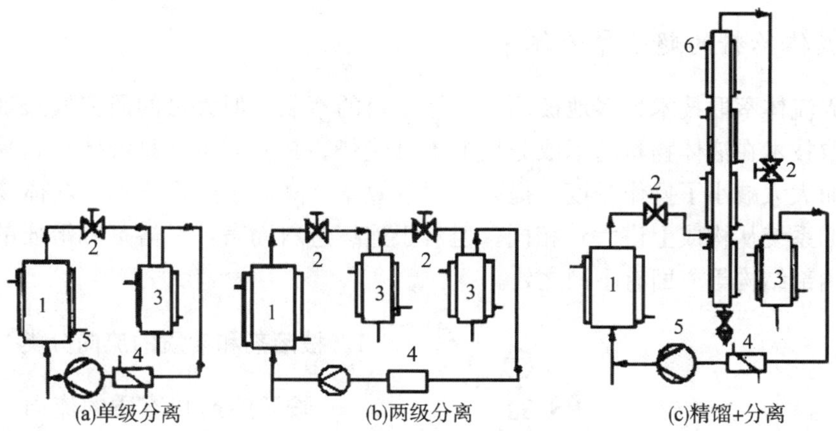

图 6.45　普通的间歇式萃取系统

1. 萃取釜；2. 减压阀；3. 分离釜；4. 换热器；5. 压缩机；6. 精馏柱

2. 带有精馏柱的超临界流体萃取系统

尽管通过多级分离可以得到不同组分的萃取物，但每一个分离釜的产品仍然是一种混合物。为了解决这一问题，可在萃取釜后安装一只精馏塔［图 6.45（c)］，萃取产物将会按照其性质和沸点分成不同的产品。具体工艺流程如下：将填有多孔不锈钢填料的高压精馏塔代替分离釜，沿精馏塔高度有不同控温段；萃取物在分离解析的同时，利用塔中的温度梯度，改变 CO_2 流体的溶解度，使较重组分凝析而形成内回流，产品各馏分沿塔高进行气-液平衡交换，分馏成不同性质和沸程的化合物。通过这种联用技术，可大大提高分离效率。

3. 半连续的超临界流体萃取系统

图 6.46 所示的是一只用于从咖啡豆中脱除咖啡因的半连续超临界 CO_2 萃取器（长径比为 5∶1)，在萃取器的上、下方都安装有过渡容器——吹扬器，用来保证周期性对萃取器装入或卸出鲜咖啡豆的操作；分离器中的吸附水为流动态，使生产成为连续状态。

在萃取器中装入鲜咖啡豆，这些鲜咖啡豆预先用水处理，使其含水量为 30%～40%；从萃取器底部连续不断地送入基本不含咖啡因的 SC-CO_2，压力为 25 MPa，温度为 130℃；随着 SC-CO_2 向上移动穿过萃取器，CO_2 从咖啡豆中提取出咖啡因和非咖啡因物质，连续不断从萃取器顶部排出，并送入装有填料的细长型吸收器；每 19 min，从萃取器排除大约占咖啡豆层体积 10%的已脱咖啡因的咖啡豆至底部吹扬器内，同时预装在顶部吹扬器内的已预湿的咖啡豆从萃取器顶部装入。咖啡豆在萃取器中总停留时间为 3 h。

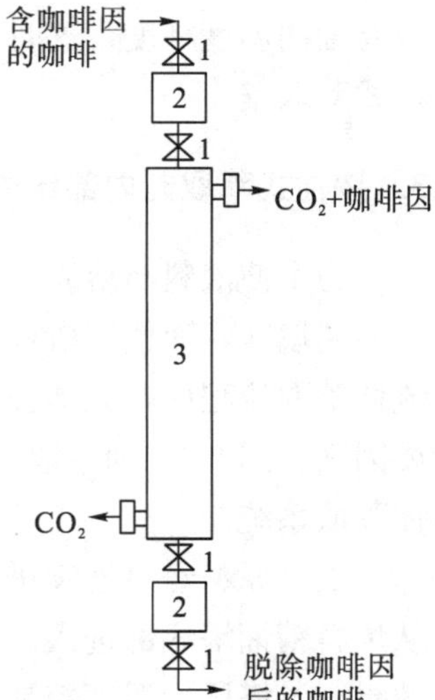

图 6.46　半连续超临界 CO_2 萃取萃取器

6.6.4 液体物料的超临界流体萃取系统

超临界流体萃取技术最多地被用于固体原料的萃取，但大量的研究实践证明，超临界流体萃取技术在液体物料的萃取分离上更具优势。其原因主要是液体物料易实现连续操作，从而大大减小了操作难度，提高了萃取效率，降低了生产成本。液体物料超临界流体萃取的系统从构成上讲大致相同。但对于连续进料而言，在溶剂和溶质的流向、操作参数、内部结构等方面有不同之处。

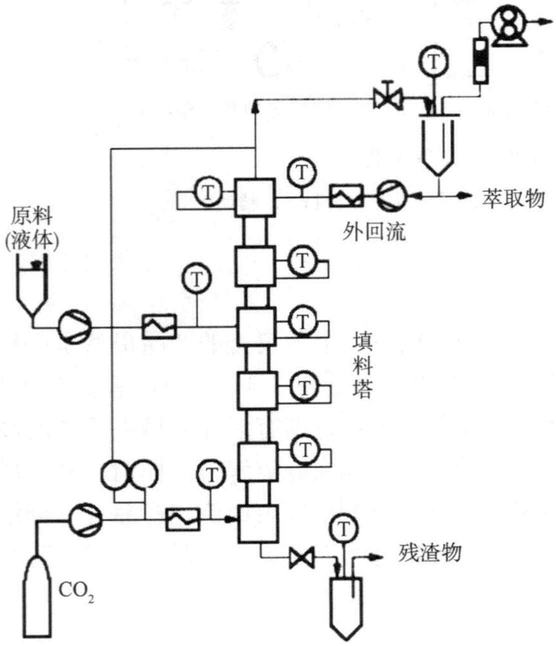

图 6.47 液相物料连续逆流萃取

1. 按溶剂和溶质的流向分类

按照溶剂和溶质的流向不同，液体物料的超临界流体萃取流程可分为逆流萃取和顺流萃取。一般情况下，溶剂都是从柱式萃取釜的底部进料。那么，逆流萃取是指液体物料从萃取釜的顶部进入，顺流萃取是指从底部进入。图 6.47 为一液相物料连续逆流萃取系统。

2. 按操作参数的不同分类

由于温度对溶质在超临界流体中的溶解度有较大的影响，在这种情况下，可在柱式萃取釜的轴向设置温度梯度。所以按照操作参数的不同可分为等温柱和非等温柱操作。不过，许多情况下会在萃取釜的后面装设精馏柱，精馏柱也设有轴向温度梯度，这时是为了实现精密分离。精馏柱相对后面的分离器而言就是一只柱式萃取釜。

3. 按柱式萃取釜内部结构的不同分类

为了使液料与溶质充分接触，一般需在柱式萃取釜中装入填料，称之为填料柱；有时不装填料，而使用塔板（盘），则构成塔板（盘）柱。在目前已有的液体物料的超临界流体萃取流程中，大部分使用的是填料柱。在填料柱中填料的种类是影响分离效果的重要因素。图 6.47 为萃取系统借助一只设有温度分布的填料柱可以实现逆流连续工作的液体萃取系统。

液体原料经泵连续进入填料精馏塔中间进料口，CO_2流体经加压、调节温度后连续从填料精馏塔底部进入。填料精馏塔由多段组成，内部装有高效填料，为了提高回流的效果，各塔段的温度控制以塔顶高、底部低的温度分布为依据。高压 CO_2流体与被分离原料在塔内逆流接触，被溶解组分随 CO_2流体上升，由于塔温升高形成内回流，提高回流液的效率。已萃取溶质的 CO_2流体在塔顶流出，经降压解析出萃取物，萃取残液从塔底排出。

该装置有效利用了超临界 CO_2 萃取和精馏分离过程，达到进一步分离、纯化的目的。图 6.48 为一只装有多孔塔盘的液相原料萃取系统。

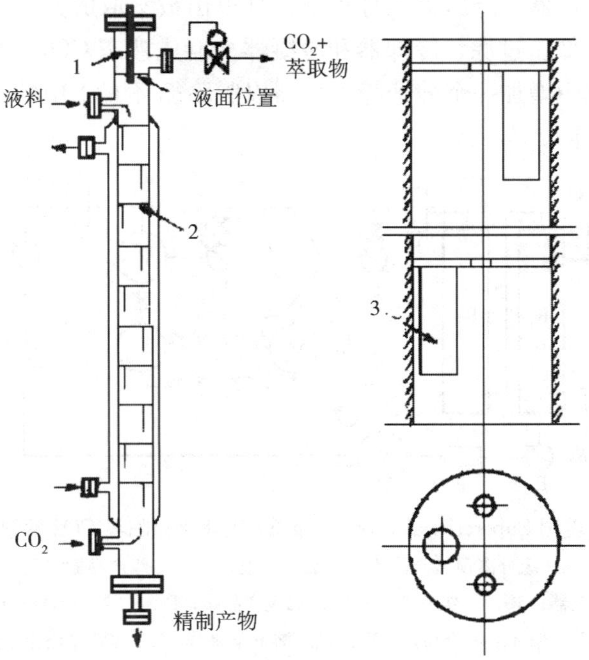

图 6.48 装有多孔塔盘的液相原料萃取系统及塔盘结构

1. 电容传感器；2. 塔盘；3. 降液柱

6.6.5 工业化超临界 CO_2 萃取设备及其关键部件

随着超临界萃取技术实验室研究工作的深入进行，设备的研制与引进工作也蓬勃展开。据不完全统计，从 1993 年在北京星龙公司建成第一套超临界萃取装置到现在，已建成萃取器规模 100 L 以上的装置有 30 多套，投资近 10 亿元，其中多数是国产设备，规模最大的是 1 m^3，据了解食品机械与设备正在设计 2 m^3 的大型装置。从国外引进了 8～9 套，其中 1 套来自意大利，1 套来自俄罗斯（这一套实际是 20 套，且是亚临界萃取设备），6 套来自德国 Uhde 公司。Krupp 集团 Uhde 公司是世界上高压容器制造的权威性厂家，其研制的超临界流体萃取设备质量确实精良，几乎垄断了中国市场。

目前国内几乎每个省、直辖市和自治区都有超临界流体萃取设备，数量之多，范围之广，在全世界也不多见。不过，在我国，超临界流体萃取技术推广的瓶颈因素是可靠精良的大容量超临界流体萃取设备。主要原因是我国还没有大型超临界萃取设备的专业制造厂，因而国产设备的流程、配置和测控水平仍然不统一。高压泵、快开快关超临界萃取器、自动系统控制等的设计制造水平还无法与国外装置相提并论。但从性能价值比角度看，国产设备还应是首选。

1. Supercritical Processing Inc

Supercritical Processing Inc 是美国一家规模较大的超临界设备制造企业。图 6.49 所示为该公司1988年制造的规模为1 m^3 超临界流体萃取装置。具体工艺流程如下：被萃取原料事先装于原料筐中并放入萃取釜内，CO_2流体经CO_2泵进入萃取釜，萃取有关成分后经过滤器、热交换器，降压进入分离釜，分离出被萃取成分。流程中设有二级分离釜，循环CO_2流体经低压过滤、冷却器和冷凝器冷凝成液态CO_2，并进入溶剂贮罐，以便再循环使用。过程中增加一个分子筛干燥器以脱除循环CO_2中的水分和一个真空泵以减少系统中的不凝气体。

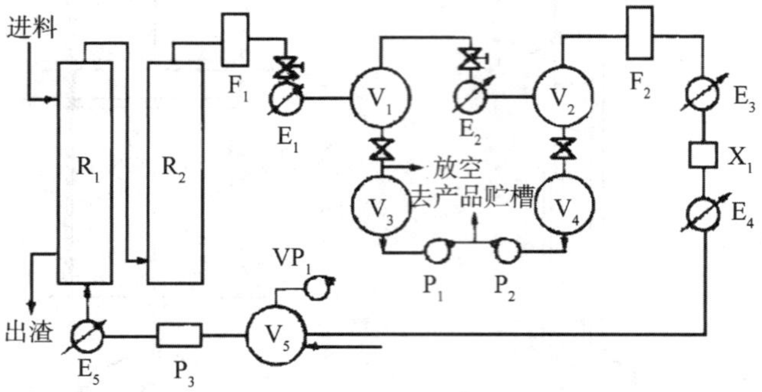

图6.49 美国Supercritical Processing Inc工业化超临界CO2萃取设备流程

R_1，R_2．萃取釜；E_1．一级分离预热器；V_1．一级分离釜；V_3．一级产品罐（低压）；P_1．一号产品泵；E_2．二级分离预热器；V_2．二级分离釜；V_4．二级产品罐；P_2．二号产品泵；F_1．高压过滤器；F_2．低压过滤器；E_3．循环溶剂冷却器；X_1．循环溶剂干燥器；E_4．循环溶剂冷凝器；V_5 溶剂贮罐；VP_1．真空泵；P_3．溶剂循环泵；E_5．溶剂预热器

2. Fedegari Inc

意大利Fedegari公司始建于1952年，曾以擅长制造医药高压灭菌设备而闻名于世。该公司自1992年起，开始超临界萃取工艺及设备的研制开发与制造，几年来与法国Separex公司的紧密合作，很快走在了该领域的世界前沿。

山西洪洞飞马公司和中国科学院山西煤炭化学研究所合作引进的意大利Fedgari公司的成套萃取装置。该流程包括CO_2萃取循环系统、夹带剂添加系统、液体精馏系统、多级减压分离系统、CO_2再压缩回收系统等几个子系统。

该装置基本参数如下：

萃取釜容积，2×300 L；萃取压力，<40 MPa；萃取温度，20～70℃；CO_2泵最大流量，2600 kg/h；液体精馏柱，Φ200 mm×5000 mm。

该工业化装置的特点如下：

(1) 萃取釜快开盖采用楔块式结构。萃取器的快开盖结构设计得非常紧凑，在操作平台上的占地面积比普通法兰式釜盖还要小。釜盖的锁紧与松开采用气动，由置于釜盖上的气缸通过传动机构带动4个锁块沿径向运动，使锁块嵌入釜体法兰的槽中来完成锁紧过程。为了保证安全，气动控制回路通过计算机与测压系统连锁。

(2) 分离系统采用三级串联分离釜。三级减压分离系统除了第一分离器S用了一个150 L的大分离器外，第二分离釜中的S_{21}、S_{22}及第三分离釜中的S_{31}、S_{32}为15 L的旋风分离器，其余6个减压分离器的容积均为3 L。每一组分离釜均采用“三级减压连续排料”系统，由一系列小型“旋风”式分离器组合而成，系统可通过逐级减压连续地排出液体物料并释放出液体中溶解的 CO_2 气体，有效地防止雾沫夹带。但由于 6 个减压分离器的容积太小，操作线速度太高，加上内部结构设计不合理，致使减压阀的出口因分离不彻底而产生带液现象。

(3) 系统控制的自动化程度高。本装置采用了工业计算机集中控制系统，正常的生产过程中所有的阀门无须手动，全部由计算机控制指令完成。计算机的操作系统采用 WindowsNT 4.0，后期数据处理软件采用 Excel 97，控制组态软件采用 Fix。控制软件包括了生产过程所需的检测、调节、控制、报警、记录等全部功能，整个装置共设置了 10 多个 PID 自动调节回路。其中，萃取器、各级分离器设置了压力控制调节回路；各冷却器、加热器均设置了温度控制回路，采用气动调节阀调节冷、热水的流量来实现温度控制；泵的流量采用质量流量计来计量，用其测量信号来控制变频器以实现对流量的自动调节。

自控仪表设计中比较有特色的是分离系统的仪表控制回路。由于分离器中的气、液比非常大，压力波动很频繁，无法采用液位压差来控制液体产品的排出。这里每级之间的阀门采用的是气动截止阀而不是气动调节阀，由计算机程序按照时间比例来控制各阀门的开启与闭合。各级的操作压力采用机械定压阀控制，既简便又稳定。

流程中有些环节对温度控制的要求不高，比如各设备夹套、保温管道等。为了简化控制环节，这些点位没有采用 PID 调节回路，而是用电动阀来作为执行机构，通过控制冷、热水的通断来控制设备自身的温度。

(4) 系统构成比较完善。为了提高制品的纯化效果，在带有液体物料的精馏系统，通过泵 P4 增加了外回流系统。为了减少 CO_2 损耗，系统配有 CO_2 压缩机，在萃取釜放空时，可有效回收萃取釜内残余的 CO_2 气体。

6.7　分子蒸馏设备

分子蒸馏技术是在很高的真空条件下，对物料在极短的时间里加热、气化、分离，以达到提纯的目的，分离的对象都是沸点高，而又不耐高温、受热时易分解的物质。系统压力一般在 0.133～1.33 Pa 范围内，物料受热时间仅 0.05 s 左右。

在分子蒸馏设备的研制中，我国研究人员基本解决了工业化生产中容易出现的突出问题，如物料返混问题、动静密封问题，实现了工业装置高真空下的长期稳定运行。

6.7.1　分子蒸馏的概念及原理

分子蒸馏是在高真空中进行的一种非平衡蒸馏。其蒸发面与冷凝面的距离在蒸馏物料的分子的平均自由程之内。所谓自由程，即是一个分子与其他气体分子每连续二次碰撞走过的路程。相当多的不同自由程的平均值，叫作平均自由程。此时，物质分子间的引力很小，自由飞驰的距离较大，这样由蒸发面飞出的分子，可直接落到冷凝面上凝集，从而达到分离的目的。

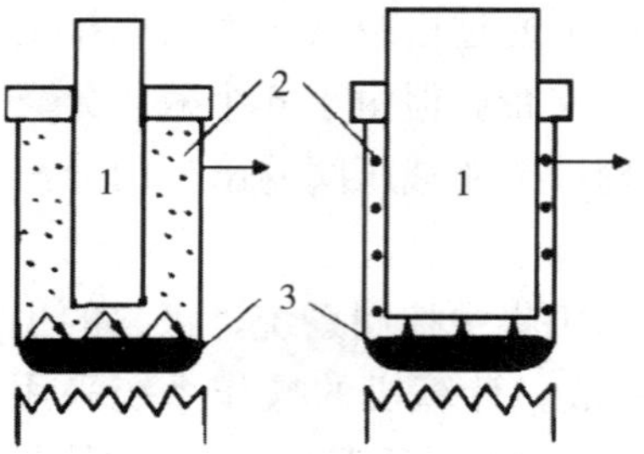

图 6.50 分子蒸馏器的原理
1. 冷却器；2. 残存空气；3. 蒸馏物料

因此，分子蒸馏最大的特点是蒸发的分子不与其他分子碰撞即可到达冷凝面，高真空可以使得蒸发在低温中进行，这对热稳定性差与高分子量的物质蒸馏亦就有了可能。

为了更为直观的说明，参见图 6.50 所示。该图左边的状态中，因为真空度低，残存有空气，从蒸汽一面得到热能飞出的物质，在途中与其他分子碰撞又返回到蒸发面。但是，若进而提高真空度，则可变为右边的状况。在该图右边的状态中，真空度充分提高，从蒸发面飞出的分子，可不与其他物质分子碰撞，即能到达冷却。像这样的蒸馏即称之为分子蒸馏。

6.7.2 分子蒸馏设备的构成

过去几十年来，分子蒸馏设备研制的形式多种多样，发展至今，大部分已被淘汰。目前，应用较广的为离心薄膜式和转子刮膜式（也称降膜式）。这两种形式的分离装置，也一直在不断被改进和完善，特别是针对不同的产品，其装置结构与配套设备要有不同的特点。

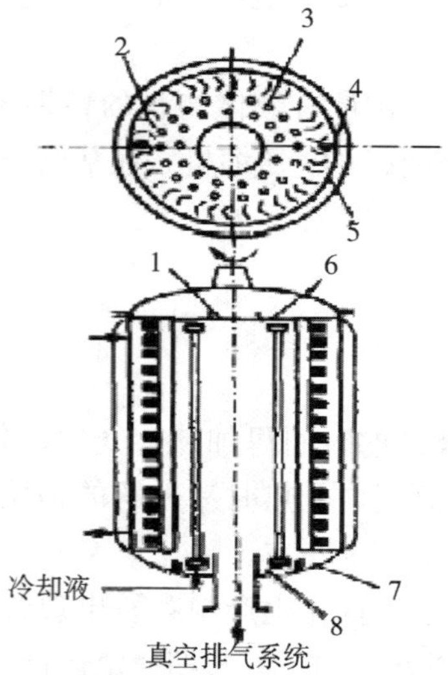

图 6.51 降膜式分子蒸馏器的结构
1. 供给液；2. 旋转气液分离器；
3. 冷凝器（多管或盘管）；4. 旋转刷；
5. 加热夹管；6. 溶液旋转分散器；
7. 残留液；8. 馏出液

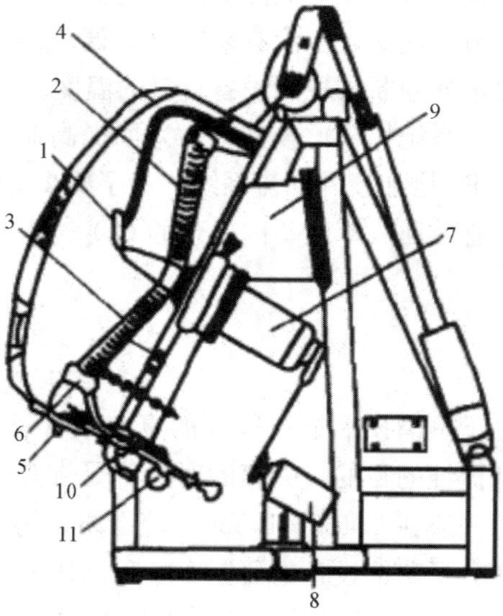

图 6.52 离心式分子蒸馏器
1. 进料管；2. 蒸发器；3. 加热器；
4. 冷凝管；5. 蒸馏液收集槽；6. 残液收集槽；
7. 密封轴承；8. 驱动电动机；9. 真空泵；
10. 蒸馏液出口；11. 残液出口

1. 降膜式分子蒸馏器

图 6.51 所示为降膜式分子蒸馏器的一种形式。该装置是采取重力使蒸发面上的物料变为液膜降下的方式。将物料加热，蒸发物就可在相对方向的冷凝面上凝缩。该形式装

置的要点是如何使物料在蒸发面形成均一的液膜，采用旋转刷等机构或将蒸发面转动，都可促进液膜的均匀化，然后将在蒸馏中分解的物质及其他杂质去除。但是，即使如此，也很难得到均匀的液膜，同时加热时间也较长。另外，从塔顶到塔底的压力损失相当大，所以，有蒸馏温度变高的缺点。对热不稳定的物质其适用范围也有一定的局限性。一般实验室用的分子蒸馏装置多为降膜式。

2. 离心式分子蒸馏器

图 6.52 所示是离心式分子蒸馏器之一。该装置是将物料送到高速旋转的转盘中央，并在旋转面扩展形成薄膜，同时加热蒸发，使之在对面的冷凝面中凝缩。作为分子蒸馏器，这是目前较为理想的一种装置。但是，与其他方法相比，因为有高速转盘，所以需要高真空密封技术。

现在以美国 CVC 公司出品的 LAB-3 型离心式分子蒸馏器为例，说明其工艺流程(图 6.53)。

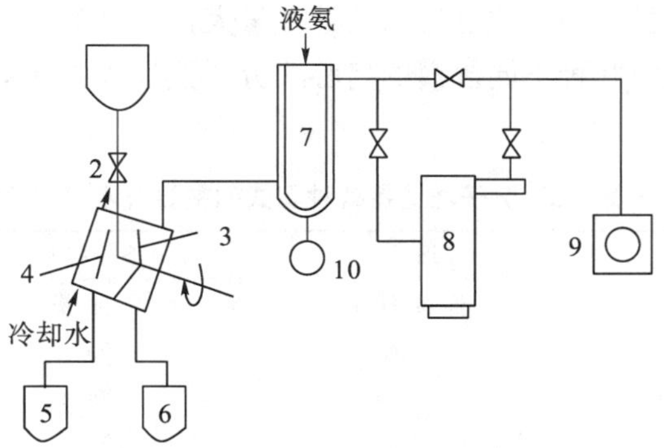

图 6.53　分子蒸馏流程图

1. 原料贮罐；2. 真针形阀；3. 转盘（蒸发面）；4. 冷凝面；5. 馏出物收集罐；6. 残留物收集罐 7. 冷；8. 扩散泵；9. 真空泵；10. 收集瓶

物料以减量法加入原料贮罐 1，通过针形阀来控制进料速度。物料进入蒸发室转盘（蒸发面）3 的中心。转盘的转速为 1400 r/min，并预热到所要求的温度。物料在转盘上因离心力的作用形成厚度 0.01～0.02 mm 的薄膜，其中沸点较低的组分，因受热和高真空的作用迅速蒸发，并在与转盘 3 平行的冷凝面上冷凝，进入馏出物收集罐 5；沸点较高的组分则进入残留物收集罐 6，而这一切都是在极短的时间内完成的。整个蒸馏过程中物料受热时间仅为 0.05 s 左右，因而不存在物料因受热而改变其性质的问题，使常规条件下难以分离的组分得以分离。

离心式与降膜式分子蒸馏器相比，主要的优点如下：①液体的加热时间非常短（表 6.1）；②可得到极薄的均匀液膜（表 6.1）；③几乎没有压力损失；④蒸发效率、热效率及分离度高（表 6.2）；⑤很少有发泡的危险；⑥可处理高黏度的液体。

表 6.1 液膜厚度和滞留时间

分子蒸馏器类型	液膜厚度（mm）	滞留时间
实验用圆筒式分子蒸馏装置	10～50	1～5 h
试验用降膜式分子蒸馏装置	1～3	2～10 min
工业用降膜式分子蒸馏装置	0.1～0.3	10～50 s
实验用离心式分子蒸馏装置	0.03～0.06	0.1～1 s
工业用离心式分子蒸馏装置	0.01～0.02	0.04～0.06 s

表 6.2 离心式与降膜式分子蒸馏的传热系统

分子蒸馏器类型	传热系数 K [W/（m^2·K）]
离心式分子蒸馏器	1000～10000
降膜式分子蒸馏器	100～500

离心式与降膜式分子蒸馏器相比，主要的缺点如下：①蒸发盘的高速旋转需要高真空密封技术，其设备费用较高；②离心式分子蒸馏器在其结构上，按比率放大有一定的限度；③蒸发面积小，虽然每单位蒸发面的处理量大，但每单一装置的处理量较少。

为了便于参考，现将几种不同规模的离心式分子蒸馏器的主要技术参数列于表 6.3，以供借鉴。

表 6.3 分子蒸馏器各种型式的主要技术参数

项目	MS－1000	MS－700	MS－380
操作形式	连续（间歇）	连续（间歇）	连续（间歇）
蒸发盘直径（mm）	1000	700	380
蒸发盘最大转速（r/min）	1200	1200	1800
最大进料量（L/h）	250	120	30
操作压力（Pa）	10^{-3}～10^{-2}	10^{-3}～10^{-2}	10^{-3}～10
最高操作温度（℃）	300	300	300
加热器功能（kW）	30	13	3.5
排气口直径（mm）	350	250	150
凝缩面结构形式	水冷式、夹套结构		

另外，在进行分子蒸馏中，除了蒸馏器主体之外，还必须按照处理物料的性质、规模等配备相对应的各种附属装置。其中主要有脱气器、各种真空泵、冷阱、冷冻机、耐真空性液料泵等。

经过我国科技工作者的努力，我国自行研制的分子蒸馏装置表现出如下特点：

（1）采用了能适应不同黏度物料的布料结构，使液体分布均匀，有效地避免了返混，显著地提高了产品质量。

（2）独创性地设计了离心力强化成膜装置，有效地减少了浓膜厚度，降低了液膜的传质阻力，从而大幅度地提高了分离效率及生产能力，并节省了能源。

（3）成功地解决了液体的飞溅问题，省去了传统的液体挡板，减少了分子运动的行程，提高了装置的分离效率。

（4）设计了独特、新颖的动、静密封结构，解决了高温、高真空下密封变形的补偿问题，保证了设备在高真空下能长期稳定的运行。

(5) 开发了能适应多种不同物料温度要求的加热方式，提高了设备的调节性能及适应能力。

(6) 彻底地解决了装置运转下，级间物料输送、输入和输出的真空泄漏问题，保证了装置的连续性运转。

(7) 优化了真空获得方式，提高了设备的操作弹性，避免了因压力波动对设备正常操作性能的干扰。

(8) 设备运行可靠，产品质量稳定。

(9) 适应多种工业领域，可进行多品种产品的生产，尤其对于高沸点、热敏性及易氧化物料的分离有传统蒸馏方法无可比拟的优点。目前，已开发出了从实验室到工业化生产规模的系列装置，处理量从 1 L/h 到 1000 L/h，基本能够满足分子蒸馏技术的现有工业化应用的需要。

图 6.54 所示为从油脂精炼脱臭馏出物中分离维生素 E 的离心式分子蒸馏系统。

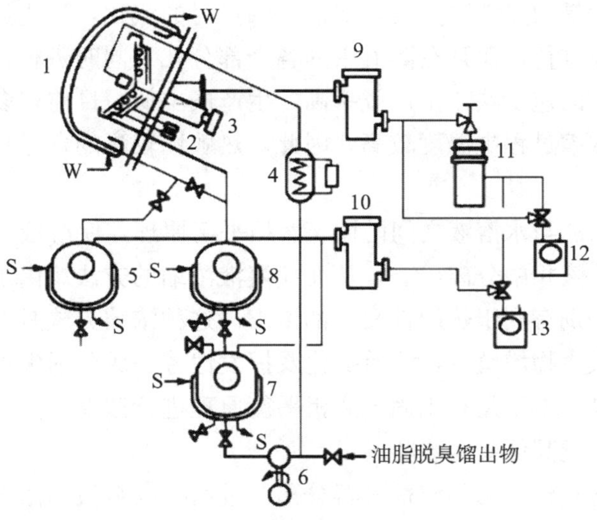

图 6.54　离心式分子蒸馏器制取维生素 E 工艺流程图

1. 离心式分子蒸馏主体；2. 加热器；3. 轴封装置；4. 预热器；
5. 馏出罐；6. 进料泵；7. 原料罐；8. 残渣罐；9，10 冷阱；
11. 油扩散泵；12，13 油旋转泵；W. 冷却；S. 蒸汽

第 7 章　蒸发浓缩设备

浓缩是指从料液中除去部分溶剂（主要是水）的单元操作，在食品加工中用途较广，其目的是提高溶液的浓度，便于运输、贮存和后续加工，并方便使用。在食品加工中，该操作主要用于浓缩果汁、浓缩果酱和浓缩乳等功能性成分富集的食品生产中。目前我们所接触到的主要类型有蒸发浓缩、冷冻浓缩，以及膜浓缩。

蒸发浓缩是最常见的一种浓缩方式。其中，蒸发主要有两种方式。一种是自然蒸发，溶剂在低于沸点情况下的汽化。自然蒸发所产生的蒸汽压低，蒸发速率慢，汽化只在溶液表面进行。另一种是加热沸腾蒸发，溶剂在沸点时的汽化，汽化过程中溶液呈沸腾状态，汽化不但在表面进行，而且在溶液中的各个部分几乎同时进行，蒸发速率比自然蒸发快。由于加热浓缩的速度快，生产效率高，生产成本低，目前很多工厂都常采用此种浓缩方式，但由于浓缩过程中温度较高，因此，热敏性较高的食品物料不适用此种浓缩方法。

冷冻浓缩是利用冰与水溶液之间的固－液相平衡原理，使溶液中的一部分水以冰的形式析出，并将其从液相中分离出去，从而使溶液浓缩的方法。由于整个操作是在低温下进行，冷冻浓缩特别有利于热敏性食品的浓缩。这种浓缩方式具有以下优点：低温操作，气液界面小，微生物增殖少，溶质劣化及挥发性芳香成分损失可控制在极低的水平等。但其主要缺点是，由于是利用固－液相平衡原理进行浓缩，其浓缩程度比较低，料液的最终浓度不会超过其低共熔浓度。

膜浓缩是靠半透膜将溶质和溶剂进行分离，进而提高料液的浓度，其本质属于膜分离。其主要是利用浓缩成分与液体的分子量的不同实现定向的分离，达到浓缩的作用。相对于传统的浓缩方法，具有能耗低，常温下进行，对产品影响小等优点，可应用于蛋白及酶的纯化等方面。

由于蒸发浓缩和冷冻浓缩主要是利用了两相在分配上的差异进行浓缩，被称为平衡浓缩，而膜浓缩主要是靠半透膜进行浓缩，也被称为非平衡浓缩。

7.1　蒸发浓缩设备的分类及选择

7.1.1　类型及特点

蒸发浓缩是最为常见的浓缩方法，蒸发浓缩设备的形式很多，按不同的分类方法可以分成不同的类型。

(1) 根据蒸发面上的压力分类，可分为常压浓缩设备和真空浓缩设备。常压浓缩设备中，溶剂汽化后直接排入大气，蒸发面上为常压。该设备结构简单，投资少，维修方便，但蒸发速率低。真空浓缩设备中，蒸发面上方的压力状态为真空，溶剂从蒸发面上汽化后由真空系统抽出。蒸发温度低，速率高，由于有一定的真空要求，因此，设备较为复杂。

（2）根据加热蒸汽被利用的次数可分为单效浓缩设备和多效浓缩设备。多效浓缩可有效提高热能的利用率。

（3）根据料液的流程可分为单程式浓缩设备和循环式（有自然循环式与强制循环式之分）浓缩设备。

（4）根据加热器内料液的状态可分为薄膜式浓缩设备和非膜式浓缩设备。薄膜式浓缩设备中，料液在蒸发时被分散成薄膜状。薄膜式蒸发器又可分为升膜式和降膜式。非膜式浓缩设备中，料液在蒸发器内聚集在一起，只是翻滚或在管中流动形成大蒸发面。非膜式蒸发器又可分为中央循环管式和盘管式浓缩器等。由于非膜式的设备加热时间较长，薄膜式加热时间较短，对于热敏性物料，可采用薄膜式浓缩设备。

7.1.2　蒸发浓缩设备的选择

由于蒸发浓缩设备较多，进行设备选择时，应根据物料不同的特性，选择适合的浓缩设备。主要根据以下特性进行选择：

（1）结垢性。有些溶液在受热后，会在加热面上形成积垢，从而增加热阻，降低传热系数，严重影响蒸发效能，设备甚至因此而停产。因此，对于容易形成积垢的物料应采取有效的防垢措施，如采用流速较大的蒸发设备或其他强制循环的蒸发设备，用高流速来防止积垢生成，或采用电磁防垢、化学防垢等，也可采用方便清洗加热室的蒸发浓缩设备。

（2）热敏性。对加热过程很敏感，受热后会引起产物发生化学变化或物理变化而影响产品质量的性质称为热敏性。例如，发酵工业中的酶是大分子的蛋白质，加热到一定温度，经过一定时间即会变性而丧失其活力，因此酶液只能在低温、短时间受热的情况下进行浓缩，才保留活性。又如果酱在温度过高时，会改变色泽和风味，使产品质量降低。这些热敏性物料的变化与温度和时间均有关系，若温度较低，变化就很缓慢；若温度很高，但受热时间很短，变化也很小。因此，食品工业中常用低温蒸发，或在较高温度下的瞬时受热蒸发来解决热敏性物料蒸发过程的特殊要求。一般选用各种薄膜式或真空度较高的蒸发浓缩器。

（3）发泡性。有些溶液在浓缩过程中，会产生大量气泡。这些气泡易被二次蒸汽带走，进入冷凝器，一方面造成溶液的损失，增加产品的损耗，另一方面污染其他设备，严重时会造成设备无法操作。所以，发泡性溶液蒸发时，要降低蒸发器内二次蒸汽的流速，以防止发泡的现象，或在蒸发器的结构上考虑消除发泡的可能性。同时要设法分离回收泡沫，一般采用管内流速很大的升膜式蒸发器或强制循环式蒸发器，用高流速的气体来冲破泡沫。

（4）结晶性。有些溶液在浓度增加时，会有晶粒析出，大量结晶沉积则会妨碍加热面的热传导，严重时会堵塞加热管。若使含有结晶的溶液正常蒸发，则需要选择带有搅拌装置的强制循环蒸发器，使溶液始终保持悬浮状态。

(5) 黏滞性。有些料液浓度增大时，黏度也随之升高，使流速降低，传热系数也随之减小，生产能力下降。故对黏度较高或经加热后黏度会增大的料液，不宜选用自然循环型浓缩器，而应选用强制循环型、刮板式或降膜式浓缩器。

(6) 腐蚀性。蒸发腐蚀性较强的料液时，应选用防腐蚀材料制成或更换方便的设备，使腐蚀部分易于定期更换。如柠檬酸液的浓缩器采用石墨加热管或耐酸搪瓷夹层蒸发器等。

此外，还要根据热能的利用效率、浓缩的工艺要求、动力消耗、设备的制作精度，以及工厂所在地的天气、水源等条件选择合适的蒸发浓缩设备。

7.2 常压蒸发设备

常压蒸发设备是普通蒸发浓缩生产的常用设备，它在常压状态下对物料进行蒸发浓缩操作。常压蒸发设备因工艺用途不同，结构有很大差异，但总的来说结构简单，技术要求较低。夹层锅和啤酒厂的麦芽汁煮沸锅是典型的常压蒸发设备。

7.2.1 夹层锅

夹层锅又名蒸汽锅、蒸煮锅、夹层蒸汽锅等。通常由锅体和支脚组成，锅体通常为半球形结构，由内外球形锅体组成的双层结构形式，中间夹层通入蒸汽加热。上部加有直线段。按其深度分为浅型、半深型和深型；按加热方式分为电加热夹层锅、蒸汽加热夹层锅；按操作分为固定式和可倾式。

固定式夹层锅结构如图 7.1 所示，其锅体为一个半球形与圆柱形壳体焊接而成的夹层容器，夹层外分别设有进气管、不凝性气排放管和冷凝水排放管接口。在锅底正中位置开有一个排料接管。

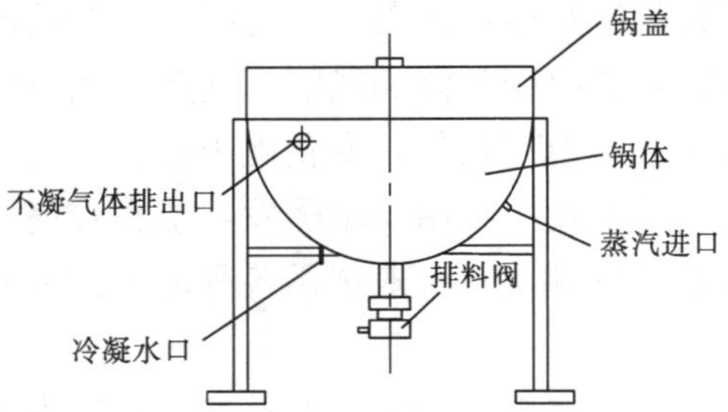

图 7.1 固定式夹层锅

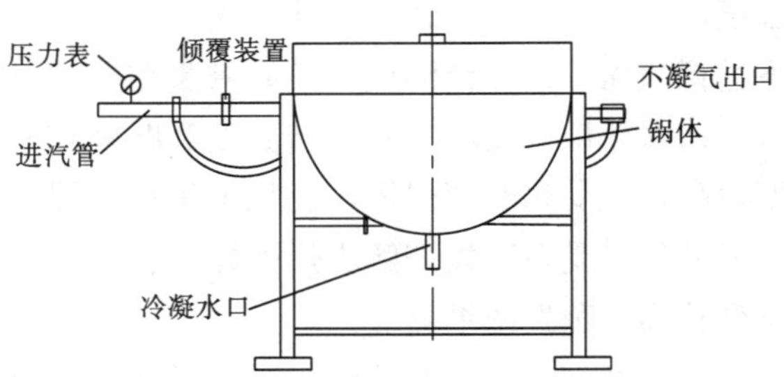

图 7.2 可倾式夹层锅

可倾斜式夹层锅结构如图 7.2 所示，其主要由锅体、倾覆装置及机架构成。锅体形状与固定式的相似。全部锅体用轴颈伸接于支架两边的轴承上，其中轴颈为空心结构，一端作为蒸汽进管，另一端作为不凝汽排出管。倾覆装置为手轮及蜗轮蜗杆机构，摇动手轮可使锅体倾倒，用于卸料。但需注意的是，可倾式夹层锅底一般不设排料口，因为锅体本身可倾，设排料口反而增加清洗负担。

不论是固定式还是可倾式夹层锅，当锅体容积较大（>500 L）或用于黏稠物料时，宜配置搅拌装置，搅拌桨可视应用需要而选取锚式或桨式。

夹层锅的优点：结构和操作简单，适用于多品种处理，安全方便，夹层锅内层锅体（内锅）采用耐酸耐热的奥氏体不锈钢制造，配有压力表和安全阀，外形美观、安装容易、操作方便、安全可靠等。其主要缺点是生产能力有限，操作劳动强度较大。另外，夹层锅操作区常会出现大量水汽。因此，需要注意应有排汽通风措施。

夹层锅在食品加工业中仍有其重要地位，广泛用于各种物料的漂烫处理。此外，也适合于糖果、糕点、调味品配制，溶糖化糖及一些肉类、卤味制品熬煮等操作。

7.2.2　麦芽汁浓缩锅

啤酒厂的麦芽汁煮沸锅是典型的常压蒸发设备。它的主要作用是将经糊化、糖化、过滤后得到的清麦芽汁煮沸，浓缩到所要求的发酵糖度。因麦芽汁总体的蒸发量较小，而卫生标准要求较高，设备要便于清洗。

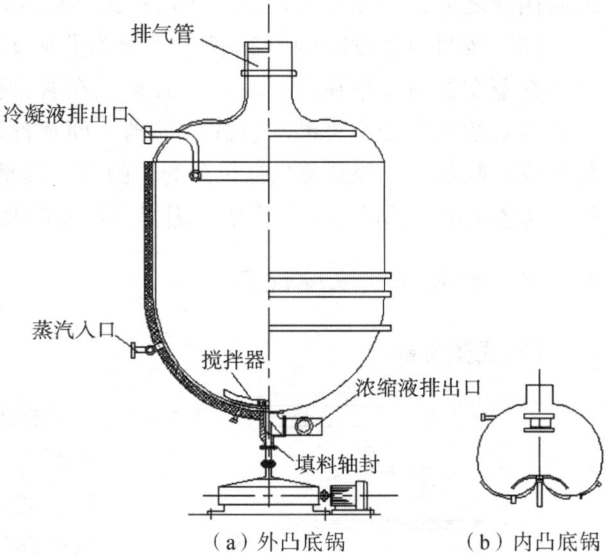

图 7.3　麦芽汁煮沸锅

图 7.3 所示为麦芽汁煮沸锅，整体结构呈球形，采用铜或不锈钢薄板材料制造，有足够的刚度和强度，同时便于清洗。加热夹套结构布置在锅的底部，对于小型煮沸锅一般采用外凸锅底，如图 7.3（a）所示；而对于大型煮沸锅，为增大加热面积，促进料液对流及循环，提高传热系数，改善受力状态，提高锅体的刚度，采用内凸锅底，如图 7.3（b）所示。内凸底锅分为内外两个加热区，内加热区的锅底结构强度高，可采用较高压力的蒸汽，加热温度高。为便于排净，避免冷凝水的积存，降低传热系数，冷凝水的排出管设里在锅底最低处。不凝气体的排出管设置在夹套的最高处，以便于排除干净。因圆底成型加工较为困难，通常采用平底结构，通过加强筋板等结构，保证锅底的刚度和强度。

对于大型麦芽汁煮沸锅，还可设置内置的中心加热器，可根据液面高度，通过自动控制分步调节供入加热蒸汽的温度。在加热过程中，麦芽汁可产生强烈的自然循环，传热系数较高；同时因加热速度快，麦芽汁温度上升急剧，其成分可充分分解和凝固，有助于提高啤酒的质量，但结垢后较难清洗。

搅拌器采用的是径向直叶片，其形状与锅底形状一致，用来使物料受热均匀，在沸腾之前加速料液的对流，从而提高传热系数，同时避免固体成分沉淀在锅底的加热表面造成过热或形成结垢。

排气管设置于锅的上方中央，用于排除二次蒸汽，二次蒸汽在排气管上形成的冷凝水经集液槽及排出管排至锅外，以免造成麦芽汁的污染，为避免外部空气进入锅内，排气管内设置有可调风门，管口处设有风帽。还设有人孔、照明和清洗水管等装置，以便于操作和观察。

7.3 真空浓缩设备

7.3.1 真空浓缩设备的分类

根据不同的分类方式，可分为以下几类：

(1) 按加热二次蒸汽被利用的次数可分为单效浓缩设备、多效浓缩设备和带有热泵的浓缩设备。食品工厂的多效浓缩设备，一般采用双效、三效，有时还带有热泵装置。另外，多效浓缩设备的效数越多，热能的利用率越高，但设备的投资费用也越高。

(2) 按料液的流程可分为单程式设备和循环式设备，其中，循环式又有自然循环与强制循环之分。一般来说，循环式设备比单程式设备的热利用率高。

(3) 按料液蒸发时的分布状态可分为非膜式设备和薄膜式设备。在非膜式设备中，料液在蒸发器内聚集在一起，只是翻滚或在管中流动，形成大蒸发面。非膜式蒸发器可分盘管式浓缩器和中央循环管式浓缩器。而在薄膜式设备中，料液在蒸发器内蒸发时被分散成薄膜状。薄膜式蒸发器可分为升膜式、降腆式、片式、刮板式、离心式薄膜浓缩器等。薄膜式浓缩器的水分蒸发快，因其蒸发面积大，热利用率高，但结构较非膜式复杂。

7.3.2 单效真空浓缩设备

1. 标准式蒸发器

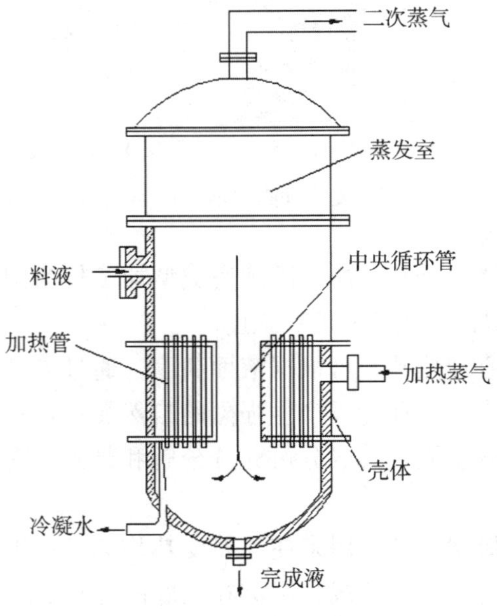

图 7.4 标准式蒸发器

标准式蒸发器又称为中央循环管式浓缩器，如图 7.4 所示，其下部为加热室，上部为分离室。加热室内装有加热管束和中央循环管，中央循环管的截面积较大，一般为加热管束（升液管）总面积的 40%以上。

中央循环管与加热管一般采用胀管法或焊接法固定在上下管板上，从而构成一组竖式加热管束。料液在管内流动，而加热蒸汽在管束之间流动。为了提高传热效果，在管间可增设若干个挡板，或抽去几排加热管，形成蒸汽通道，同时，配合不凝结气体排出管的合理分布，有利于加热蒸汽均匀分布，从而提高传热及冷凝效果。加热体外侧都有不凝结气体排出管、加热蒸汽管、冷凝水排出管等。

工作时料液在管内流动，加热蒸汽在管束之间流动，由于中央循环管与加热管中的料液受热程度不同，产生密度差，使液料经加热管而沸腾上升，然后在分离室内进行汽液分离。

二次蒸汽由顶部排出。料液经中央循环管下降，再进入加热管束，形成自然循环，将水分蒸发。浓缩后的制品由底部卸出。这种蒸发器的结构简单，操作方便，锅内液面容易控制；管束较短，料液受热时间较短，传热系数较大，适于轻度结垢液料；因料液为自然循环，液料流速低且不稳，受热不均。目前这类蒸发器应用于国内制糖厂。

2. 盘管式蒸发器

盘管式蒸发器结构如图 7.5 所示。它主要由盘管式加热器、蒸发室、泡沫捕集器、进料阀、出料阀及各种控制仪表所组成。锅体为立式圆筒密闭结构，上部空间为蒸发室，下部空间为加热室。泡沫捕集器为离心式，安装于浓缩器的上部外侧。泡沫捕集器中心立管与真空系统连接。

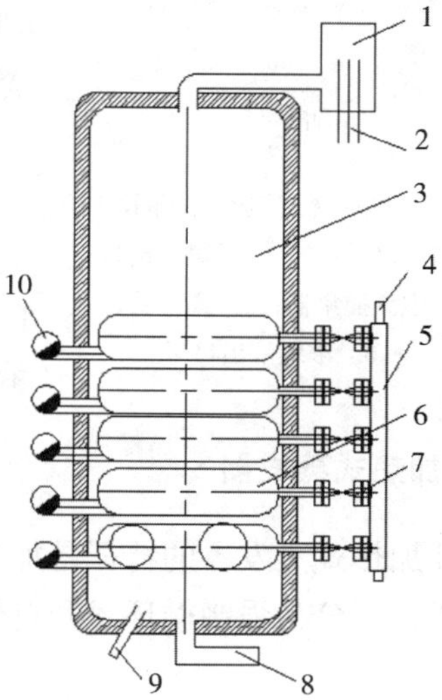

图 7.5　盘管式蒸发器

1. 泡沫捕集器；2. 二次蒸汽出口；3. 气液分离室；5. 加热蒸汽包；6. 盘管；7. 分汽阀；8. 浓缩液出口；9. 取样口；10. 疏水器

盘管式蒸发器的加热室如图 7.6 所示，设有 3～5 组加热盘管，分层排列，每盘 1～3 圈，各组盘管分别装有可单独操作的加热蒸汽进口及冷凝水出口。工作时，料液沿锅体切线方向通过进料管进入锅内。外层盘管间料液受热后体积膨胀而上浮，盘管中部的料液，因受热相对较少，密度大，自然下降回流。从而形成了料液沿外层盘管间上升，又沿盘管中心下降回流的自然循环。蒸发产生的二次蒸汽从浓缩器上部中央排出，二次蒸汽中夹带的料液雾滴在捕集器的作用下被分离下降流回锅中。当浓缩锅内的物料浓度经检测达到要求时，即可停止加热，打开锅底出料阀出料。

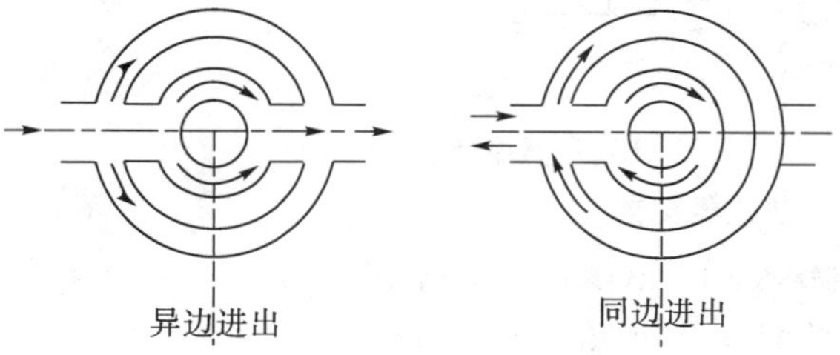

图 7.6　盘管的进出口布置

操作过程中，不得往露出液面的盘管内通蒸汽，只有盘管被料液淹没后才能通蒸汽。由于盘管结构尺寸较大，加热蒸汽压力不宜过高，一般为 0.7～1.0 MPa。

盘管式蒸发器的优点如下：结构简单，制造方便，操作稳定，易于控制；盘管为扁圆形截面，料液流动阻力小，通道大，适于黏度较高的液料；由于加热管较短，管壁温度均匀，冷凝水能及时排除，传热面利用率较高；便于根据料液的液面高度独立控制各层盘管内加热蒸汽通断及其压力，以满足生产或操作的需要。这种蒸发器的缺点是，传热面积小，料液对流循环差，易结垢；料液受热时间长，在一定程度上对产品质量有影响。

3. 夹套式真空浓缩锅

夹套式真空浓缩锅，如图 7.7 所示，又称为搅拌式真空浓缩锅，属于间歇式中小型

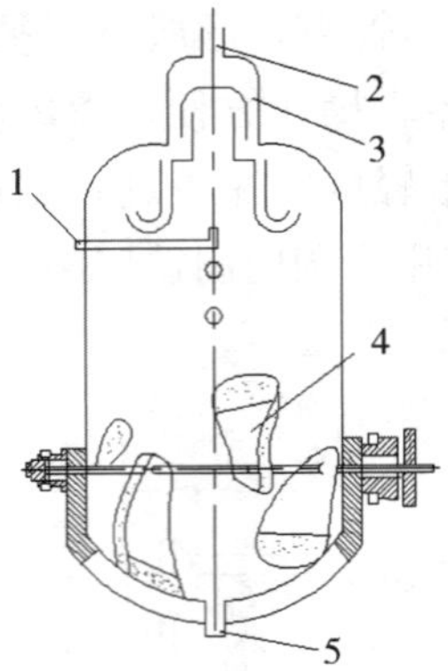

图 7.7　夹套式真空浓缩锅

1. 料液进口；2. 二次蒸汽出口；3. 泡沫捕集器；4. 搅拌器；5. 浓缩液出口

食品浓缩设备。主要由圆筒形夹套壳体、犁刀式搅拌器、汽液分离器等组成。被浓缩的料液投入锅内，通过供入夹套内的蒸汽进行加热，在搅拌器的强制性翻动下，料液形成对流而受到较为均匀的加热，并释放出二次蒸汽。二次蒸汽从上部被抽出。

操作开始时，先通入加热蒸汽赶出锅内空气，然后开动抽真空系统，造成锅内真空，当锅内吸入的稀料液达到容量要求后，即开启蒸汽阀门和搅拌器。经取样检验，达到所需浓度时，解除真空即可出料。

这种蒸发器的加热面积小，料液温度不均衡，加热时间长，料液通道宽，通过强制搅拌加强了加热器表面料液的流动，减少了加热死角，适宜于果酱、炼乳等高黏度料液的浓缩。

4. 外加热式蒸发器

外加热式蒸发器的特征是加热室和分离室分开。根据物料在加热室与分离室间循环的方式，可分为强制循环式和自然循环式两种。

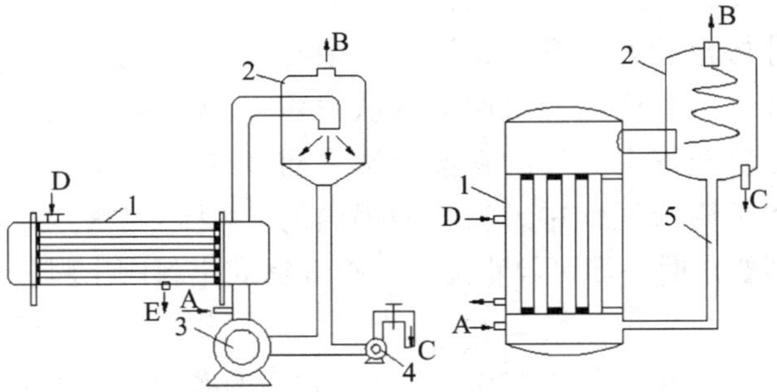

(a) 强制循环式　　(b) 自然循环

图 7.8　外加热式蒸发器

1. 加热器；2. 分离器；3. 循环泵；4. 出料泵；5. 循环管；

A. 进料；B. 二次蒸气；C. 浓缩液；D. 生蒸汽；E. 冷凝水

强制循环式蒸发器，如图 7.8（a）所示，主要由列管式加热器、分离室和料液循环泵组成。料液经循环泵，进入加热器的列管内，被管间的蒸汽加热，然后在分离室内进行汽液分离，二次蒸汽自室顶排出，被浓缩的溶液由室底部再进入循环泵进口。使溶液继续强制循环蒸发；当溶液达到要求浓度后，由分离室卸出。

自然循环蒸发器如图 7.8（b）所示，除无循环泵以外，基本构成与强制循环式相同。但加热室只能垂直安装。

两种外加热式蒸发器均可以连续方式操作，也可以间歇方式操作。连续操作时，最初的一段时间为非稳定期，这时不出料，当循环内料液浓度达到预定浓度时，通过离心泵抽吸出料。

外加热式蒸发器的优点如下：加热室与分离室分开后，可调节两者之间的距离和循环速度，使料液在加热室中不沸腾，而恰在高出加热管顶端处沸腾，加热管不易被析出的晶体堵塞；分离室独立分开后，形式上可以做成离心分离式，从而有利于改善雾沫分离条件；此外，还可以由几个加热室合用一个分离室，提高了操作的灵活性；自然循环外加热式蒸发器的循环速度较大，可达 1.5 m/s，而用泵强制循环的蒸发器，循环速度更大；这种蒸发器的检修、清洗也较方便。它的缺点是，溶液反复循环，在设备中平均停留时间较长，对热敏性物料不利。

7.3.3　膜式真空浓缩设备

1. 长管式蒸发器

1）升膜式蒸发器

升膜式蒸发器如图 7.9（a）所示，由垂直加热管束、分离室、雾沫捕集器等组成。加热管的管径一般为 Φ30～50 mm，管长 6～8 m，管长与管径的比值为 100～150。

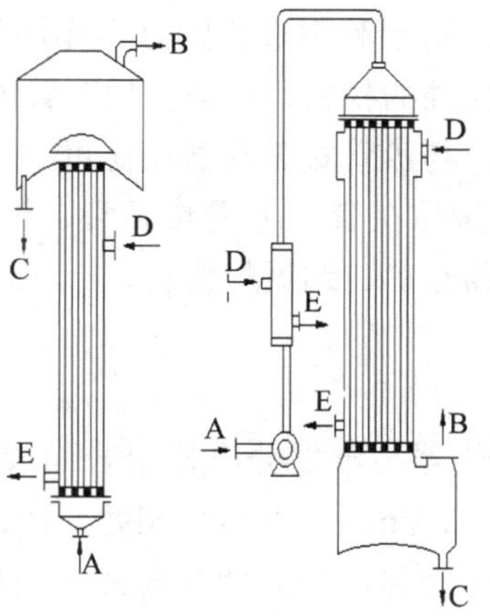

（a）升膜式　　（b）降膜式

图 7.9　长管式蒸发器

A. 进料；B. 二次蒸汽；C. 浓缩液；D. 生蒸汽；E. 冷凝水

工作时料液自加热室底部进入加热管内。加热蒸汽在管束间流过，料液在加热管中部开始沸腾迅速汽化。在加热管上部产生的二次蒸汽快速上升，流速可达 100～160 m/s。料液被二次蒸汽带动，沿管内壁成膜状上升并不断被加热蒸发；然后二次蒸汽与料液进入分离室；由于离心力的作用使汽液分离，二次蒸汽排出；浓缩液沿循环管下降，回到加热器底部，与新进入的料液混合后，一并进入加热管内，再度受热蒸发。如此往复循环，经一段时间后，一部分已达要求的浓缩液，由出料泵抽出，另一部分未达要求的浓缩液，再继续循环蒸发。还有非循环型，即经一次浓缩后，达到成品浓度而排出。

进料量、温度和黏度影响成膜质量，其控制对于升膜式蒸发器的作业质量有重要影响。进液量过多，则下部积液过多，会以液柱形式上升而不能形成液膜，甚至出现跑料，使传热系数大大降低。进液过少，易在管束上部发生管壁结焦现象。一般经过一次浓缩的蒸发水量，不能大于进料量的 80%，在正常工作时，液面应控制在加热管高度的

1/5～1/4。进料温度将同样会造成管内液面的变化，与沸腾温度相比，进料温度过低时，料液将呈液流上升；而过高时，形成的液膜不均，甚至出现焦管、干壁现象。料液最好预热到接近沸点状态进入加热器，这样增加液膜在管内的比例，从而提高传热系数。

这种蒸发器的优点是占地面积小，传热效率较高，料液受热时间短，在加热管内停留约 10～20 s。适于浓缩热敏、易起泡和黏度低的液料。缺点是一次浓缩比不大，操作时要控制好进料，进料过多不易成膜，过少则易断膜干壁，影响产品质量。

2）降膜式蒸发器

降膜式蒸发器如图 7.9（b）所示，由加热器体、分布器、分离室和泡沫捕集装置等部分组成，其中分离室设于加热器体的下方。料液经预热后，由加热管束顶部，通过分布器，在重力作用下，沿加热管内壁成膜状下降，蒸汽从管外通过，间接对料液加热，所产生的气液混合物进入分离室进行分离，二次蒸汽由顶部排出，浓缩液从底部卸出。该蒸发器为连续作业，料液通过加热管后，即达浓缩要求，故加热管要有足够的长度。分配器使料液均布于各加热管，其作用对传热效果的影响较大，使用降膜蒸发器时，料液需要一定流量，若流量小则料液呈线状下流，不但使传热系数降低，而且使结垢增加。

降膜式蒸发器的特点如下：由于利用液膜的重力作用降膜，故能蒸发黏度较大的料液；因受热时间短，适于热敏性强的物料；料液在加热管内的沸点均匀，且无静层效应，故有效温差较大，传热效果好，与盘管式蒸发器相比可节约加热蒸汽 60%；由于加热管较长，液料沸腾时所生成的泡沫易在管壁上受热破裂，因此适于蒸发易生泡沫的物料；清洗方便；适于浓度较大，不易结晶、结垢的物料。

2. 板式蒸发器

板式浓缩设备是由板式加热器与蒸发分离器组合而成（图 7.10）。加热器的加热片用不锈钢板冲压而成，板厚 1～1.5 mm，片与片相叠，由两端压板及上下拉杆压紧，片的四周用橡胶垫圈包围，以保持密封，同时使片与片之间形成蒸汽与料液流动通道。一般由四片传热片组成一组。

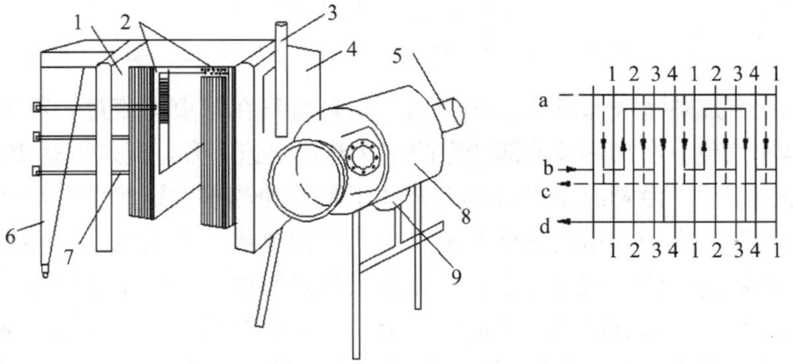

图 7.10 板式蒸发器

1. 随动板；2. 传热板；3. 蒸汽进口集汽管；4. 端面板；5. 二次蒸汽出口；6. 后端支架；7. 紧固螺丝；8. 分离器；9. 浓缩液汇集槽及出口；a. 蒸汽；b. 进料；c. 冷凝水；d. 二次蒸汽与浓缩液引向分离器

料液由泵强制通入加热器体，由片 1 与片 2 之间上升（升膜部分），然后从片 3 与片 4 之间下降（降膜部分）。加热蒸汽则通入片 2、3 和片 4 之间，通过片壁对料液加热，然后冷凝而排除。料液被加热后，部分水分蒸发为二次蒸汽与浓缩液，一起进入底部通道，引入蒸发分离器进行分离。这种浓缩设备的优点是体积小，料液在器内停留时间短（仅数秒），传热系数高，易清洗，加热面积可随意调整，适用于牛奶、果汁等热敏性料液的浓缩。缺点是密封垫片易老化而泄漏，使用压力有限等。

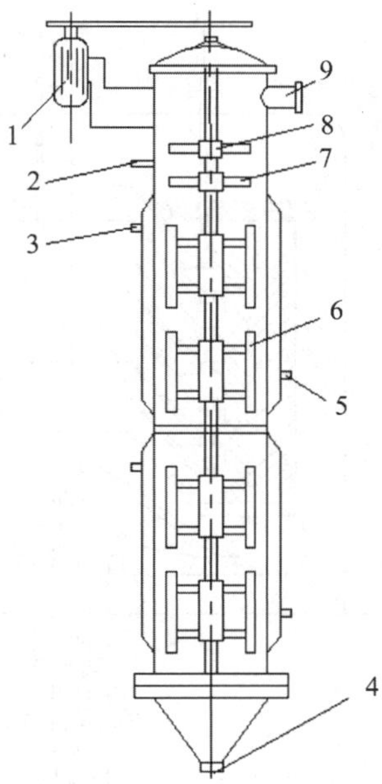

图 7.11　刮板式蒸发器

1. 电动机；2. 进料口；3. 加热蒸汽进口；4. 浓缩液出口；5. 冷凝水排出口；6. 刮板；7. 分配盘；8. 除沫盘；9. 二次蒸汽出口

3. 刮板式蒸发器

刮板式蒸发器也称刮板式薄膜蒸发器，是利用外加动力的膜式蒸发器。这种热交换器靠近传热面处有刮板连续不断地刮扫运动，使料液成薄膜状流动。它主要由内面磨光夹套换热圆筒、刮板转子、密封机构和驱动装置等组成，如图 7.11 所示。

分离室与加热器制成一体，在加热室与分离室的分界面处设浓缩料液引出口，二次蒸汽则自分离室引出。分离室也可与加热室分开。浓缩液与二次蒸汽一起流入分离室，在此浓缩液从底部流出，而二次蒸汽则从左上侧引出。根据刮板加热器轴线的取向，这种加热器有立式和卧式两种类型，但以立式为多。

刮板式蒸发器的主要优点是处理黏度高达 50～100 Pa・s 的黏性料液时仍能保持较高的传热速率。故特别适用于浓缩糖含量高、蛋白含量高的物料，如鸡蛋、蜂蜜和麦芽汁等料液。但设备加工精度要求高，生产能力小。因而一般用于后道浓缩。

4. 离心式蒸发器

离心式蒸发器的结构如图 7.12 所示。它很相似于碟式分离机，但这里的碟片是中空夹层的，若干个空心锥形碟片组装在转鼓内，转鼓底与空心主轴相连。锥形碟片的小端封闭，大端则与一环箍相连。环箍上钻有若干个径向和轴向的小孔，径向孔通向碟片的中空夹层，轴向孔在若干个碟片组装后，由于上下对准而形成一个由底到顶的轴向孔道，沿环箍的周围分布有许多箍条。同时，在上下两个相邻的碟片的环箍间，又构成一个端面为“[”形的环形沟槽，该环形沟槽与轴向孔道连通。这样，使装配体形成碟片内、外两个空间，碟片内空间通入热蒸汽，碟片外空间通入被处理物料。碟片的下侧壁即传热工作壁，上侧壁只相当于容器的壳壁。

工作时，加热蒸汽由空心主轴引入到达转鼓内壁的蒸汽空间，再经径向孔进入碟片夹层空间，蒸汽冷凝将热量通过转壁传给料液，凝液受离心力作用被甩至片的上侧壁，沿壁面向下外方向流动，亦经径向孔流回转鼓内壁的蒸汽空间，并沿壁下流至室底的环形槽集中，经排出管排出。料液由加料管引入，经分配支管喷注，落于碟片内下侧，受离心力作

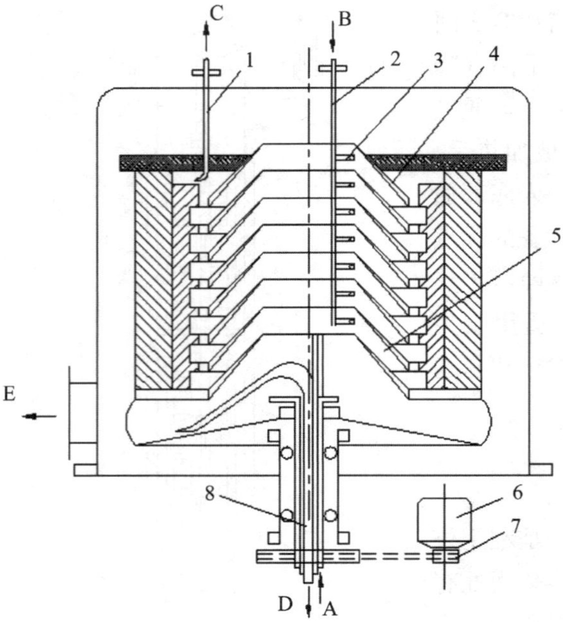

图 7.12　离心式蒸发器

1. 吸料管；2. 分配管；3. 喷嘴；4. 锥形碟片；5. 间隔板；6. 电机；7. 皮带；8. 空心转轴；A. 加热蒸汽；B. 进料液；C. 浓缩液；D. 冷凝水；E. 二次蒸汽

用，沿壁面向外流，在流动过程中受热蒸发。二次蒸汽由转鼓中部上升，经外壳由真空泵抽至冷凝器中冷凝。浓缩液沿碟片底面流至“[”形环槽集中，经环箍的轴向孔上行，最后经排出管排出。

离心式薄膜浓缩器是集薄膜浓缩和离心分离两个过程于一体的设备。物料在热传面上因离心力作用形成极薄的流动液膜（约 0.1 mm 厚）加热而蒸发，一旦冷凝就被离心力甩出，即处于滴状冷凝状态，因此，总加热系数很高；物料在器内滞留时间很短（约 1 s），大大减少了加热时对热敏性物质的破坏；由于离心力的作用还可以抑制料液的发泡，适合于对发泡性强的物料浓缩；此外，还具有汽液分离效果好、残留液量小、清洗杀菌方便等优点。在食品工业中主要应用于鲜果汁、咖啡、蛋白、酵母等物料的浓缩。缺点是造价高。

7.3.4　真空浓缩装置的附属设备

1. 泵

真空蒸发系统中所用的泵主要有以下三类：物料泵、冷凝水排除泵、真空泵。

1）物料泵

真空蒸发浓缩系统处于负压状态，因此，连续蒸发操作时，浓缩液的出料一般要用泵抽吸完成。所用的泵可以用离心泵，但多用正位移泵。除了强制循环式蒸发器中的循环泵以外，在多效蒸发系统中，从上一效蒸发器出来的浓缩液进入下一效蒸发器，一般也需用泵输送。

2）冷凝水排除泵

冷凝水排除泵用于排除负压状态加热器中加热蒸汽产生的冷凝水。当蒸发器的加热器与真空系统相连，进入加热器的蒸汽（生蒸汽、二次蒸汽或两者的混合物）均可通过适当形式的调节控制，成为负压状态（负压状态的蒸汽对应的温度低于 100℃）。此时加热器的冷凝水也为负压，必须通过离心泵抽吸才能排出加热器。

3）真空泵

真空泵为蒸发系统提供所需的真空度。通常采用的真空泵形式有复往式真空泵、水环式真空泵、蒸汽喷射泵和水力喷射泵等。除了水力喷射泵以外，其他形式的真空泵一般接在冷凝器后面。

真空泵的另一个作用是排除系统中产生的不凝性气体。系统的不凝性气体主要来自二次蒸汽，直接式冷凝器用的冷却水也夹带不凝性气体。因此，除了与冷凝器相连接以外，真空泵还与再利用二次蒸汽作加热剂的加热器相连。

2. 冷凝器

冷凝器的主要作用是对系统产生的二次蒸汽进行冷凝，同时分离系统中的不凝结气体，以减轻后面真空系统的负荷，维持系统所要求的真空度。包括直接式和间接式两种。冷凝器一般以水为冷却介质，对于以水为溶剂的料液，真空蒸发系统中多采用直接式（混合式）冷凝器。而对于需要回收芳香成分的料液，则需要采用间接式冷凝器。对于含有机溶剂的料液（如乙醇提取液），为了回收有机溶剂，也需要采用间接式冷凝器。无论是间接式还是直接式冷凝器，均有不凝性气体排出口与真空泵相连。

在真空度要求不高的蒸发系统中，可用水力喷射泵来对二次蒸汽进行冷凝，同时将系统的不凝性气体抽走。

3. 捕集器

捕集器一般安装在分离室的顶部或侧面。其作用是防止在蒸发过程中形成的细微液滴被二次蒸汽带出，对汽液进行分离，以减少料液损失，同时避免污染管道及其他蒸发器的加热面。捕集器的形式很多，可分为惯性型和离心型等类型。

泡沫捕集器如图 7.13 所示，（a）及（b）为惯性型，（c）为离心型。在惯性型中，液滴在随蒸汽急速转弯时，在惯性作用下碰撞到设置的挡板而被截留，而离心型则利用液滴随蒸汽高速旋转过程中的离心力被抛向筒壁而截留。为获得良好的效果，两者均需要较高的蒸汽流速，同时阻力较大。

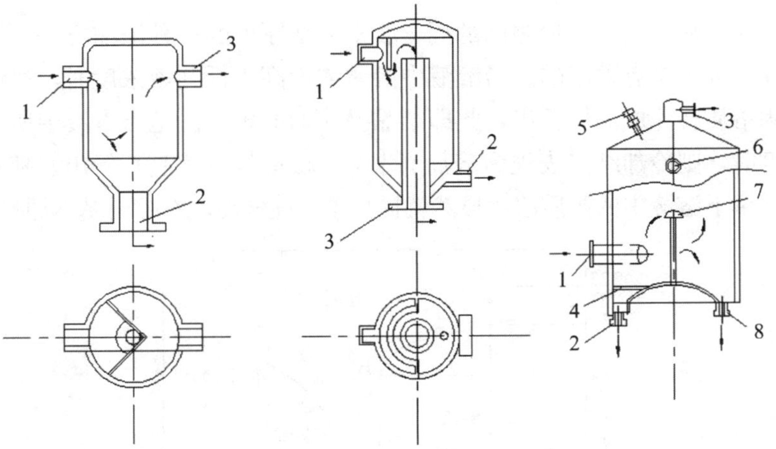

（a）惯性捕集器　　（b）惯性捕集器　　（c）离心型捕集器

图 7.13　泡沫捕集器

1. 二次蒸汽进口；2. 料液回流口；3. 二次蒸汽出口；4. 挡板；
5. 真空解除阀；6. 视孔；7. 折流板；8. 排液口

4. 蒸汽喷射器

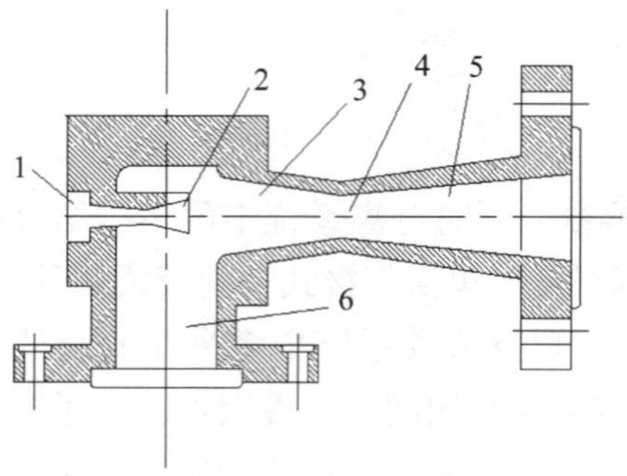

图 7.14　蒸气喷射器

1. 蒸汽室；2. 喷嘴；3. 混合室；4. 喉管；5. 扩散室；6. 吸入室

高压蒸汽作为动力源。蒸汽喷射器亦称蒸汽喷射泵，用于抽真空，并将蒸发所产生的二次蒸汽压缩，使之升压升温，再作为加热热源，以节省浓缩的蒸汽消耗量。

蒸汽喷射器的结构如图 7.14 所示。蒸汽喷射器由蒸汽室、喷嘴、混合室、扩散室（扩散管）和吸入室中等部分构成。在蒸汽室中有工作蒸汽（生蒸汽）入口，吸入室中有低压蒸汽（二次蒸汽）入口。工作原理是蒸汽通过喷嘴，以很高的流速进入吸入室，在吸入室内产生压力降，低压蒸汽即被吸入，与生蒸汽一起进入混合室，两种蒸汽在混合中使速度等化并升压，通过混合室的末端（喉部）后，压力进一步升高。为了提高其真空度，可采用多级串联的蒸汽喷射泵。

蒸汽喷射器的优点是抽气量大，真空度高，安装运行和维修简便，价廉，占地面积小。其缺点是要求蒸汽压力较高，蒸汽量稳定，需要较长时间运转，才能达所需真空度，排出的气体还有微小压强。

7.4　冷冻浓缩设备

7.4.1　概述

冷冻浓缩是利用冰与水溶液之间的固-液相平衡原理的一种浓缩方法。采用冷冻浓缩方法，溶液在浓度上是有限度的。当溶液中溶质浓度高于低共熔浓度时，过饱和溶液冷却的结果表现为溶质转化成晶体析出，此即结晶操作的原理。但是当溶液中所含溶质浓度低于低共熔浓度时，则冷却结果表现为溶剂（水分）成晶体（冰晶）析出。随着溶剂成晶体析出的同时，余下溶液中的溶质浓度显然就提高了，此即冷冻浓缩的基本原理（图 7.15）。

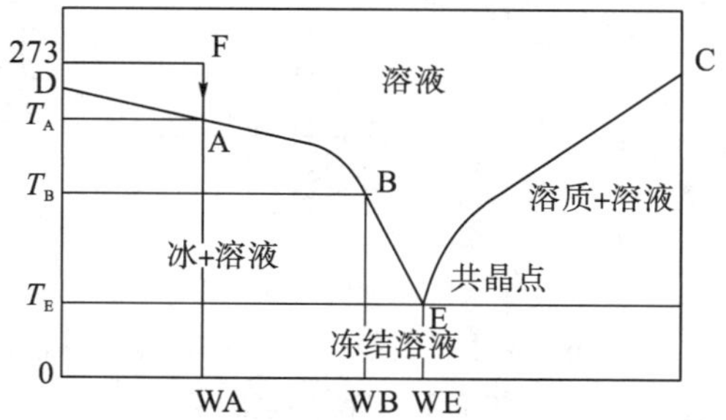

图 7.15　冷冻浓缩原理

冷冻浓缩的操作包括两个步骤：首先是部分水分从水溶液中结晶析出；其次是将冰晶与浓缩液加以分离。结晶和分离两步操作可在同一设备或在不同的设备中进行。

冷冻浓缩方法对热敏性食品的浓缩特别有利。由于溶液中水分的去除不采用加热蒸发，而是靠从溶液到冰晶的相间传递。所以可避免芳香物质因加热所造成的挥发损失，为了更好地使操作时所形成的冰晶不混有溶质，分离时也不致使冰晶夹带溶质，防止造成过多的溶质损失，结晶操作要尽量避免局部过冷，并对于分离操作进行有效的控制。在这种情况下，冷冻浓缩就可以充分显示出它独特的优越性。对于含挥发性芳香物质的食品采用冷冻浓缩，除成本外，就品质而言，要比用蒸发浓缩好。

冷冻浓缩的主要缺点如下：①因为加工过程中，细菌和酶的活性得不到抑制，所以制品还必须再经热处理或加以冷冻保藏；②采用这种方法，不仅受到溶液浓度的限制，还取决于冰晶与浓缩液可能分离的程度，一般来说，溶液浓度越高，分离就越困难；③浓缩过程中会造成不可避免的溶质损失；④成本高。

7.4.2　冷冻浓缩装置系统

冷冻浓缩装置系统主要由结晶设备和分离设备两部分构成。结晶设备包括管式、板式、搅拌夹套式、刮板式等热交换器，以及真空结晶器、内冷转鼓式结晶器、带式冷却结晶器等设备；分离设备有压滤机、过滤式离心机、洗涤塔，以及由这些设备组成的分离装置等。在实际应用中，根据不同的物料性质及生产要求采用不同的装置系统。

1. 冷冻浓缩的结晶装置

冷冻浓缩用的结晶器有直接冷却式和间接冷却式两种。间接冷却式是利用间壁将冷媒与被加工料液隔开的方法。食品工业上所用的间接冷却式设备又可分为内冷式和外冷式两种。

1）直接冷却式结晶器

直接冷却式结晶是指结晶热直接由溶液中发生汽化相变为另一部分物质的结晶方法。发生汽化的物质可以是水，也可以是制冷剂。

在这种结晶器中，溶液在绝对压力 266.6 Pa 下沸腾，液温为−3℃。在此情况下，欲得 1 t 冰晶，必须蒸去 140 kg 水。

直接冷却比间接冷却有两大明显的优点。首先，它省掉了冷却面，不用昂贵的刮板式换热器。其次，如果能将低压力二次蒸汽再压缩，提高其绝对压力，并利用分离到的冰晶对此压缩后的二次蒸汽进行冷凝，还可进一步降低能耗。

图 7.16 所示为一种具有芳香物回收的真空结晶装置。料液进入真空结晶器后，在 267 Pa 绝对压强下部分蒸发，部分水分成为冰晶。

从结晶器出来的冰晶悬浮液经分离器分离后，冰晶排出，浓缩液从顶部进入吸收器。而从真空结晶器出来的带芳香物的蒸汽先经冷凝器除去水分后，从底部进入吸收器。在吸收器内，浓缩液与芳香物的惰性气体逆流流动，芳香物被浓缩液吸收，然后惰性气体由吸收器顶部排出，而吸收了芳香物的浓缩液从吸收器底部排出。

2）内冷式结晶器

内冷式结晶器有两种：一种是产生几乎完全固化悬浮液的结晶器；另一种是产生可泵送浆料的结晶器。

第一种结晶器中，没有搅拌的液体与冷却壁面相接触，直至水分几乎完全固化，所

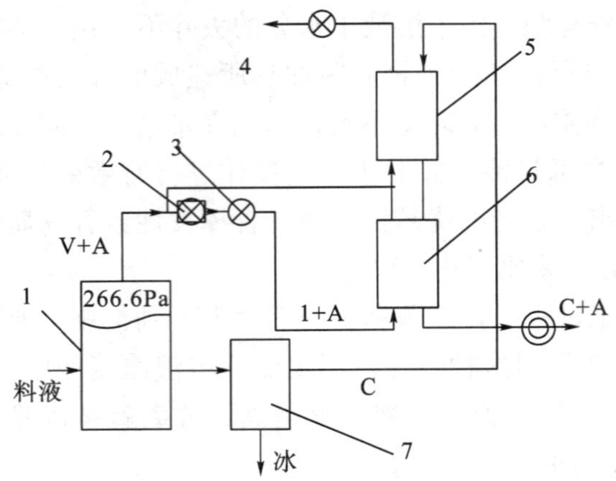

图 7.16　具有芳香物回收的真空装置

1. 真空结晶器；2. 冷凝器；3. 干式真空泵；4. 湿式真空泵；5. 吸收器 II；6. 吸收器 III；7. 冰晶分离器；A. 芳香物质；C. 浓缩液；V. 水蒸气；I. 惰性气体

以在原理上它属于层状冻结。冻结的晶体成片状或"雪"状，然后用机械方法除去。在这种结晶器中，即使非常稀的溶液也能一步浓缩至 40%浓度的浓缩液，甚至还可能更高。但是由于冰晶非常薄，浓缩液与冰晶的分离比较困难。

第二种结晶器采用结晶操作和分离操作分开的方法。在冷冻浓缩中多数结晶器属于这种，典型的设备中，晶体悬浮液在冷却结晶器中仅停留几分钟。由于停留时间短，故晶体非常小。作为内冷式结晶器，刮板式换热器是典型的产生可泵送冰晶悬浮液的结晶器。

3）外冷式结晶器

外冷式这种结晶器有三种形式。

第一种形式是先使料液过冷，过冷度高达 6℃。过冷的无晶体料液在结晶器中释放出"冷量"。为了减少冷却器中晶核的形成和晶体的生长，避免引起流体流动的堵塞，与料液相接触的冷却器壁面必须要进行抛光。使用这种结晶器，可以使局部过冷得到抑制。从结晶器出来的液体可由泵再循环至换热器，而晶体则借助泵吸入管路中的过滤器而被截留于结晶器中。

第二种形式的主要特征是整个悬浮液在结晶器与换热器之间不断循环。晶体在换热器内的停留时间比在结晶器内的停留时间短，所以晶体的成长主要在结晶器内。

第三种形式如图 7.17 所示。料液先在外部换热器中产生亚临界晶体。部分无晶体液体从结晶器到换热器间再循环。所用换热器为刮板式换热器，因热流大，故晶核形成非常剧烈。而且，由于浆料在换热器中停留时间甚短，通常只有几秒钟时间，故所产生的晶体极小。当其进入结晶器后，即与结晶器内含大晶体的悬浮液均匀混合，在器内的停留时间至少有半小时，故小晶体溶解，其溶解热就消耗于供大晶体成长。

图 7.17　外部冷却式结晶装置图

1. 料液；2. 刮板式换热器；3. 带亚临界晶体的料液；4. 结晶器；5. 搅拌器；6. 滤板；7. 循环泵

2. 冷冻浓缩的分离设备

用于冷冻浓缩的分离设备有压榨机、过滤式离心机、洗涤塔，以及这些设备的组合等。

1）压榨机

冷冻浓缩常用液压活塞式压榨机和螺旋式压榨机。采用压榨机分离，可溶性固体的损失量取决于已压缩冰饼中夹带的溶液量。冰饼经压缩后，夹带的液体被紧紧地吸住，以致不能采用洗涤方法将它洗净。但压力高，压缩时间长时，可降低溶液的吸留量。由于压榨法导致较多的可溶性固体损失，所以这种分离方法只用于做前期分离，为冰与溶液的最后完全分离提供冰含量较高的浆料。

2）离心机

冷冻浓缩中使用的离心机是过滤式离心机。分离时的溶质损失取决于晶体大小和液体黏度。离心机分离的缺点是当液体从滤饼中流出时，芳香物质将受到损失，这是液体与大量空气密切接触所致。

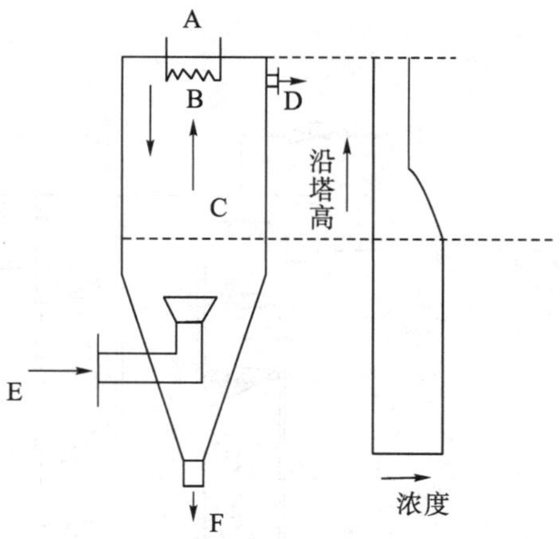

图 7.18　连续式洗涤塔工作原理

A. 融冰器；B. 洗涤水；C. 冰床；D. 水；E. 晶体料浆；F. 浓缩液

3）洗涤塔

利用冰晶融化水排代晶体间夹带的浓缩液。连续式洗涤塔的工作原理如图 7.18 所示，从结晶器来的晶体浆料从塔底进入，因冰晶密度比浓缩液小，故冰晶逐渐上浮到塔顶，而浓缩液则从塔底经过滤器排出。

塔顶设有融冰器（加热器），使部分冰晶融化成水。融化的水大部分排到洗涤塔外，小部分向下返回，与上浮冰晶逆流接触，洗去冰晶表面的浓缩液。沿塔高方向冰晶夹带的溶质浓度逐渐降低，冰晶随浮随洗，夹带的溶质越来越少。当向下流动的洗涤水量占融化水量的比率提高时，其洗涤效果明显提高。

按塔中冰晶沿塔移动的推动力不同，洗涤塔可分以下三种：浮床式、螺旋式和活塞式。

（1）浮床式洗涤塔。在浮床式洗涤塔中，冰晶与液体作逆向运动，其推动力是晶体和液体两相的密度差。

（2）螺旋式洗涤塔。螺旋式洗涤塔是以螺旋推送为两相相对运动的推动力，如图 7.19 所示。晶体悬浮液进入两同心圆筒的环状空间，在此空间内螺旋在旋转。螺旋具有棱镜状断面，除迫使冰晶沿塔体移动外，还有搅动晶体的作用。

（3）活塞式洗涤塔。活塞式洗涤塔以活塞的往复移动为冰床移动的推动力，如图 7.20 所示，洗涤塔由洗涤塔筒体、塔下部活塞、顶部刮板装置等组成。晶体悬浮液从塔的下端进入，由于挤压作用使晶体压紧成为结实而多孔的冰床。浓缩液离塔时经过滤器。利用活塞的往复运动，冰床被迫移向塔的顶端，同时与洗涤液逆流接触。在活塞床洗涤中，浓缩液未被稀释的床层区域和晶体已被洗净的床层区域之间，其距离只有几厘米。浓缩时，如果排冰稳定，离塔的冰晶熔化液中溶质浓度低于 0.01%。浓缩液排冰是否完全和稳定可根据下式判断：

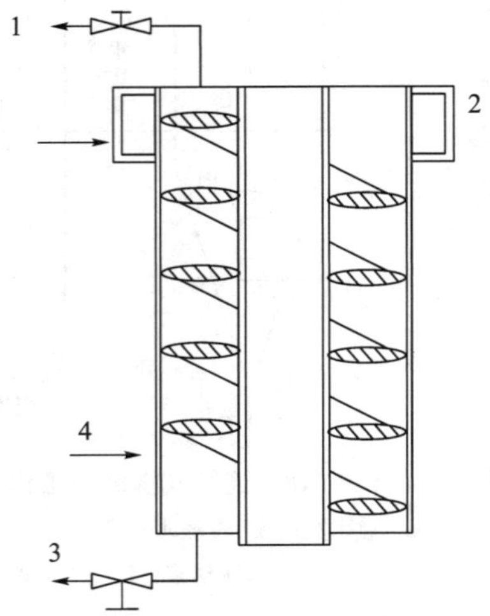

图 7.19 螺旋式洗涤塔示意图

1. 熔化水；2. 融冰器；3. 浓缩液；4. 料浆

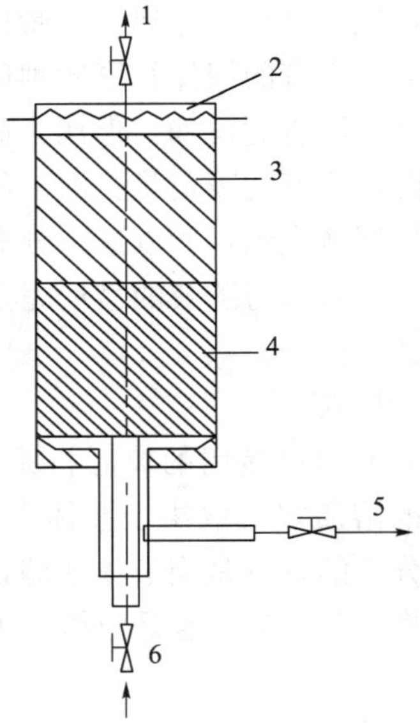

图 7.20 活塞床洗涤塔示意图

1. 水；2. 熔化器；3. 冰晶在熔水中；4. 冰晶在浓缩液中；5. 浓缩液；6. 悬浮液

$$\frac{d_{\mathrm{p}}^{2}}{\mu_{\mathrm{L}}}\geqslant 10^{-3}$$

式中，d_{p} 为晶体的平均直径，m；μ_{L} 为被洗涤水排冰的液体黏度，Pa·s。

4）压榨机和洗涤塔的组合

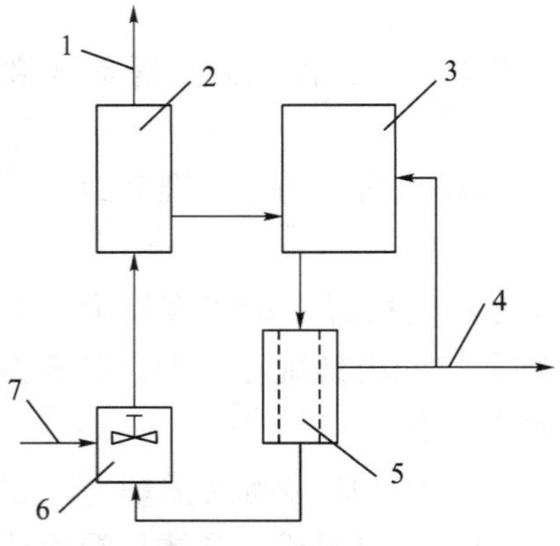

图 7.21 压榨机和洗涤塔的典型组合

1. 冰；2. 洗涤塔；3. 结晶器；4. 浓缩液；5. 压榨机；6. 混合器；7. 料液

压榨机和洗涤塔的组合的组合是实际生产中最经济的设备组合，如图 7.21 所示。具体过程：首先在压榨机中进行部分分离，从结晶器出来的冰晶悬浮液在压榨机中分离，仍然含有浓缩液约 40％的冰饼在混合器中与进料稀液混合，成为含冰晶的中浓缩液。此含冰晶的中浓缩液在洗涤塔内被完全洗涤。纯水与中浓缩液分别从塔顶侧排出，而进入结晶器的中浓缩液与压榨机来的浓缩液相混合。

这个组合的主要优点如下：只需采用简单的洗涤塔，而不必使用价格昂贵得多的复杂洗涤塔；洗涤塔处理的是经进料稀液混合过的中等浓度料液，而不是直接从压榨机得来的浓缩液，浓度的降低使黏度下降剧烈，从而使洗涤塔生产能力大增；即使离开结晶器的晶体悬浮液黏度很高，或者晶体平均直径很小，这种组合方法仍能使冰晶与浓缩液达到完全分离。

第8章　食品干燥机械

干燥是借助水分蒸发或升华排除物料中水分的一种操作过程。当物料受热干燥时，相继发生以下两个过程：热量从周围环境传递到物料表面使其表面水分蒸发，称为表面汽化；同时物料内部水分传递到物料表面，称为内部扩散。物料干燥时水分先通过内部扩散到达物料表面，然后通过表面汽化被周围环境带走，从而除去物料中部分水分。干燥过程中，水分的内部扩散和表面汽化是同时进行的，在不同阶段其速率不同，而整个干燥过程是由两个过程中较慢的一个阶段控制的。食品干燥设备可分为外热性干燥设备和内热性干燥设备两大类。

8.1　概　　述

干燥是从食品物料中除去水分的单元操作。食品干燥后的主要特征是水分含量很低，其形态呈固体特性。干燥的主要目的是，减少食品的体积和重量，便于运输；防止微生物在食品中繁殖，延长保质期；另外，也可以作为改善食品物性的一种加工方法

8.1.1　干燥食品的分类

干燥食品按照分类方法的不同，可分为如下几类：

1）按照被干燥食品的状态进行分类

（1）粉状食品物料。各种淀粉，包括玉米、高粱、麦类、豆类等；调味品（茴香、花椒粉等）；以及其他食品添加剂等。

（2）片、条、块状食品物料。干制的蔬菜、茶叶、饼干、海带、鱼虾等海产品，以及猪、牛肉干等。

（3）浆状食品物料。奶粉、果汁粉、咖啡粉以及食用明胶等。

2）按照被干燥食品的物理化学性质分类

（1）液态食品。液态食品包括溶液、胶体溶液和非均相态食品。溶液食品主要指如葡萄糖溶液、味精溶液等。胶体溶液食品主要指蛋白质溶液、果胶溶液等。非均相液态物系主要指牛奶、果汁等复杂的液体悬浮系统。液态食品的特征具有流动性。

（2）湿固态食品。湿固态食品包括晶体、胶体和生物组织体。晶体主要指食盐、食糖等。胶体食品分三种，第一种为弹性胶体，如明胶、面团等，其特征为除去水分要收缩，但保持弹性；第二种为脆性胶体，其特征是除去水分后会变脆；第三种为生物组织体，主要包括动植物原料切割而成的固态生物组织，如肉类、鱼类和薯类等，这一类的特征为具有各向异性和固态多系统，内部水分存在状态复杂。

将食品分类的目的是为了在制定干燥工艺品时考虑食品物料中水分在物料中的结合力强弱，有的放矢地选择其干燥方法和干燥设备。在食品干燥操作中把食品物料中的水分分为结合水和非结合水。所谓结合水分是指水和物料结合力较强，这些水分汽化变为蒸汽逸出的能力、水分在物料内部扩散转移的能力和水分通过细胞膜的渗透能力都较低，是在干燥操作中较难除去的水分；非结合水是指与物料的结合力较弱的、相对易于除去的水分。在选择干燥设备时，应根据被干燥食品中的水分状态，选择合适的干燥机械设备。

8.1.2 食品干燥装备的分类

食品干燥设备可分为外热性干燥装备和内热性干燥装备两大类。

所谓外热性干燥主要指用蒸汽、热空气等使热交换对物料表面到内部进行干燥的方法，外热性干燥再细分为：①按照干燥操作的方法，分为间歇式和连续式类型；②按照干燥条件，分为常压式和真空式干燥；③按照加热干燥的热源与物料接触的形式，分为直接加热式和间接热式。

内热干燥是指在整个干燥过程中，不是施予物料热量，而是把物料置于能量场中，使被干燥的物料在能量场的作用下产生分子运动而达到干燥的目的。食品物料在干燥过程中会发生一系列的变化，因此，干燥操作对食品的质量是有影响的。例如，食品物料会收缩，表面会硬化，会呈多孔状性、疏松性以及复原不可逆性等物理和化学变化。因而，根据物料物性的特性施以不同干燥操作的方法。

由于被干燥的食品其形状、含水量、热敏特性等千差万别，因此，干燥所需要的时间、温度、水汽化量、传热量等变化很大，在经济措施上也各自不同，故食品干燥机械的品种和类型也较多。

8.2 喷雾干燥设备

喷雾干燥设备是一种将液态物料通过机械的作用（如使用压力和离心力等）分散成雾一样的细小液滴，使其表面积增大，达到水分瞬间蒸发干燥的方法。许多粉状制品，如乳粉、蛋粉、豆乳粉、低聚糖粉、蛋白质水解物粉、微生物发酵物等都通过喷雾干燥机生产。

喷雾干燥主要有以下优点：

（1）干燥过程迅速。

（2）产品质量好。产生的颗粒产品具有良好的流动性、分散性和溶解性，并能很好地保持食品原有的色、香、味。

（3）营养损失少。快速干燥大大减少了营养物质的损失，如牛乳粉加工中热敏性维生素 C 只损失 5%左右。因此，特别适合于易分解、变性的热敏性食品加工。

（4）产品纯度高。喷雾干燥是在封闭的干燥室中进行，既保证了卫生条件，又避免了粉尘飞扬，从而提高了产品纯度。

（5）工艺较简单。料液经喷雾干燥后，可直接获得粉末状或微细的颗粒状产品。

(6) 生产率高。便于实现机械化、自动化生产，操作控制方便，适于连续化大规模生产，且操作人员少，劳动强度低。

但喷雾干燥也存在如下缺点：

(1) 投资大、设备复杂。由于一般干燥室的水分蒸发强度仅能达到 2.5～4.0 kg/(m^3 · h)，故设备体积庞大，且雾化器、粉尘回收以及清洗装置等较复杂。

(2) 能耗大，热效率不高。一般情况下，热效率为 30%～40%，若要提高热效率，可在不影响产品质量的前提下，尽量提高进风温度以及利用排风的余热来预热进风。

(3) 喷雾干燥过程中废气夹带了一定量的微粉，需要一套高效的分离装置。

8.2.1　喷雾干燥的过程

喷雾干燥的基本过程是将已经过滤、除湿的空气，由送风机送入加热器加热到 100℃以上，吹入干燥室中。同时，将液态食品物料经泵送至安装在干燥室的雾化装置进行雾化，与送入的热空气进行充分接触，瞬时水分被蒸发。干燥后的物料沉降到干燥器底部，经由出粉装置排出，可直接冷却包装或再采用其他干燥设备进行进一步干燥。被热风带走的微粉颗粒，通过微粉回收装置进行分离和收集。

8.2.2　喷雾干燥系统与要求

1. 喷雾干燥系统

根据喷雾干燥的操作过程，整个系统由以下部分构成（图 8.1）：

(1) 空气加热系统，主要包括空气过滤器、鼓风机、空气加热器、热风分配器等。

(2) 雾化系统，包括料液贮存器、供料装置、雾化器（压力喷雾器、离心式喷雾器、气流喷雾器）等。

(3) 干燥室，是干燥进行的场所，不同的雾化装置，其干燥室的设计形式不同。

(4) 产品收集系统，包括出粉器、贮粉装置、产品冷却装置、产品粒度筛分（分级）装置等。

(5) 废气排放及微粉回收系统，包括捕粉装置、排风装置等。

(6) 系统控制装置及废热回收装置。

2. 喷雾干燥对设备的要求

喷雾干燥系统，应满足如下要求：

(1) 由于干燥塔内温度较高，为了减少料液黏壁，造成产品过热或焦化，喷雾干燥室的内表面，凡与产品接触的部位，应平整、光滑，具有便于卸料、清理及消毒的结构，一般应采用不锈钢材料，在干燥室的外壁应设置将黏壁物料振落的装置。

(2) 为了便于检查干燥过程的运转情况，应配置温度、压力指示记录仪等装置，以及在干燥室上设置视孔、灯孔等。

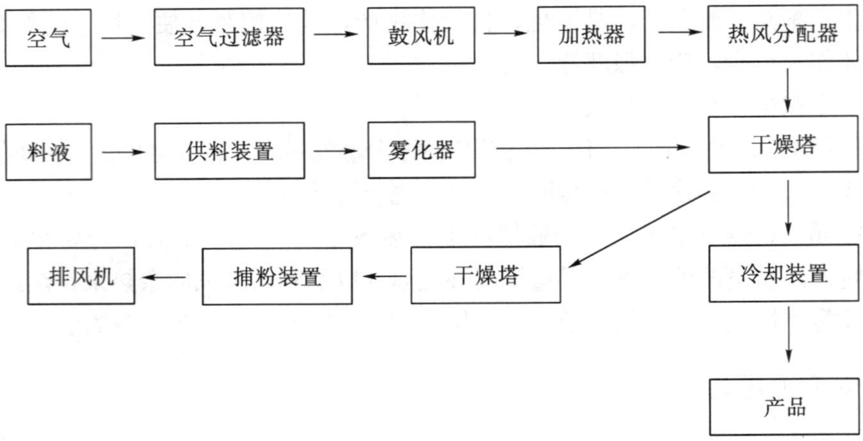

图 8.1 喷雾干燥系统构成

(3) 喷雾干燥系统中易产生微粒和粉尘，为提高微粉的回收率，应配置高效率的捕粉装置。为了提高产品的溶解度及保藏性，干燥后的产品应迅速从干燥室卸出并及时进行冷却。

(4) 针对不同产品的要求，应选用适合的雾化方式和雾化器。

(5) 减少和避免杂质对产品的影响，应选用高效及易于清洁的空气过滤器，对送风的管道、加热器要充分考虑防止杂质对产品的影响。为防止热风吹入口产生涡流，应设计或配备合理的热风分配器，使干燥塔（室）内风量分配尽量均衡。

(6) 为保证干燥系统的安全性，应附有良好的绝热层，根据食品卫生的特点，绝热材料不能使用有毒或易于污染食品的材料。干燥室最好设置具有冷却作用的水夹套装置，同时应尽量降低排风温度，以保证干燥室的安全性和微粉回收装置的寿命。

8.2.3 压力喷雾干燥设备

压力喷雾干燥设备是指物料的雾化是使用压力而获得。将浓缩后的料液通过雾化器，克服料液的表面张力，使料液以雾状微粒的形式进入干燥塔，在干燥塔中与热空气进行热交换。使微粒表面的水分迅速蒸发，在短时间内被干燥成球状颗粒的干燥形式。

1. 雾化原理

压力喷雾器是利用高压泵给予料液的压力能，将料液以一定的速度送入喷雾室，在喷雾室中，料液在压力能的作用下，沿切线方向进入喷嘴旋转室，经涡旋室、孔板或旋转斜槽等装置，使料液得以加速，最后由喷孔高速喷出。由于料液在喷雾器中受孔板等作用而做涡旋式圆周运动，所以喷出时亦以极高的速度形成雾状，呈一定的角度喷出。料液的雾化分散度取决于喷嘴的结构、料液的流出速度和压力、料液的物理性质（表面张力、黏度、密度等）。压力喷雾时的雾化压力一般为 1～2 MPa，喷雾孔径一般为 0.5～6 mm。

2. 喷雾干燥设备的主要构成

1）空气过滤器

由于空气中存在尘埃、烟灰、飞虫等杂质以及细菌等微生物，因此，喷雾干燥系统中空气过滤器的作用是在空气进入加热器前将杂质滤去，而细菌等微生物则在加热器中被杀灭。空气过滤器是用 1～2 mm 厚的钢板制成 500×500 mm 的框架，过滤层装于其中，过滤层厚约 100 mm。滤层材料可用不锈钢丝绒或尼龙丝绒，喷以无味、无毒、挥发性低、化学稳定性高的轻质油，也可以采用 PVA 海绵（聚乙烯醇海绵）等。当空气通过过滤器时，其杂质即被挡在或被油膜吸附于滤层中。

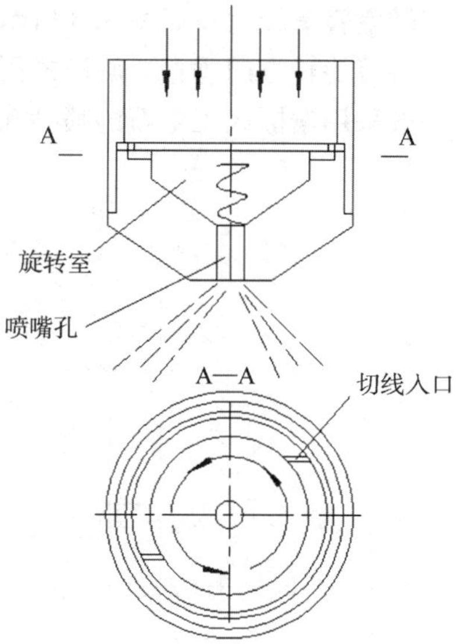

图 8.2　旋流式压力喷嘴

2）空气除湿器

对于空气湿度较大的地区，可以考虑装置空气除湿器，以提高干燥效率。空气除湿器的除湿主要用露点法。即把空气冷却到 0℃以下，把其中水分冷凝成冰而除去。除湿后的空气再通过加热（约 5℃），变成不饱和空气送入加热器加热。

3）空气加热器

空气经过滤后，需加热到 140～180℃进入干燥室。空气加热方法有直接加热和间接加热两种方法。直接加热法是用丙烷、丁烷等气体或轻油的燃烧气体与吸收空气混合而产生高温空气，加热空气温度可由改变燃烧气体和空气的混合比例获得。直接加热法的优点是热效率高，约接近 100%。但直接加热法涉及加热炉需要特殊的材料制造，限制了它的使用。间接加热法是用水蒸气加热或通过燃烧将热传于加热炉内对空气进行加热。

4）进风器

喷雾干燥器的进风机一般采用通用的离心式通风机，所需风压的计算依据如下：

风压=空气过滤器的阻力+空气除湿器阻力+空气加热器阻力+风管阻力

根据经验一般选择风机压力时，进风机应比所需风量增加 10%～20%的风量。

5）供料装置

供料装置的其主要作用是为喷雾器提供速率稳定，工作可靠，在运转中不允许断料的装置。供料装置一般有三柱塞泵供料器、螺杆泵供料器和软管隔膜活塞泵供料器等，而应用最广的是三柱塞泵供料器，在选择时，柱塞泵的流量应略大于喷雾流量即可，但不宜过大，否则，一方面会增加功率的消耗，另一方面会因回流量过大而造成料液的温度升高。

6）压力喷雾器

压力喷雾器是压力喷雾干燥设备保证产品质量、提高干燥效率的关键性部件。工艺上要求喷雾器具有稳定喷射均匀雾滴，能把雾滴均匀分布于干燥室内，使之与热空气保持良好接触的能力。根据这个要求和雾化原理，压力喷雾器在食品干燥的应用上一般有两种形式，即旋转式和离心式。

(1) 旋流式压力喷嘴。喷嘴内设有旋转室，液体在压力作用下经由旋转室导向形成旋转后喷出。如图 8.2 所示，喷嘴在旋转室上方设置有沿旋转室切线方向的液体引入口，旋转室容量较大；而图 8.3 所示为 M 形喷嘴，旋转室为螺线形水平沟槽，料液引入方向与料液旋转方向垂直。旋流式压力喷嘴的喷嘴孔处料液流速高，为提高喷嘴的耐磨性能，一般采用镶嵌人工宝石的喷嘴孔，也可用碳化钨等耐磨材料制造。

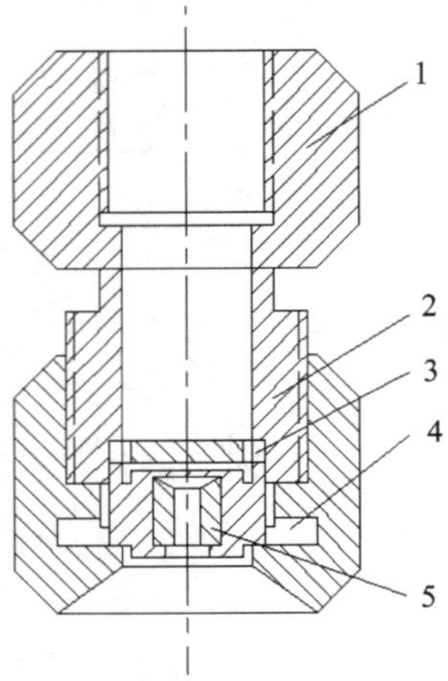

图 8.3 M 形喷嘴结构

1. 管接头；2. 螺帽；3. 孔板；4. 喷板；5. 喷嘴

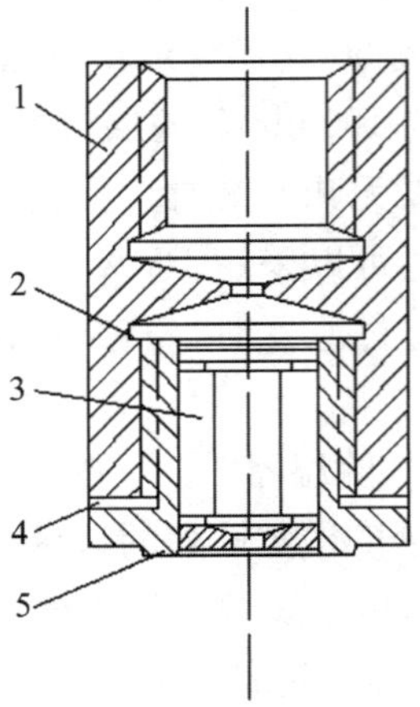

图 8.4 S 型离心式压力喷雾器

1. 接头；2. 喷嘴座；3. 插芯；4. 垫片；5. 喷头

(2) 离心式压力喷嘴。S 型离心式压力喷雾器如图 8.4 所示，在喷嘴内安装一插芯，液体在压力作用下直接通过内插头与喷嘴体形成的螺旋型通道形成旋转运动喷出。

7) 压力式喷雾干燥室

喷雾干燥室是热空气与被雾化的待干燥物料进行热交换的工作场所，是压力式喷雾干燥的另一个重要部件。工艺上对干燥室的要求为：①要有一定的空间，以提供足够热空气及待干燥物料停留的时间；②要有一定的径向宽度和清除物料黏壁装置，保证物料不发生黏壁现象；③热风在室内的分配要合理，保证热风和料液有效地混合。

(1) 压力式喷雾干燥室的结构。压力式喷雾干燥室分卧式和立式两大类型。我国目前常用的为立式干燥室（又称塔式干燥室）。图 8.5 所示为立式干燥室的示意图。立式干燥室为全金属结构，塔体一般用厚度为 2.5～3 mm 的不锈钢焊制而成。塔体上设有灯孔、窥视孔、吹料压缩空气管道等，塔体使用绝热材料（硅藻土、泡沫塑料等轻质材料）保温。立式干燥室（塔）由均风装置、冷却夹套、物料黏壁清除装置、排料装置等组成。

干燥室根据热风的进风流向与料液的进口流向、接触、进行热交换的情况，干燥室热风与料液的干燥形式分为顺流型、逆流型和混流型三种形式。

①顺流型。顺流型是指热风与雾化料流的运动流向同一方向，如图 8.6 所示。这种形式由于雾滴刚进入干燥室就与温度较高、湿度含量低的热风进行热交换。所以，虽然干燥的推动力大，但对产品的质量影响不大。随着双方运动的进行，干燥的推动力逐渐减弱，干燥到最后的产品温度取决于干燥室的排风温度。顺流型喷雾干燥适用于对热敏性物料的干燥。

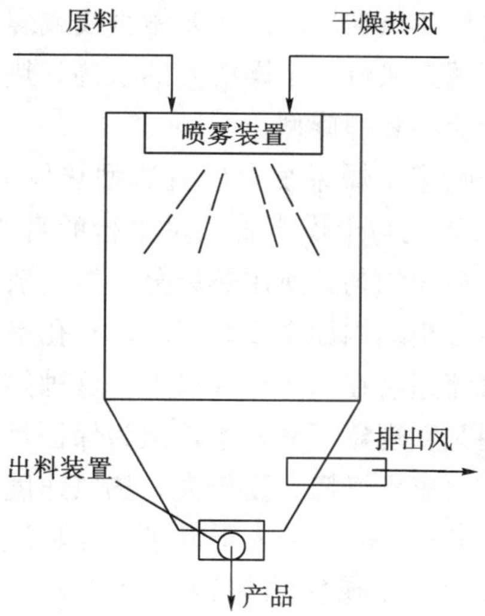

图 8.5　立式干燥室

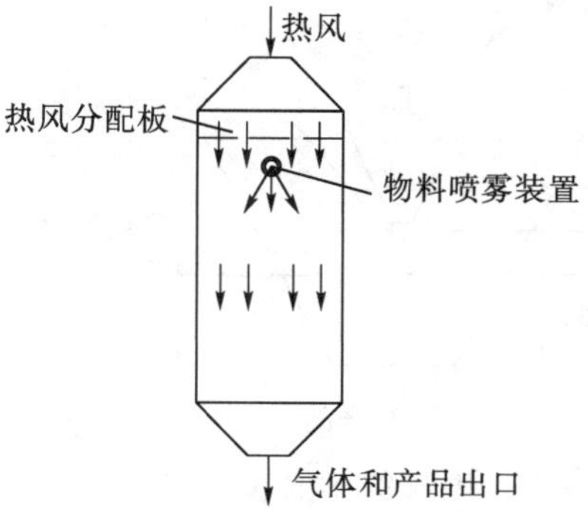

图 8.6　顺流型

②逆流型。逆流型是指热风与雾化料液的运动流向相反，如图 8.7 所示。通常是热风从下向上的流向，而雾滴则是从上向下的流向。这种形式，被雾化的料液进入干燥室后，先与含湿量较大、温度较低的热风进行接触；而在出口端，已被部分干燥的含湿量较小的物料则与含湿量低、温度高的热风接触；在整个干燥过程中，干燥的推动力相差不大，干燥曲线分布均匀。被干燥后的物料，较大的颗粒沉于干燥室的底部，细小的微料则随废气排走，由回收装置回收。由于料液在干燥过程中先接触温度较低、湿度较大的热风，故有可能在干燥过程中夹杂其他颗粒，形成多孔状的粗颗粒干燥物，对提高速溶性有帮助。但同时又由于干燥后的成品在下落过程中仍与高温的热气流接触，易引起产品过热而焦化。这种干燥方法不适宜对热敏性物料的干燥。

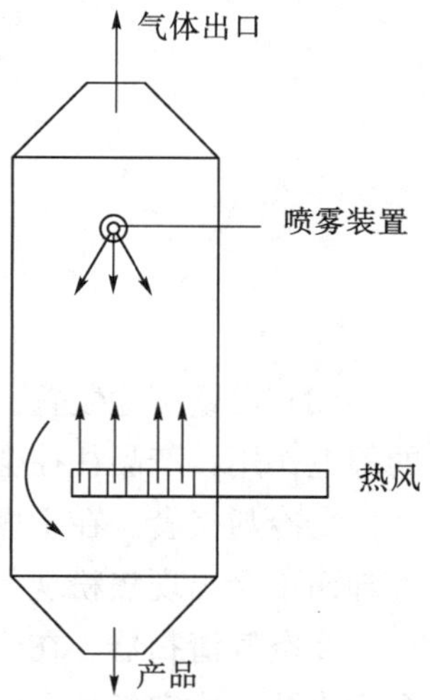

图 8.7　逆流型

③混流型。混流型是指热风与雾化料液的运动流向呈不规则状况，如图 8.8 所示，通常混流型干燥室的热风具有先下后上或先上后下两个流向，雾化料液具有从上而下一个流向；或者，雾化料液具有先上后下两个流向，热风具有从上而下一个流向。热风与雾化料液的这种接触，可以在运动过程中产生交混。两者充分接触，可以产生有利于热交换的“骚动”，提高干燥效果。但同时，这种“骚动”也会造成雾滴的运动紊乱，易出现涡流，使雾滴流动半径加大，出现黏壁现象或造成焦化。

(2) 热风分配器。热风分配器的作用是使进入干燥室后的热风在室内分配均匀且不产生涡流，使热风与雾滴能充分地进行热交换。

喷雾干燥技术的关键问题之一就是液滴和热风间的有效混合程度，其主要影响因素是各种雾化器喷雾轨迹和热风导入形式，而热风导入形式与热风分配器有关。热风分配器应能够使热风均匀地与液滴接触，防止气流在塔内形成祸流以避免或尽量减少黏壁现

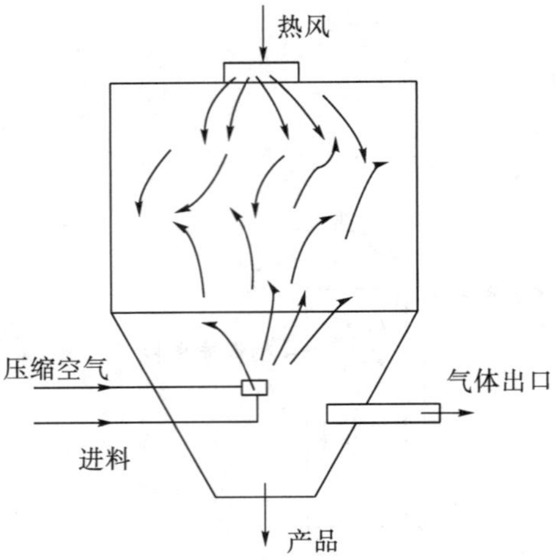

图 8.8 混流型

象，或迫使热风在塔内按需要做直线或螺旋线状流动。根据热风流入干燥塔内的轨迹，热风分配器分为直流型和螺旋型。

压力喷雾干燥系统常用直流型热风分配器，其形成的热风与干燥塔轴线呈平行的直线流动，热风流动速度均匀，所用热风分配器一般为平面孔板和直导板结构如图 8.9 所示，开孔率 20%～40%，气流速度在 0.4 m/s 以下。这种热风气流使得物料黏壁现象不易发生，但为保证足够的干燥时间，要求干燥塔高度较大，热风速度在设计上一般以 6～10 m/s 进入干燥室，经热风分配器均匀分配后，干燥室内风速应以 0.2～0.5 m/s 为宜，排风速度约以5～8 m/s为宜。

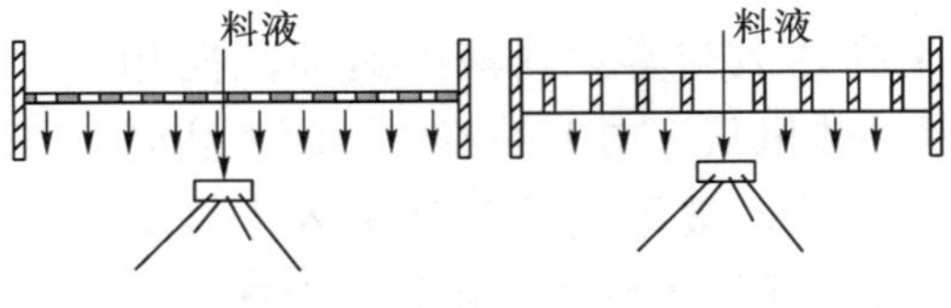

(a) 孔板 (b) 直导板
图 8.9 直流型热风分配器

(3) 黏壁清除装置。在喷雾干燥过程中，由于干燥室内壁粗糙以及产品和塔壁之间的静电作用，产品往往会黏到干燥壁上，若不除去，会产生焦粉。

①冷却夹套。在干燥塔上设置夹套，夹套中通有冷空气，使黏在壁面上的物料迅速冷却而不会出现焦粉现象。

②空气清扫器。在干燥塔中，通入绕塔轴线旋转的管子，并在其对准塔内壁处钻出多个小孔，冷空气从孔中喷出，将黏在内壁的物料扫落，并使壁面冷却。

③振动器。振动器分为空气振动器和电磁振动器。空气振动器是利用压缩空气推动柱塞往复运动，产生锤击和振动将塔壁的物料振落。电磁振动器是利用激磁线圈通入交流电后，衔铁受电磁力的作用而吸向铁芯，与衔铁连成一体的锤头即锤击塔壁而产生震动，当电源切断后，锤头复位，如此反复进行锤击。

8）排料装置

干燥后的产品，需由排料装置把产品带出干燥室，对于圆锥形底的干燥塔可用旋转阀、涡流气封阀等设备排出。

9）微粉回收装

从干燥室排出的气流中会夹带一定量的产品微粒，为了减少损失，保护环境，应对其进行回收。回收方法为干法和湿法两种。干法常使用的是旋风分离器和袋滤器。

8.2.4 离心喷雾干燥设备

离心喷雾器是利用在水平方向作高速旋转运动的圆盘上注入料液，使料液在离心力的作用下以高速甩出，形成薄膜、细丝或液滴。被甩出的料液，受到因圆盘高速转动而带动旋转的空气的摩擦、阻碍和撕裂等作用而被分散成微小的液滴。

由于在雾化过程中，料液受到两种力，即离心力和重力的作用，与周围的空气产生摩擦而雾化，故雾化情况与料液的物性、流量，离心圆盘直径、转速有关。当料液流量很少时，料液的雾化主要是受离心力作用，料液被雾化的直（粒）径取决于所受的离心力与料液的黏度和表面张力。当离心力大于表面张力时，圆盘周边的球状液滴立即被抛出而分裂雾化。物料黏度的适应性比压力喷雾干燥广，不但可以处理低黏度的料液，对高黏度浓缩料液进行雾化干燥的效果也较好。因此，可以提高雾化料液的浓缩程度。

离心式雾化器按结构可分为光滑盘和叶片盘两大类。叶片盘又称叶片轮或雾化轮。

(1) 光滑盘离心式雾化器的流体通道表面为光滑结构，没有任何限制流体流动的结构。光滑盘包括平板形和盘形（图 8.10）。这种雾化器结构简单，具有较长的湿润周边，利于雾化，但料液难以获得较大的离心力，影响雾化效果。

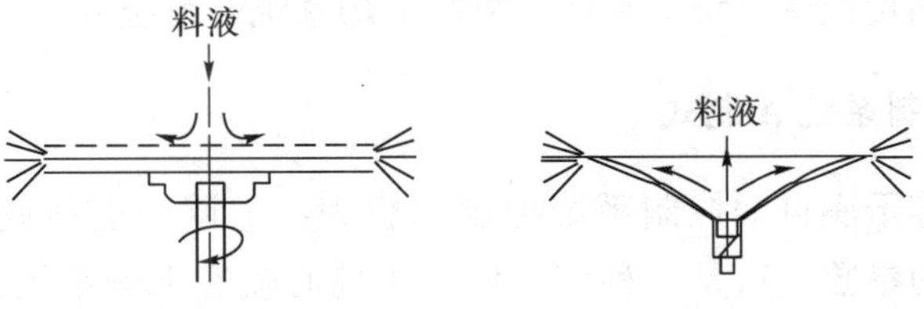

(a) 平板型　　(b) 盘型

图 8.10 光滑盘

(2) 叶片盘离心式雾化器与光滑盘离心式雾化器不同，料液被限制在矩形、螺旋形或圆形的液体通道内流动，料液切向速度接近圆周速度，雾化效果好。常见的有如下形式：

①多叶圆盘如图 8.11 所示，在盘盖和圆盘间有叶片分隔，结构比较合理。在离轴中心一定距离处设置叶槽，用以防止料液滑动，同时增加湿润面的周边，使薄膜沿叶槽垂直面移动，并借助叶槽深度来提高喷雾能力。

②多管圆盘如图 8.12 所示，圆盘周边嵌有许多喷管，溶液受离心作用由喷管高速喷出，形成的雾滴较为均匀。喷管孔径大小影响雾滴的粗细，适用于粒度大小要求均匀的场合。这种雾化器的喷管是由特殊合金制造的，有多种规格。

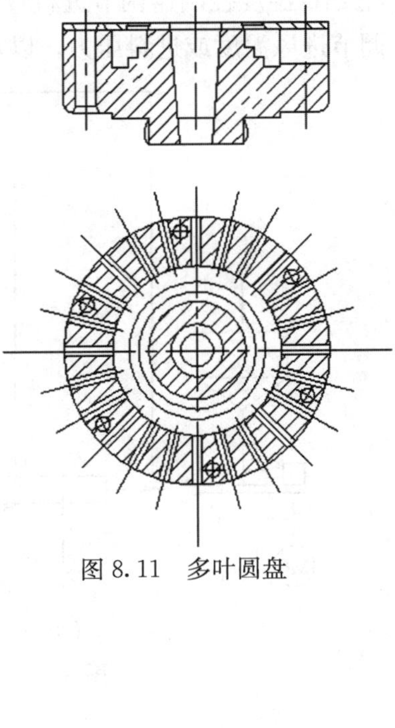

图 8.11 多叶圆盘

③多层圆盘如图 8.13 所示，适用于生产能力较大的场合。根据处理量的大小有双层和三层两种。这种圆盘的特点是，在不增大圆盘直径且喷距相同的情况下增加喷雾量。

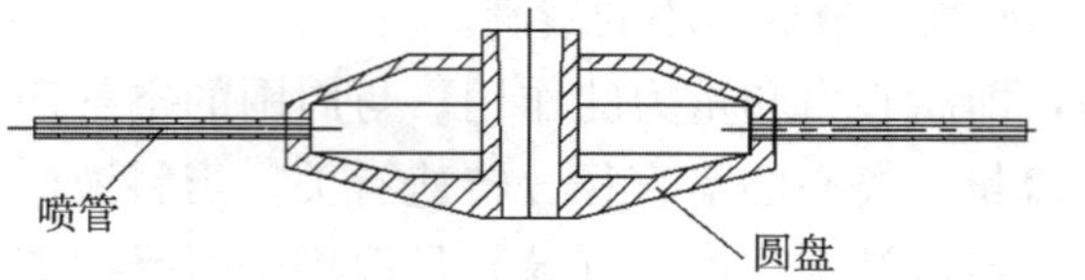

图 8.12 多管圆盘

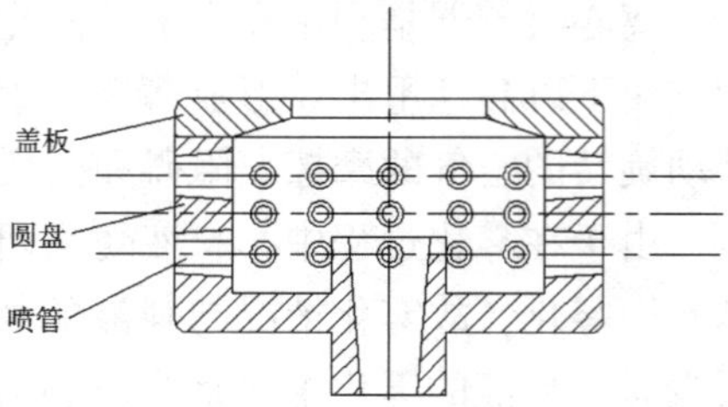

图 8.13 多层圆盘

8.2.5 喷雾干燥自动控制系统简介

对于大型的喷雾干燥系统，从保持产品的干燥质量，降低能耗，节省人力，提高装备的运行安全性等观点出发，应配置自动控制系统。喷雾干燥的控制系统大致分为三类：一是以控制排气温度，间接控制干燥产品含湿量的推断控制系统；二是以调节进风温度控制排气温度，并保持进料速率，恒定的推断控制系统；三是调节进料速率，控制干燥产品含湿量的在线测量控制系统。目前，喷雾干燥系统的系统分为以下两种制式。

1. 喷雾干燥自动控制系统 A 制式

这种制式的喷雾干燥自动控制系统控制内容为：①调节进料速率，控制排风温度；②调节空气加热器的参数。这是一种广泛使用于离心喷雾干燥系统的控制模式。由于离心喷雾干燥法可以允许进料量在操作中有较大的变化，可以使用定量泵精确地调节进料量，这可以满足自控制式 A 的控制要求，A 类控制系统的主控回路为一个采用排气温度经 PID 温度控制器调节进料量的负反馈闭合回路，在此基础上增加一至两个副控制回路调节进风温度或进料压力，以及调节加热器的加热功率等（图 8.14）。

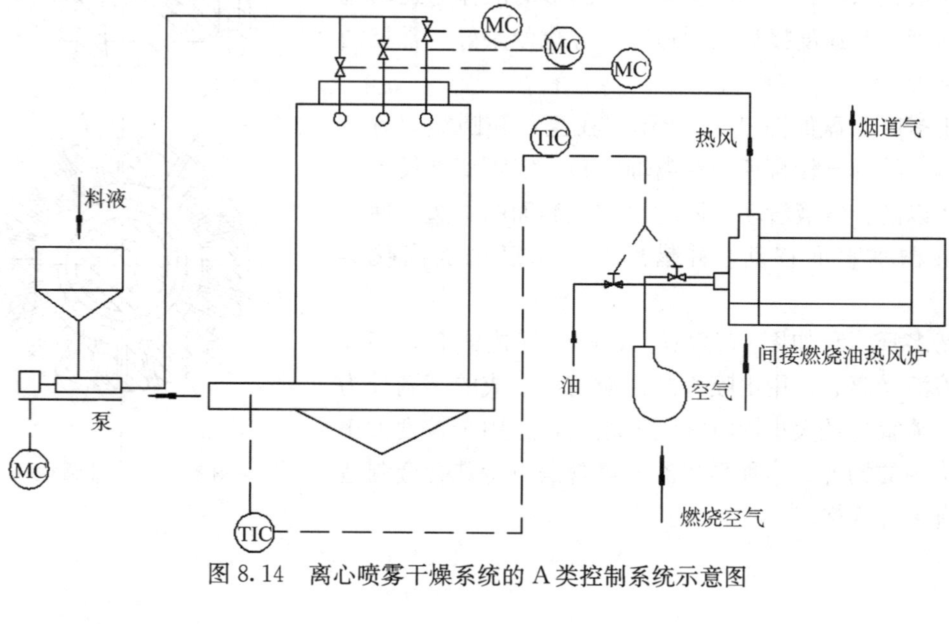

图 8.14 离心喷雾干燥系统的 A 类控制系统示意图

A 类控制系统设置自动连锁和自动报警功能，当进料系统出现故障（如断料等），排风温度失控，当达到设定的第一安全温度时，进料阀自动关闭并切换为进水。故障被排除后，排气温度恢复正常，则可重新切换为进料；如故障不能排除，排气温度上升到第二安全温度，则自控系统自动切断燃料供应，干燥系统按停车程序逐步停车。在每一步保护动作发生前，警报器均以声、光方式报警，并显示保护状态（图 8.15）。

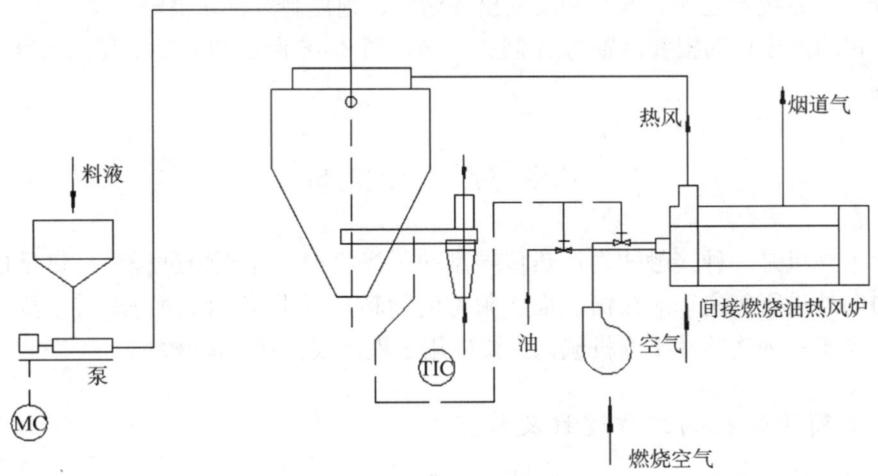

图 8.15　排风温度自控回路

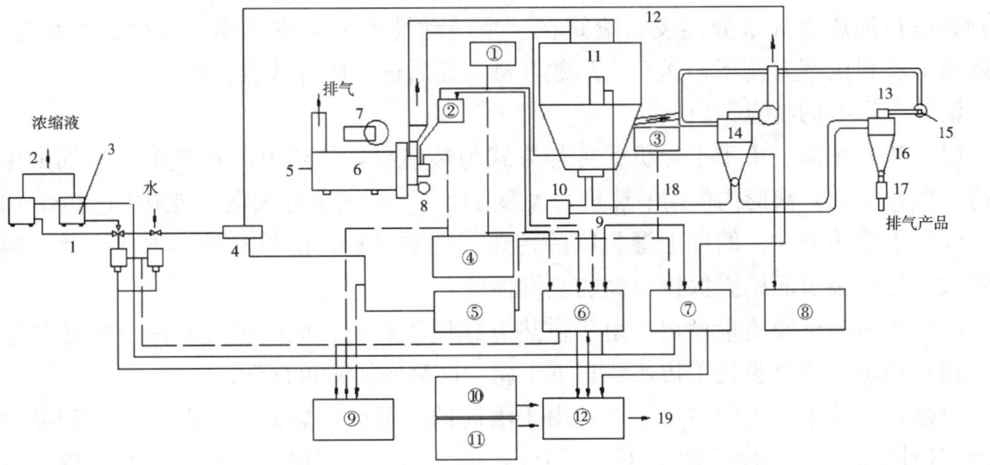

图 8.16　B 制式压力喷雾干燥系统的示意图

1. 空气驱动三通变换阀；2. 供料罐；3. 液位指示器；4，7. 供风机；5. 无板变速齿轮；6. 空气加热器；8. 送风机；9. 空气输送系统；10. 振动输送带；11. 干燥塔；12. 喷雾器；13. 排风机；14. 旋风分离器；15. 输送风机；16. 输送旋风分离器；17. 自动称量器；18. 回转阀；19. 电动机

2. 喷雾干燥自动控制系统 B 制式

B 制式的喷雾干燥自动控制系统控制内容为：①调节空气加热器；②保持进料速率的恒定。B 制式控制系统基本对于难以精确地控制进料量的压力式喷雾干燥系统有较大的适应性。

B制式控制系统调节进风温度的方法与A制式控制系统基本相同，不同之处在于设定信号和被控制量是排风温度。在整个制式中，有一定快速反应的控制线路。排风温度被传送到温度指示控制器（TIC）上，若排风温度过高，则控制器进行自动调节。排风温度降低，控制器测得这一变化后就以提高进风温度来进行补偿。

对于多喷嘴的压力喷雾供料系统，一般先用人工调节，在压力恒定时，进料量基本稳定，则控制系统再运作。若个别喷嘴出现堵塞，则控制器自动报警。

B制式的连锁自动报警装置与A制式相同，图8.16所示为B制式压力喷雾干燥系统的示意图

8.3 滚筒干燥机

滚筒干燥机是一种接触式内加热传导型的干燥机械，在干燥过程中，热量以传导的方式由内向外进行传递，对滚筒表面所附着的物料进行干燥，滚筒每旋转一周，料液干燥完成。属于一种连续性干燥机械，主要应用于液态或膏状食品物料。

8.3.1 滚筒干燥机的工作过程及特点

滚筒干燥机的工作过程如下：将浓缩处理后的料液由高位槽流入滚筒干燥器的受料槽内，由布膜装置使物料薄薄地（膜状）附在滚筒表面，滚筒内通有加热介质，对筒壁的物料进行加热使其水分蒸发，滚筒在一个转动周期中完成布膜、汽化、脱水等过程，干燥后的物料由刮刀刮下，送至成品贮存槽，最后进行粉碎或直接包装。

滚筒干燥器的特点：

（1）热效率高。由于干燥机的传热方式为热传导，传热方向在整个传热周期中基本保持一致，所以，滚筒内供给的热量，大部分用于物料的水分汽化、热效率达80%～90%。

（2）干燥速率大。筒壁上湿料膜的传热和传质过程，由里至外，方向一致，温度梯度较大，使料膜表面始终保持较高的蒸发强度。

（3）产品的干燥质量稳定。由于供热方式便于控制，筒内温度和间壁的传热速率能保持相对稳定，使料膜处于传热状态下干燥，产品的质量可保证。

但是，滚筒干燥机的主要缺点是由于滚筒的表面温度较高，因而对一些制品会因过热而有损风味或产生不正常的颜色。另外，若使用真空干燥器，成本较高，仅适用于热敏性非常高的物料的处理。

8.3.2 滚筒干燥的原理

滚筒干燥机主要是使料液以膜状形式附于滚筒的表面，然后进行干燥的。物料能否附着在滚筒的表面是干燥的关键，与料液性质（形态、表面张力、黏附力、黏度等）、滚筒的转速、筒壁温度、筒壁材料以及布膜方式等因素有关。

只有黏附力大于料液的表面张力时，才能附于滚筒表面成膜。料液的黏度也是影响成膜的重要因素，对于黏度较大的料液，应采用升高温度的方法进而降低料液的黏度。另外，滚筒筒壁温度对黏附力也有影响，温度越低越容易附料；滚筒转速高低也影响吸

附力，转速越快，越容易附料。

当物料以膜状形式附于滚筒上后，滚筒对料液进行传热、干燥。干燥过程分为预热、等速和降速三个阶段进行。干燥初期筒内加热介质对筒外料液加热，蒸发作用不明显，此为预热阶段。当料液得到热量，温度升高，料液中的水分子获得能量，分子运动加快；当水分子所具的动能大到足以克服它们之间的引力和水分子与固态物料之间的引力时，水分子向外扩散，并由内向外迁移，蒸发作用即开始，膜表面汽化，出现传热和传质；料液的水分传热和传质方向一致，传热速度越大，传质速度也越大，并维持恒定的汽化速度，这时，干燥过程表现为等速阶段。当膜内扩散速度小于表面汽化速度时，进入降速阶段的干燥。

8.3.3　滚筒干燥机的形式

滚筒干燥机有不同的分类方式，按滚筒的数量分为单滚筒、双滚筒、多滚筒干燥机；按操作压力分为常压式和真空式；按滚筒的布膜方式分为浸液式、喷溅式、铺辊式、顶槽式和喷雾式等。这里，主要介绍单滚筒干燥机和双滚筒干燥机。

1. 单滚筒干燥机

单滚筒干燥机是指干燥机由一只滚筒完成干燥操作的机械。其组成如图 8.17 所示。干燥机的重要组成部分是滚筒，滚筒为一中空的金属圆筒，滚筒筒体用铸铁或钢板焊制，用于食品生产的滚筒一般用不锈钢钢板焊制。滚筒直径为 0.6～1.6 m，长径比（L/D）一般为 0.8～2。布料形式可视物料的物性而使用顶部入料或用浸液式、喷溅式等方法，附在滚筒上的料膜厚度为 0.5～1.5 mm。加热的介质大部分采用蒸汽，蒸汽的压力为 200～600 kPa，滚筒外壁的温度为 120～150 ℃。驱动滚筒运转的传动机构为无级调速机构，滚筒的转速一般为 4～10 r/min。物料被干燥后，由刮料装置将其从滚筒上刮下，刮刀的位置视物料的进口位置而定，一般在滚筒断面的Ⅲ、Ⅳ象限，与水平轴线交角 30～45 ℃滚筒内供热介质的进出口，采用聚四氟乙烯密封圈密封。筒内的冷凝水，采取虹吸管并利用滚筒蒸汽的压力与疏水阀之间的压差，使之连续地排出筒外。

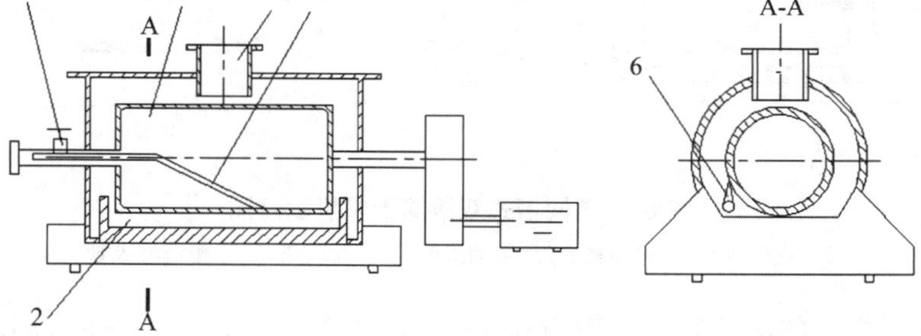

图 8.17　单滚筒干燥机示意图

1. 进气口；2. 料液槽；3. 滚筒；4. 排气管；5. 排液虹吸管；6. 卸料刮刀

2. 双滚筒干燥机

双滚筒干燥机是指干燥机由两只滚筒同时完成干燥操作的机械，干燥机的两个滚筒由同一套减速传动装置，经相同模数和齿数的一对齿轮啮合，使两组相同直径的滚筒相对转动而操作的。双滚筒干燥机按布料位置的不同，可以分为对滚式和同槽式两类。

图 8.18 所示为对滚式双滚筒干燥机，料液存在两滚筒中部的凹槽区域内，四周设有堰板挡料。两筒的间隙，由一对节圆直径与筒体外径一致或相近的啮合轮控制，一般在 0.5～1 mm，不允许料液泄漏。对滚的转动方向，可根据料液的实际和装置布置的要求确定。滚筒转动时咬入角位于料液端时，料膜的厚度由两筒之间的空隙控制。咬入角若处于反向时，两筒之间的料膜厚度由设置在筒体长度方向上的堰板与筒体之间的间隙控制。该形式的干燥器，适用于有沉淀的浆状物料或黏度大的物料干燥。

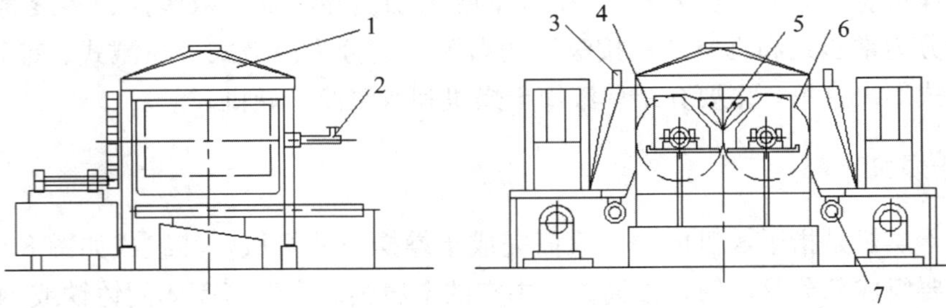

图 8.18　对滚式双滚筒干燥机示意图

1. 密封罩；2. 进气口；3. 卸料器；4. 主动滚筒；5. 料堰；6. 从动滚筒；7. 螺旋输送器

图 8.19 所示为同槽式双滚筒干燥机。它的两组滚筒之间的间隙较大，相对啮合的齿轮的节圆直径大于筒体外径。上料时，两筒在同一料槽中浸液布膜，相对转动，互不干扰。适用于溶液、乳浊液等物料干燥。

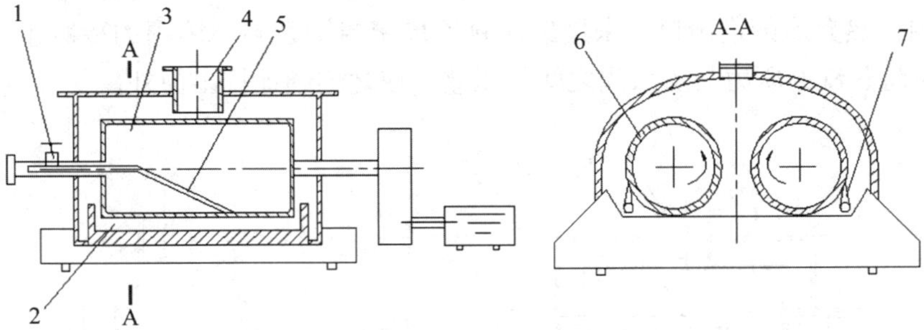

图 8.19　同槽式双滚筒干燥机示意图

1. 进气口；2. 料液槽；3. 主动滚筒；4. 排气管；5. 排液虹吸管

双滚筒式干燥机的滚筒直径一般为 0.5～2 m；长径比（L/D）一般为 1.5～2。转速、滚筒内蒸汽压力等操作条件与单滚筒干燥机的设计相同，但传动功率为单滚筒的 2 倍左右。双滚筒式干燥机的进料方式与单滚筒干燥机有所不同，若为上部进料，可由料堰控制料膜厚度的两滚筒干燥器，在干燥器底部的中间位置，设置一台螺旋输送器机，集中出料。下部进料的对滚式双滚筒干燥机，则分别在两组滚筒的侧面单独设置出料装置。

8.4　流化床干燥器

流化床干燥器又称为沸腾床干燥器，指粉状或颗粒状物料呈沸腾状态被通入干燥器的气流干燥。这种沸腾料层称为流化床，而采用这种方法干燥物料的设备，称为流化床干燥器。当采用热空气作为流化介质干燥湿物料时，热空气起到流化和干燥双重作用。被干燥的物料在气流中被吹起、翻滚、互相混合和摩擦碰撞，进行传热和传质，达到干燥的目的。

流化床干燥器具有如下特点：①物料与热空气接触面积大，搅拌激烈，热传导效果好，设备利用率高，干燥速度大，物料在设备内停留时间短，适宜于对热敏性物料的干燥；②装置简单，设备造价低廉，除风机、加料器外，本身无机械装置，保养容易，维修费用低；③对被干燥物料的颗粒度有一定的限制，一般要求颗粒不小于 30 μm，而又不大于 4～6 mm，限制了使用范围；④对易结块物料，因容易产生与设备壁间黏结而不适用。

此外，单层流化床难以保证物料干燥均匀，故需设置多层，使设备的高度增加。

8.4.1　流化原理及过程

流化又称流态化，物料颗粒在具有多孔的分布板的支承下，气体自下而上通过床层时，随流速的逐渐增加，将出现下列的三种情况：

1. 固定床阶段

在热空气流速不足以使物料运动时，物料颗粒虽与气流接触，但固体颗粒不发生相对位置的变动，沉在设备的底部，此时称为固定床阶段，该阶段为流化过程的第一阶段。

2. 流化床阶段

当通入的气流速度进一步增大，增大到足以把物料颗粒吹起，使颗粒悬浮在气流中自由运动，物料颗粒间相互碰撞、混合。床层高度上升，整个床层呈现出类似液体般的流态（图 8.20）。当颗粒悬浮起来时，再增加流速，床层压力降亦保持不变，原因是物料的颗粒间空隙率增加了，流体的压力降只是消耗于对抗颗粒的重量，使之被托起来不让床层高度下降。说明了床层的压力降与流速增大无关，大致等于单位面积床层的实际重量，这时称为流化床阶段。

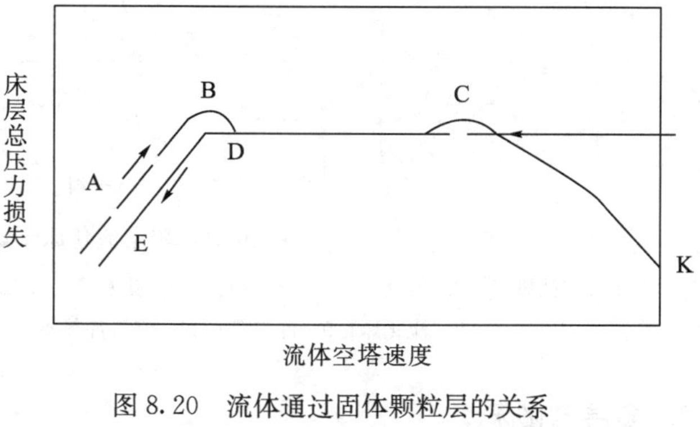

图 8.20　流体通过固体颗粒层的关系

3. 气流输送阶段

若在上述的基础上，气流流速继续增加，当气流速度大于固体颗粒的沉降速度时，床层高度大于容器高度，固体颗粒则被气流带走，床层物料减少，空隙度增加，床层压力减小。这种当流速增加到某一数值，使气流速度等于固体颗粒的沉降速度相平衡的流速，称为“悬浮速度”“最大流化速度”“带出速度”时，当气流速度稍高于“带出速度”，被干燥的物料则被气流带走，这一阶段为气流输送阶段。

8.4.2 流化床干燥器形式

目前，工业上常用的主要流化床型式有：单层流化床、多层流化床、卧式多室流化床、振动流化床、脉冲流化床等。

1. 单层流化床

单层流化床干燥器，是结构最为简单的干燥器，因其结构简单，操作方便，生产能力大，在食品工业中应用广泛。单层流化床干燥器一般使用于床层颗粒静止高度较低，约 300～400 mm 情况下使用。根据被除干燥介质的不同，生产能力可达每平方米分布板从物料中干燥水分 500～1000 kg/h，空气消耗量为 3～12 kg/h。适宜于较易干燥或要求不严格的湿粒状物料。图 8.21 所示为单层流动床干燥器的流程示意图。主要运作过程如下：湿物料由胶带输送机送到加料斗，再经抛料机送入干燥机内。空气经过滤器由鼓风机送入空气加热器加热，热空气进入流化床底后由分布板控制流向，对湿物料进行干燥。物料在分布板上方形成流化床。干燥后的物料经溢流口由卸料管排出，夹带细粉的空气经旋风分离器分离后由抽风机排出。单层流化床干燥的缺点是干燥后的产品湿度不均匀，因此，针对这个缺点出现了多层流化床。

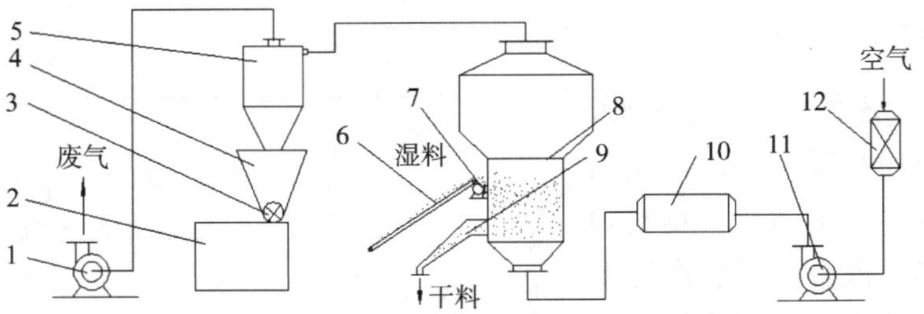

图 8.21 单层流化床干燥器流程图

1. 抽风机；2. 料仓；3. 星形下料器；4. 集灰斗；5. 旋风分离器；6. 带式输送机；7. 抛料机；8. 流化床；9. 卸料管；10. 空气加热器；11. 鼓风机；12. 空气过滤器

2. 多层流化床

多层流化床干燥器流程图如图 8.22 所示。干燥器的结构分为溢流管式和穿流板式，国内目前以溢流管式为多。

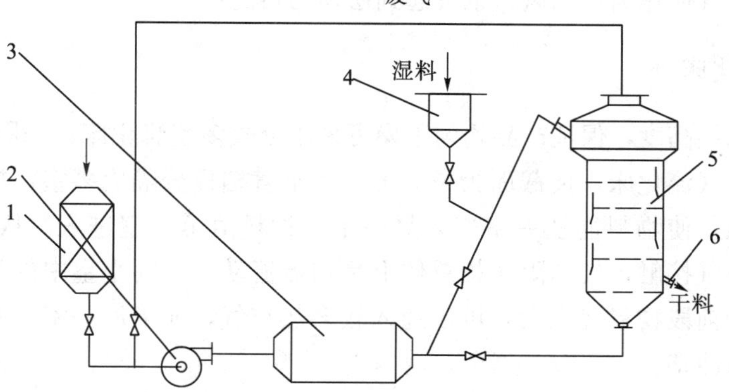

图 8.22　五层流化床干燥器流程图

1. 空气过滤器；2. 鼓风机；3. 电加热器；4. 料斗；5. 干燥器；6. 出料管

溢流管式多层流化床干燥器其操作过程为，物料由料斗送入，有规律地自上溢流而下，热空气则由底部进入。自下而上运动而将湿物料沸腾干燥，干燥后的物料，由出料管卸出。这种形式的干燥器，溢流管为主要部件，对其设计和操作最为关键。为了防止堵塞或气体穿孔造成下料不稳定，破坏沸腾床。所以，一般溢流管下面装有调节装置，其结构有：

(1) 菱形堵头。如图 8.23 (a) 所示，调节堵头上下位置，可以改变下料孔截面积，从而控制下料量，但需人工调节。

(2) 铰链活门式。如图 8.23 (b) 所示，根据溢流量的多少，可自动开大或关小活门。

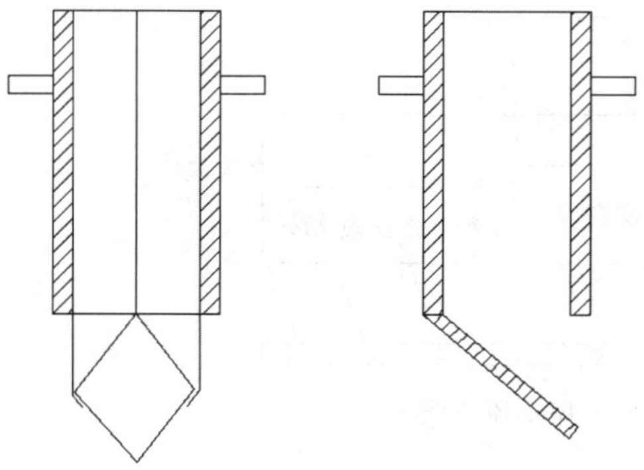

(a) 菱形堵头　(b) 铰链活门式

图 8.23　溢流管调节装置

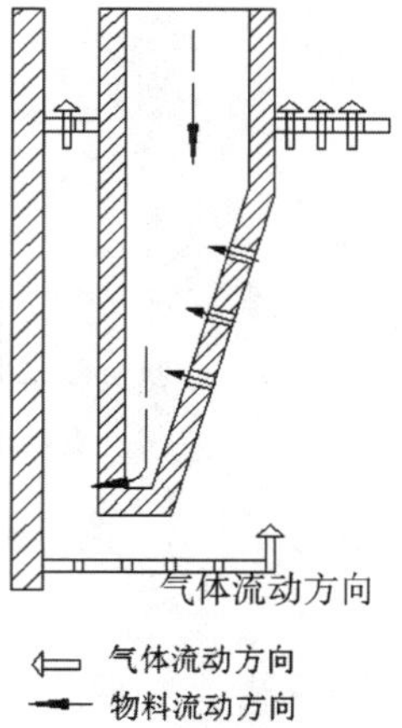

图 8.24　自封闭式溢流管

(3) 自封闭式溢流管。如图 8.24 所示，溢流管采用侧向流口，其空间位置设于空床气流速度较低的床壁处，再加上侧向溢流口的附加阻力，使气体倒窜的可能性大为减少。同时，溢流管采用不对称方锥管，既可防止颗粒架桥，又可因截面自下而上不断扩大而使气流速度不断降低，减少喷料的可能性。若在溢流管侧壁上开一串侧风孔，由床低层内自动引入少量气体作为松动风，也可起到松动物料的作用。

3. 卧式多室流化床

为了降低床层高度，保证产品均匀干燥可采用卧式多室流化床，如图 8.25 所示。干燥器为一矩形箱式流化床，横截面为长方形，用垂直挡板分隔成多室，挡板下端与多孔板之间留有间隙，使物料能从一室进入另一室。物料由第一室进入，从最后一室排出，在每一室与热空气接触，气、固两相总体上呈错流流动。不同小室中的热空气流量可以分别控制，其中前段物料湿度大，可以通入较多热空气，而最后一室，必要时可通入冷空气对产品进行冷却。

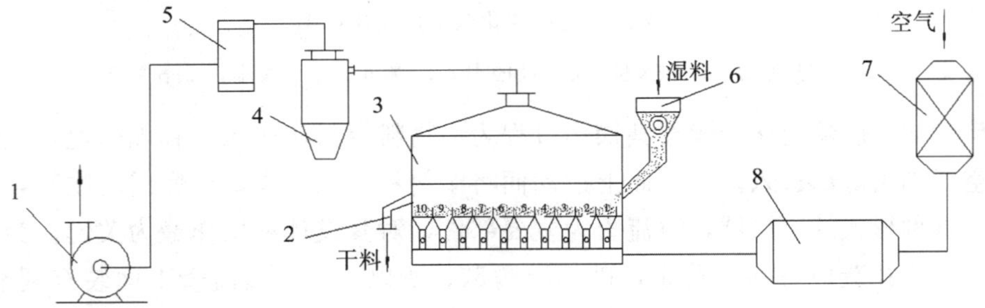

图 8.25 卧式多室流化床

1. 抽风机；2. 卸料管；3. 干燥室；4. 旋风分离器；5. 袋滤器；6. 加料器；7. 空气过滤器；8. 加热器

该设备结构简单，制造方便，容易操作，干燥速度快，适用于各种难以干燥的颗粒状、片状和热敏性物料，但热效率较低，对于多品种小产量物料的适应性较差。

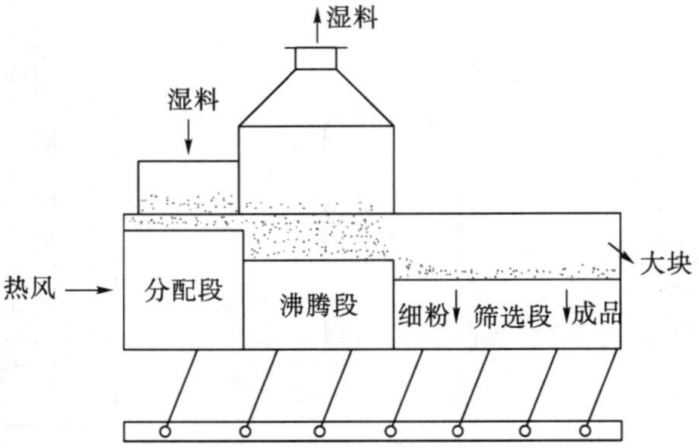

图 8.26 振动流化床

4. 振动流化床

振动流化床如图 8.26 所示，主要由振动喂料器、振动流化床、风机、空气加热器、空气过滤器和集尘器等组成。物料干燥时，从喂料器进入流化床分配段。在平板振动和气流作用下，物料被均匀地供送到沸腾段，在沸腾段经过干燥后进入分选段。分选段内装有不同规格的筛网，进行制品筛选及冷却，而后卸出产品。带粉尘的气体经集尘器回收细粉后排出。

振动流化床适合于干燥颗粒太粗或太细、易黏结、不易流化的物料及对产品质量有特殊要求的物料，如砂糖干燥要求晶形完整、晶体光亮、颗粒大小均匀等。

5. 脉冲流化床

脉冲流化床如图8.27所示，它是一种改进型的流化床干燥器，在干燥机下部周向均布几根热风进管，每根管上装有快开阀门，按一定的频率（如4～16 Hz）和次序启闭，使流化气体周期性脉冲输入。

气阀打开时，突然进入的气体会对物料床层产生脉冲，脉冲又很快在物料颗粒间传递能量，短时间内形成剧烈的局部流化沸腾状态，流化状态又在床内扩散和向上移动，从而使得气体和物料间有强烈的传热传质作用。当气体阀门关闭时，流化态在同一方向逐步消失，物料又回到堆积状态。如此，流化床内的脉冲式循环一直维持到物料被干燥为止。

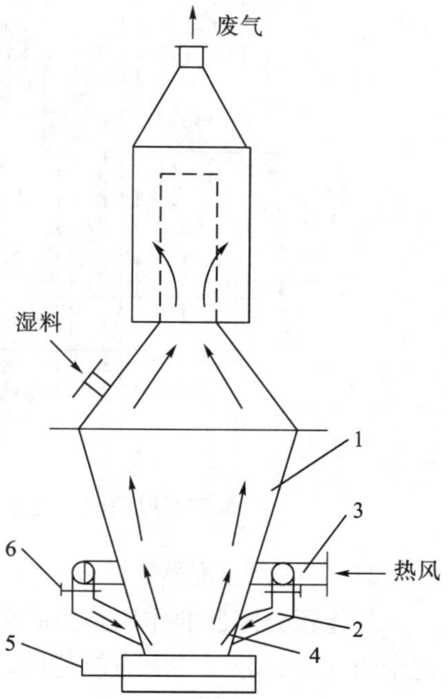

图8.27　脉冲流化床
1. 干燥室；2. 进风管；3 环形总管；4. 导向板；5. 插板阀；6. 快动阀

8.4.3　流化床干燥器的主要部件

流化床干燥器主要包括分布板、气体预分配器、加料器和热风吸入口等部件。

1）分布板

分布板主要有直流式和风帽侧流式两种。

（1）直流式分布板

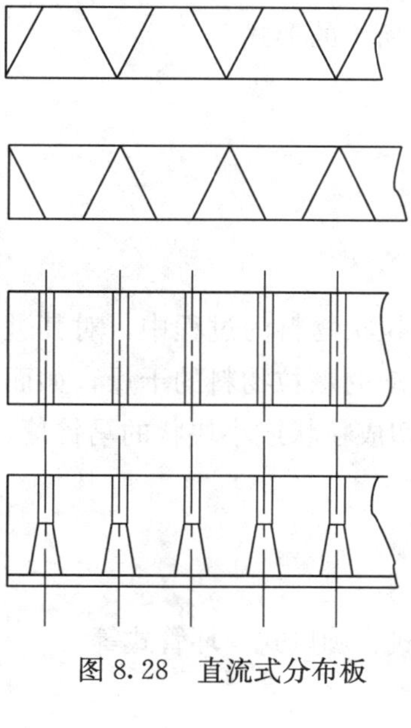
图8.28　直流式分布板

直流式分布板如图8.28所示。分布板厚度一般为20 mm，孔道长，刚度大，结构简单，制造容易。但因气流方向正对床层，易产生小沟流，也易堵塞，停车时易产生泄漏现象，性能较差。

（2）风帽侧流式分布板

风帽侧流式分布板结构如图8.29所示。风帽式分布板为一般流化床干燥器所使用。风帽上一般开有4～8个小孔，气体呈水平方向从小孔上流出，故在合适的孔速和风帽的间距下，气体可以扫过整个分布板面，消除死床。同时由于风帽群占去部分空间，所以风帽群气速较高，造成一个良好的起始流化条件且不易堵塞气孔和泄漏物料。但风帽结构复杂，制造较为困难。

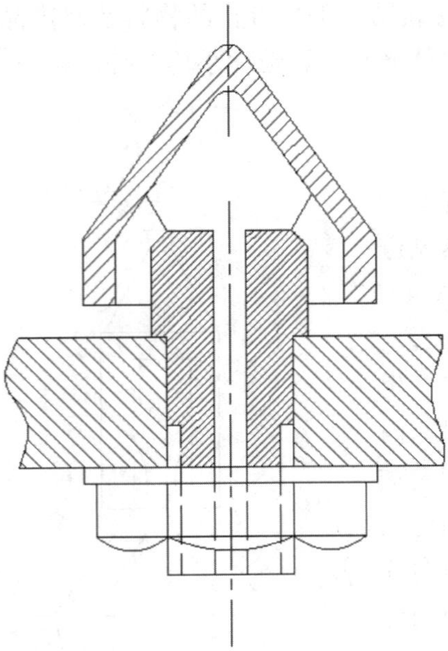

图 8.29　风帽侧流式分布板

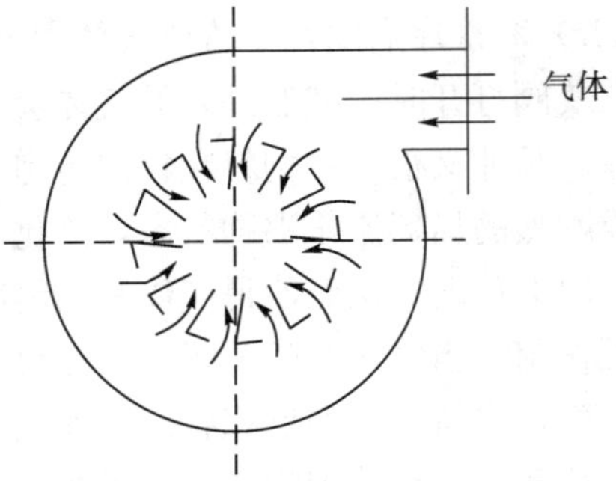

图 8.30　热风吸入口

2）气体预分配器

气体预分配器的作用是为避免气体进入流化床时流速过高而设置，它通过把进入流化床的气体先分布一次而使其均匀进入流化床。

3）加料器

流化床上用得较多的是旋转加料器。

4）热风吸入口

为使热风能够均匀的吸入干燥器中，可设计成如图 8.30 所示的形式。

8.5　气流干燥设备

8.5.1　气流干燥器的特点

气流干燥器是利用高速热气流，在输送潮湿粉粒状或块粒状物料的过程中，对其进行干燥。气流干燥机适用于在潮湿状态仍能在气体中自由流动的颗粒物料的干燥，如面粉、谷物、葡萄糖、食盐、味精、离子交换树脂、水杨酸、切成粒状或小块状的马铃薯、肉丁及各种粒状食品等。

8.5.2　气流干燥器的组成及形式

气流干燥器有多种形式，主要有直管式、多级式、套管式、旋风式、环管式等。

1. 直管式气流干燥器

直管式气流干燥机主要由空气过滤器、风机、预热器、加料器、干燥管、旋风分离器等组成，如图 8.31 所示。被干燥物料经预热器加热后送入干燥管的底部，然后被从加热器送来的热空气吹起。气体与固体物料在流动过程中因剧烈的相对运动而充分接触，进行传热和传质，达到干燥的目的。干燥后的产品由干燥机顶部送出，废气由分离器回收其中夹带的粉末后，经排风机排入大气。

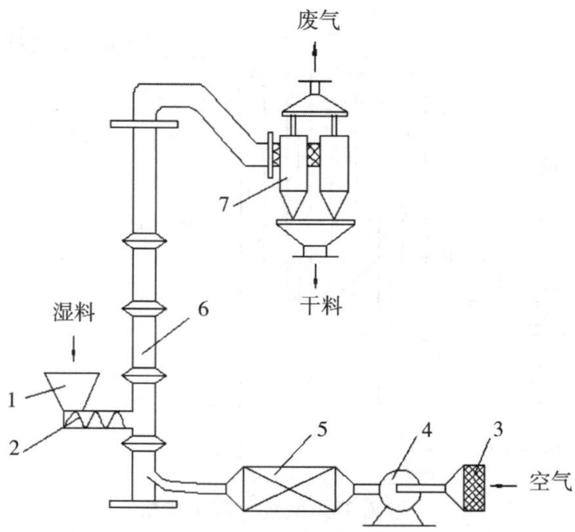

图 8.31　直管气流干燥器
1. 料斗；2. 螺旋加料器；3. 空气过滤器；4. 风机；5. 预热器；6. 干燥管；7. 旋风分离器

直管式气流干燥机主要有以下优点：

(1) 干燥强度大。由于物料在热风中呈悬浮状态，能最大限度地与热空气接触，且由于气速较高（达 20～40 m/s），空气涡流的高速搅动，使气-固边界层的气膜不断受冲刷，减小了传热和传质的阻力，容积传热系数可达 2300～7000 W/(m^3 · K)，这比转筒干燥机大 20～30 倍。

(2) 干燥时间短。对于大多数的物料只需 0.5～2 s，最长不超过 5 s，因为是并流操作，所以特别适宜于热敏性物料的干燥。

(3) 占地面积小。由于气流干燥机具有很大的容积传热系数，所以所需的干燥机体积可大为减小，即能实现小设备大生产的目标。

(4) 热效率高。由于干燥机散热面积小，所以热损失小，最多不超过 5%，因而干燥非结合水时热效率可达 60%左右，干燥结合水时可达 20%左右。

(5) 无专用的输送装置。气流干燥机的活动部件少，结构简单，易建造，易维修，成本低。

(6) 操作连续稳定。可以一次性完成干燥、粉碎、输送、包装等工序，整个过程可在密闭条件下进行，减少物料飞扬，防止杂质污染，既改善了产品质量又提高了回收率。

(7) 适用性广，可应用于各种粉状物料，粒径最大可达 100 mm，湿含量可达 10%～40%。

但是，直管式气流干燥机也存在以下缺点：①全部产品由气流带出，因而分离器的负荷大；②气速较高，对物料颗粒有一定的磨损，所以不适用于对晶形有一定要求的物料，也不适宜用于需要在临界湿含量以下干燥的物料以及对管壁黏附性强的物料；③由于气速大，全系统阻力大，因而动力消耗大；④干燥管较长，一般在 10 m 或 10 m 以上。

2. 多级气流干燥机

为了降低干燥管的高度，可以采用多级气流干燥机，第一段的扩张部分可以起到对物料颗粒的分级作用。小颗粒物料随气流移动，大颗粒物料则由旁路通过星形加料器，再进入第二段，以免沉积在底部转弯处将管道堵塞。图 8.32 所示为两级气流干燥机。

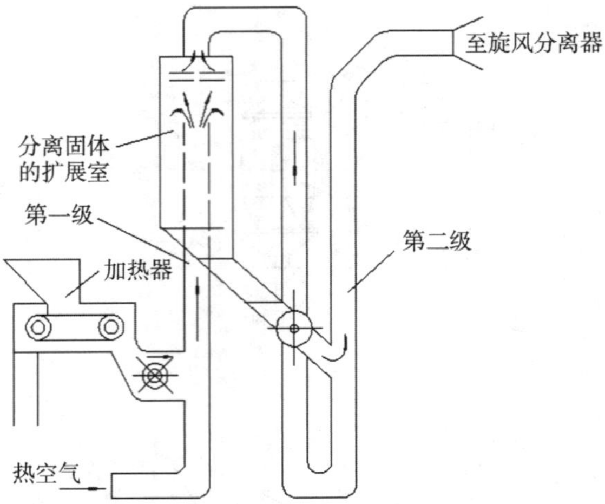

图 8.32　两级气流干燥机

3. 套管式气流干燥机

套管式气流干燥机的结构如图 8.33（a）所示。气流干燥管由内管和外管组成，物料和气流同时由内管的下部进入。颗粒在管内加速运动至终了时，由顶部导入内外管间的环隙内，以较小的速度下降并排出。这种形式可以节约热量。

4. 旋风式气流干燥机

旋风式气流干燥机结构如图 8.33（b）所示。物料与热空气一起以切线方向进入干燥机内，在内管和外管间作螺旋运动。颗粒处于悬浮旋转运动的状态，所产生的离心加速作用使物料在很短的时间（几秒）内达到干燥的目的。

旋风式气流干燥机的特点是，体积小，结构简单，适用于干燥那些允许磨损的热敏性物料；但不适用于干燥含水量高，黏性大，熔点低，易升华爆炸，易产生静电效应的物料。

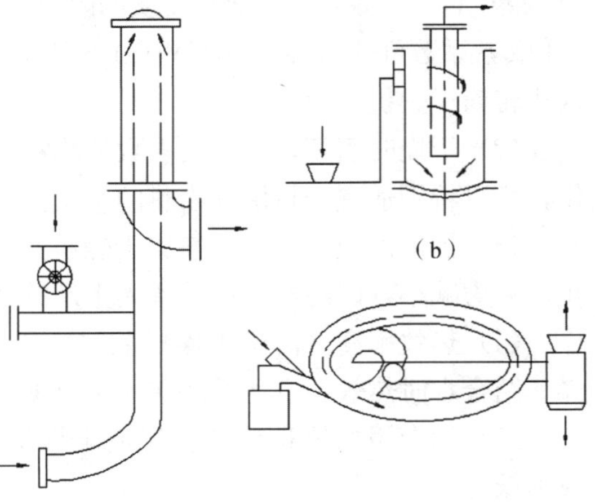

图 8.33　几种新型气流干燥机原理示意图

5. 环形管气流干燥机

一般的气流干燥机存在着不宜处理结晶物料及停留时间短的缺点。近年来，根据气流干燥机内混相流动中的传热、传质机理，对设备进行了很多改进，出现了形状复杂的气流干燥机，如图 8.33（c）所示的环形管气流干燥机。将干燥管设计成环状，其主要目的是延长颗粒在干燥管内的停留时间。

8.6　冷冻干燥机

冷冻干燥又称为升华干燥式真空冷冻干燥，主要是利用冰晶升华的原理，先将物料进行冻结，而后置于真空环境中，使已冻结的食品物料的水分不经过液态而直接升华为水蒸气的干燥方法。

8.6.1　冷冻干燥的原理、特点及应用

1. 冷冻干燥的原理

由水的三相图（图 8.34）可以看出，O 点为三相平衡点，当压力降到三相点以下，加热食品物料时，其中的水分由冰直接升华为水蒸气，再将水蒸气去除，从而实现物料的干燥。冷冻干燥分为三个阶段：预冻阶段、升华干燥阶段和解析干燥阶段。预冻阶段主要是使物料中的水分冻结，防止在抽真空时出现气泡、收缩等现象；升华干燥阶段主要是在真空环境下，对物料进行加热，冰晶升华为水蒸气，物料中大部分水分在此阶段除去；解析干燥阶段是指在升华干燥阶段后，在毛细管壁和极性基团上还吸附了一些水，需要进一步干燥，还需在被干燥物料的内外形成大的蒸汽压。

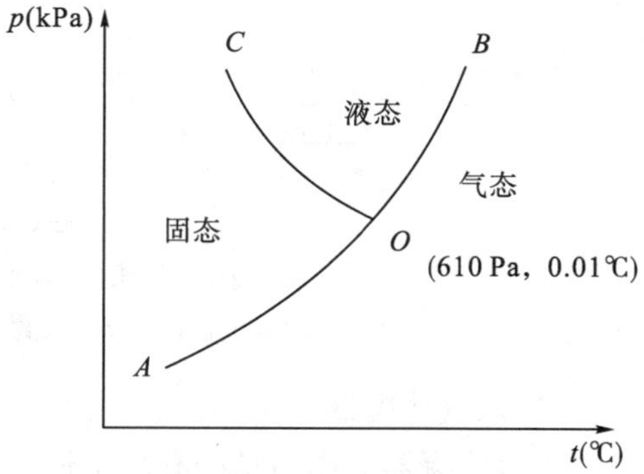

图 8.34　水的三相图

2. 冷冻干燥的特点

（1）冷冻干燥在低温下进行，因此对于许多热敏性的物料特别适用。

（2）在低温下干燥时，物质中的一些挥发性成分损失很小。

（3）干燥后的物质疏松多孔，呈海绵状，加水后溶解迅速而完全，几乎立即恢复原来的性状。

（4）由于是在冻结的状态下进行干燥，因此体积几乎不变，保持了原来的结构，不会发生浓缩现象。

（5）由于干燥是在真空下进行，氧气极少，因此一些易氧化的物质得到了保护。

基于上述特点，冷冻干燥方法在天然色素、名贵中草药的提取物，以及宇航、军队等特殊场合有着重要应用。

8.6.2　冷冻干燥装置

1. 冷冻干燥装置系统的组成

冷冻干燥装置如图 8.35 所示，升华干燥装置由制冷系统、真空系统、加热系统、干燥系统和控制系统等组成。

1）冷冻干燥室

冷冻干燥室是盛装物料的空间，有圆柱形、箱形等结构形式，内设置数层盛放物料的隔板和制冷蒸发器，通过一个装有真空阀门的管道与冷凝器相连，将水汽排往冷凝器。其内部装有测量真空、隔板温度和产品温度的传感器等。一般要求能够在 40～50 ℃内作业，还可承受足够高的真空。

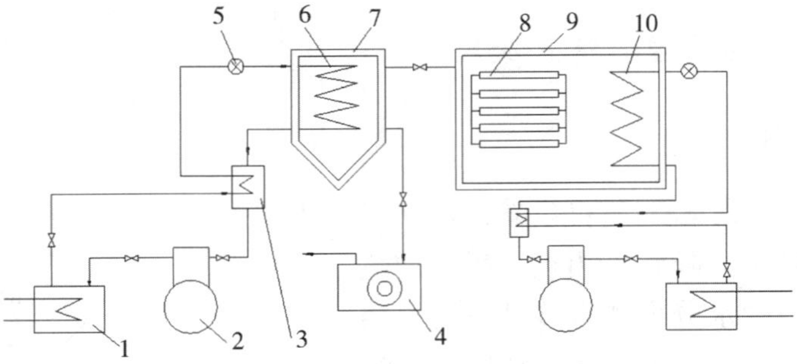

图 8.35 冷冻干燥装置

1. 冷凝器；2. 制冷压缩机；3. 热交换器；4. 真空泵；5. 膨胀阀；
6. 蒸发器；7. 水汽凝结器；8. 隔板；9. 干燥箱；10. 蒸发器

2）水汽冷凝器

水汽冷凝器的作用是冷凝从干燥室内排出的水蒸气，降低干燥室内水蒸气压力。其结构为密封的真空容器，内有与制冷机相通、表面积很大的蒸发器，可制冷到－80℃。还有除霜装置、排出阀和热空气吹入装置等，用来排出内部水分并吹干内部。

3）真空系统

真空系统是由冷冻干燥室、冷凝器、真空阀门、真空管道、真空设备和真空仪表构成。目前真空设备及其组合有三种：罗茨泵、低温冷凝器和多级蒸汽喷射器。其中，多级蒸汽喷射器结构简单，无须机械动力，检修方便，故障率低，对材质要求不高，通常需要设置 4～5 级。

4）制冷系统

制冷系统是由制冷机组、冷冻干燥室和冷凝器内部的蒸发器等组成。制冷机可以是互相独立的两套，即一套用于冷冻干燥室，另一套用于冷凝器，也可合用一套冷冻机。

5）加热系统

加热系统的作用是加热冷冻干燥室内的隔板，促使物料内的冰晶升华。有直接和间接加热两种方式。直接加热是指用电直接在箱内加热隔板，间接加热则利用电或其他热源加热传热介质，再将其通入隔板。

6）控制系统

控制系统是由各种监控元件、安全装置、仪表等组成，自动化程度较高的控制系统可按工艺设定的冻干曲线自动地操作，同时对真空度、加热板温度和制冷系统进行监视和报警，记录各种数据。

2. 冷冻干燥装置设备的类型

食品升华干燥设备分为间歇式和连续式两种。

1）间歇式升华干燥设备

间歇式升华干燥装置的操作方式为全进全出，即装填一批物料，待整个干燥过程完成后才取出。这种间歇式升华干燥设备结构简单，造价低，使用和维修保养方便；一般采用单机操作形式，一套设备发生的故障不会影响其他设备的正常运行；便于控制物料干燥时不同阶段的加热温度和真空度的要求。但装料、卸出、启动等预备操作所占用时间较多，设备的利用率较低。适用于多品种小产量的生产，特别是适合于季节性强的食品生产，绝大多数的食品升华干燥装置采用这种形式。这种设备有接触导热式和辐射传热式两种形式。

（1）接触导热式。接触导热间歇式冷冻干燥机示意图如图 8.36 所示。这是一种箱式接触导热设备，其最大的特征是干燥箱内设有多层隔板，隔板既是被干燥食品物料的支撑板，又是为干燥食品物料提供升华热量和解吸热量的接触导热板。

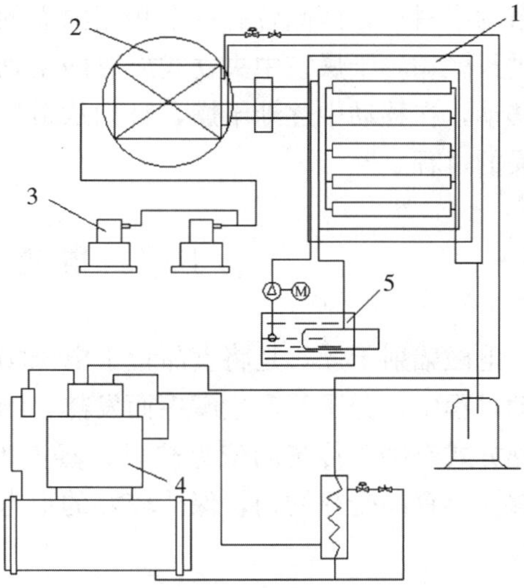

图 8.36　接触导热间歇式冷冻干燥机示意图

1. 干燥箱；2. 冷阱；3. 真空系统；4. 制冷系统；5. 加热系统

（2）辐射传热式。辐射传热间歇式冷冻干燥机示意图如图 8.37 所示。辐射传热式是指装有待干燥食品物料的料盘悬于上、下两块加热板之间，料盘与加热板不直接接触，通过小推车或吊车将料盘快速移入圆筒形干燥箱中，箱内的多层加热板分排于干燥箱内两侧。

2）连续式升华干燥设备

在连续式升华干燥装置中，从进料到出料连续进行，设备利用率高，便于实现生产的自动化，劳动强度低。但对于不同的干燥阶段，虽可实现在不同的温度下进行，但不能控制在不同真空度下进行，设备复杂、庞大，且投资费用大。不适合于多品种、小批量的生产。常见的有隧道式连续干燥机和螺旋式连续干燥机。

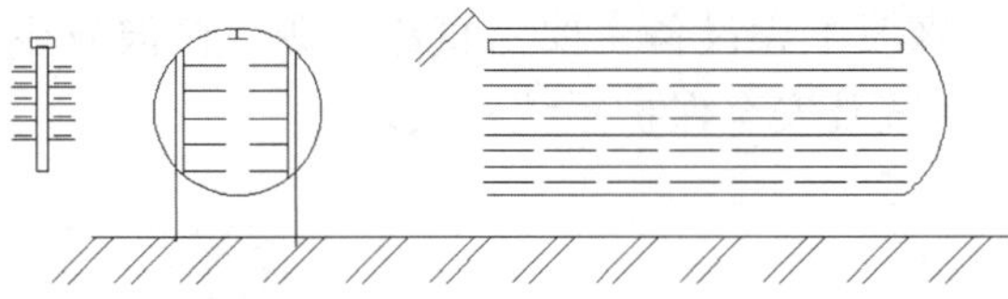

图 8.37　辐射传热间歇式冷冻干燥机示意图

（1）隧道式连续式冷冻干燥机。隧道式连续式冷冻干燥机是由可隔离的前后级真空抽气室、冷冻干燥隧道、干燥加热板、冷凝室等装置组成。其操作过程为，将机外预冻后的食品物料用料盘送入前级真空锁气室，当前级真空锁气室的真空度达到隧道干燥室的真空度时，让打开隔离闸阀，使料盘进入干燥室。这时，关闭隔离闸阀，破坏锁气室的真空度，让另一批物料进入。进入干燥室后的物料被加热干燥，干燥后从干燥机的另一端进入后级真空锁气室。而后，关闭隔离闸阀，后级真空锁气室的真空被破坏，移出物料到下一工序。如此反复，每一次真空锁气室隔离闸阀的开启，都有一批物料的进出，形成连续操作。

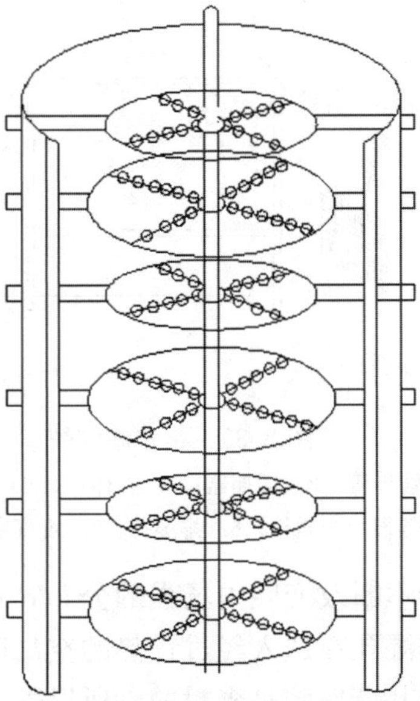

图 8.38　螺旋式连续式冷冻干燥机原理图

(2) 螺旋式连续式冷冻干燥机。图 8.38 为螺旋式连续式冷冻干燥机的原理图，该机一般为垂直放置。这种干燥机特别适合使用冷冻颗粒状的食品物料，螺旋式连续式冷冻干燥机的中心干燥室上部设有两个密封的、交替开启的进料口，下部同样设有两个交替开启的出料口，两侧各有一个相互独立的冷阱，通过大型的开关阀门与干燥室连通，交替进行融霜，干燥室中央立式放置的主轴上装有带铲的搅拌器。物料在各个加热盘间进行移动，在移动中逐渐干燥，直到从最后的底板后落下，再从出料口中卸出，完成这个干燥的过程。

8.7 电磁辐射食品干燥机

电磁辐射干燥，是将食品置于电磁场中，使食品物料中的有机分子产生运动，由于运动过程中，分子间产生摩擦而发热，物料的加热和干燥过程在食品的内部进行；这种干燥方式有别于传统的依靠热风、蒸汽为热源的外加热干燥方式，不存在热量的传导，能够使得食品受热均匀，保持较好的形态和品质。目前常用的有微波干燥和红外线干燥方式。

8.7.1 微波干燥设备

微波是指波长在 1 mm～1 m 范围的电磁波，其相应的频率 300～300000 MHz。目前主要用的是 915 MHz 和 2450 MHz 两个频率，微波干燥设备主要由直流电源、微波发生器、冷却装置、微波传输元件、加热器、控制系统及安全保护系统构成。

1. 箱式微波加热器

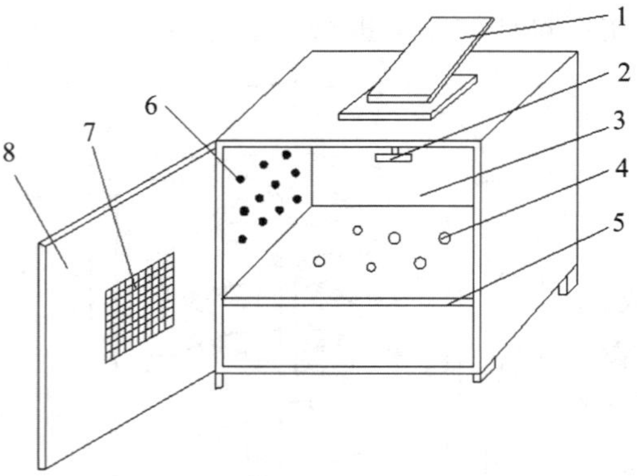

图 8.39 箱式微波炉

1. 波导管；2. 搅拌器；3. 腔体；4. 加工产品；5. 低损耗介质板；6. 排湿孔；7. 观察窗；8. 门

箱式微波炉是一个矩形的箱体，是我们常见的一种微波加热装置，其结构如图 8.39 所示。主要由矩形谐振腔、输入传导、反射板和搅拌器等组成。箱体通常用不锈钢或铝制成。

谐振腔腔体为矩形腔体，要求空间每边长度都大于 1/2 波长，此时，从不同的方向都有微波的反射，微波能在箱壁的损失极小。这样，使被干燥物料在谐振腔内各方向都可以受热，而又可将没有吸收到的能量在反射中重新吸收，有效地利用能量进行加热与干燥。此外，箱体中设有搅拌器，作用是通过搅拌不断改变腔内场强的分布，达到加热均匀的目的。而箱内水蒸气的排除，则由箱内的排湿孔在送入经过预热的空气时，或有大的送风量时解决。箱式微波加热器由于在操作中其谐振腔是密封的，所以微波能量的泄漏很少，安全性高。

2. 隧道式微波加热器

隧道式微波加热器为连续式谐振腔加热器，结构示意图如图 8.40 所示。它是一种目前食品工业加热、杀菌、干燥操作常用的装备。

隧道式微波加热器可以看作是数个箱式微波加热器打通后相连的形式，所用磁控管采用的频率大都是 2450 MHz，也可采用大功率频率为 915 MHz 的磁控管，通过波导管把微波导入加热器中，加热器的微波入口可以在加热器的上下部和两个侧边。被加热的物料通过输送带连续进入加热器中，干燥后输出，可以实现连续干燥。

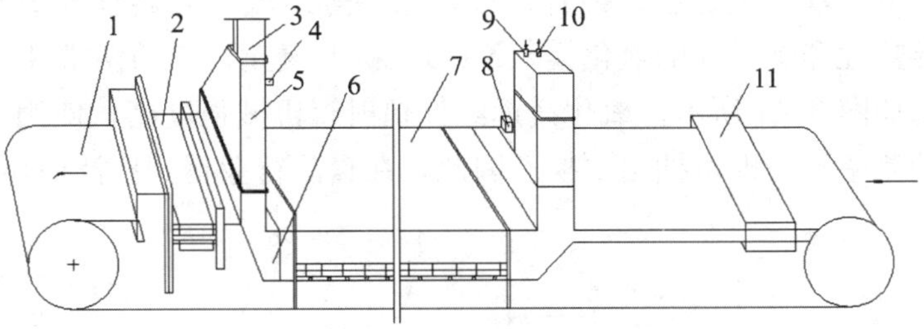

图 8.40 隧道式微波加热器

1. 输送带；2. 抑制器；3. 波导输入口；4，8. 排风机接口；5. 锥形过滤器；6. 直角弯头；7. 主加热器；9. 冷水进口；10. 热水出口；11. 吸收器

8.7.2 远红外热辐射干燥设备

远红外干燥技术是利用远红外辐射发出的远红外线被所加热物质所吸收，直接转化为热能，使物体升温而达到加热干燥的目的。远红外加热与传统的蒸汽、热风和电阻等加热方法相比，具有加热速度快、产品质量好、设备占地面积小、生产费用低和加热效率高等许多优点。

1. 远红外辐射加热原理

远红外线是指波长在 5.6 μm 以上的红外线。其加热干燥原理是当被加热物体中的固有振动频率和射入该物体的远红外线频率一致时，就会产生强烈的共振，使物体中的分子运动加剧，因而温度迅速升高，即物体内部分子吸收到红外辐射能，直接转变为热能而实现干燥。

物质并非对所有红外线波长都可以产生吸收，而是在某几个波长范围上吸收比较强烈，通常叫作物质的选择性吸收；而对辐射体来说，也并不是对所有波长的辐射都具有很高的辐射强度，也是按波长不同而变化的，辐射体的这种特性叫作选择性辐射。当选择性吸收和选择性辐射一致时，称为匹配辐射加热。在远红外加热技术中，达到完全匹配是不可能的，只能做到接近于匹配辐射。从原理上看，辐射波长与物品的吸收波长匹配越好，辐射能被物料吸收得就越快，则穿透就越浅。这种性质，对于比较薄的物料干燥就有利，如对蛋卷类食品的烘烤就比较适合。而对导热性差，又要求心部均要加热的形状厚大的食品物料（如面包），则宜使用一部分辐射能匹配较差、穿透性较深的波长，以增加物料内部的吸收。因此，在应用远红外加热技术过程中，应考虑波长与物料两者间的“最佳匹配”。

2. 辐射元件

辐射元件有三部分构成：热源、基体和涂敷层。由热源发出热量，通过基体传递到涂敷层，在涂层的表面辐射出远红外线。

1）金属氧化镁管远红外辐射加热器

金属氧化镁管远红外辐射加热器以金属管为基体、表面涂以金属氧化镁的远红外电加热器，主要由电热丝、绝缘层、钢管远红外涂层等组成。电热丝置于金属内部，空隙由具有良好的导热性和绝缘性的氧化镁（MgO）粉末填充，管的两端装有绝缘瓷件与接线装置，其结构如图 8.41 所示。氧化镁远红外辐射管机械强度高，使用寿命长，密封性好，只需拆下炉侧壁外壳即可抽出更换。因此，在食品行业得到广泛应用。

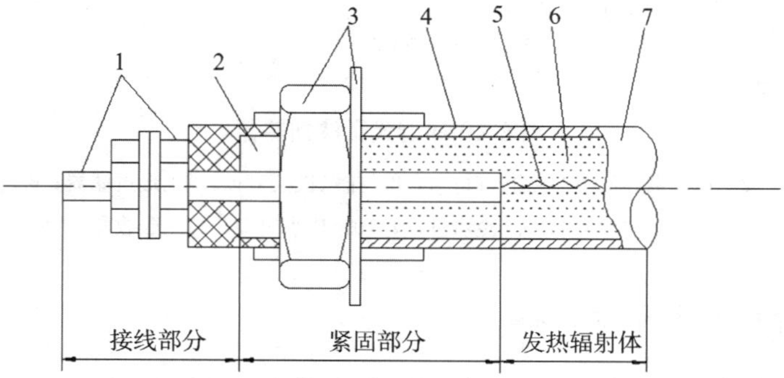

图 8.41　金属氧化镁管远红外辐射加热器

1. 接线装置；2. 导电杆；3. 紧固装置；4. 金属管；5. 电热丝；6. 氧化镁管；7. 辐射管表面涂层

2）碳化硅管远红外辐射加热器

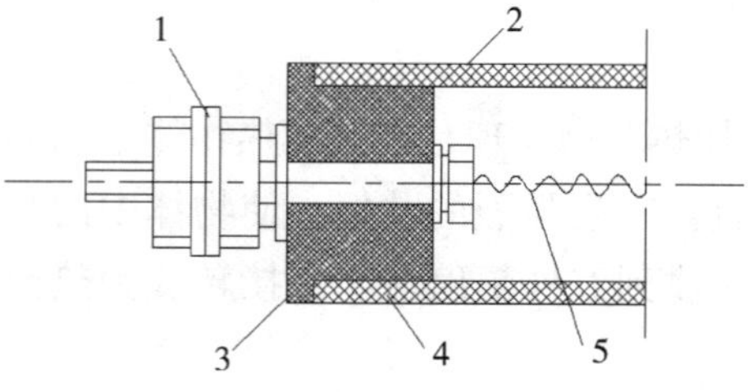

图 8.42　碳化硅的远红外辐射器

1. 接线装置；2. 辐射涂层；3. 普通陶瓷管；4. 碳化硅管；5. 电阻丝

碳化硅管远红外辐射加热器的基体是碳化硅。碳化硅为六角晶体，具有很高的硬度，熔点为 2600℃，使用温度可达 800℃。热源是电阻丝，碳化硅管外面涂敷了远红外涂料。因碳化硅不导电，故不需要填绝缘介质，如图 8.42 所示。碳化硅的远红外辐射器在糕点制作行业应用较多，主要因为其辐射特征和糕点的主要成分（面粉、糖、食用油等）的远红外吸收光谱特性相匹配，可取得很好的加热效果。

除此之外，还有乳白石英加热器，陶瓷红外辐射加热器，煤气、烟气红外辐射加热器等。

3. 远红外加热干燥器

将辐射元件置于上部或底部，可做成工业上用的远红外加热干燥器，主要有带式和链式两种：①带式炉以钢丝带或履带传送物体，物料可以直接放在带面上，可以是单层或多层带；②链式炉以两条或几条平行的、同轴传动的链条作传动带，物料用盘子装载后放在链上送入炉内。该形式加热器适用于物体小而多，要求平稳、少振动的物料。

8.8 国外干燥机械发展动态

8.8.1 国外主要干燥机械的进展

食品干燥技术，近些年来得到了较快发展，也出现了新的干燥机械与设备。

1. 声波场干燥

声波场干燥可用于干燥不宜高温干燥的物料，声波可使干燥过程加速1～2倍，大大缩短干燥时间。例如，使用转筒式声波场干燥器干燥葡萄糖酸钙，干燥时间仅用20～30 min，仅为现行传统干燥方法时间的1/24～1/16。声波场的干燥机理是通过声波或超声波，使物料内部产生振动，水分以气态和液态两种形式脱离，而部分结合水与物料分离，同时，所传播的能量被多孔性的物料吸收转化成热能，从而使物料中的水分迁移，蒸发后与物料脱离而达到干燥的目的。在喷雾干燥器（图8.43）和流化床干燥器（图8.44）上都可以产生声波声源，成为声助喷雾干燥器或声助流化床干燥器。声波（含超声波）干燥应用上的主要问题是产生声能所需要的压缩空气量大，费用较高。

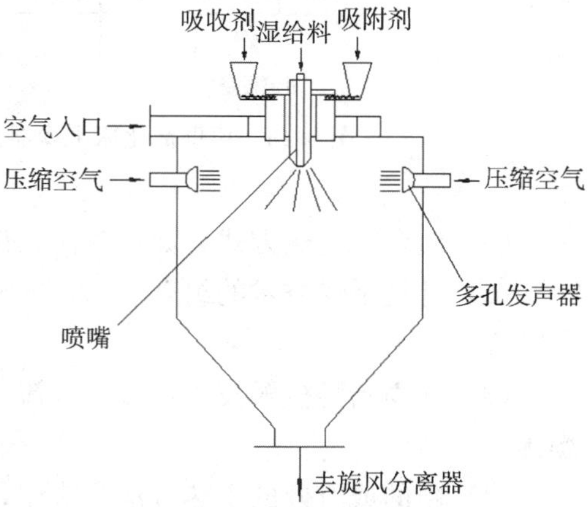

图8.43 喷雾干燥器

2. 热泵干燥装置

热泵干燥装置主要由热泵和干燥机（对流或传导干燥设备）两大部分组成，其工作原理如图8.45所示。热泵是指由压缩机、蒸发器、冷凝器和膨胀阀等组成的闭路循环系统。系统内的工作介质首先在蒸发器吸收干燥所排放废气中的热量后，由液体蒸发为蒸汽，再经压缩机压缩后送到冷凝器中；在高压下，工作介质冷凝液化，放出高温的冷凝热，去加热蒸发器中用降温液去湿后的低温干空气，把低温干空气加热到要求的范围后进入干燥室内作为介质循环使用；液化后的热泵工作介质经膨胀阀再次返回到蒸发器中，反复循环；废气中的大部分水蒸气在蒸发器中被冷凝下来直接排走。

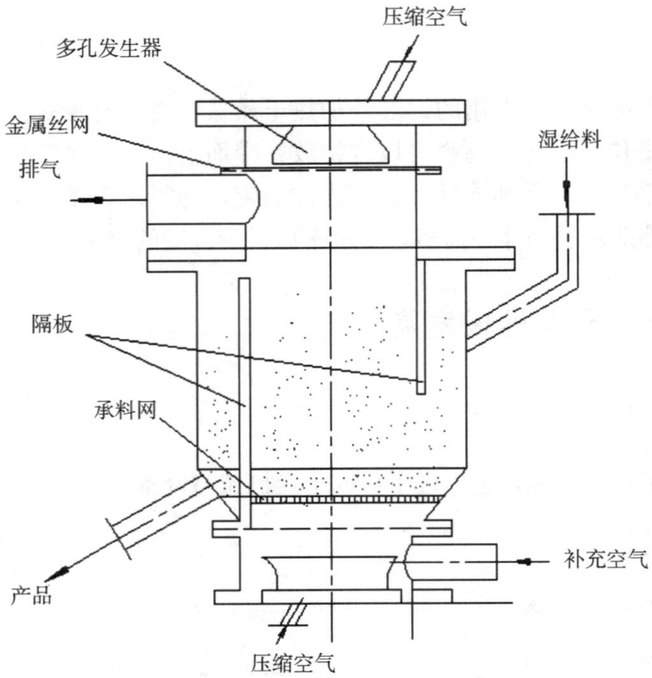

图 8.44 声助流化床干燥器

3. 高压静电场干燥

静电干燥技术是一种全新的干燥技术，如图 8.46 所示。被干燥的物料处于高压电场中，但并不与电极直接接触，它的脱水机理是“电场能传质”，即物料中的水分子在强电场作用下产生定向运动，并在电场力的作用下使水分子溢出物料表面而实现物料干燥，它具有能耗低，不污染空气，干燥均匀，物料不升温，还可杀灭细菌的特点。

8.8.2 国外干燥技术发展趋势

目前，国外干燥技术呈现出以下发展趋势。

（1）组合式传热方式，如：对流、传导与介电或辐射的组合。

（2）常规干燥技术的组合，如：气流－流化床干燥、喷雾－流化床干燥、喷雾－带式干燥等。

（3）气固新型接触技术，如：气流－流化床干燥、喷雾－流化床干燥、喷雾－带式干燥等。

（4）新的或有效的生热方法及应用，如：脉冲燃烧。

（5）机械式及热力脱水的结合，如：过滤器－干燥器。

（6）运用非常规的方法，如：超临界干燥。

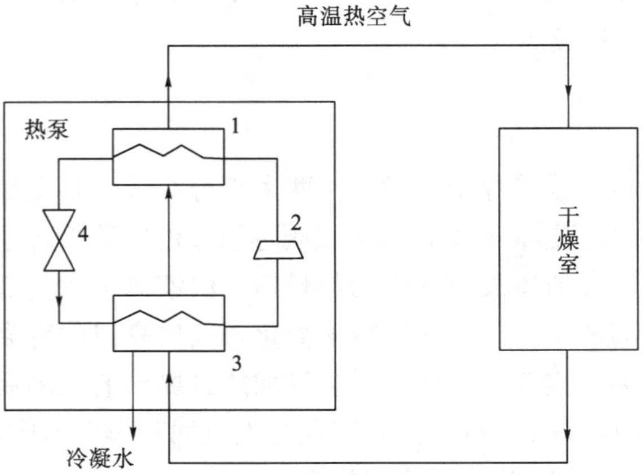

图 8.45 热泵干燥装置工作原理图

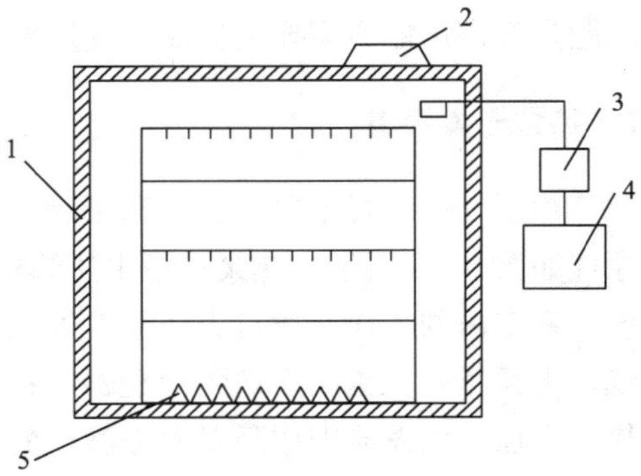

图 8.46 高压静电场干燥示意图

1. 金属保温箱；2. 通风装置；3. 高压装置；4. 控制系统；5. 加热装置

第 9 章　食品杀菌设备

杀菌，是食品加工中的一个重要环节。食品杀菌与医学上和生物学上的杀菌有一定的区别。食品杀菌有两种含义：一是要求杀死食品中所污染的致病菌、腐败菌，破坏食品中的酶而使制品在特定环境中，如密闭的瓶内、罐内或其他包装容器内，有一定的保存期；二是要求在杀菌过程中尽可能地保护食品中的营养成分和风味。所以，经杀菌后的饮食品是商业无菌。

食品杀菌的方法有物理杀菌和化学杀菌两大类。物理杀菌法如图 9.1 所示。化学杀菌法是使用过氧化氢、环氧乙烷、次氯酸钠等杀菌剂。由于化学杀菌存在化学残留物等影响，当代食品杀菌方法趋向于物理杀菌法。

- 物理杀菌法
  - 热杀菌法
    - 湿热杀菌法
      - 以蒸气、热水为热介质的杀菌法
      - 蒸汽喷射式加热杀菌
    - 干热杀菌法
      - 使用过热蒸汽的气流式杀菌法
      - 使用于热空气的热风杀菌
      - 火焰杀菌
  - 微波加热杀菌
  - 远红外线加热杀菌
- 冷杀菌法
  - 辐射杀菌法
    - 紫外线辐射
    - 电离辐射
  - 冷冻杀菌
  - 超高压杀菌技术

图 9.1　物理杀菌法分类

在湿热杀菌方法中，有巴氏杀菌法、高温短时杀菌法和超高温瞬时杀菌法之分。所谓巴氏杀菌（Pasteurization）是低温长时间杀菌法，杀菌温度低于 100℃，保温时间是 30 min。高温短时杀菌法（HTST），杀菌温度一般在 100℃以下，如牛奶的 HTST 杀菌温度为 85℃，保持 15 s 以上。超高温瞬时杀菌法（UHT），杀菌温度在 120℃以上，仅保持几秒钟。高温短时杀菌法和超高温瞬时杀菌法，不但效率高，而且食品的组织和外观及营养和风味的保存都较其他杀菌方法好。

根据上述的杀菌方法而相应发展起来的杀菌设备种类较多。以被处理物料的形态划分，分别为：

（1）流体食品杀菌设备。流体食品指未经包装的乳品、果汁等物料。处理这类物料的杀菌设备又有直接式和间接式之分。直接式是以蒸汽直接喷入物料中进行杀菌。间接式是用板、管杀菌器对饮料进行热交换进行杀菌的。

（2）罐装食品的杀菌设备。罐装食品即罐装饮料和瓶装饮料等有包装容器的饮料，处理这类物料的杀菌设备根据杀菌温度不同可分为常压杀菌设备和加压杀菌设备。常压杀菌设备的杀菌温度为100℃以下，用于pH小于4.5的饮料产品杀菌。用巴氏杀菌原理设计的罐头杀菌设备属于此类。加压杀菌设备一般在密闭的设备内进行，压力大于0.1 MPa，温度常用120℃左右。常压和加压杀菌设备在操作上亦可分为间歇式和连续式。根据杀菌设备所用热源不同又可分为直接蒸汽加热杀菌设备、热水加热杀菌设备、火焰连续杀菌机等。

（3）使用电磁波的物理杀菌设备。该类杀菌设备是使用微波、远红外线、紫外线等物理辐射进行加热杀菌的，是一种有开发前途的杀菌设备。

9.1　直接加热杀菌设备

直接加热杀菌法是对物料用蒸汽直接加热杀菌。采用此法的杀菌加热器有两种型式，即喷射器和注入器。喷射器是把蒸汽喷射到被杀菌的料液中进行杀菌；注入器则把液料注入热蒸汽中进行杀菌的。

直接加热杀菌法的优点为加热时间短，接触面积大，高温处理在瞬时进行，对热敏性制品影响小。缺点是：蒸汽必须经过脱氧和过滤，以除去蒸汽中的凝结水和不纯净物。

9.1.1　真空瞬时加热杀菌装置

真空瞬时加热杀菌装置是利用蒸汽直接进行杀菌的装置。其装置由预热器、冷却器、保持管、蒸发室、蒸汽喷射器及泵等组成。

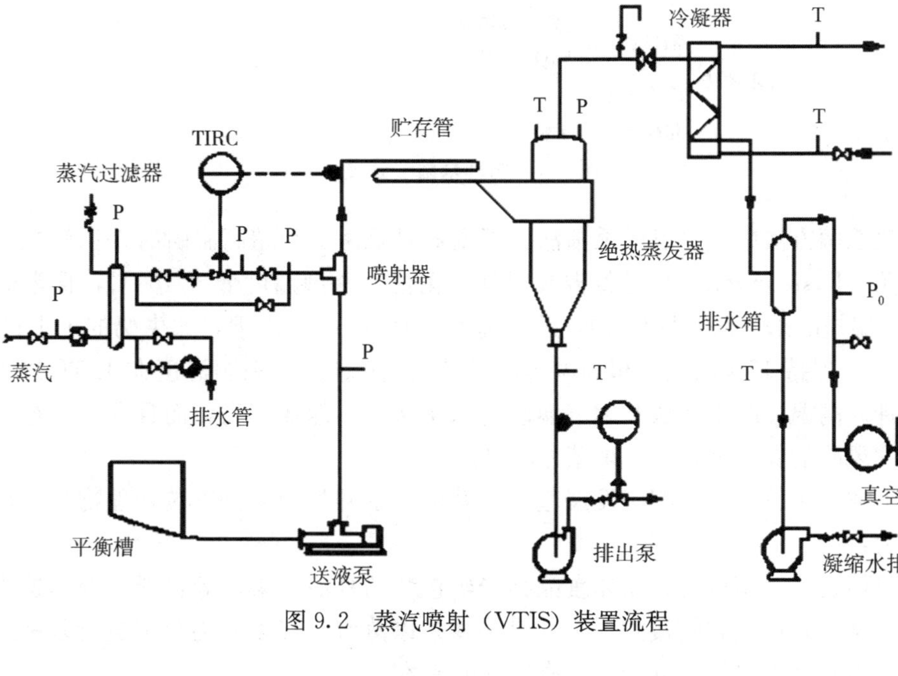

图9.2　蒸汽喷射（VTIS）装置流程

1. VTIS 装置流程与运行

图 9.2 所示的流程图为用于果汁饮料、浓缩果汁、酱状食品、糊剂、豆奶等物料杀菌用的 VTIS 装置。其运作过程如下：把物料先从平衡槽 1 中用泵 2 送到喷射器 3；同时经净化的蒸汽在喷射器 3 中的出口处与物料混合，其压力和流量由控制阀 4 调节；混合后达到杀菌温度的物料，在保持管内停留数秒，然后被送到真空快速蒸发器 6 内，在这里把喷射的蒸汽绝热蒸发、冷却，并对物料进行浓缩，使之调节到杀菌前的浓度。

2. 装置的运行调节

调节装置包含以下三个方面：

（1）比重的自动调节。为了使加入直接蒸汽喷射杀菌器中的蒸汽和从真空冷却器抽出的蒸汽基本处于平衡，故喷射进入和排出的蒸汽量应相等。VTIS 装置是以比重自动调节来实现控制和记录的。在该装置中，比重的平均精度控制在±1.0%以内，若超过预定偏差的数字时，装置将会发出色光或音响的警报。

（2）温度的自动调节。为了保证制品的无菌，VTIS 中必须要有一反应快的温度调节器，以确保杀菌温度的准确。为此，在保持管中安装一台与整个装置电子回路相连的温度传感器，以此来控制气动阀，改变蒸汽的喷射速度，自动地保持所需的杀菌温度，保持一段时间后，则自动关闭阀门，实现自动联锁。

（3）装置的清洗和消毒自动化。自动清洗系统主要由一组气动阀和一些按预定程序操作这些阀门的电子控制器组成。系统是完全自动和绝对不需装拆操作的。这种清洗系统称为自动就地清洗系统（CIP）。

3. VTIS 主要部件

VTIS 除管道、板式或管式杀菌器、阀等部件外，还有以下主要部件：

（1）蒸汽喷射器。蒸汽喷射器是 VTIS 装置的重要部件，结构如图 9.3 所示。设计蒸汽喷射器，既要保证物料能在很短时间内加热到杀菌温度，又要使高热处理沉积物保持在最低限度。喷射器用不锈钢制造，外形为不对称的 T 形三通，内管管壁四周设有很多直径小于 1 mm 的细孔。蒸汽就是通过这些细孔并与物料流动方向成直角，强制喷射到物料中去。喷射过程中，物料与蒸汽均处于一定压力之下。物料在进入喷射器前的压力，一般保持在 0.4 MPa 左右，蒸汽压力为 0.48～0.5 MPa。为了防止物料在喷射器内发生沸腾，必须使物料保持一定的压力。而直接与物料接触的蒸汽必须是高纯度的，通常是用离心式过滤器，以除去任何可能存在的固体颗粒和溶解的盐类。

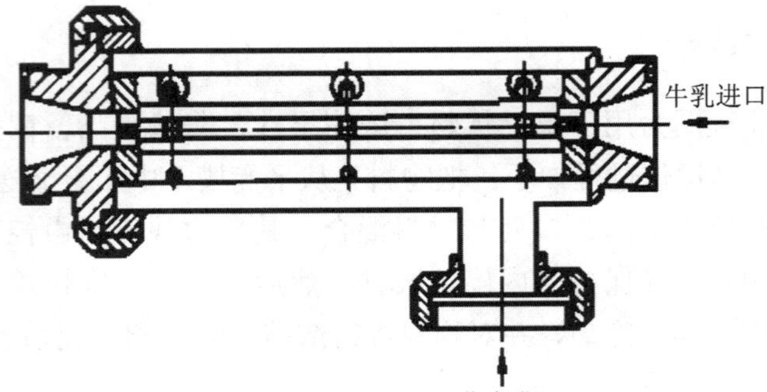

图 9.3 蒸汽喷射器

（2）无菌泵。无菌泵一般为离心奶泵，采用蒸汽密封以保证工作时处于无菌状态。

（3）无菌均质机。无菌均质机与一般均质机相似，但配有一蒸汽箱，用蒸汽密封所有通道。

9.1.2 注入式瞬时加热杀菌装置

注入式瞬时加热杀菌装置是把物料注入过热蒸汽加热器中，由蒸汽瞬时加热到杀菌温度，完成杀菌过程的装置。

现以国外四种原理相同但结构有别的注入式瞬时杀菌装置为例作一简介。

1. 拉吉奥尔装置

该装置为法国库勒瓦的埃茨·拉吉奥尔公司研制，主要由两台预热器、两个容器和一台冷却器所组成，流程如图 9.4 所示。

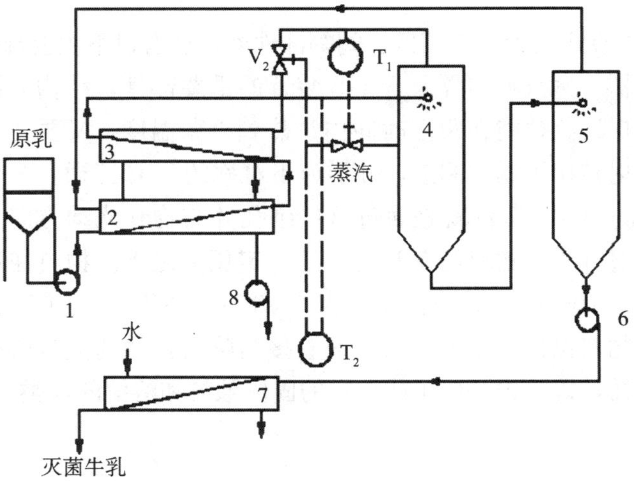

图 9.4 拉吉奥尔超高温装置

1. 高压泵；2. 预热器（水汽）；3. 预热器（蒸汽）；4. 加热器；5. 闪蒸罐；6. 无菌泵；7. 冷却器；8. 真空泵；T_1，T_2. 调节器；V_2. 阀门

拉吉奥尔装置的工作过程如下：原料用高压泵 1 从平衡槽输送到管式热交换器 2（在热交换器中，传热介质来自闪蒸罐 5 的热水汽加热）进行换热加热，然后经第二管式热交换器 3（传热介质为加热器 4 排出的废蒸汽）进一步加热到大约 75℃，最后，料液注入加热器 4，加热器内充满温度约为 140℃的过热蒸汽，并利用调节器 T_1，保持这一温度不变。细小的料液珠溅落到容器底部时，旋即加热到杀菌温度。水蒸气、空气及其他挥发性气体，一起从顶部排出，并进入第二热交换器 3，预热第一热交换器 2 来的料液溅落入加热器 4 底部的热料液，在压力作用下强制喷入闪蒸罐 5，并在其中急剧膨胀。由于突然减压，其温度很快地降到 75℃左右。同时，大量水汽从闪蒸罐顶部排出，在第一管式热交换器 2 处冷凝，从而在闪蒸罐内造成部分真空。用真空泵 8 将加热器和闪蒸罐的不凝性气体抽出，还会进一步降低两容器内的压力。聚集在闪蒸罐 5 底部的灭菌料液用无菌泵抽出，在进行灌装之前先在另一管式无菌冷却器中用冰水冷却到大约 4℃。当料液注入装置中时，水分会增加，而膨胀时又把大量的水分除掉。要保持料液中的水分或总固形物含量不变，是利用调节器 T_1 操纵自动阀门 V_2 对废蒸汽流速进行调节来实现的。

2. 热真空装置

该装置由法国布雷尔－马泰尔公司研制。总体设计与拉吉奥尔装置相似，所不同的是它使用了四台板式杀菌器，两台用于预热，另两台用于冷却。装置的流程如图 9.5 所示。

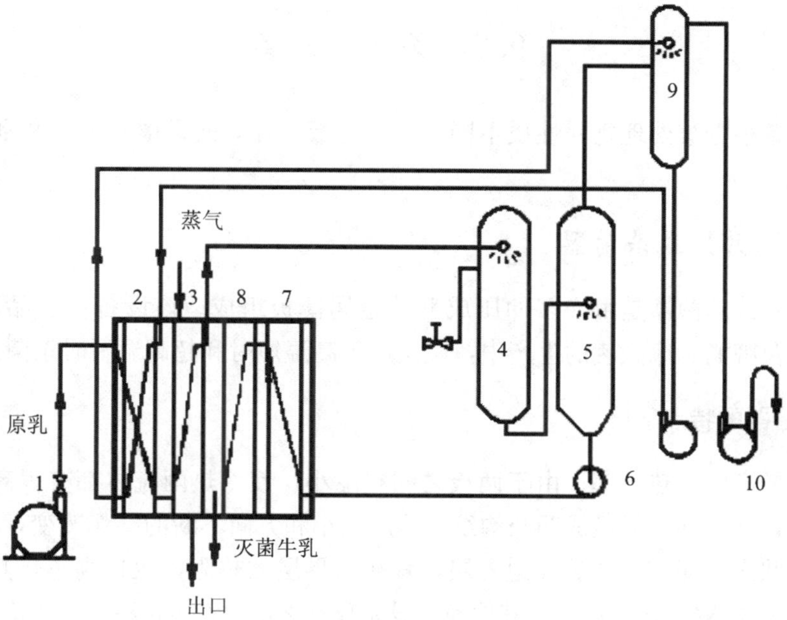

图 9.5　热真空装置

1. 原料泵；2. 预热器；(水汽)；3. 预热器；(蒸汽)；4. 加热器；5. 闪蒸罐；
6. 无菌泵；7、8. 冷却器 9. 热汽冷凝器；10. 真空泵

3. 帕拉莱斯托尔装置

该装置由丹麦荷尔森斯（Horsens）的帕斯－西尔克博格公司研制。其装置的工作原理与上述两种相同，但在研制和工程技术上比上述两种要复杂。如设有无菌灌装机，设有CIP装置，温度的自控，运行时流程在仪表屏的显示等。

4. 过热装置

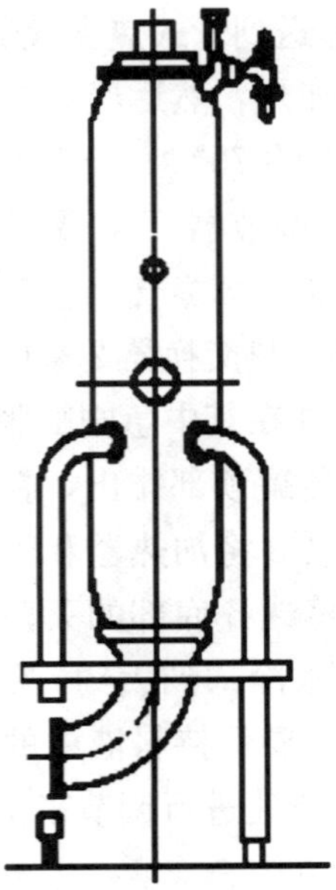
图 9.6 过热装置注入式加热器

该装置为美国圣雷吉斯公司奶油包装分公司设计，主要由一个注入式加热器和一个闪蒸罐组成。注入式加热器是一种不锈钢制造的圆筒形蒸汽直接加热容器，如图9.6所示。蒸汽在容器中部加入，制品则从容器上方经一管道从上而下进入加热器，最后到达分配器，分散成自由下落的薄雾状细颗粒。加热器装有一个空气调节阀，随着液面升高，该阀可让少量经过过滤的加压空气进入圆筒形加热器中，所以可以通过调节蒸汽压力和空气压力，准确地控制制品的加热过程。加热器内温度可达150℃，可以在很大的容量范围内加热各种液体制品。

9.2 杀菌设备

杀菌设备根据被处理物料性质不同，可分为板（片）式、螺旋板式和刮板式杀菌器三种。

9.2.1 板（片）式杀菌器

板（片）式杀菌器是由许多冲压成型的金属薄板组成。该设备在乳品、果汁饮料、清凉饮料以及啤酒、冰激凌的生产中，广泛用于高温短时和超高温瞬时杀菌。

1. 板式杀菌器的特点

(1) 有较高的传热效率。由于两板之间空隙小，使冷热两流体都有很高的流速，在传热板面上，又因冲压成型成凹凸沟纹，速度大小和方向不断的突然改变，流体通过时，能形成湍流状态，能有效地破坏边界层，减薄边界层的热阻，故提高了传热系数 K 值，可达3500～4100 W/（m^2·K），其他换热设备仅在2300 W/（m^2·K）左右。

(2) 结构紧凑，占地面积小，在较小的工作体积内，可容纳较多的传热面积，这是板式杀菌器最突出的优点之一。

(3) 有较大的适应性，当生产上要求改变工艺条件和生产能力时，只需增减传热片的片数，改变片的组合，即能满足生产要求。

(4) 适宜于处理低黏度的热敏感物料，由于两板间空隙小，物料又以快速薄层通过，不致产生过热现象，因此，对热敏感物料如牛奶、水果汁等食品的加热、杀菌特别适宜。

(5) 便于清洗。因设备各部件拆卸装备简单，故便于清洗，能保持良好的卫生条件。

(6) 操作安全。完全在密闭的条件操作，物料不与空气接触，防止污染；从结构上保证两种液体不致相混，在热交换段，原料乳处于负压下，保证它不会混入正压下的杀菌物料内；万一发生泄漏事故，结构上也保证其容易被发现，设备可及时得到调整。

(7) 热量利用率高。数种流体可在同一套设备进行热交换，即在同一套设备内可进行加热和冷却，便于热量的回收，既节约设备投资，又可节约蒸汽与冷却水（约75%～85%）。

(8) 能自动调节，连续生产。装置中有自动调节系统，保证安全连续生产，提高劳动生产率。

板式杀菌器虽有上述优点，并得到广泛运用，但也存在一些缺点：

(1) 脱垫（垫圈从波纹片上脱落）。当加热温度到60℃以上时，较容易发生这种情况。

(2) 垫圈伸长变形。当脱垫后，再黏结上去时，会有20～30 mm伸长变形，无法再使用。

(3) 老化。一般使用的垫圈耐热温度在120°C左右，若温度过高时，则垫圈易老化。

(4) 在接头处泄漏。这有多方面原因，如安装不当，或垫圈本身发生变形等。

(5) 密封垫圈断裂。因为垫圈质量差所造成，也可能是超过其耐热温度而引起。

(6) 垫圈使用寿命短。由于上述原因，在正常生产情况下，都要经常更换垫圈（不超过三个月更换一次）。因密封周边长，消耗垫圈多。

2. 板式杀菌器的结构

其结构和流程如图9.7、图9.8所示。

它是由许多不锈钢薄片重叠压紧而成的热交换器，其工作原理与板框式压滤机很相似。主要工作部件有：板式杀菌器、温度调节系统、温度保持器和自动记录仪、卫生泵及热水泵等。杀菌器主体部分，是由许多具有花纹的热交换片依次重叠在框架上压紧而成，加热（或冷却）介质与料液在相邻两片间流动，通过金属片进行热交换，金属片面积大，流动的液层又薄，热效果很好，传热板1是用1 mm厚的不锈钢板由水压机冲压成型，全悬挂于导杆2上。前端有固定板3，旋紧在后支4上。压紧螺杆6可使压紧板5与各传热板1叠合在一起，板与板之间在板的四周用板框橡胶垫圈11保证密封，并使两板间有一定空隙，调节垫圈的厚度即可改变两片之间流体通道大小。在每片的四角上各开一孔口，借圈环垫圈11的密封作用，四个孔中只有两个孔口可与金属片一侧的流道相通，另两个孔口则与金属片另一侧的流道相通。冷热两流体就在薄片的两边交替流动进行热交换。拆卸时，只需转动压紧螺杆6，使压紧板5及传热板1沿着导杆2滑动松开。清洗，拆装均很方便。

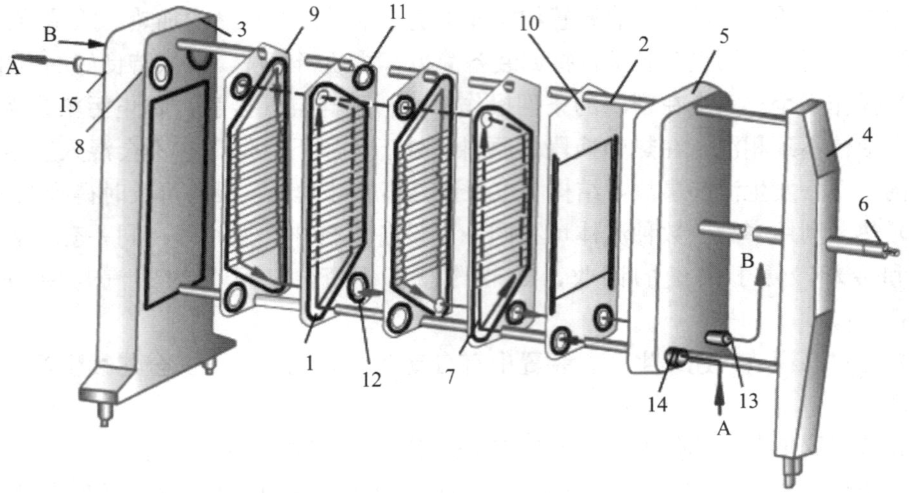

图 9.7　片式杀菌器组合示意图

1. 传热板；2. 导杆；3. 前支架（固定板）；4. 后支架；5. 压紧板；6. 压紧螺杆；7. 板框橡胶垫圈；8，13，14，15. 连接管；9. 上角孔；10. 分界板；11. 圆环橡胶垫圈；12. 下角孔

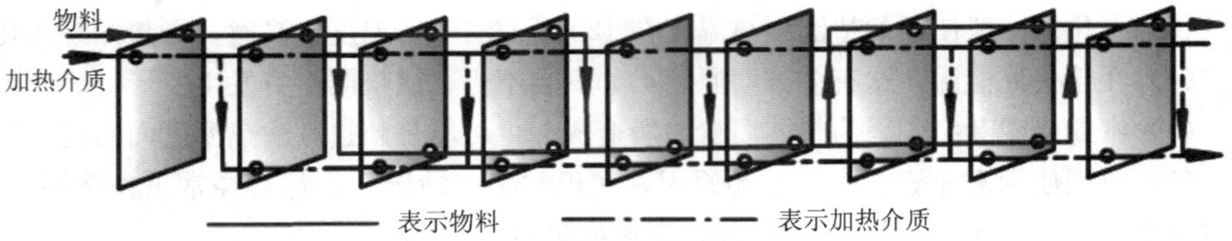

图 9.8　片式杀菌器流程示意图

3. 传热板的结构

传热板是杀菌设备的主要部件，目前生产上有很多类型，其形状及轮廓尺寸有较大差别。

1）按结构形式分类

（1）沟道片，有螺旋形或曲折的道沟，是最老的结构形式，目前已被新结构所淘汰。

（2）单流片，流体进入传热片后按单一方向流动，不像沟道片那样在同一片内要反复 180°。这种传热片由于冲压的花纹不同，使流体造成不同形状的湍流，大致可以分为两种：一为波纹片（条流），二为网流片（网流）。

（3）有衬垫的平片（筛片及平片组合）。

2）其他方法分类

（1）在同一台设备内，按各种传热板的用途可分为串联片、分界片和端面片等。

（2）按密封垫圈所在位置可分为双面的、单面的和平片等。

（3）按密封垫圈相对位置可分为左面的和右面的。

（4）按进口和出口的相对位置及液流在金属片内流动的总方向可分为直流的和对角线流动的。

3）平直波纹片结构

由上述可知，形式很多。现以 12－2 型的平直波纹片为例。它是用 1200 t 油压机将 1 mm 厚的不锈钢板表面冲压出与流体流向垂直的波纹，使流体在水平方向成条状薄膜，在垂直方向呈波状流动。当流体通过传热板时，液流的流向和速度经过多次变化，并使它逐步扩大到整个液流中去，从而破坏了紧靠金属表面的滞流层，因而提高了金属片与流体间的给热系数。如图 9.9 所示，同时在金属片的两边，流体压力经常是不相同的，为了防止薄片的变形，在金属片的表面纵向装置了间隔凸缘，它们形成了片间的多支点支承，增加了金属片的刚度，并保证了两金属片间所需的距离，一般为 3～6 mm，流体通过流速为 0.3～0.8 m/s，波纹片的传热效果好，强度高，应用较广泛。

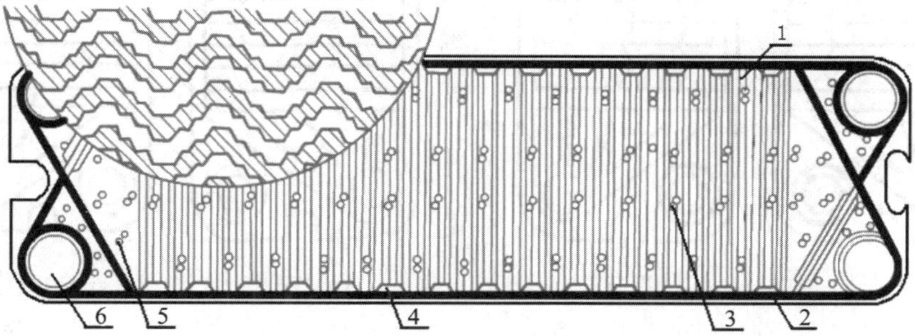

图 9.9　波纹金属片

1. 凸缘；2. 橡胶垫圈；3. 中间触点；4. 波纹；5. 交孔触点；6. 孔板

4）波纹片尺寸的确定

波纹片的宽度与长度的比值，直接关系流体在进口处扩张，在出口处收缩的情况，以及流体通过整个传热表面的均匀性。为了使流体流入以后，能迅速扩展到整个金属片宽面上，并为了防止死角起见，必须使金属片长与宽的比值增大，通过研究与实践，认为片长与片宽 b 之比以 $l/b=$（3～4）：1 为宜，否则当面积一定时，增加 l/b 的比值，则垫圈单位面积所需的长度也大约成正比增加。金属片的高度应便于拆卸清洗操作，一般高 1000～1200 mm，片宽约 300～400 mm。个别情况下也有增加到 $l/b=6:1$。薄片材料，在食品工业中最多采用 $1Crl_8Ni_9Ti$ 和 $1Cr_{13}$ 不锈钢，它有较高的强度及很好的延伸性和冲压性能，又耐腐蚀，而且符合食品卫生要求。

4. 液流在薄片上通过时的流动形式与密封垫圈的布置

波纹金属片的密封垫圈，只是固定在金属片的一边，每片上都有四个角孔，它们构成流体的通道，布置垫圈时，必须使薄片组合后构成两种互不通连的冷热流体进出通道，其中有一条通道与两个角孔相通，所以这两条通路彼此依次相间。根据流体流过金属片表面的方式不同，波纹金属片可分为单侧直流片和对角斜流片，如图 9.10 及图 9.11 所示。

1）单侧直流片

同一种液体的进出口角孔，在设备同一侧的轴线上，如图 9.10 所示，将相邻两片水平放在一起，可见流体呈直线方向流动。左片上，第一种液体从左上角孔流入片间，从金属片下左角孔流出，两个右角孔垫圈隔离，在右角孔上第二种液体则流到传热片的另一侧。这种结构的特点如下：

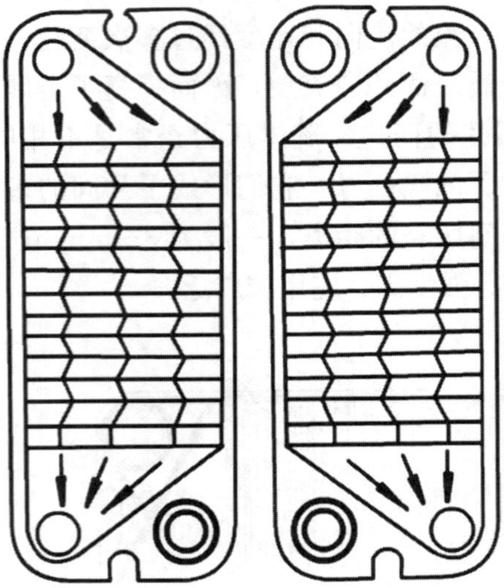

(a) 左片　(b) 右片

图 9.10　呈直线方向流动的工作示意图

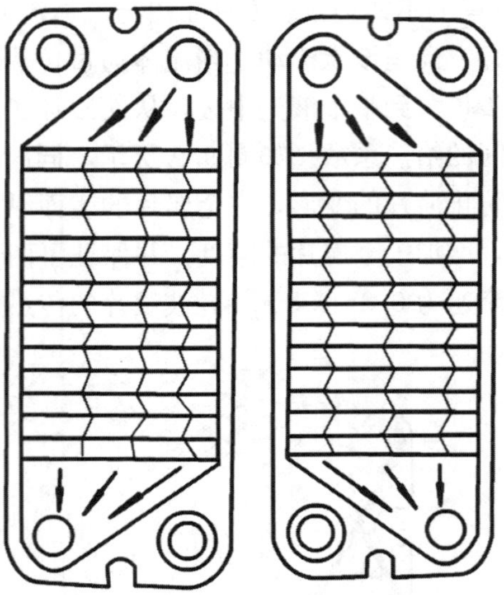

(a) 左片　(b) 右片

图 9.11　呈对角线方向流动的工作示意图

(1) 左、右两片结构一样，只需用同一冲压模，周边垫圈放置位相同。组合时，只需把左片旋转 180°即成右片，然后依次相同地悬吊在导杆上。

(2) 同一种流体的进出口布置在设备的同一侧，使得产品管路（牛奶、果汁之类）有可能与一般流体管路（热水、冷水或盐水等）分开，避免产品管路与其他生产线相混置，方便管理，而且既卫生又美观。

2) 对角斜流片（或双边流片）

同一种液体进出口两角孔在对角线的两端点位置上，如图 9.11 所示，它们左右的片的结构不一样，垫圈也不一样。大垫圈围绕着金属片的对角线上的两个角孔，片间流动的总方向是对角线方向。这种流动方式从流体流速的均匀性、传热效果与流体阻力等方面，与单侧直流布置相比较没有显著差别，但是需要有两种冲模压制，备用的金属片相对的也较多，在设备管理及外观上也不及前者。因此较少采用。

3) 角孔部位密封垫圈的结构

一般采用聚四氟乙烯材料，温度可达 300℃左右。由于密封周边长，可能产生泄漏现象。在金属片两侧漏液容易发现，在角孔处漏液时就较难发现，同时，由于金属片两侧之间存在着压力差，还可能产生两种流体相混淆的现象，因此对于密封垫圈将用那一种结构形式应引起注意，如图 9.12 所示。

图 9.12 (a) 所示角孔垫圈是与周边大垫圈整体制成的，若垫圈失效引起液体泄漏，造成两种流体渗漏，在外部不易察觉，此种结构不正确。

图 9.12 (b) 所示结构，若密封垫圈失效时，流体首先流向设备外部，容易检查，而且两种流体不致相混。实践证明，确能克服前者的缺点。

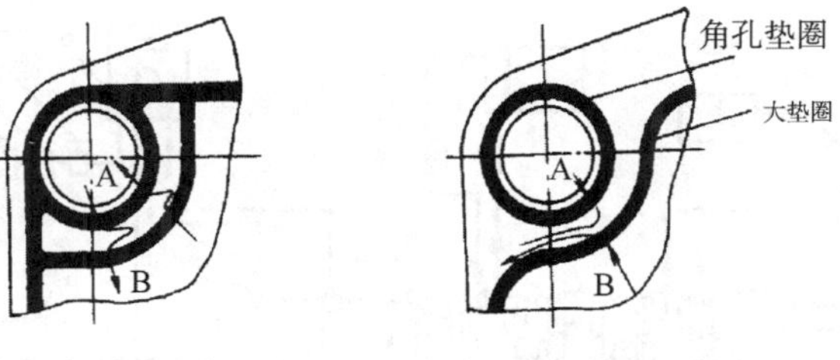

(a) 不正确　　　　(b) 正确

图 9.12　角孔处密封垫圈结构

4）薄片加工与装配要求

传热板厚度一般在 1～1.2 mm，板与板之间流道也只有 4～10 mm 宽，这就决定了液层的厚度。若安装时不注意，在垂直方向产生了相对位移，这样可能造成两板接触，或使缝隙变得很窄，则流体无法通过，或通过时阻力很大，如图 9.13 所示。

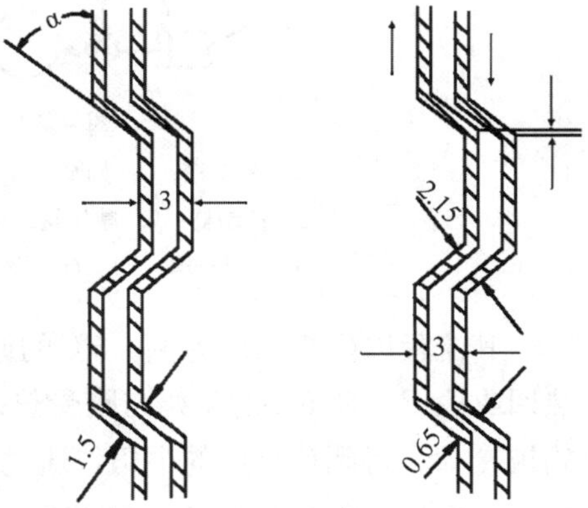

图 9.13　两片产生位移后缝隙变化

当 $\alpha=60°$时，板间距为 3 mm，而倾斜部分距离为 1.5 mm。若垂直方向移动 1 mm，将一端缝隙减小为 0.65 mm，另一端则增大到 2.37 mm，因而引起流速变化，增加流动阻力。因此要求在安装时，平板在导杆上垂直位置（各板上下位置），其误差小于 0.2～0.25 mm。对薄片加工时也有一定要求，如金属片基面的不平直度沿任意方向测量不得大于 0.5%，对 0.21 m^2 薄板在 35 个波纹节距中任何两个横向凹凸间的距离极限偏差不得大于 0.03 mm，横向波纹与纵向凹槽的垂直度偏差在 28 mm 以上，误差不大于 0.1 mm。

5. 片式杀菌装置流程

1）高温短时巴氏杀菌流程及其操作

高温短时巴板式杀菌装置的结构由三个部分组成，如图 9.14 所示。

(1) 热交换部。用作处理液与制品之间的热交换，如图 9.14 中 R 段。

(2) 加热部。用热水或蒸汽加热杀菌。图 9.14 中 H_1 为预热段，H_2 为杀菌段。

(3) 冷却部。用水或冷水冷却成品，图 9.14 中 C 段。

(4) 保持槽。型式有多种，槽内有特殊装置。物料可以滞留在槽内一定的时间。也有使用槽内真空来提高脱臭、脱气效果的方式。

(5) 分流阀。设在加热杀菌后物料的出口部。物料达到杀菌温度后，分流阀使其从正规流路流出，未达到杀菌温度的物料，则会被分流阀切向（由切换器控制）另一流路，回流到平衡槽。

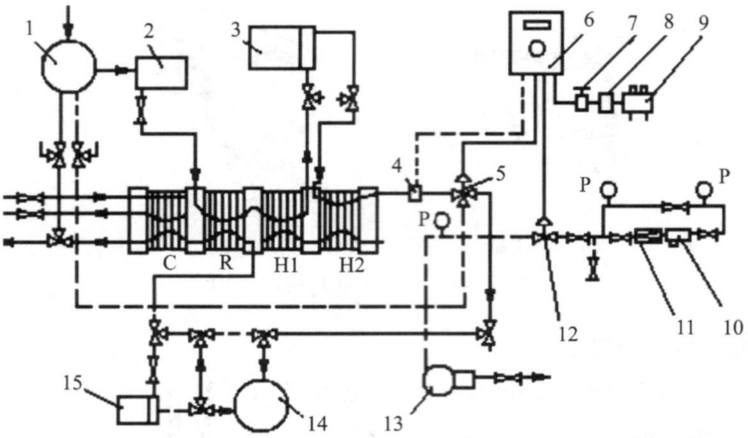

图 9.14　高温短时巴氏杀菌流程图

1. 平衡槽；2. 奶泵；3. 均质机；4. 测温系统；5. 三相自动切换阀；6. 控制器；7. 减压阀；8. 空气过滤器；9. 空气压缩机；10. 粗滤器；11. 减压阀；12. 自动调节阀；13. 真空泵；14. 保温缸；15. 出料泵

其流程以牛奶杀菌为例。5℃的原料奶从贮奶罐流入平衡槽 1。由泵 2 将牛奶送到加热回收段 R，使 5℃的牛奶与刚受热杀菌后的牛奶进行热交换到 60℃左右。杀菌后的牛奶被冷却。得到预热后的牛奶，通过过滤器、预热器 H_1，加热到 65℃左右，通过均质机 3 后，进入加热杀菌段 H_2，被蒸汽或热水加热到杀菌温度。杀菌后的牛奶通过温度保持槽，停留 15～16 s，然后流到分流阀 5（切换阀）。若牛奶已达到杀菌温度，分流阀则将其送到热回收段。若未达到杀菌温度，分流阀则将其送回平衡槽。杀菌后的牛奶经热回收后，温度约为 20～25℃，再进入冷水冷却段 C，使其温度降到 10℃左右，成为产品流出。在此阶段中，也可以用 5℃的原料牛奶代替盐水或冰水与 20～25℃的产品牛奶进行传热冷却，则更有利于热回收。

2）超高温瞬时杀菌装置（UHT 装置）

有蒸汽间接加热法和直接蒸汽加热法两大类。间接加热法为常见的一种。有以 APV 超高温瞬时杀菌装置为代表，它的组成部分和 HTST 装置相同，其全套设备包括平衡槽、片式杀菌器、奶泵、均质机及温度自动控制器和其他。自动调节元件所组成，其装置流程如图 9.15 所示。杀菌温度不同，即 130～150℃加热 0.4～4 s，能杀灭耐热性芽孢、细菌。

以食用牛奶生产为例，其操作分述如下：

(1) 由就地清洗系统（CIP）自动清洗全机。

(2) 原料牛奶自贮奶罐流入平衡槽 1。

(3) 通过泵 2 将原料奶送至热回收段 3，与杀菌后的产品进行热交换，使其温度加热到 85℃左右，进入温度保持槽 4 内，保温 5 min，使牛奶对热产生稳定作用以及除臭。

(4) 由泵 5 将牛奶送入均质机 6 进行均质，其后进入第一加热段 7、第二加热段 8 进行杀菌。杀菌加热蒸汽压为第一段 20～30 kPa，加热到 85℃，第二段加热蒸汽压为 250～450 kPa，牛奶瞬间可达到 135～150℃，保持 2 s 后，送至分流阀 14。

(5) 由仪表自动控制的分流阀，将已达到杀菌温度的产品送到第一冷却段 11，将未达到杀菌温度的牛奶送至水冷却器15，将其降温后回流到平衡槽1。

（6）产品奶在第一冷却段再流入热回收段3，在冷水或冰水冷却段中冷却，使温度降至4℃流出装罐。

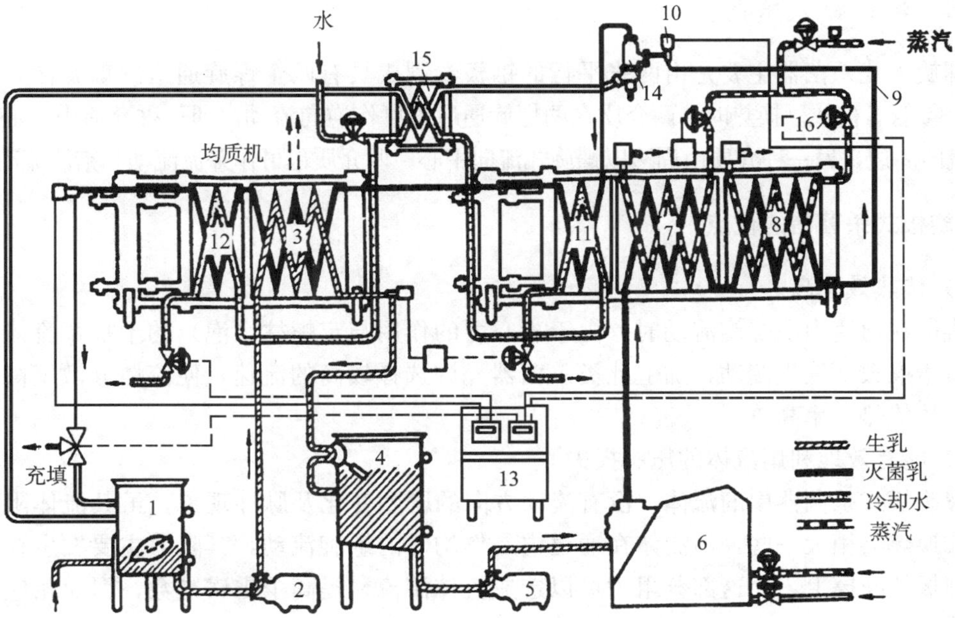

图9.15 APV超高温瞬时杀菌装置

1. 浮动平衡槽；2. 牛乳泵；3. 热交换器；4. 温度保持槽；5. 卫生泵；6. 均质机；7. 第一加热段；8. 第二加热段；9. 贮液管；10. 温度计；11. 第一冷却段；12. 最终冷却段；13. 控制盘；14. 分流阀；15. 水冷却器；16. 蒸汽阀

6. 设备的维护与保养

（1）各仪表调节应有专人负责，并严格执行操作规程进行操作与维护。

（2）片式杀菌器压紧螺帽与上下导杆，应经常加润滑油脂进行润滑。

（3）定期检查各传热板清洗是否完善，是否有沉积物、结焦，水锈层等结垢附着，并即时进行清洗。在这同时还必须检查各传热板与橡胶垫圈的黏合是否紧密，橡胶垫圈本身是否完好，以免橡胶垫圈脱胶与损坏而引起的泄漏。

（4）当需更换的橡胶垫圈或修补脱胶部分时，需将该传热板取下，放在桌上，将旧垫圈拆下，或在脱胶处将传热板凹槽的胶水遗迹用细砂纸擦尽，再用四氯化碳或三氯乙烯等溶剂把凹槽内的油迹擦尽，再把新橡胶的垫圈的背部用细砂纸擦毛，同样用四氯化碳或三氯乙烯溶剂把油迹擦尽。然后在凹槽和橡胶垫圈背面均薄薄敷上一层胶水，待稍干一下，以不黏手指，但仍发黏为度，即将橡胶垫圈嵌入槽内，四周压平，敷一层滑石粉，随即将传热板装上设备机架轻轻夹紧。根据胶水说明书要求隔一段时间即可投产使用。

（5）更换传热片橡胶垫圈时，须将该段全部更新，以免各片间隙不均，影响传热效果。

（6）每次将传热片重新压紧时，须注意上一次压紧时的刻度位置，切勿使橡胶垫圈压过度，以致降低垫圈使用寿命。

一般在操作开始使用清水进行循环时，可能有轻微的泄漏，到温度升到杀菌温度时，泄漏将自行消失。如果泄漏仍不停止，须将传热板再压紧一些。如果仍不见效，尚须打开检查橡胶垫圈的情况，亦有可能是传热片未按片上号码顺序排列，则应予纠正。

9.2.2 螺旋板式杀菌器

螺旋板式杀菌器主要是由两张平行的钢板卷制成具有两个螺旋通道的螺旋体，加上端盖、接管等构成。换热时，两介质在两螺旋通道内可作逆向流动，即一种介质由中心以螺旋式流向周边，另一种介质由周边以螺旋式流向中心，两介质也可作并流流动和错流流动。

1. 螺旋板式杀菌器的优点

1）传热效率高

流体在通道内呈螺旋流动时，由于离心力的作用与定螺柱（泡）的干扰，流体在较低的雷诺准数下发生湍动，加上此类杀菌器允许选择较高的流速，使流体分散度高，接触好，故传热效率高。

2）能有效地利用流体的压头损失

螺旋板式杀菌器中的流体，没有流动方向的剧烈变化及脉冲现象，虽其流体阻力比列管式换热器稍大一些，但流体在通道内是作均匀的螺旋流动，其阻力主要发生在流体与螺旋板的摩擦上，而这部分阻力可以造成流体湍流，提高了雷诺准数，因而相应地增加了传热系数。

3）有自洁作用，不易污塞

由于受热体在设备内走的是均匀的单通道，允许的速度又较高，流速甚高呈涡流状态，因而污物不易沉积。若是某处有异物沉积或淤渣停滞，那么该处的通道随即变窄，在流量不变的情况下，该处的流速便相应增大，产生冲刷力便把该处的污物或淤渣冲走，这种现象便是螺旋通道特有的自冲刷作用，也称“自洁作用”。一般它的积垢速度约为列管式杀菌器的1/10。

4）结构紧凑，体积小

如直径为1.5 m，高度为1.8 m的螺旋板式杀菌器。其传热面积可达200 m^2。一般来说，其单位体积的传热面积约为列管式杀菌器的3倍。

5）可利用低温热源

并能精确控制温度当两流体在螺旋通道中采用全逆流操作时，则对数平均温度差大，可回收低温热能。目前我国使用的最小温度差为3℃。螺旋板式杀菌器具有两个较长的均匀螺旋通道，介质在通道中可以进行均匀加热和冷却，因此能精确地控制其出口温度。

6）温差应力小

螺旋板式杀菌器的特点是允许膨胀。当其螺旋体受热和冷却时，可像钟表内的发条一样伸张与收缩，不会产生很大的内应力，且螺旋体各圈之间都是一侧为热流体，另一侧为冷流体（仅最外圈与大气接触），故螺旋体之间的温度差不像列管式杀菌器中管子与壳体的温度差那样明显，因此不会产生大的温差应力。

7）热损失小

由于结构紧凑，即使传热面积很大，其外表面积较小，且接近常温的流体是以最外缘通道流出，所以热损失小，一般不需保温。

8）制造简单材料利用率高，不用管材

由于螺旋板式杀菌器通常是在专用卷床上卷制，因而易于加工，材料主要是板材。列管式杀菌器由于所使用的材料多，如大量的无缝钢管、厚板大型管、法兰、封头，且机械加工工艺复杂，成本自然就高。而螺旋板式杀菌器，只需用两张 4 mm 的卷板和不同的圆钢卷制并焊接而成，无论材料和加工过程都要节省很多，其价格约是列管式的 70%～80%。其加工时间约是列管式的一半，制作交货时间也就大大缩短了。

2. 螺旋板式杀菌器的主要缺点

1）承压能力受限制

螺旋板式杀菌器一般是按每一通道的额定压力设计的。由于螺旋板的直径较大，刚性较差，每一圈必须承受设计压力（当其两通道的压力差接近或达到临界压力时，螺旋体就会被压瘪而失稳），而且板厚不能过大，否则会给加工带来困难，因此压力不能太高。

2）检修、清洗困难

螺旋体通常为不可拆结构，因而检修、清洗困难，即使是可拆结构，由于螺旋通道较窄，通道内又设有定距柱（泡），也不易检修、清洗。

3）流体阻力较大

因螺旋通道长，又有定距柱（泡）的干扰，加上进出口的局部阻力，因而流体阻力较大。

3. 螺旋板式杀菌器的结构

根据通道布置的不同和使用的条件，螺旋板式杀菌器有以下三种基本形式：

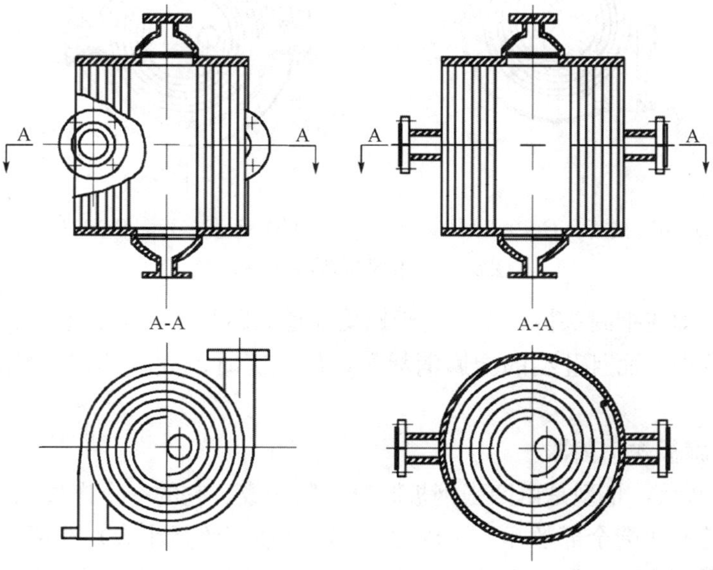

(a) $P\leqslant 0.6$ MPa　　(b) $P\leqslant 2.5$ MPa

图 9.16　I 型螺旋板式杀菌器

1）Ⅰ型螺旋板式杀菌器

如图 9.16 所示，Ⅰ型为不可拆结构。它的螺旋通道两端均为垫入封条后焊接密封，故不能进行机械清洗。但它具有传热性能好，密封可靠，金属消耗量少，加工方便等优点。Ⅰ型螺旋板式杀菌器适用于液－液流体的换热，其中也可用于加热或冷却高黏度的液体。目前Ⅰ型螺旋板式杀菌器使用的公称压力 $P \leqslant 2.5$ MPa。

2）Ⅱ型螺旋板式杀菌器

如图 9.17 所示，Ⅱ型也称为可拆式。两螺旋通道分别为一端敞开，一端焊接密封两端交错焊死。敞开的通道端面用顶盖加垫片来密封。两螺旋通道可分别从两端进行机械清洗。图 9.17（a）所示为切向接管；图 9.17（b）所示为垂直接管。Ⅱ型也可将其设计成一端为Ⅰ型，而另一端为Ⅱ型，即一个螺旋通道的两端均为焊接密封，另一螺旋通道为一端焊接密封，一端敞开。Ⅱ型使用的公称压力 $P \leqslant 1.6$ MPa。选用Ⅱ型设备是为了要进行机械清洗。实际上，螺旋板式杀菌器本身的自洁作用好，不易堵塞。

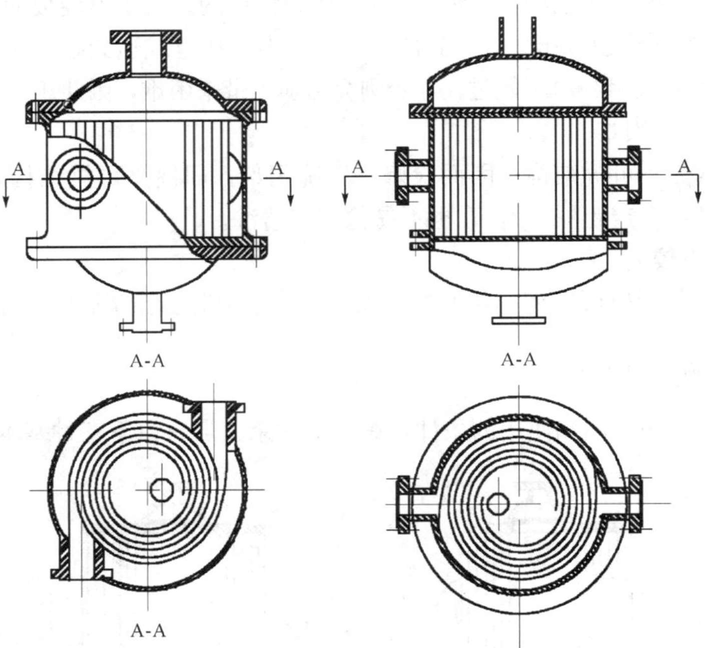

（a）切向接管，$P \leqslant 0.6$ MPa　　（b）垂直接管，$P \leqslant 1.6$ MPa

图 9.17　Ⅱ型螺旋板式杀菌器

一旦堵塞，即使把封头拆下来，由于螺旋通道间距很小，且通道内又均布着定距柱，很难进行机械清洗。而且Ⅱ型的金属消耗量、加工工时、成本都较Ⅰ型高。密封性能也不如Ⅰ型。

3）Ⅲ型螺旋板式杀菌器

如图 9.18 所示，Ⅲ型是由四张钢板同时卷制而成。它的一个螺旋通道的两端全部焊死，而另一通道的两端全部敞开。换热时，一种介质（流量小者）在两端焊死的通道中，螺旋进入而又螺旋流出，另一介质则轴向流过。Ⅲ型主要用于蒸汽冷凝（蒸汽由顶部封头进入，经敞开通道向下作轴向流动而被冷凝后由底部排出），也可用于两介质流量相差悬殊的情况（流量小的介质作螺旋流动，而流量大的介质作轴向流动）。Ⅲ型结构螺旋通道的进出口阻力较大，且内积存杂质不易排出。Ⅲ型设备的公称压力 $P \leqslant 1.6$ MPa。

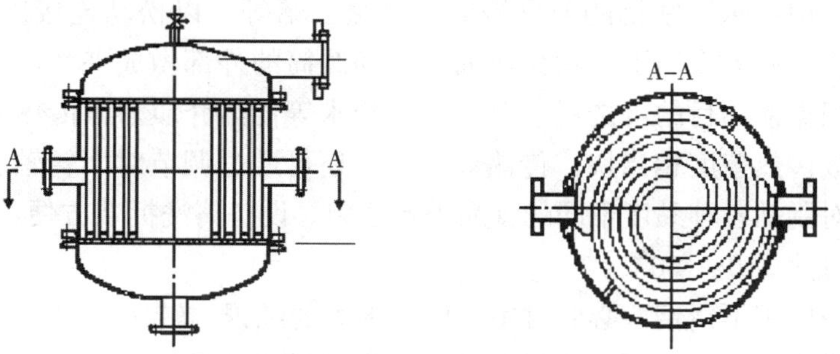

图 9.18　Ⅲ型螺旋板式杀菌器

Ⅰ、Ⅱ、Ⅲ型螺旋板式杀菌器，我国已有产品系列，可供设计时选用。

9.2.3　刮板式杀菌器

刮板式杀菌器的工作原理是被加热或冷却的料液从传热面一侧流进，由刮板在靠近传热面处连续不断地运动使料液成薄膜状流动，故该杀菌器亦称为刮面式热交换器。图 9.19所示为一筒式的刮板式热交换器结构示意图。刮板的作用不仅在于提高热交换器传热系数，而且还可以起乳化、混合等作用，用于处理热敏性强、黏度高的食品时，既不会发生表面焦煳，也不用担心会受热过度，已广泛用在带肉果汁及橘子酱的生产上。

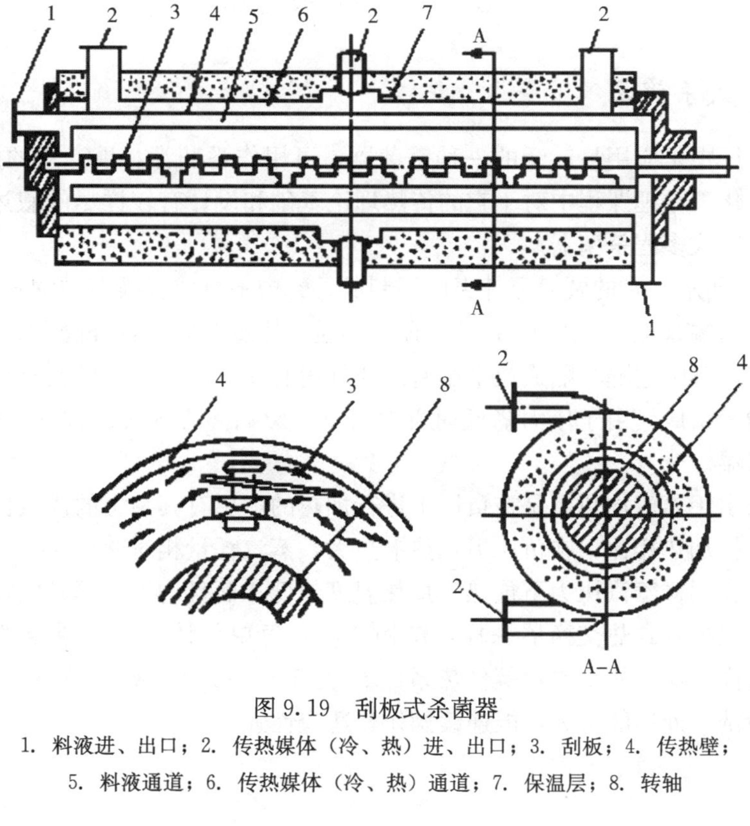

图 9.19　刮板式杀菌器

1. 料液进、出口；2. 传热媒体（冷、热）进、出口；3. 刮板；4. 传热壁；
5. 料液通道；6. 传热媒体（冷、热）通道；7. 保温层；8. 转轴

这种杀菌器由内面磨光的中间圆筒和带有刮板的内转筒及外圆筒构成。内转筒与中间圆筒内面之间的狭窄的环形空间即为被处理料液的通道。内转筒安装在外轴承上，金属或塑料刮刀（用特殊不锈钢的刀具钢或聚四氟乙烯等）以松动连接固定在内转筒上。转动时，刮刀在离心力作用下紧贴传热面。中间圆筒的外部做成夹套，进入夹套的加热剂或冷却剂，根据使用目的可选用蒸汽、氨、盐水等传热介质。因传热面积与处理材料容量之比大，故传热速度相当快，传热效率高，还可通过调节对回转轴、刮板、热交换体系的压力来对制品各种黏度不同的食品进行杀菌。设备清洗拆装方便，但功率消耗大。一般加热温度可达 110～160℃。

汽缸材料一般用不锈钢，必要时用热传导率大的纯镍。转速为 500～1000 r/min，视处理液的物理性质而有所不同，根据要求的温度，处理工艺由加热、预冷却、冷却等组成。热媒用蒸汽，冷媒用水和盐水或二氯二氟甲烷制冷剂和氨的直接膨胀方式。

刮板式杀菌器的特点如下：

（1）能高压操作。

（2）能处理固形物混合液。

（3）高黏度液也能得高传热系数［2093～3373 W/（m^2·K)］。

（4）温度差大也能运转，不烧焦。

刮板式杀菌器的用途为高黏度物质的冷却、加热、杀菌、抖动、冻结、换气、焦化、混合、乳化、结晶化等。

9.3 管道式杀菌机

9.3.1 列管式杀菌器

在食品工厂中是应用最广泛的一种杀菌器，可用作番茄汁、果汁等的加热及牛乳的巴氏杀菌。在化工原理课程中对于它的传热理论基础和设计有较详尽的叙述，在本书中，仅介绍常用的卧式多程杀菌器。

如图 9.20 所示，它的圆筒形外壳由钢制成，壳内平行装置很多的钢管称为管束，管束装在壳体的两端管板上（花板）；管外还有顶盖，用螺钉紧固在外壳上；在管板与顶盖之间为分配室，其中用隔板隔成数个小室。此外尚有使蒸汽冷凝用的真空桶，离心水泵，喷嘴循环水槽等组成。由于压力降低而再次汽化，影响离心水泵的效率，所以在真空桶外喷淋冷水降温。

这种设备由于蒸汽加热室是在负压下进行加热的，更有其突出的优点：

（1）与正压加热相比，在负压下加热潜热大，蒸汽耗量相对减少。

（2）对于在同样蒸汽压力下加热，加热温度较低，而且均匀，不易焦管。

（3）与一般列管式热交换器一样，结构紧凑，每单位体积所能供给的传热面积大，热能利用率较高，对牛奶、果汁等传热系数 K 为 1400～1745 W/（m^2·K)。加工容易，加热面便于清洗，处理能力大，能连续操作，适应性强。

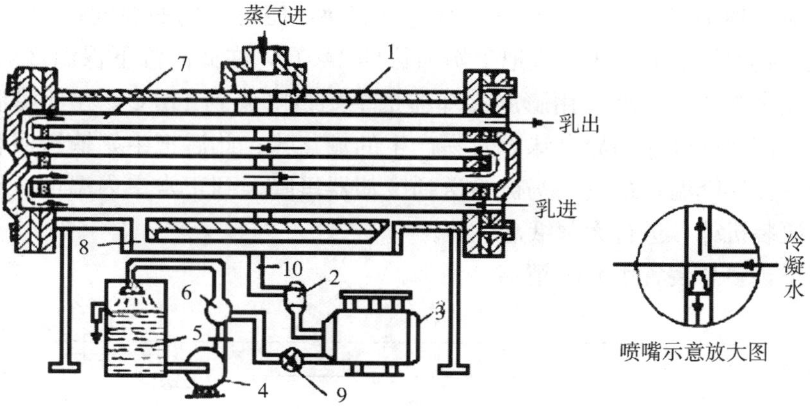

图 9.20　卧式多程杀菌器

1. 列管式加热器；2. 冷凝水排除器；3. 真空桶；4. 离心泵；5. 循环水槽；
6. 喷嘴；7. 加热列管；8，10. 回气管；9. 至溢阀

9.3.2　管式杀菌机

有立式与卧式两种，食品工业中多用卧式。

1. 结构与工作原理

管式杀菌机由加热管、前后盖、器体、旋塞、高压泵、压力表和安全阀等部件组成。其基本的结构为，壳体内装有不锈钢加热管，形成加热管束，壳体与加热管通过管板连接。

工作过程：物料用高压泵送入不锈钢加热管内，蒸汽通入壳体空间后将管内流动的物料加热，物料在管内往返数次后达到杀菌所需的温度和保持时间后成产品排出；若达不到要求，则由回流管回流重新进行杀菌的操作。

管式杀菌机的优点如下：

(1) 加热器由无缝不锈钢环形管制造。没有密封圈和“死角”，因而可以承受较高的压力。

(2) 在较高的压力下可产生强烈的湍流，保证了制品的均匀性和具有较长的运行周期。

(3) 在密封的情况下操作，可以减少杀菌产品受污染的可能性。

管式杀菌机的缺点是，在杀菌器内，管内外温度不同，以致管束与壳体的热膨胀程度有差别，所产生的应力使管子易弯曲变形。

管式杀菌机适用于高黏度液体的杀菌，如番茄酱、果汁、咖啡饮料、人造奶油、冰激凌的杀菌。

2. 管式杀菌机的流程

如图 9.21 所示，自平衡槽来的奶由离心泵把牛奶输到管式热交换器里，通过热交换，使得牛奶的温度达到 75℃，然后用均质机把牛奶的颗粒成分处理到最小；经过均质

后的牛奶又被送到第二个热交换器里，经过热交换，使得牛奶的温度达到 105℃；之后牛奶又被输送到加热器里，用蒸汽把牛奶加热到 140℃，在此高温下保温 2 s，使得细菌在此高温下完全被杀死；然后用膨胀冷却器把牛奶再降温到 110℃，在此降温过程中排除了液体中不需要的气体和异臭味以及易产生的煳焦味；此后把牛奶输送回管式热交换器中进行冷热交换降温；最后牛奶被输送到冷却器里降温到正常室内温度，然后被直接输送到无菌灌装机处，进行无菌纸盒包装。

工作完毕，整个装置由 CIP 清洁、消毒。

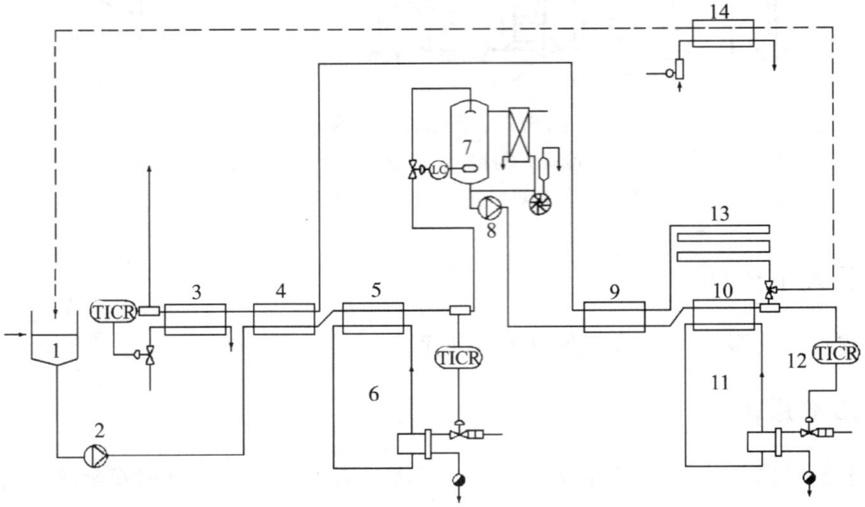

图 9.21 管式超高温杀菌器流程示意图

1. 平衡槽；2. 奶泵；3. 冷却器；4. 热交换器；5. 预热器；6. 热水循环系统；7. 排汽装置；8. 奶泵；9. 管式热交换器；10. 管式加热器；11. 热水循环系统；12. 温度指示器（TICR）；13. 保温管；14. 预冷却器

9.3.3 套管式超高温瞬时灭菌机

1. 结构与工作原理

近年来，我国用于鲜奶、果汁、饮料等流体的套管式超高温瞬时灭菌机亦有所发展。该机是采用一组蛇形盘管式和一组双套盘管式串联作业的热交换器，其原理图如图 9.22 所示。

用 Φ34 mm×2 mm 与 Φ23 mm×1.5 mm 的不锈钢管组成同心套管作为热交换段；用 Φ23 mm×1.5 mm 的不锈钢管安装在加热器内作加热段。5℃的料液通过离心式供料泵 1 进入双套盘管 2 预热至约 80℃再通过加热器中的单套管加热至 120～135℃，出加热器后在保温区单旋管中保持 4～6 s 以上，热料在双套盘管内流动，冷料在外管环隙中流动，进行热交换而被冷却至 60～65℃后经背压阀 4 调节流量排除至下一道工序，如果出热器后未达到工艺要求的杀菌（或）灭菌温度时，此时立即发出蜂鸣信号。可操作三通旋塞 5 将料液回流至贮槽 6 内，并打开进料三通旋塞 7 重新进入加热杀菌（或灭菌）。根据不同物料对杀菌或灭菌的要求使用蒸汽压力一般为 0.45～0.6 MPa，最高不超过 0.8 MPa。在选定范围内通过电动阀 9 自动控制进料温度、超高温加热后温度、出料温度（即 A、

B、C 三点）采用多点式自动记录仪 8 显示温度变动状况。

B 测点中的铂热电阻由于温度变化引超电阻值的变化，从而使动圈式指示调节仪的输出电流产生相应的变化，电讯号经伺服放大器放大，供给电动调节器产生正反旋转从而控制蒸汽阀的自动调节。背压阀 4 的作用在于提高料液的沸点温度。料液达到较高温度后抑制其汽化，在双套盘管的最下部设有可根据下一工序需要的再加热或再冷却的装置，可启闭蒸汽阀 11 或冷水阀 12。此外，停电时，在加热器中可通入冷水以防管中料液由于停止流动而引超焦化积垢，如果遇到这种情况时关闭蒸汽阀打开进水阀 13 使冷水注入加热器。

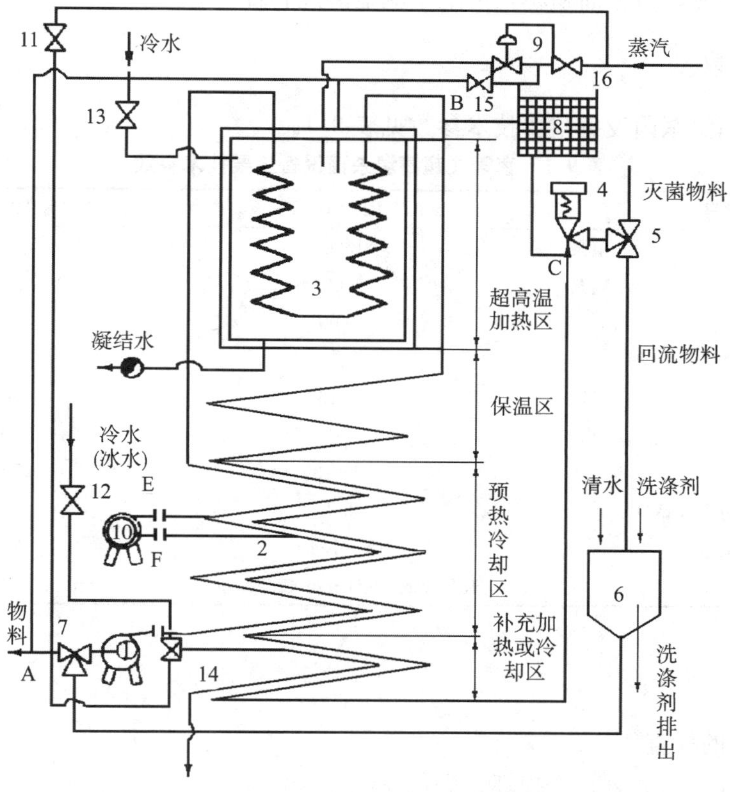

图 9.22　超高温杀菌机的流程图

1. 供料泵；2. 双套盘管；3. 加热器；4. 背压阀；；5. 出料三通旋塞；6. 贮槽；7. 进料三通旋塞；8. 温度自动记录仪；9. 电动调节阀；10. 中间泵；11. 蒸汽阀；12. 冷水阀；13. 进水阀；14. 三通旋塞；15. 支阀；16. 总阀

如果某些料液需要均质或要提高能力，可将 E、F 处的 U 形管卸下，另接上均质机或中间泵。每次生产完毕贮槽 6 内可分别控制一定浓度的酸碱液洗净剂加热循环清洗，夏后用热水清洗。

超高温瞬时灭菌机连续使用 6～8 h 后，需进行一次清洗，消除盘管壁的污垢，以提高设备的热交换能力。没有无菌灌装条件的工厂，需要对灌装后已封口的容器中的成品进行二次杀菌。二次杀菌可用回转式杀菌设备、热水喷淋式杀菌设备、连续滚动式加热杀菌设备等。

2. 用途与特点

套管式超高温瞬时灭菌机用于鲜乳的杀菌，也适用于果汁、饮料等流体。

本机特点如下：

（1）采用超高温瞬时加热，对食品的色香味影响小，杀菌效率高。

（2）能充分利用余热，节能效果显著。

（3）全部采用不锈钢管材，在完全密闭的条件下操作，符合食品卫生要求；配有自动化操作控制装置，对产品质量有保证。

（4）操作方便，占地面积小，可配用就地清洗装置。

3. 主要技术参数

管套式超高温杀菌设备主要技术参数见表 9.1。

表 9.1 套管式超高温杀菌设备主要技术参数

型号		RP_6L-20	RP_6L-40
处理能力（L/h）	单泵	1500	4000
	双泵	2000	6000
蒸汽压力（kPa）		<800	<800
高温保持时间（s）		3	4
物料温度（℃）	进	4～16	4～16
	出	60～65	60～65
灭菌温度（℃）		115～135	115～135
奶泵所配备电机功率（kW）		2.2	3
奶泵所配备电机型号		Y90L-4	Y90L-4
外形尺寸		1314 mm×924 mm×1650 mm	2000 mm×1400 mm×1800 mm

4. 设备的使用

1）使用前的检查

检查安全阀、压力表是否损坏、失灵。

检查设备中的管道是否畅通无阻。

检查旋转管是否已对准循环贮槽中的溢流管（槽中间的竖管）。

检查循环贮槽中是否装满了水。

2）正常操作

开启循环水槽上的清水阀门。

启动进料泵。

开启蒸汽阀门，观察压力表及温度计的数值，并进行调节。

关闭清水阀门，当循环贮槽中的水将放尽时，打开进料三通旋塞开始进料。

当旋转管排出物料时，即转动旋转管，使物料流入循环水槽中，与此同时，打开出料三通旋塞，开始排料。

观察灭菌温度，调节蒸汽阀，对于热敏性物料应逐步增加蒸汽压力，以防温度过高引起积垢和堵塞。

控制节流阀。正确地掌握所需的“背压”，保证物料在管内不断地流过，避免积垢和堵塞。“背压”的高低，取决于加热的温度。

当工艺上需要提高出料温度时，可适当开启蒸汽阀门。

3）不正常操作

如遇物料暂时供应不上时，必须在循环贮槽中注满清水，先将旋转管对准中间竖管，然后注意待最后的物料通过进料三通旋塞时，立刻将此旋塞转换，使贮槽中的水代替物料流入，此时贮槽上的供水阀打开几分钟，以保证恢复供料前清水在管内循环。待供上物料时，重新转入正常操作。

如果物料遇到较长时间的停顿，可按上述方法用水循环数分钟后，再将设备全部停止运行。

在正常生产时，应关闭进水、放水截止阀，冷凝水从疏水阀中排出。如发生突然停电，则迅速关闭蒸汽入口截止阀，开启放水截止阀，放净高温桶内的加热蒸汽，然后关闭。这时应立刻开启进水截止阀，让自来水进入高温桶内。这样就能有效地防止物料在盘管中由于受阻而继续加温的焦化积垢现象。

当来电后，关闭进水截止阀，开启放水截止阀，放净高温桶内的自来水，然后关闭。开启蒸汽入口截止阀恢复正常生产。

9.4　常压和高压杀菌设备

9.4.1　贮槽式杀菌器

贮槽式杀菌器主要用作牛乳的低温消毒，亦可用作预热和冷却，又称“冷热缸”。这种设备具有夹套式的圆柱形筒体，内衬为不锈钢制造，外壳覆有绝热层，缸内置搅拌器。传热介质（载热体或冷媒）在夹层内的流动方式有三种：①压力式，如蒸汽或低温介质在覆于内衬外壁上的盘管中通过，或采用半球形锅底做成夹层锅，通蒸汽于夹层中；②喷淋式，将传热介质喷在内衬外壁上形成流动的传热薄膜，流入底部的介质再用泵通过热交换装置进行热交换后循环使用；③沉浸式，传热介质一般采用热水或冷水，于缸底通入夹层，并于上端溢流而出。使内衬完全浸没在向上流动的传热介质中。

这类设备适合于中小型工厂，有多种用途，如乳酸菌的培养，奶油的成熟，冰激凌的配料，鲜乳和添加剂的混合与灭菌等，既可加热、冷却，又可保温。为使生产连续进行，一般要配置二三个，以便轮流周转。其优点是结构简单，操作方便，清洗检修容易。

1. 结构与工作原理

贮槽式杀菌器为开启式圆柱形夹层压力容器，配有锚式搅拌器，如图 9.23 所示。该设备由内胆、外壳、保温层行星减速器、锚式搅拌器和放料旋塞等组成，内衬为不锈钢制造，外壳采用优质碳素钢，外覆玻璃棉及镀锌铁皮保温层。内衬与外壳间为传热夹层，当夹层内通入载热（冷）体时，可对贮存在内衬中的物料进行升温、降温或保温。底部排水口与疏水器衔接，以排出冷凝水。如用作冷却降温时，载冷体（冰水或冷水）则由底部进口管进入，经热交换后由上部溢流管排出。传热夹层口管道与压力表及安全阀连接，便于观察调节压力，并保证操作的安全性。内胆中装有锚式搅拌桨及挡板，可搅拌物料，上下翻动，以提高物料与器壁的热交换作用，达到均匀加热或冷却的目的。内胆中插有温度计，可观测物料温度。行星齿轮减速器安装于中间盖板上，输出轴与搅拌轴的连接，采用快卸式结构，便于装拆清洗。中间盖板左右两端，分别装有进料管及温度计底座。容器的前后盖连接于中间盖板上，既便于开启，又易于卸除。放料阀安装在容器最低位置，四只支脚能调节高度，以调节水平位置，保证缸内物料能全部放尽。

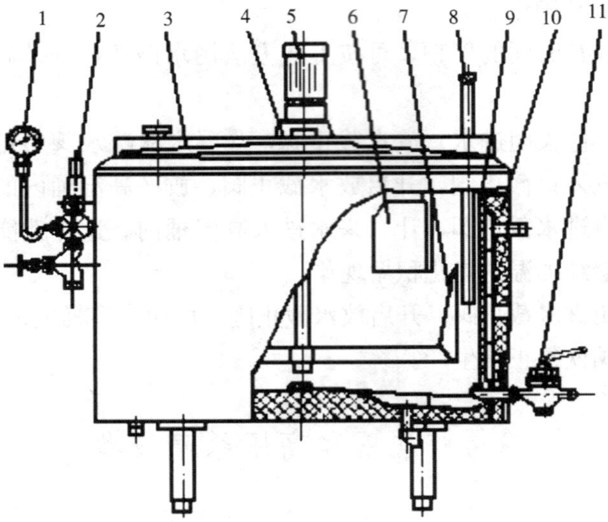

图 9.23　冷热缸

2. 主要技术参数

冷热缸主要技术参数见表 9.2。

表 9.2　冷热缸主要技术参数

型号	RPL_1	RP_6G_5	RP_6G_6
公称体积（L）	600	600	1000
加热面积（m^2）	2.5	2.8	4
工作压力（kPa）	150	150	150
搅拌器形式	锚式	锚式	锚式
搅拌器转速（r/min）	59	32.5	32.5
配接蒸汽管（mm）	Dg25	Dg25	Dg25
配接冷水管（mm）	Dg25	Dg25	Dg25
进、出管（mm）	Φ40	Φ40	Φ40
外形尺寸	1700 mm×1300 mm×1550 mm	1900 mm×1280 mm×1780 mm	1900 mm×1280 mm×2100 mm

9.4.2　立式高压杀菌设备

高压杀菌一般在密闭的设备内进行，压力大于 0.1 MPa，杀菌温度常用 120℃左右，主要用于 pH 大于 4.5 的非酸性产品和蛋白饮料类杀菌。

1. 结构

立式高压杀菌设备可用作常压或加压杀菌，在品种多、批量小时很实用，但其操作是间歇性的，在连续化生产线中不适用。因此，它和卧式杀菌锅一样，从机械化、自动化来看，不是发展方向。

与立式杀菌锅配套的设备有杀菌筐、电动葫芦、空气压缩机及检测仪表等，如图 9.24 所示。锅体用钢板压制成圆筒后焊接而成，底部封头多为球形，盖子铰接于锅体后部边缘，在盖的周边均匀地分布着 6~8 个槽孔，锅体的上周盖和锅体密封良好。锅体内壁装有垂直导轨，使杀菌篮与内壁保持一定距离，以利水汽循环。为了减少热量损失，最好在锅体的外表面包上 80 mm 厚的石棉层以保证杀菌时密封良好。

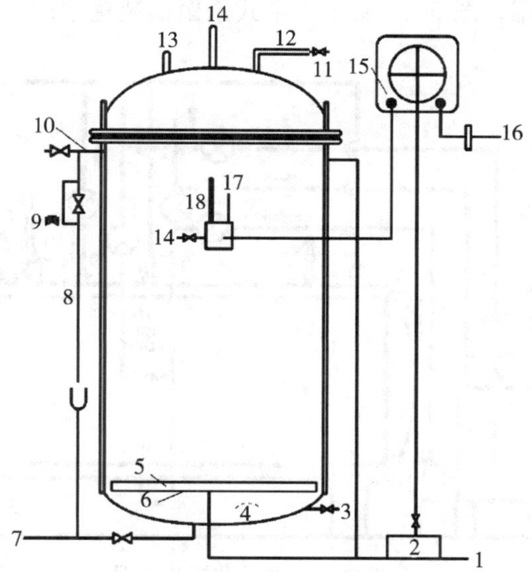

图 9.24　立式杀菌锅

1. 蒸汽管；2. 薄膜阀；3. 进水管；4. 进水缓冲板；5. 蒸汽喷管；6. 杀菌篮支架；7. 排水管；8. 溢水管；9. 保险阀；10. 排气管；11. 减压阀；12. 压缩空气管；13. 泄气阀；14. 调节阀；15. 空气减压；16. 过滤器；17. 压力表；18. 温度计

除用以上方法锁紧盖与锅体外，还广泛采用一种叫自锁楔合块的锁紧装置，这种装置密封性能好，操作省力省时，如图 9.25 所示。这种装置用十组自锁楔合块 2 均匀分布在锅盖边缘与转环 3 上，转环配有几组活动式及固定的滚轮装置 5 和 6，使转环可沿锅体转动自如。锅体上部周围凹槽内有耐热橡胶垫圈 4。锅盖关闭后，转动转环，楔合块就能互相咬紧而压紧橡胶圈，达到锁紧和

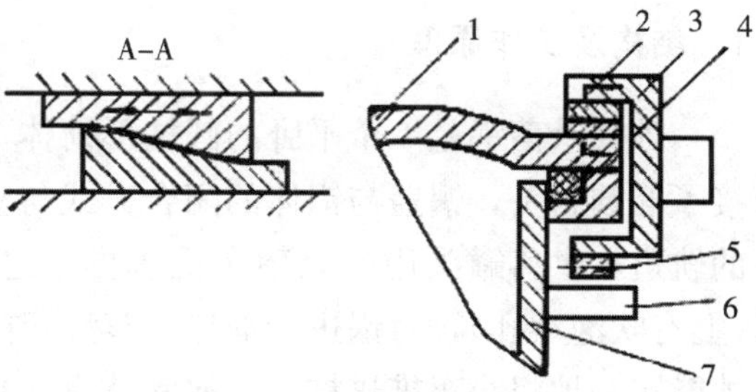

图 9.25　自锁楔合锁紧装置

1. 锅盖边缘；2. 自锁楔合块（十组）；3. 转环；4. 耐热橡胶垫圈；5，6. 滚轮装置；7. 锅体

密封的目的。将转环反向转动时，楔合块分开，即可开盖。

2. 立式杀菌锅的技术特性

设备型号：GT7C3。

生产能力：720 罐/次（560 g），400 罐/次（1000 g）。

耐压：0.2 MPa。

外形尺寸（长×宽×高）：2200 mm×1120 mm×2000 mm。

设备总重：900 kg。

9.4.3 卧式杀菌锅

卧式杀菌锅的容量一般比立式的大，同时可不必用电动葫芦。但一般不适用于常压杀菌，只能作高压杀菌用，图 9.26 所示为卧式杀菌锅装置中的一种。

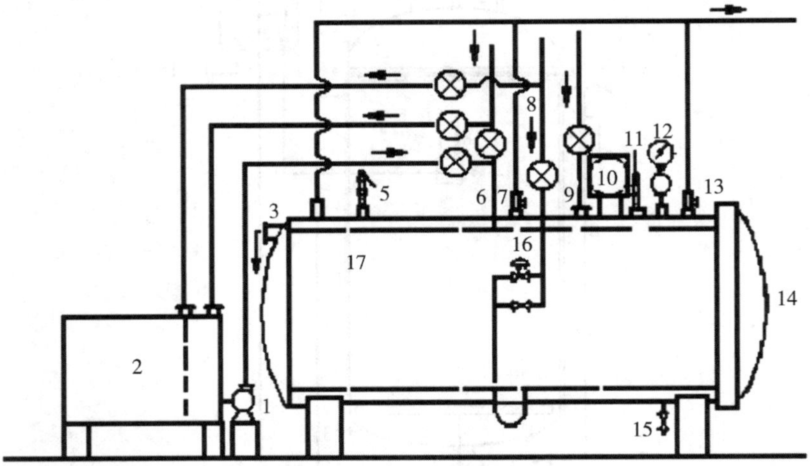

图 9.26 卧式杀菌锅装置图

1. 水泵；2. 水箱；3. 溢流管；4，7，13. 放气管；5. 安全阀；6. 进水管；8. 进气管；9. 压缩空气进气管；10. 温度计录仪；11. 温度计；12. 压力表；14. 锅门；15. 排水管；16. 薄膜阀门；17. 锅体

1. 结构及工作原理

卧式杀菌锅是一个平卧的圆柱形筒体，筒体的前部有一个绞接着的锅盖，末端则焊接了椭圆封头，锅盖与锅体的闭合方式与立式杀菌锅相同。锅体内的底部装有两根平行的轨道，供盛罐头用的杀菌车推进推出之用。蒸汽从底部进入到锅内的两根平行管道（上有吹泡小孔），对锅进行加热。蒸汽管在平行导轨下面。由于导轨应与地平面成水平，才能顺利地将小车推进推出，故锅体有一部分处于车间地平面以下。又为了有利于杀菌锅的排水（每杀菌一次都需要大量排水），因此在安装杀菌锅的地方都有一个地槽。在锅体上同样安装有各种仪表和阀门。应该指出的是，由于用反压杀菌，压力表所指示的压力包括锅内蒸汽和压缩空气的压力，造成温度计和压力表的读数与其温度是不对应的。

这就是既要有温度计又要有压力表的原因。

2. 卧式杀菌锅的技术特性

型号：GT7C5。

生产能力：1500 罐/次（104 号罐）。

耐压：0.2 MPa。

外形尺寸（长×宽×高）：3860 mm×1850 mm×2100 mm。

9.4.4　回转式杀菌设备

缩短杀菌时间的措施之一是提高杀菌温度，据有关资料介绍，温度增加 10℃则取得同样杀菌效果的时间仅需原来杀菌时间的十分之一以下。缩短杀菌时间的另一途径是提高加热介质对被杀菌罐头的传热速率，这对节省热源也具有重要意义。许多国家正以这个理论为基础设计了多种高温短时杀菌设备，回转式杀菌设备就是其中重要的一种。

这种设备能使罐头在杀菌过程中处于回转状态，杀菌的全过程由程序控制系统自动控制，杀菌过程的主要参数，如压力、温度和回转速度等均可自动调节与记录。但这种杀菌设备不能连续进罐和出罐，属间歇式杀菌设备。

1. 结构

下面介绍的是带有过热水循环方式的回转式杀菌设备。图 9.27 为回转式杀菌设备的外形图，图 9.28 为管路流程图。

如图 9.27 所示，上锅是贮水锅，为圆筒形的密闭容器，在其上部适当位置装有水位控制器 13，上锅用作制备下锅用的过热水。下锅是杀菌锅，也装有下锅水位控制器 12，锅内有一转体，当杀菌篮进入锅体后，设有压紧装置使杀菌篮和转体之间不能相对运动。杀菌锅后端装置传动系统，由调频主电机 8 通过大齿轮轴（即转体回转轴）驱动固定在轴上的转体回转，而转体带着杀菌篮回转，其转速可在 5～45 r/min 内无级变速，同时可朝一个方向一直回转或正反交替回转。交替回转时，回转、停止和反转动作可由时间继电器设定，一般是在回转 6 min，停止 1 min 的范围内设定的。在杀菌锅传动装置的旋转部件上可设置一个定位器，借以保证回转体停止转动时停留在某一特定位置，便于从杀菌锅取出杀菌篮。回转轴是空心轴，测量罐头中心温度的导线即由此通过。

自动装篮机把罐头装入篮内，每层罐头之间用带孔的软性垫板隔开。用杀菌小车将杀菌篮送入杀菌锅内的带有滚轮的轨道上。杀菌锅装满杀菌篮时，用压紧机构将罐头压紧固定，再挂上保险杆，以防杀菌完毕启锅时杀菌篮的自动溜出。

贮水锅与杀菌锅之间用上下锅连通阀 3 连通，蒸汽管、进水管、排水管和空压管等分别连接在两锅的适当位置，在这些管道上按不同使用目的，安装了不同规格的气动、手动或电动阀门。上下锅水循环泵 7 使杀菌锅中的水强烈循环，以提高杀菌效率并使杀菌锅里的水温度均匀一致。上锅进水阀门 22 的作用是向贮水锅注入冷水和向杀菌锅注入冷却水。

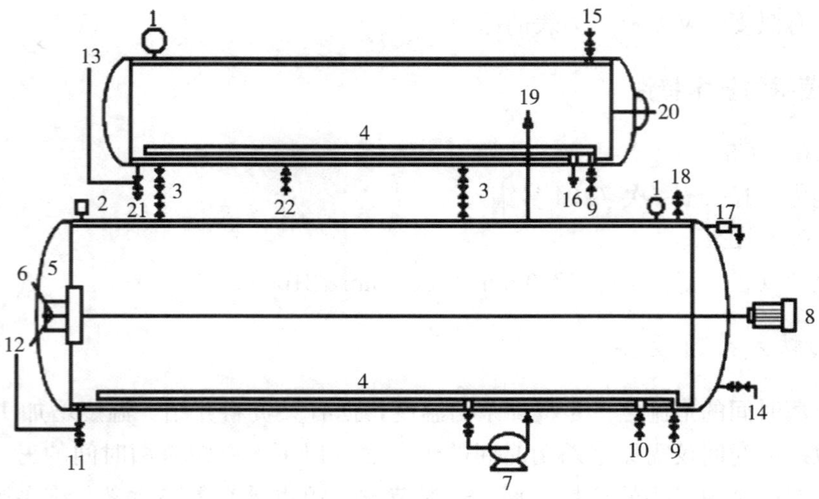

图 9.27　回转式杀菌设备

1. 压力表；2. 安全阀；3. 上下锅连通阀；4. 蒸汽管；5. 压力锅活动盖门；6. 压力锅快动锁把手；7. 上下锅水循环泵；8. 调频主电机；9. 蒸汽入口；10. 增压蒸汽阀门；11. 下锅排水阀门；12. 下锅水位计；13. 上锅水位计；14. 下锅入水管；15. 上锅进水阀门；16. 上锅排水阀门；17. 下锅温度控制器；18. 排汽阀门；19. 上下锅水循环管；20. 压力锅盖顶；21. 上锅排水阀门；22. 上锅进水阀门

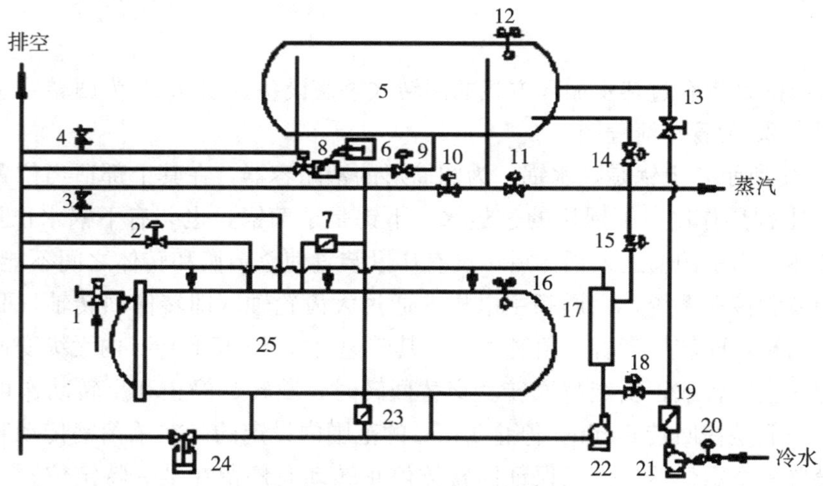

图 9.28　管路流程图

1. 安全阀；2. 下锅溢出阀；3. 下锅安全阀；4. 上锅安全阀；5. 上锅；6. 冷却水放流阀；7，19，23. 单向阀；8. 蝶阀；9. 上下锅连接阀；10. 液压阀；11. 增压阀；12，16. 液位控制器；13. 手阀；14. 上锅加热阀；15. 下锅加热阀；17. 汽水混合器；18. 冷水节流阀；20. 冷水阀；21. 冷水泵；22. 循环泵；24. 排泄阀；25. 下锅

回转式杀菌锅的自控系统大致可分为两种形式：一种是将各项控制参数表示在塑料冲孔卡上，操作时只要将冲孔卡插入控制装置内，即可进行整个杀菌过程的自动程序操作；另一种是由操作者将各项参数在控制盘上设定后，按上启动电钮，整个杀菌过程也就按设定的条件进行自动程序操作。

2. 回转式杀菌设备的工作过程

回转式杀菌锅一次杀菌周期可分为八个操作程序（有的分为七个或九个程序），每个程序均由程序指示器用数字或亮灯表示出来。有些形式的回转杀菌设备每个程序中的阀门、泵、压缩机等的工作状态，以及贮水锅和杀菌锅的液位都可以从控制盘上的流程示盘清楚地显示出来。现将每个程序的工作情况分述如下：①制备过热水；②向杀菌锅送水；③加热升温；④杀菌；⑤热水回收；⑥冷却；⑦排水；⑧启锅。图 9.29 为搅拌情况不同时杀菌锅内温度分布情况。

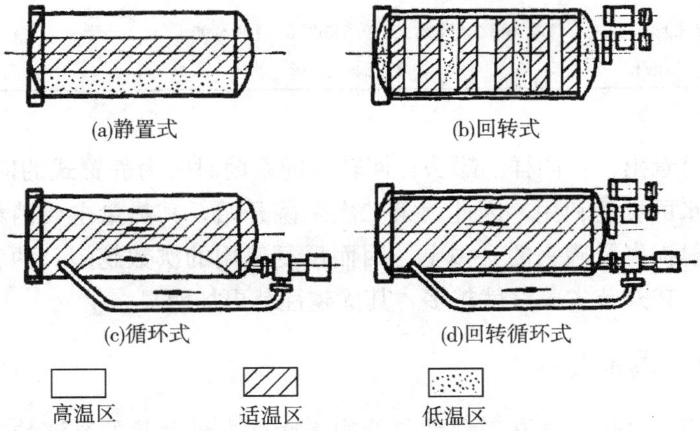

图 9.29　搅拌情况不同时杀菌锅内温度分布情况

3. 回转式杀菌设备的特点

可归纳为两个方面，一为罐头在杀菌过程中是回转的，二为杀菌过程的压力、温度等可自动调节。这两个特点使回转式杀菌设备具有如下的优点：

（1）由于杀菌篮的回转具有搅拌的作用，再加上热水是用泵强制循环的，这样，在锅内的水温分布是均匀的。热水的强制循环呈 W 形（即杀菌锅的上方有三个进水口，而下方有两个出水口，它们的接口管连线呈 W 形），使锅内水形成了强烈的涡流，有利于水的温度均匀一致，达到产品杀菌均匀的结果。

（2）由于杀菌篮回转而使杀菌时间缩短，这是传热效率提高了的原因，对内容物为流体或半流体的罐头，传热效率会更高，因而可以大大缩短罐头的杀菌和冷却时间。

（3）由于热水重复利用，节省了蒸汽。表 9.3 所示为回转式与静置式杀菌时用气量比较。

表 9.3 回转式和静置式杀菌时用气量比较

	回转式（四篮）	静置式	备注
第一次			
升温耗气量（kg/h）	513	2045	
杀菌耗气量（kg/h）	240	118	
需蒸汽量（kg/h）	753	2163	罐型：307×113 杀菌时间：回转式 6min 静置式 25min 设静置杀菌消耗基数为 100% 按 12 次/天杀菌计算
第二次以后			
升温耗气量（kg/h）	54	2045	
杀菌耗气量（kg/h）	240	118	
需蒸汽量（kg/h）	298（14%）	2163（100%）	
每天所需范汽量（kg/h）	4032（15%）	25956（100%）	
每天消耗蒸汽量之差（kg/h）	21924		

注：298/2163=14%。

从表 9.3 中可看出，对同样的罐头，回转式的杀菌时间为静置式的四分之一。同时，由于回转式的热水可重复利用，因此，第二次杀菌开始，其热量主要消耗在补偿锅体对空气的对流和辐射损失及罐头的升温上。因而反复使用的次数越多，两者消耗蒸汽量的差额就会越大，回转式节省蒸汽就越多，其优越性就更加明显。

9.4.5 淋水回转式杀菌锅

采用高温、高压之热水喷淋于食品包装物表面做多种食品的高温快速杀菌处理，食品处于高速喷淋的热水（冷水）中，各处温度更趋于均匀一致，从而达到杀菌，稳定产品质量，提高成品率，降低损耗率的目的。同时可避免食品容易产生过热现象。

设备适用范围：各种罐头、玻璃瓶装、塑料瓶装、易拉罐装、蒸煮袋装的多种饮料与食品，如鱼类罐头、肉类罐头、八宝粥、火腿肠、牛奶、果蔬罐头、米饭、肉酱等。

1. 特点

（1）工艺先进、产品稳定和实用性强等。

（2）主要部件采用不锈钢制造，符合食品卫生要求，抗腐蚀性强，设备使用寿命长，保护装置安全可靠。

（3）采用蒸汽作加热介质，热水作杀菌介质，使杀菌过程更为均匀短时。

（4）均匀加热冷却。

（5）程序自动控制，杀菌 F 值可以选择，有自动记录仪对运行中的压力、温度、时间做准确的记录，通过查寻 P-T 曲线可以分析 P-T 对产品质量的影响，调整 P-T 的设立值保证产品质量。产品也可根据此记录达到出口要求。

（6）结构简单，维护容易，整个装置仅由 7 个气动阀门及 1 台热水泵（回转体）组成。

（7）避免二次再污染，由于在杀菌或冷却时加热蒸汽与冷却水不与包装物直接接触，特别在冷却时，经加热的无菌水是经换热器与冷却水进行交换，这样对杀菌过的食品包装物的卫生安全相当有益。

(8) 避免了杀菌过程中的热冲击，由于加热和冷却方式均是经换热器进行，因此，在工作杀菌过程中，食品不会受到瞬时的热冲击影响。

(9) 节约能源。

2. 杀菌原理

淋水回转式杀菌锅采用波浪状热水喷淋、均一性加热、多阶段升温、多阶段加热杀菌和两阶段冷却，对包装的食品在短时间内完成调味、杀菌和冷却的节能型杀菌方式。杀菌釜的两侧设置有众多喷嘴，波浪状热水喷入杀菌托盘与托盘之间的缝隙，在维持其周围温度的同时，被杀菌物直接接受热水喷淋，食品的中心温度误差极少。多阶段升温和多阶段杀菌方式使用最小限度的热量，与传统高温高压杀菌方式相比，食品的风味、口感和色泽不变。此外，不产生蒸馏异味和煳味。与传统的高温高压杀菌锅相比，温度控制的精度高，品温的升温速度和冷却速度快。

3. 主要技术参数

淋水回转式杀菌锅的主要技术参数见表 9.4。

表 9.4　淋水回转式杀菌锅主要技术参数

筐数	4	4	4
直径（mm）	1200	1400	1500
工作压力（MPa）	0.35	0.35	0.35
工作温度（℃）	20～145	20～145	20～145
加热蒸汽压力（MPa）	0.6	0.6	0.6
加热蒸汽周期耗量（kg）	250	320	370
加热蒸汽流量（kg/h）	1300	1600	2000
冷却水压力（MPa）	0.1	0.1	0.1
冷却水周期耗量（m^3）	4.5	5.7	7
冷却水流量（m^3/h）	18	24	30

9.5　微波杀菌设备

9.5.1　微波杀菌机理

微波是指波长在 1 mm～1 m 频率为 3000 MHz～30 GHz 的电磁波，分为米波、厘米波、毫米波和亚毫米波 4 个波段。微波杀菌具有加热效率高、穿透力强、加热均匀、节能、适用范围广、便于控制等特点，微波能也能够破坏黄曲霉毒素，且微波灭菌比常规的灭菌方法更能保留更多活性物质，食品的营养成分及色、香味在杀菌后仍接近食品的天然品质。主要用于肉类、蛋制品、水产品、果蔬制品、乳品、豆制品、啤酒及高黏度的液体食品和包装后的固体食品杀菌。

在食品的杀菌上，对于高黏度的液体和固体食品，由于完全不存在热对流现象，传热完全依赖于热的传导方式。因此，食品中心部位的升温速度很慢，而色香味、营养成分和口感等质量指标却因受长时间的加热和受热过度而发生难以避免的变化，使质量降低。为了解决长时间加热的问题，应用微波高温杀菌装置对高黏度液体食品和软罐头进行杀菌，取得了较好的效果。

微波杀菌机理包括热效应和非热效应。

1. 微波热效应

微波本身并不会生热，它是一种高频的电磁波，微波所形成的交变电场的方向发生着高速的改变，这种改变使处于微波场中的极性分子也处于高速振荡状态。如果富含水分的食品处于 2450 MHz 的微波场中，具有很大极性的水分子的振荡频率将达到 0.408 亿次/min，分子的快速运动使水分子间的碰撞和摩擦加剧，产生大量的热量，从而能把食品加热和烘烤。因微波是电磁波，它会在实际传播过程中发生反射、折射、吸收、穿透等作用，故处于微波设备中的被加热的食品所受的微波作用是来自各个方向的微波的叠加。

即微波作用于食品，食品的表里同时吸收微波能，温度升高。污染的微生物细胞在微波场的作用下，其分子也被极化并作高频振荡，产生热效应，温度升高。温度的快速升高使其蛋白质结构发生变化，从而失去生物活性，使菌体死亡或受到严重干扰而无法繁殖。

2. 微波非热生化效应

即微波的作用会使微生物在其化学过程中所产生的大量电子、离子、和其他带电粒子的生物性排列组合状态和运动规律发生改变，亦即使微生物的生理活性物质发生变化。同时，电场也会使细胞膜附近的电荷分布改变，导致膜功能障碍，使细胞的正常代谢功能受到干扰破坏，使微生物细胞的生长受到抑制，甚至停止生长或使之死亡。

微波能还能使微生物细胞赖以生存的水分活度降低，破坏微生物的生存环境。另外，微波还可以导致细胞 DNA 和 RNA 分子结构中的氢键松弛，断裂和重新组合，诱发基因突变，染色体畸变，从而中断细胞的正常繁殖能力。

9.5.2 微波杀菌设备

微波设备主要由微波电源、微波发生器、连接波导，加热器及冷却系统等部分组成，见图 9.30。在微波杀菌系统中，微波加热器是主要设备之一，其他还有如磁控管、功率监视器、匹配器等。

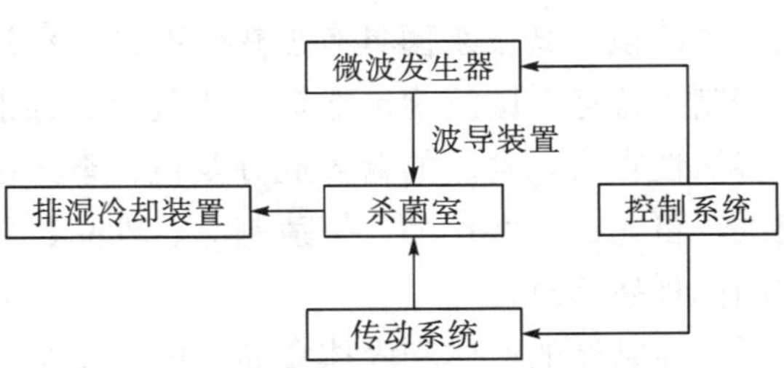

图 9.30 微波杀菌设备方块示意图

微波发生器是系统设备的关键部分，它由磁控管和微波电源组成，其主要作用是产生所需要的微波能量；微波管产生的微波通过波导装置无损耗地传输到微波杀菌室中，微波杀菌室是实现物料与微波相互作用的空间，微波能量在此转化为被杀菌物料的内能，使物料灭菌；排湿冷却装置的作用是及时排除物料中蒸发出来的水蒸气以及将物料通风冷却；为使物料能连续工厂化生产，还应配有配套的物料输送系统，该系统的传输速度和调速范围要适应被杀菌食品的工艺要求，连续不断地将物料输送到微波杀菌室中，并将杀菌后的食品输送出来，进入下道工序；传动系统由调速电动机和减速器组成，控制系统用来调节设备的各种运行参数，以保证生产线的正常运转。

微波加热器可根据物料的种类、形状、大小、含水量、加热干燥要求及微波场作用形式等，可分为驻波场谐振腔加热器（微波炉）、行波场波导加热器、辐射加热器和慢波加热器四类，其结构形式有箱式、平板式、隧道式、直波导式和曲波导式。各类微波加热器性能见表 9.5。

表 9.5　各类微波加热器性能比较

加热器形式	微波能量分布形式	微波功率密度	适用物料特性	适用加热方式
微波炉	分散	弱	大件、块状	分批或连续
腔式	集中	强	线状、条状	连续
波导式	集中	强	粉状、颗粒状、片状、柱状	连续
慢波式	集中	强	片状、薄膜状	连续

1）微波炉

外形似箱，是利用驻波场的微波加热杀菌设备。它的结构由矩形谐振腔、输入波导、反射板、搅拌器等组成。谐振腔是由金属构成矩形的中空六面体，其中一面装有反射板和搅拌器，还有一面装有支承加热物料的低损耗介质组成的底板，在其他面上（箱壁上）开有炉门和排湿孔，如果用于连续生产的加热设备，则在对应的两侧底边还开有长方形孔（通道），以便传送带和加工物品连续运行由此通过（图 9.31）。

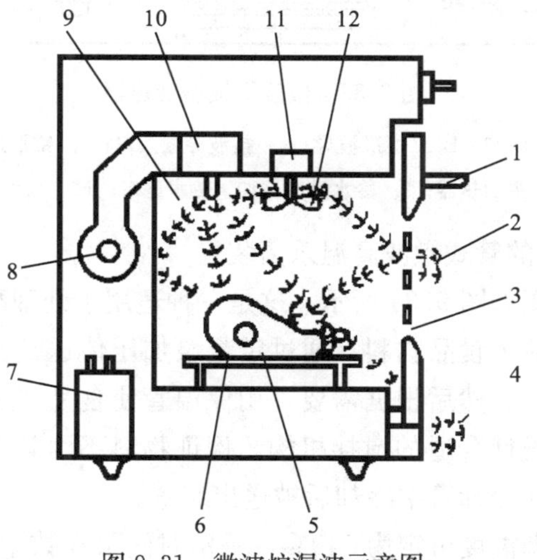

图 9.31　微波炉漏波示意图

1. 门；2、4. 漏波；3. 观察窗；5. 食物；6. 承物盘；7. 变压器；
8. 鼓风机；9. 炉腔；10. 磁控管；11. 电动机；12. 搅拌机

2）连续操作的微波加热器

连续操作的微波加热器，如图 9.32 和图 9.33 所示。需要注意的是，由于腔体的入、出口回造成微波的泄露，因此要在传送带上安装金属挡板或采用其他能使微波能在入、出口处形成短路的措施，防止微波泄露。

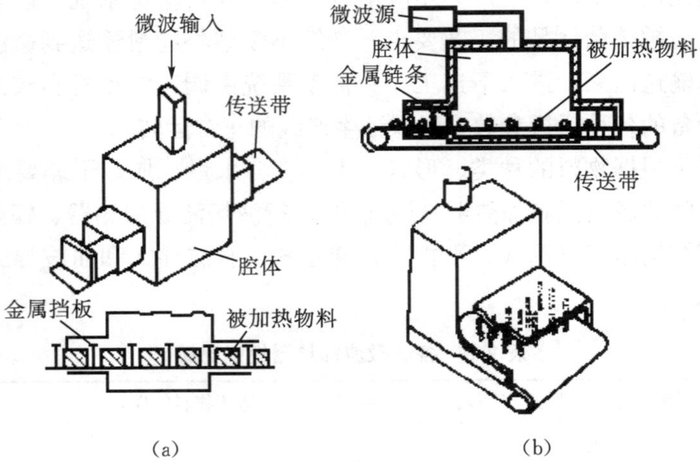

图 9.32 连续式谐振腔加热器

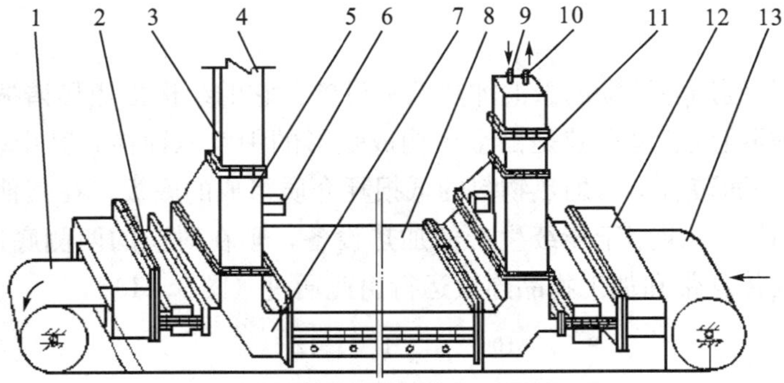

图 9.33 微波平板型加热器

1. 输送带；2. 抑制器；3. BJ22 标准波导；4. 接波导输入口；5. 锥形过渡器；6. 接排风机；7. b 边放大直角弯头；8. 主加热器；9. 冷水进口；10. 热水进口；11. 水负载；12. 吸收器；13. 进料

3）高黏度液体食品的管式微波高温杀菌装置

该装置的结构示意图如图 9.34 所示。这是一种适用于处理高黏度物料的连续杀菌装置。该装置由料斗供给液体食品物料，通过定量泵加压传送到微波照射部后，利用微波使温度升高到规定的温度。然后根据需要，用保温管使食品在杀菌温度下杀菌。照射杀菌部选用相当的材质及设计合适的搅拌机构，保证物料不因黏滞而阻塞，从而防止了过度的加热现象。最后，在冷却管中冷却后被送出装置。

在杀菌工艺上，杀菌温度可定为 140℃，杀菌时间可在数十秒钟至数分钟之间选定，杀菌温度误差为土 2℃以内，不会产生焦煳现象。在使用范围内，适用于多品种、小批量的食品生产。使用与不使用保温管时的温度控制见图 9.35。

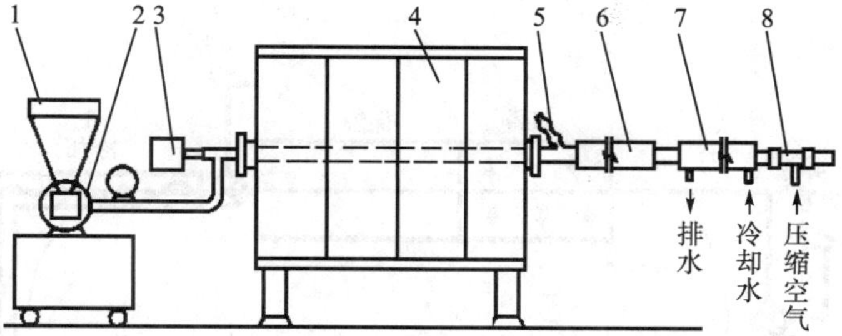

图 9.34　管式微波高温杀菌装置结构

1. 料斗；2. 定量泵；3. 搅拌器；4. 微波照射部；5. 测定温度部；6. 保温管；7. 冷却管；8. 调压部

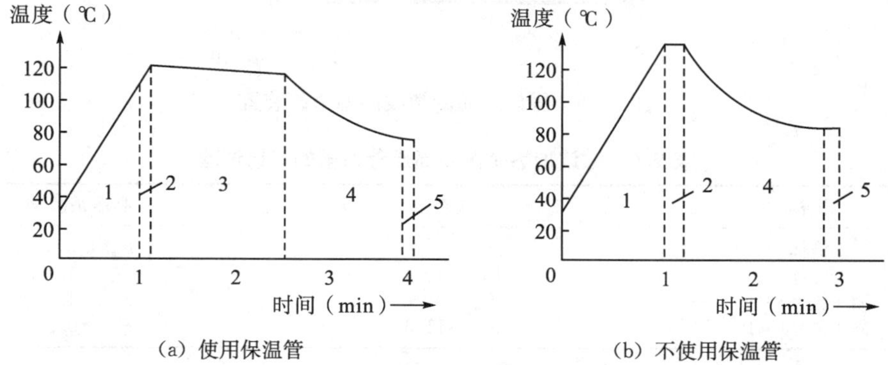

图 9.35　使用与不使用保温管时的温度控制

1. 微波加热部；2. 测定温度部；3. 温度控制部；4. 冷却部；5. 调压部

在使用范围上，可处理的物料有如下几类：①酱料：番茄酱、调味汁类、果酱、馅、豆酱、糊膏类等；②调制食品：咖喱、炖焖食品、汤类、婴儿食品、豆腐渣等；③饮料：咖啡、红茶、甜酒等；④甜食：布丁、果冻、鲜奶油等；⑤其他：各种液体医药、化妆品等。

4）固体食品的微波高温杀菌装置

这里所指的固体食品是指已装入包装容器的食品，微波杀菌用的容器只能使用玻璃、塑料薄膜等类型的容器。由于金属表面引起微波反射，故不能使用金属容器。食品充填入容器后，一般分两个阶段进行加热。即预热及充分排气后密封，预热后升温，进行高温杀菌。该装置的结构如图 9.36 所示。

整个装置的操作步骤如下：①进料——有内容物的食品袋由定位器固定位置；②预热——预热至 100℃，加热、排气；③密封——做完全密封；④测温——确认预热温度；⑤加热——食品在杀菌温度下迅速加热杀菌；⑥保温——保持杀菌温度；⑦测温——确认杀菌状况；⑧冷却——用水或空气进行充分冷却；⑨测温——确认冷却温度；⑩出口——由定位器上取出成品。

有资料介绍，用模拟食品接种耐热性细菌的孢子 $10^{-7}\sim10^{-6}$ 个/g，加水后，在 F。=5.5条件下，分别进行微波加热杀菌和高压釜杀菌的对比试验。结果见表 9.6。

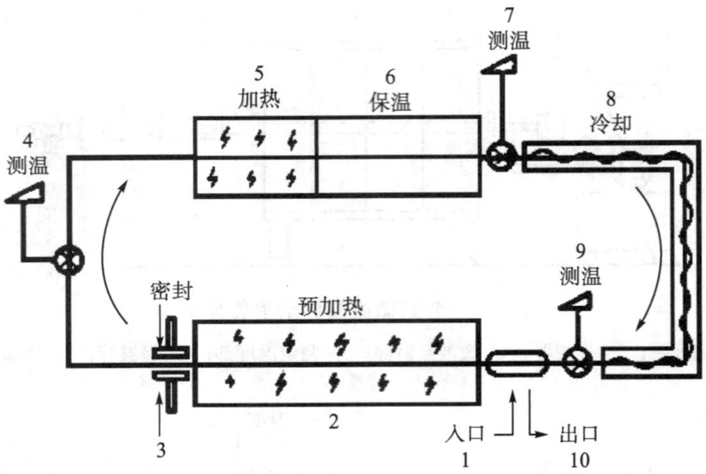

图 9.36 固体食品的微波高温杀菌装置

表 9.6 微波加热杀菌和高压釜杀菌的对比试验

试样	微波杀菌	高压杀菌
液体	F_o =5.4	F_o =5.5
固体	F_o =10.4	F_o =1.1
固：液=2：1	F_o =9.8	F_o =1.0
固：液=1：1	F_o =11.0	F_o =0.9

注：F_o 表示杀菌程度。

从试验结果看，对固体物料的杀菌，两种有较大的差别。这是由于固体物料在高压釜中杀菌时，热传导不良，中心温度升高很慢，因此难以取得令人满意的杀菌效果。但当应用微波杀菌时，由于感应电的差异，使固体物料的温度与水温一样能很快上升。因此，无论是固体物料还是固体与液体的混合物，都能取得充分而又稳定的杀菌效果。

9.6 超高压杀菌装置

9.6.1 超高压杀菌机理和优势

1. 超高压杀菌概念、机理和优点

1）食品超高压杀菌概念

是指将软包装或散装的食品放入密封的、高强度的施加压力容器中，常以水或矿物油等流体作为传递压力的介质，在高静压（一般在 100 MPa 压力以上）条件下处理一定时间，以达到贮藏保鲜食品的目的。把能够承受超高压的容器称为超高压容器，把产生与维持超高压的一系列技术称为超高压技术（ultra high pressure processing，UHPP），又称为高压技术（HPP）或高静压技术（high hydrostatic pressure，HP）。

2）食品超高压杀菌机理

当食品在液体介质中体积被压缩后形成高分子物质立体结构的氢键、离子键、疏水键等非共价键即发生变化，结果导致蛋白质变性、淀粉糊化、酶失去活性、微生物等被

杀死。但在此过程中，对构成蛋白质等高分子物质及维生素、色素和分味物质等低分子物质的共价键无影响。因此，该技术的优越性就在于能最好地保持被加工食物天然的色、香、味及营养成分，同时又能有效地克服传统的热加工方式处理食品所带来的种种缺陷，给食品加工业注入了新的活力。

是压力对微生物的致死作用，高压改变了微生物的形态与结构，影响其生物化学反应，同时使细胞膜和细胞壁被破坏，从而影响微生物原有的生理活性机能，甚至发生不可逆变化。在 400～600 MPa 压力下，高压可杀死细菌、酵母和霉菌，可避免一般高温杀菌所带来的不良影响。

3）食品超高压杀菌的影响因素

（1）压力值的大小以及保压时间的长短。压力越高，保压时间越长，灭菌效果越好；一般来说，压力越高，达到相同灭菌效果的处理时间越短。

（2）体系 pH。通常认为，体系处于酸性条件下，超高压杀菌效果会增强。

（3）体系温度。一般来说，体系处于非正常的低温或高温下，超高压灭菌效果会增强；

（4）体系中的成分组成。食品中的一些大分子物质如蛋白质、多糖以及脂类等成分的存在会对微生物有保护作用，而一些抑菌剂的存在会使超高压的灭菌效果增加。

（5）微生物的种类。对于超高压处理的耐受性，不同的微生物有所不同，按照从小到大排列，分别为：病毒＜霉菌＜酵母菌＜革兰氏阴性菌＜革兰氏阳性菌＜芽孢；对于大多数不耐压的微生物而言，恒定压力下，微生物的死亡数遵循一级反应动力学；间歇性重复高压处理是杀死耐压性芽孢的良好方法。

4）食品超高压杀菌的优势

超高压技术与传统的热处理相比，优点如下：①处理过程为液体介质的瞬间压缩过程，灭菌均匀，效率高、耗能低；②属于冷加工技术，因此不会破坏食品中原有的营养、风味、色泽等有效成分，减少热敏成分的损失，并且不会产生热处理所带来的蒸煮味，能够更好地保持食品原有的性状与风味；③可以在保持食品原有风味条件下“冷杀菌”，经简单加热后再食用，扩大半调理食品的用途；④改善生物多聚体的结构，并可改善某些食品物料的内部组织结构，有可能获得具有新物性的食品。

5）简化食品加工工艺，节约能源，提高加工原料的利用率，无“三废”污染。

目前，超高压技术已被应用于果汁、果酱、肉制品、乳制品、海产品、谷类及豆类的加工中。

2. 超高压技术的发展与现状

早在 1899 年，美国化学家 Bert Hite 就首次发现了 450 MPa 的高压能延长牛乳的贮藏期，以后相继有很多报道证实了高压对各种食品和饮料的杀菌效果。公认的开创现代高压技术先河的是美国物理学家 P. W. Bridgeman（1946 年获得诺贝尔物理学奖）。P. W. Bridgeman 在 1914 年发现在静水压（500 MPa）下蛋白质变性凝固、700 MPa 形成凝胶的现象。这是超高压技术应用于食品加工的理论雏形。

随着现代高压物理的诞生与发展，20 世纪 80 年代末首先在日本研发出食品的超高压加工技术。1986年日本京都大学的林力丸教授率先开展了高压加工食品的试验，并引起了日本加工业界的浓厚兴趣，掀起了（超）高压技术在食品中的应用基础研究热潮。为产业化发展做准备的大量前期研究终于使世界在1990年4月迎来了第一批高压食品——果酱（草莓酱、苹果酱和猕猴桃酱3个品种，7种风味系列）的问世，并在日本当地取得良好的试售效果，且引起了整个日本国内的轰动。经高压技术加工的果酱在日本超市的问世，揭开了高压理论（超高压技术）应用于食品加工业的序幕。目前，日本在超高压食品加工方面仍居于国际领先地位，已拥有大量的食品超高压处理实验装置与生产设备，果酱、果汁、鱼糜制品等超高压食品已进入超市，并且有了食品超高压加工、杀菌、保鲜的专利技术。

超高压技术在日本的成功应用，很快引起了德、美、英、法等欧美国家及韩国的高度重视，先后投资对高压食品的加工原理、方法、技术细节及应用前景进行了广泛而深入的研究。美国已将超高压技术列为21世纪食品加工、包装的主要研究项目，并已有了一定规模的工业化生产。目前，国外超高压技术已在果酱（草莓酱、猕猴桃酱、苹果酱等）、果汁（橘子汁等）、含果肉的果冻、豆浆、乳蛋白制品、鱼糜鱼糕、鱼肉制品、牛肉制品、甲壳类水产品等开展系列研究，并取得了可喜的研究成果。

我国超高压技术在食品加工中的应用虽然处于起步阶段，目前已有企业采用国产超高压设备与技术加工鲜海参、鲜牡蛎、鲜果汁及水果等食品并已成功上市。这标志着我国在超高压技术装备制造方面已取得突破性进展，对推动我国超高压技术在食品领域的产业发展具有十分重要的意义。

9.6.2 食品超高压技术和超高压设备的分类

1. 超高压技术的分类

依据操作方式的不同，可分为间歇式、半连续式、连续式和瞬变式四类。

1）间歇式超高压加工技术

它是一种批处理系统，可以加工液态或固态食品，这类食品加工前通常需要进行预处理，并进行脱气和包装。脱气是为了充分利用宝贵的有限空间，同时减轻残存气体对食品加工质量产生的负面影响；包装主要是为了避免压媒的污染。生产上，为了提高超高压增压设备的利用率，常根据每一次生产的周期将多个高压容器并联起来，实现一套高压系统配置多个压力容器的生产方式，从而提高设备利用率和生产效率。

2）半连续式超高压加工技术

产品先被泵送到压力容器内，然后关闭进料阀门，再通过活塞进行加压；与此同时，活塞也将产品与压媒分开；达到处理效果后，开启出料阀门，利用活塞压力，将产品压入贮罐，完成一个生产周期。如果将几个高压容器并联使用，并配以简单的自控系统，则可将生产效率大幅度提高。

3）连续式超高压加工技术

它是利用超高压泵，将待处理物料的压力升至设定值，并送入附加的高压腔（或称高压延时器、滞留器），高压延时器的体积依据处理物料的停留时间确定。

4）瞬变式超高压加工技术

在连续式超高压加工系统中，若高压延时器的容积很小，甚至被蛇形超高压管路所代替，且高压延时器的出口与高压泵的进口相连接，使物料受到交替的瞬间超高压脉冲循环处理，并通过高压阀门控制物料的超高压脉冲循环处理次数，从而实现对液体食用物料的均质化、预杀菌和灭酶等。

可见，半连续式、连续式、瞬变式操作方式只适用于加工可泵送的流体（如果汁、酒类、乳品等）或半固体产品，超高压加工完成后再行包装。由于超高压处理的特殊性，连续式操作法中的超高压系统技术要求高，物料温度控制难度大，规模化实现困难。目前工业上采用的是间歇式和半连续式。

2. 超高压设备的分类

1）按照规模分类

有实验型与工业化生产型。实验型食品超高压装置容器容积小，工作压力高，可达 1000 MPa；工业规模型高压容器容积大，工作压力相对较低，一般不高于 600 MPa。

2）按加压方式分类

分为直接加压式和间接加压式。如图 9.37 为两种加压方式的装置构成示意图。在左图直接加压方式中，UHP 容器与加压装置分离，用增压机产生 UHP 液体，然后通过 UHP 配管将 UHP 液体运至 UHP 容器，使物料受到 UHP 处理。在右图所示间接加压方式中，UHP 容器与加压液压缸呈上下配置，在加压液压缸向上的冲程运动中，活塞将容器内的压力介质压缩产生 UHP，使物料受到 UHP 处理。两种加压方式的特点比较见表 9.7。

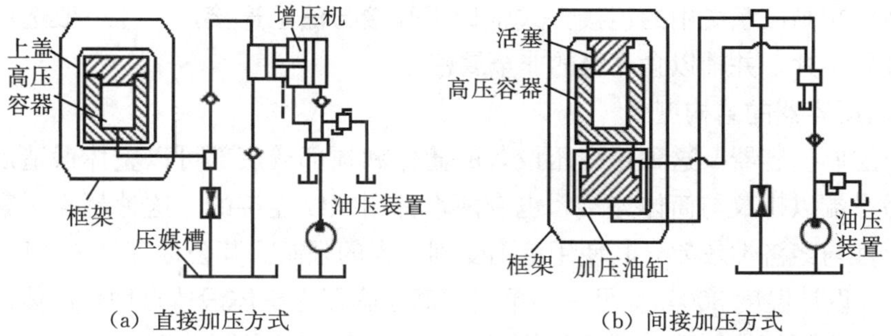

（a）直接加压方式　　（b）间接加压方式

图 9.37　直接加压式和间接加压式超高压处理装置示意图

表 9.7　直接加压与间接加压方式的特征对比

加压方式	直接加压式	间接加压式
结构	承压框架内仅有高压容器，结构简单	油压缸、高压容器均纳入承压框架，主体结构庞大
容器容积	溶剂恒定，利用率高	容积随升压减少，利用率低
高压泵及高压配管	有高压泵及高压配管	油压缸代替了高压泵，无高压配管
密封性	高压密封部位固定，几乎无密封件的损耗	高压密封部位不固定，有密封件的损耗
维护	静密封维修较易，高压泵维修较难	动密封维修较难；油缸压力低，易维修
有污染问题	基本无污染	分体型无污染，一体型有污染
容器内温度变化	减压时温度变化大	升压或减压时温度变化小
适用场合	适于大容量生产装置	适于更高压、小容量、研究开发用

3）按UHP容器的放置位置分类

分为立式和卧式两种。立式UHP处理设备，占地面积小，但物料的装卸需专门装置。卧式UHP处理设备，物料的进出较为方便，但占地面积较大。

3. 超高压杀菌装置

1）超高压装置的组成

超高压装置主要由超高压容器、高压泵、参数控制系统、高压管路、阀门及密封件等组成。超高压容器是物料受压的场所，也是超高压系统的关键部件之一。高压泵是提供超高压力的动力单元，它的工作压力对系统的最高工作压力起着决定性作用。超高压系统中的高压泵一般选用以柱塞泵、螺杆泵最为常用，其中螺杆泵较多级柱塞泵的出液稳定。

参数控制以压力与温度为主，控制中心与检测仪表是参数控制系统的两大组成部分。控制中心通常是由计算机构成，而检测仪表则是调控人员置于系统中的眼睛，仪表失灵是导致工艺故障的常见因素之一。高压仪表的选用依据首先是量程、精度等级、应用温度范围，压力表以仪表总量程的2/3为宜，温度表以仪表总量程的80％～90％为宜；其次，仪表的连接方式、耐久性也不容忽视。

超高压系统中的部件首要考虑的问题是材质和工作压力。所有与食品直接接触的部件，不得污染食品，长期使用也不得被食品腐蚀；所有高压部件的许用工作压力不得低于其相应额定工作压力的1.1倍。符合食品卫生要求是超高压管件选用的首要条件，其次，应考虑管路的布置及转弯半径。阀门依据其在系统中的作用不同，可选用不同的种类。但在超高压食品管道中，调节压力或流量后，通过阀门的物料是否产生汽化现象也应引起重视。超高压系统中的连接方式常选用焊接与法兰连接，垫片一般选用不锈钢材料制成的金属垫片，并辅以食品级的非金属密封件。

2）超高压容器的结构型式

（1）单层厚壁容器。这种超高压设备的筒体和顶部或底部可以整体锻造后，经机加工制成，另一端以螺纹与筒体连接，也有两端都用螺纹连接的。这种超高压容器的力学特性、安全性与经济性较差，其使用范围受到很大的限制。其公称容量250 L，设计压力225.6 MPa，设计温度300℃。另一种单层超高压容器为整体锻造自增强筒体。

单层厚壁高压筒体制造困难且价格昂贵，且高压容器的操作压力高达数百兆帕，且有容积越来越大、使用压力越来越高的趋势，加之频繁的大幅度交变载荷，因而仅仅依靠材料越来越难于满足其强度要求，目前工业化生产中多用多层结构的超高压容器。

（2）多层热套结构。此类结构的容器由整体锻造或将钢板卷焊成圆筒，套合面经机加工，相邻层之间设计成过盈配合，而后通过热套加工工艺复合而成。经热套复合-冷却收缩后的双层（多层）容器，外筒承受拉力，内筒承受压力，使内筒具有一定的预应力。而且内层材质选用高强度不锈钢，以保证强度及食品加工要求，其余各层均选用碳钢，以降低造价，这样既保证了承压能力，又能抵抗较高的循环交变载荷，且有利于结构的轻型化。

（3）绕带式结构。在整体锻造并经过机加工、热处理而成的单层结构容器筒体上，以钢带预紧缠绕形成耐超高压容器。此法较好地改善了多层热套结构中焊接热套技术要求高、各层预应力精度不易控制的缺陷。

(4) 缠绕式结构。即在加工好的单层结构高压筒体上用预紧的高强度钢丝一圈圈、一层层地缠绕而成。此种结构的端盖及密封结构设计相对容易，与前两种相比，也进一步改善了筒体的应力分布状态，延长了筒体的疲劳寿命，但需要借助移动式纵向承压支撑框架来承受轴向力。

3) 超高压容器管路系统

超高压容器通常为圆筒形，由于压力极高，其直径不能太大，一般不超过 500 mm。超高压容器由于介质压力高，其加压介质不同，对泵的要求也不同。最理想的介质为油，而且黏度不能太高，一般以变压器油与煤油按 3∶1 比例混合为宜，既有一定黏度，对机器又有润滑作用，否则对活塞的磨损会较大。应用于食品领域的超高压技术装备，由于介质的特殊性，其管路系统有如图 9.38 和图 9.39 所示两种。

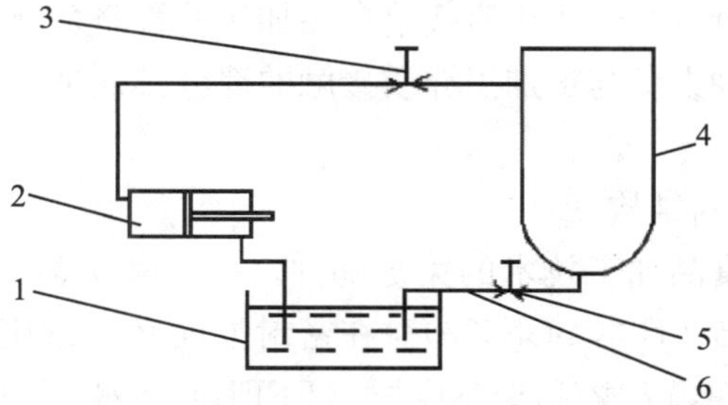

图 9.38　超高压容器管路系统

1. 油槽；2. 超高压泵；3. 阀门；4. 超高压容器材；5. 安全泄压阀；6. 超高压管道

图 9.38 所示的工作原理为：超高压泵将油槽内油加压到容器内，单向止逆阀只允许高压油向容器方向单向通过。容器经过一段时间工作后，由泄压阀流回油槽，完成一个工作过程。此装置中超高压容器是关键设备，由于食品加工需要不断地开启容器的端，故其密封结构要求很高：既要装拆方便快捷，又要密封可靠。目前应用较多的是框架结构超高压容器与自紧密封相结合的快装式密封结构。框架是用来平衡强大的轴向力，既可以是框架移动容器固定，也可以是容器移动框架固定。超高压容器由于容器有限，为了增大产量，通常采用由两台超高压容器并列放置，由一个框架来平衡轴向力。

图 9.38 所示是介质为油的管路系统，其特点是介质为油，因此对活塞的磨损少，机器寿命相对较长。由于介质可以直接由泵加压，故这种系统装备简单，投资相对较少，整个系统设备可由碳钢与低合金钢制造。正因为这种设备介质为油，故对被加工食品的包装要求高，必须密闭包装，否则会相互污染。同时，加工后的清洗工作也较烦琐。

图 9.39 所示的工作原理为：超高压泵将油槽内的油加压到压力转换器，将压力转换给超高压容器。工作一段时间后，由泄压阀流回原料槽，其关键设备除了超高压容器以外，还有压力转换器。其功能是将油的压力转换到原料上，而中间不相互污染。目前转换器的主要问题是效率问题，即能量损失。由于超高压技术是一种高能耗技术，能量损失太大会导致加工成本的上升。目前高效的转化器有待开发。

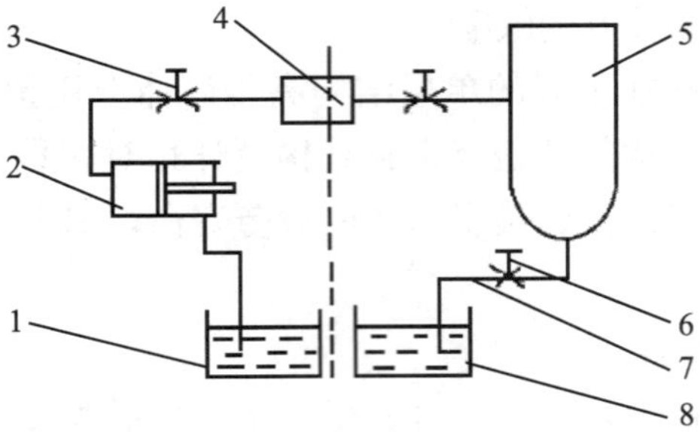

图 9.39 超高压容器管路系统

1. 油槽；2. 超高压泵；3. 阀门；4. 转换器；5. 超高压容器；6. 安全泄压阀；7. 超高压管道；8. 原料槽

图 9.39 所示是一种适用直接给食品加压的管路系统。这种设备由于配置了一个压力转换器，将油的压力转换到被加工介质上，故图 9.39 中虚线左边仍可以采用以油为介质的加压系统，而右边则可以是适用于直接给食品加压的管路系统。容器内介质可以是水，也可以直接是原料。这种设备与被加工介质接触的部分必须是不锈钢，故投资相对较高，但加工较为方便。

4）超高压容器的密封结构

密封是实现超高压食品加工技术的关键部件之一。高压容器的内筒应选用高强度的不锈钢 0Cr17Ni14Cu4Nb（日本 SUS630）。在密封方面必须选用对其滑动性良好、磨损性较小的密封材料。聚四氟乙烯和聚醚醚酮（PEEK）等树脂类材料、非铁合金中的磷青铜等材料能满足内筒表面较小粗糙度的要求，制造成一定形状的密封圈可实现超高压的长期安全密封。超高压容器最常见的密封有以下三种。

（1）强制密封。有平垫、单锥环密封等多种结构形式。强制密封依靠被密封元件与密封元件之间一定的接触压力，以达到密封效果。由于内压上升后导致设备和紧固件的变形，将减少接触压力；对于超高压容器，不宜采用强制密封形式。

（2）半自紧密封。代表的形式是双锥形环密封。半自紧密封虽具有一定的自紧性，但随着压力的升高，因其结构特点所限，密封元件与被密封元件之间的接触压力有所降低，实际上仍需较大的预紧力，这也限制了它的应用。

（3）自紧密封。有 O 形环、C 形环、B 形环、△形环、楔形环、Bridgman 密封等基本结构形式。自紧式密封与上述两种密封情况不同，根据其结构特点，当压力升高后密封元件与顶盖、筒体端部之间的接触力加大，密封更有效。压力越高，密封效果越好。

9.6.3 工业化生产用超高压杀菌装置

工业化超高压杀菌装置处理量大，设备操作费用高，还应确保安全可靠和机械化作业等产业化问题，通常选用直接加压式大型装置，大型立式和卧式高压装置如图 9.40、图 9.41 所示。因其承压框架及容器顶盖十分笨重，装置高大、物料装卸不便，为缩短辅助生产时间，降低劳动强度，通常配置液压机构，用于启闭顶盖和移动框架，并设置专用的物料机械装卸机构。为有效改善大型超高压装置的物料装卸作业条件，常将这类装置设置于地坑或底楼，并多用卧式结构。卧式结构的超高压装置既改善物料装卸条件，又可避免厂房过高。

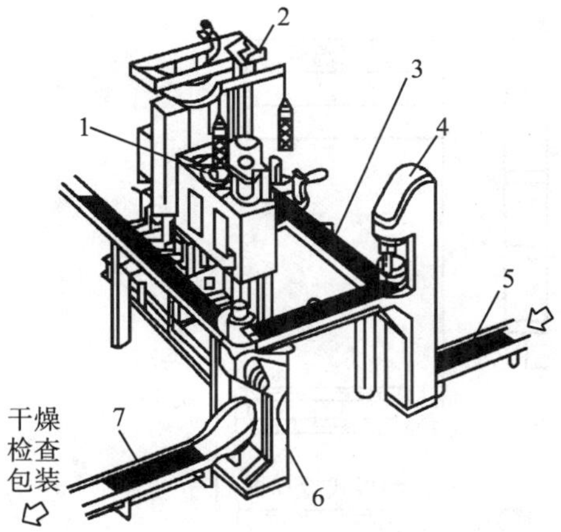

图 9.40　立式 UHP 处理装置图

1. 高压容器；2. 装卸搬运装置；3. 滚轮输送带；4. 进料装置；5. 材料调整计量装置；6. 排出装置；7. 输送带

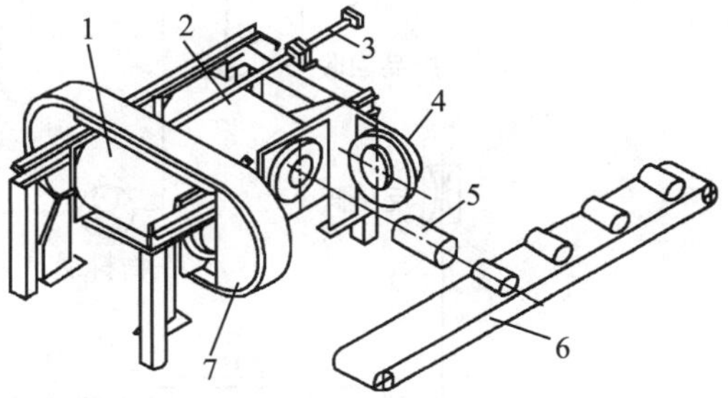

图 9.41　卧式超高压装置图

1、2. 高压容器；3. 承压框架移位机构；4. 盖启闭装置；5. 处理产品；6. 输送机；7. 承压框架

9.7　其他杀菌装置

9.7.1　欧姆杀菌装置

1. 欧姆杀菌的概念与原理

欧姆杀菌是利用电极，将 50～60Hz 低频交流电流直接导入食品，由食品本身介电性质所产生的热量，以达到直接杀菌的目的。该法可用于 UHT 杀菌所不能应用的领域，对含固形物的液状食品进行连续杀菌，并随之无菌充填。它不受固形物大小、形状的影响，在短时间内达到中心部与表面的均一杀菌，适于鱼肉、畜肉等含低酸性的调理食品或高酸性的果实、果汁等。产热量可按下式计算：

$$Q=K\ (\Delta V)^2 \tag{9.1}$$

式中，Q 为单位体积的电功率，W/m^3；K 为电导率，S/m；ΔV 为电位梯度，V/m。

此外，物料内部产生热量必将引起介质温度的变化。温度的变化除了与物料电学性质有关外，还与物料的密度、比热容、热导率等热学性质有关。

2. 欧姆杀菌装置的结构与操作

目前，已制造出工业化规模的欧姆加热设备，可使高温瞬时技术推广应用于含颗粒（粒径高达 25 mm）食品的加工。

欧姆杀菌装置系统主要由泵、柱式欧姆加热器、保温管、控制仪表等组成，如图 9.42 所示。其中最重要的部分是由四个以上电极室组成柱式欧姆加热器。电极室由聚四氟乙烯固体块切削而成，并包以不锈钢外壳，每个极室内有一个单独的悬臂电极，电极室之间用绝缘衬里的不锈钢管连接。可用作衬里的材料有聚偏二氟乙烯（PVDF）、聚醚醚酮（PEEK）和玻璃。

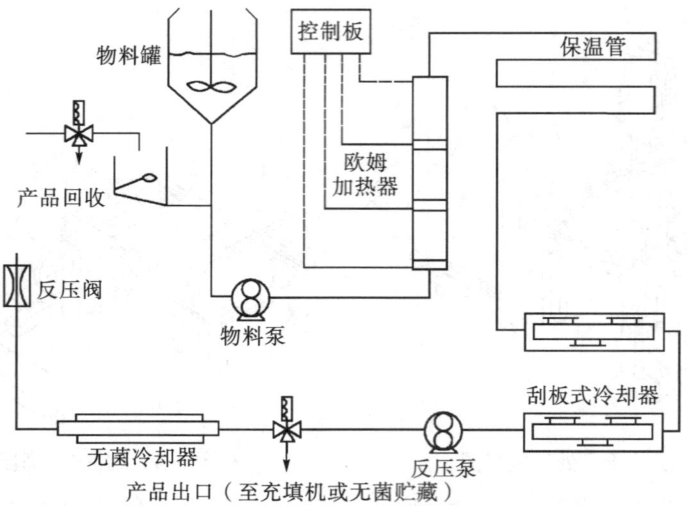

图 9.42 欧姆杀菌装置系统

欧姆杀菌的工艺操作首先是装置的预杀菌。欧姆加热组件、保温管和冷却管的预杀菌，是用电导率与待杀菌物料相接近的硫酸钠溶液循环来实现的。当电流的通入，使物料达到一定的杀菌温度时，可通过压力调节阀来控制杀菌操作的压力。

诸如贮罐、充填机及其管路等其他附属设施的预杀菌，可采用传统的蒸汽杀菌方法。选择电导率与产品电导率相近的杀菌剂溶液，其目的是为了避免从设备预杀菌过渡到产品杀菌时对电能的大幅度调整，以保持操作的平稳与有效，减小温度的波动。

装置预杀菌完毕，循环杀菌液在循环管路的片式换热器中进行冷却。达到稳定状态后，排掉杀菌液，同时将产品引入正位移式料泵的进料斗。转换期间，利用无菌的空气或氮气，调节收集罐上方的压力，以此对反压进行控制。收集罐用于收集硫酸钠产品的交接部分。一旦收集完交接部分的液体，便将产品转入主杀菌贮罐，该罐上方的压力同样被用来控制系统中的反压。加热高酸食品时，反压维持在 0.2 MPa，杀菌温度 90～95 ℃；加热低酸食品时，反压维持在 0.4 MPa，杀菌温度达 120～140 ℃。反压较高是防止食品在欧姆加热器中的沸腾。物料通过欧姆加热组件时被逐渐加热至所需的杀菌温度，然后依次进入保温管、冷却管（管式换热器）和贮罐，供无菌充填。

生产结束后，切断电源并用水清洗设备，然后用 80 ℃、体积分数 2%的 NaOH 溶液循环清洗 30 min。因 NaOH 溶液的电导率很高，不宜用欧姆加热，而用系统中的片式换热器加热。欧姆加热器可装有不同规格的电极室和连接管，形成不同的生产能力，具体产量依照工艺温度而定。

3. 食品欧姆杀菌的特点

欧姆杀菌产品的品质与传统罐装食品的杀菌相比，欧姆杀菌可使产品品质在微生物安全性、蒸煮效果及营养、维生素保持方面得到改善。主要优点有：可生产新鲜、味美的大颗粒产品；有利于提升产品的附加值；能加热连续流动的产品而不需要任何热交换表面；可加工对剪切敏感的产品；可在产品的固体颗粒内直接产生热量，不需要借助其液体的传导或对流；系统操作平稳，过程易于控制，且可立即启动或终止；维护费用较低；包装尺寸的选择范围宽。

9.7.2　栅栏技术

“栅栏技术”一词最早是由德国肉类研究中心 Leistner 提出的。把食品防腐的方法或原理归结为高温处理、低温冷藏、降低水分活度、酸化、氧化还原电势、防腐剂、竞争性菌群及辐照等几种因子的作用。这些因子单独或相互作用形成特殊的防止食品腐败变质的栅栏，决定着食品微生物的稳定性，抑制引起食品氧化变质的酶类的活性，即栅栏效应。水分活度、酸度、温度、防腐剂等栅栏因子相互影响对食品的联合防腐保持作用，称之为栅栏技术。

1. 概念

1）栅栏

栅栏是指在肉品贮藏和加工中，为抑制微生物的生长繁殖，采用了多种处理方法，每一种方法就是一道栅栏，采取几个措施就是几个栅栏。通常采用的方法是热加（F）、冷冻、降低 A_w（干燥）、降低（pH）、真空包装（与氧隔绝）、加防腐剂等等。每一种方法就是一道防止微生物生长繁殖的栅栏。

2）效应

效应指所设置的屏障对微生物的抑制能力。如某一产品在加工中使用了加热、干燥、防腐、酸化等项处理措施，假定它们对抑制微生物的效应强度相同，并共同发生作用，使微生物不能越过最后一道防线（栅栏）而繁殖，所以使这一产品安全可靠。

2. 栅栏技术

栅栏技术是将多种食品贮存技术同时应用于一种食品，每种技术只用到其中等水平，所获得的保质期不是这几种技术所获保质期的算术累加，而是呈现出叠加效应，从而延缓了食品的变质。在每一道栅栏（措施）都会抑制部分微生物，使其强度越来越小，最后不能跨过最后一道屏障，防止食品的腐败变质。

以热力杀菌、酸化、防腐剂分别作为栅栏因子，每种因子只用中等强度，就可有效地解决高温杀菌造成的组织软烂和过度酸化造成的品质下降，产品也能达到商业无菌的要求。栅栏技术是多种技术的科学结合，这些技术协同作用，阻止食品品质的劣变，将食品的危害性以及在加工和商业销售过程中品质的恶化降低到最小程度，它是食品保藏的根本所在。目前，栅栏技术是将制约食品保藏的各种因素巧妙结合应用的综合方法。视食品对象而异，通过必要的处理，建立一系列有效抑制微生物生长并使其遭受杀菌的重要栅（栏）障（碍），诸如一定的水分、一定的 pH、一定的温度、一定的气体氛围等，以保持食品在保质期内的稳定性，在食品行业得到广泛应用。通过这种技术加工和贮存的食品也称为栅栏技术食品。栅栏技术在美国、欧洲一些国家已经有较大的发展。中国的某些传统肉制品，不需冷藏而能储存较长时间，其原理也在于此。近年来，随着我国食品加工业的兴起，栅栏技术已经广泛应用于各类食品的加工与保藏。

3. 影响因素

1）污染度

污染度低即使屏障较少，强度较低，也能起到抑制作用。如果污染度很大，产品自身屏障不能抑制微生物，则会导致腐败。

2）时间

有些措施随时间延长越来越强（干燥），有的措施会越来越弱（防腐剂），逐步失效。

随着对栅栏技术的深入研究，必将为未来食品保藏提供可靠的理论依据及更多的关键参数。应用现代科学手段，在明确了与食品保藏稳定性相关的关键因素的基础上。发展此项技术，有助于实现一些传统食品的工业化。

9.7.3 臭氧杀菌机

臭氧杀菌即利用臭氧具有的强氧化性及杀菌力进行杀菌。由于臭氧的氧化作用，能与存在于细菌或病毒中的O_2发生反应从而分解构成细菌的 RNA、核酸等物质。在干燥状态下，臭氧的杀菌力较弱，然而在空气中含有 8～14 mg/L 时，就能杀菌。在水中的杀菌力较强，浓度为 0.04～0.05 mg/L，数分钟即有杀菌效果。

臭氧杀菌消毒机由臭氧发生装置、空气预过滤装置、强冷却装置等组成。臭氧灭菌或抑菌作用，通常是物理的、化学的及生物学等方面的综合结果。其作用机制可归纳为：

（1）作用于细胞膜，导致细胞膜的通透性增加，细胞内物质外流，使细胞失去活动。

（2）使细胞活动必需的酶失去活性。

（3）破坏细胞内的遗传物质或使其失去功能。臭氧杀灭病毒是通过直接破坏核糖核酸或脱氧核酸完成的。而杀灭细菌、霉菌类微生物则是臭氧首先作用与细胞膜，使细胞膜的构成受到损伤，导致新陈代谢障碍并抑制其生长，臭氧继续渗透破坏膜内组织，直到死亡。

臭氧浓度过高，对人体有害，因而浓度的控制十分重要。其缺点为产生的副产物“溴酸盐”。

9.7.4 紫外线杀菌装置

指在常温下 100～400 nm 的波长内短时杀菌。它没有残留性，对杀菌对象不起化学变化。紫外线的杀菌力在波长 260 nm 附近最强，是波长为 350 nm 直射日光的 1600 倍。它不产生二次污染，波长在 250～313 nm 的紫外线可促进体内 VD 的生成和 Ca、P 等矿物质的代谢，故在 280～320 nm 处的紫外线又称健康线。

紫外线主要用于原料水、饮料水、食品容器、包装材料的杀菌、固态食品的表面杀菌、工厂内的浮游菌、厨房设施及器具的杀菌等。

紫外线杀菌的主要装置是杀菌灯。目前有高压、中压、低压三种。灯管内的水银蒸汽压低于 100 Pa 称为低压紫外线灯，105 Pa 以上的称为高压紫外线灯。高压紫外线灯一般用于夜间照明或光化学反应。目前，开发的中压紫外线波长在 254 nm 附近，在低温区或高温区温度特性不变，杀菌效果高，适于大容量、短时间的杀菌要求。目前的紫外线杀菌器有：流水型红外线杀菌装置、浸渍型、照射型、表面照射型、杀菌型干燥机等。

另外还有紫外线与臭氧或过氧化氢等综合用于废水处理、微波与紫外线综合用于杀菌等。

紫外线杀菌的缺点：由于紫外照射会破坏有机物分子结构，所以会给某些食品的加工带来不利的影响，特别是含脂肪和蛋白质丰富的食品经紫外线照射会促使脂肪氧化、产生异臭，蛋白质变性，食品变色等。此外，食品中所含的有益成分如维生素、叶绿素等易受紫外线照射而分解，因此紫外线照射杀菌的应用受到一定程度的限制。

9.7.5 超声波杀菌装置

其机理是基于超声生物、物理和化学效应。在含有空气或其他气体的液体中，在超声辐射下，主要由于空化的强烈机械作用能有效地破坏和杀死某些细菌与病毒或使其丧失毒性。

超声波通过传声介质的相互作用产生巨大的能量，这种能量能在短时间内足以起到杀灭和破坏微生物的作用。此外，超声波还能对食品起到均质、催陈和裂解大分子物质等作用。如利用频率大于 20 kHz 的超声波处理对液态食品的杀菌是有效的，使用超声波对酱油累计灭菌时间达到 4 min 时，酱油中的指标合格。

9.7.6 辐射杀菌

放射源只限于^{60}Co 及^{137}Cs 产生的 γ 射线、10 MeV 以下的电子线和 5 MeV 以下的 X 射线。其灭菌机理在于微生物经照射后，细胞产生羟基自由基等，使 DNA 一次被切断，并无法修复错误而死亡。如：用 γ 射线以 11 万 rad 连续两次间隙照射茶饮料，结果对茶汤感官品质无太大影响，微生物残留量符合卫生标准。

γ 射线的穿透力很强，适合于完整食品及各种包装食品的内部杀菌处理；X 射线的穿透力较弱，一般用于小包装食品或冷冻食品的杀菌，特别适用于对食品的表面杀菌处理。

此外，辐照杀菌还具有杀灭虫卵、抑制植物发芽等作用。目前，肉禽、水产品、果蔬、谷物及其制品、蛋制品、一些营养口服液等均采用此法灭菌保鲜。

9.7.7 膜过滤除菌装置

作为新兴的灭菌技术已在饮用超纯水的生产中取得了应用。其中的微粒、部分胶体、树脂碎屑和微生物一般用 0.45 μm 或 0.22 μm 滤膜去除。膜的孔径为 3 μm 时可截留霉菌抱子，1.2 μm 时可截留酵母菌，0.45 μm 时可截留大肠杆菌等（即一般细菌均能截留）。如用乙醇处理茶汤使蛋白质、果胶、淀粉等物质沉淀后，经 0.3 μm 微孔膜处理，数分钟即可达到分离、澄清之目的，防止了热力杀菌对茶汤风味成分的破坏，可缩短工艺周期达 20 倍以上。

使用该法杀菌对车间的卫生要求较高，否则达不到除菌目的。

9.7.8 磁力杀菌装置

一般采用 6000 的磁力强度，将食品放在 N 极与 S 极之间，在连续摆动条件下，不需要加热即可达到100%的灭菌效果，杀菌时间短、能耗低，对食品的营养成分和风味则无任何影响。如将食品放在0.6 T磁密度的磁场中，常温下处理48 h，杀菌效果达到100%。

9.7.9 微生物天然防腐剂灭菌

由于具有天然无毒、健康卫生等特点而越来越受欢迎。目前，已在研究或开发中的微生物天然防腐剂有红曲色素、莫那可林A（MonascidinA）、细菌素（如尼生素、枯草菌素、泰乐菌素、聚溶素、纳他霉素等）、曲酸、嗜杀菌素（来源于嗜杀酵母Killer yeast）、几丁质酶等。由于单一的微生物天然防腐剂抑菌防腐作用有限，故可几种搭配使用、或与化学防腐剂结合使用以减少化学防腐剂之用量、或与增效剂结合使用以增强效果、降低成本。

9.7.10 酶法杀菌

1. 溶菌酶（lysozyme，LZ）

LZ是一种催化细菌细胞壁中的肽多糖水解的酶，能专一性地作用于肽多糖分子中的N-乙酰胞壁酸与N-乙酰氨基葡萄糖之间的β-1,4键，从而破坏细胞壁，使细胞溶解死亡。人、动物、植物、微生物和鸟类蛋清中都含有此酶。LZ对革兰氏阳性菌、好气性孢子形成菌、枯草杆菌、地衣芽孢杆菌、耐辐射微球菌等革兰氏阴性菌有一定程度的溶解作用，最有效浓度为0.05%。

目前，LZ已在香肠、鱼片、火腿、新鲜果蔬、豆腐、婴幼儿奶粉、酸奶的保鲜防腐中取得了应用。

2. 葡萄糖氧化酶与过氧化氢酶

葡萄糖氧化酶（glucose oxidase，GOD），在有氧条件下能催化葡萄糖生成葡萄糖酸-δ-内酯，反应中消耗掉一个氧分子，故可抑制好氧微生物的生长繁殖而起到防腐作用，也可作为除葡萄糖剂和脱氧剂而用于食品保鲜。如在牛奶中加入过氧化氢作用一段时间后（0.5～1 h），再加入过氧化氢酶（hydrogen peroxidase，HPD）去除剩余的过氧化氢，同时加入GOD除去过氧化氢分解过程中产生的分子氧和牛乳中的溶解氧，从而可保护牛奶中Vc等对氧敏感的物质并起到灭菌作用。

第 10 章　食品冷冻机械

冷冻技术作为食品加工和防止食品腐败的手段在食品工业中应用广泛。冷冻贮藏食品能延长食品保存期限，减少食品损耗。在食品工业中主要应用于食品的冷藏、冷冻、冷藏运输、食品速冻及食品冷加工。

10.1　食品冷冻的基本原理

制冷技术是利用某种装置，消耗机械功或其他能量来维持某一物料的温度低于周围自然环境的温度。这种技术是建立在热力学的基础上的，是现代食品工程的重要基础技术之一。通常把冷冻分为两种：一般冷冻和深度冷冻。一般冷冻温度范围在－120℃以内，深度冷冻温度范围低于－120℃。食品工业多采用一般冷冻，温度在－120℃以内。

10.1.1　制冷原理

常用的制冷方法有蒸汽压缩式制冷、液体蒸发制冷、吸收式制冷和吸附式制冷等几种。食品冷冻和冷藏常用的是蒸汽压缩式和液体蒸发式制冷。

1. 蒸汽压缩式制冷

蒸汽压缩式制冷系统如图 10.1 所示，制冷剂在蒸发器内吸收热量并气化成蒸汽，压缩机不断地将蒸汽从蒸发器中抽走，并将其压缩后在高压下排出，该过程需要消耗能量。经压缩的高温高压蒸汽在冷凝器内被常温冷却介质（水或空气）冷却，凝结成高压低温制冷剂液体。再利用节流装置使高压液体节流，节流后的低压、低温制冷剂进入蒸发器，吸收被冷却对象的热量后再次气化，如此周而复始地完成制冷循环。

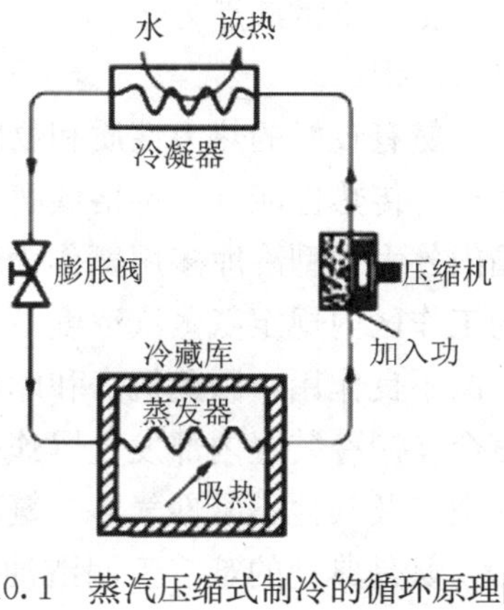

图 10.1　蒸汽压缩式制冷的循环原理图

2. 液体蒸发式制冷

液体蒸发式制冷属于开式液体气化系统，是将液氮或液态 CO_2 等液体直接喷淋到被冷却物表面，液体吸收被冷却物的热量后气化，或将被冷却物沉浸在液氮内降温。这种方式操作简单，初投资低，但制冷剂不能循环再利用，运行费用较大。

3. 吸收式制冷

吸收式制冷是利用某些物质对制冷剂蒸汽有很强的吸收能力这一特性来实现制冷的。如水可以吸收氨蒸汽，浓溴化锂溶液可以吸收水蒸气。将一个盛有氨溶液的容器与一个盛有水的容器共置于一个真空的球形罐内，两容器内分别放置温度计测量温度变化，结果发现盛有氨溶液容器的温度不断降低，而盛有水的容器的温度不断升高。这是由于水吸收氨蒸汽，使氨溶液不断气化，气化时从剩余的氨溶液中吸取气化潜热所致，同时水吸收氨蒸汽是一个放热过程，所以盛有水的容器温度升高。这里氨是制冷剂，水为吸收剂。利用这一原理工作的制冷机称为吸收式制冷机。

4. 吸附式制冷

吸附式制冷的驱动能源可以是工业废热、太阳能、化学反应热等低温热源。在吸附式制冷机中，制冷剂液体气化吸收潜热制冷，汽化后的制冷剂蒸汽是由对制冷剂蒸汽有很强的吸附能力的吸附材料来吸收的，其工作原理同吸收式。常用的吸附材料有沸石、分子筛、活性炭等，常用的制冷剂主要有水、氨和甲醇等。

10.1.2 制冷剂与载冷剂

1. 制冷剂

制冷剂是制冷机中的工作流体，它在制冷系统中循环流动，通过自身热力状态的循环变化与外界发生能量交换，达到制冷的目的。习惯上称制冷剂为制冷工质。常用的制冷剂有水、氨、氟利昂，以及某些碳氢化合物。

1）氨

氨的正常沸点为−33.4 ℃，凝固温度为−77.7 ℃，临界温度 133.3 ℃，临界压力为 11417 kPa。

氨有较好的热力性质和物理性质，压力适中，单位容积制冷量大，黏性小，流动阻力小，传热性能好，价格低廉，易于获得，是应用最早而且目前仍广为使用的制冷剂。国内外大中型冷库多用氨作为制冷剂。氨的主要缺点是毒性大、易燃、易爆，制冷车间的工作区内规定氨蒸汽浓度不得超过 0.02 mg/L。氨蒸汽对食品有污染，并有使食品变味的不良作用，因此机房和库房应隔开一定的距离。若制冷机系统内部含有空气，有时氨会在制冷装置内部发生爆炸，因此氨制冷系统中必须设空气分离器，及时排除系统内的空气及其他不凝性气体。氨的压缩终了温度较高，因此压缩机气缸要采取冷却措施。

氨是典型的难溶于润滑油的制冷剂，它在润滑油中的溶解度不超过 1%，因此，氨制冷机的管道和换热器的表面上会积有油膜，影响传热效果。运行中，润滑油还会积存在冷凝器、贮氨器及蒸发器的下部，这些部位应定期放油。

纯氨不腐蚀铁，但当含有水分时腐蚀锌、铜、青铜及其他铜合金，只有磷青铜例外，因此要求含水量控制在 0.2%以内。此外，氨制冷机中不允许使用铜和铜合金，只有那些需要润滑的零件，如活塞销、轴瓦、密封环等，才允许使用高锡磷青铜。

2）氟利昂

氟利昂制冷剂具有的共性是无味、不易燃烧，毒性小。但含氯原子的氟利昂遇明火时能分解出有剧毒的气体；对金属材料的腐蚀性小，但对橡胶、塑料有腐蚀作用；渗透性强，易泄漏，而且泄漏小不易被发现；传热性能差，相对分子质量大，比重大，流动性差，故在系统中循环时阻力损失较大；绝热指数小，压缩终了温度低；单位容积制冷量小，制冷剂的循环量较大，价格高。

氟利昂在理化性质上具有一定的规律性：含H原子多的可燃性强；含氯原子多的，有毒性；含F原子多的，化学稳定性好。对臭氧破坏作用大的是氟利昂中含氯原子的物质，CFC类制冷剂对环境破坏性最强，HCFC次之，HFC因不含氯而无破坏作用。国际环保组织决定，对R11、R12、R13、R115等15种CFC物质，到2010年完全停止使用。对34种HCFC物质，包括R22、R123、R124等，从2020年起开始限制使用。最终作为替代制冷剂的是HFC，这类制冷剂目前已有R134a、R404a和R407a/b/c。其中R134a已替代R12用于制冷设备中，使用R404a和R407c的制冷设备在国内市场上已有新产品。

2. 载冷剂

在间接式制冷系统中，被冷却物体中的热量是通过中间介质传给制冷剂的，这种中间介质在制冷工程中称为载冷剂。

1）载冷剂的一般要求

载冷剂应始终呈液态，沸点要高，凝固点要低，且均应远离工作温度；载冷剂在循环中能耗要低，即要求载冷剂比热大，密度小，黏度低；安全可靠，化学稳定性要好，不燃烧，不爆炸，对管道及设备不腐蚀，对人体无毒害；价格低廉，易于获得。

2）常用载冷剂

在食品工业中，常用的载冷剂有水、盐水溶液和有机物溶液。水只能用0℃以上；一般盐水和有机物溶液可用于－20～50℃的；若要达到更低的温度，则要使用特殊的有机物溶液，如聚二甲基硅醚和右旋柠檬碱。

10.2 制冷系统的组成

10.2.1 单级压缩制冷系统

单级压缩是指制冷剂经过蒸发、压缩、冷凝、节流四个基本过程完成一个制冷循环的过程。

单级压缩制冷系统原理如图10.2所示。压缩机把蒸发器内产生的低压蒸汽压缩成高温高压蒸汽，送往冷凝器为制冷剂蒸汽液化提供压力条件。

冷凝器用来对压缩机压入的高温高压蒸汽进行冷却，使其放热，在一定压力和温度下把高温高压的蒸汽液化成为高压常温的液体。

节流阀是高压区和低压区的一个交界点，节流阀至压缩机吸气口的设备和管道为低压区，压缩机排气口到节流阀前的设备和管道为高压区。其作用在于将高压液体减压，

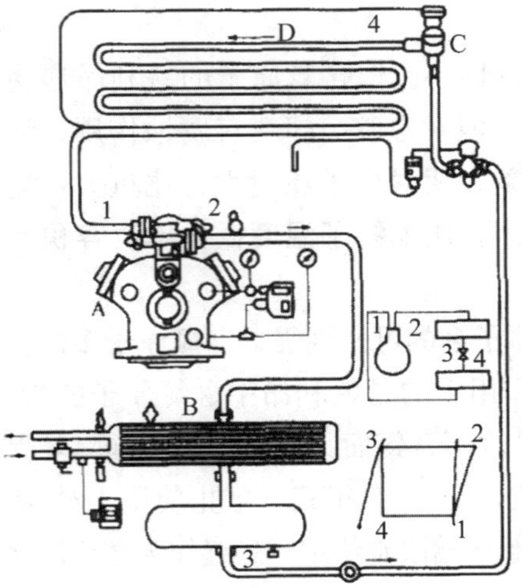

图 10.2 单级压缩制冷系统原理图

A. 压缩机；B. 冷凝器；C. 节流阀；D. 蒸发器

节流膨胀，并控制液态制冷剂的流量。

单级压缩制冷系统的优点是设备结构相对简单，在中温下（−40～−20℃）蒸发温度，要求压缩机压缩比大。

但压缩比大会出现一些问题：冷却系数下降；压缩机的排气温度很高，使润滑油变稀，润滑条件变坏；液态制冷剂节流时的损失增加，单位制冷量大幅下降。

因此单级压缩制冷循环所能达到的蒸发温度有限，一般来说，单级氨制冷压缩机的最大压缩比不超过 8，氟利昂制冷机不超过 10。

10.2.2 双级压缩制冷系统

双级压缩制冷循环是在单级压缩制冷循环的基础上发展起来的，其出发点是为了获得比较低的蒸发温度，同时又使压缩机的压缩比控制在一个合适的范围内。

双级压缩制冷循环的压缩过程分两阶段进行，即来自蒸发器的制冷剂压力为 p 的蒸汽，先进入低压级汽缸压缩机压缩到中间压力 p_m，经过中间冷却后再进入高压组气缸，压缩到冷凝压力 p_1，再排入冷凝器，两个阶段的压缩比都在 10 以内。

双级压缩制冷系统可以由两台压缩机组成的双机双级系统，也可以由一台压缩机组成的单机双级系统。

双级压缩循环的中间冷却方式决定于制冷剂的种类，氨制冷剂由于回热循环不利，采用的是中间完全冷却的方式。而氟利昂类制冷剂，如 R12、R512 等，因回热循环较好，可采用中间不完全冷却的循环方式。双级压缩循环一级节流中间不完全冷却循环系统原理如图 10.3 所示。

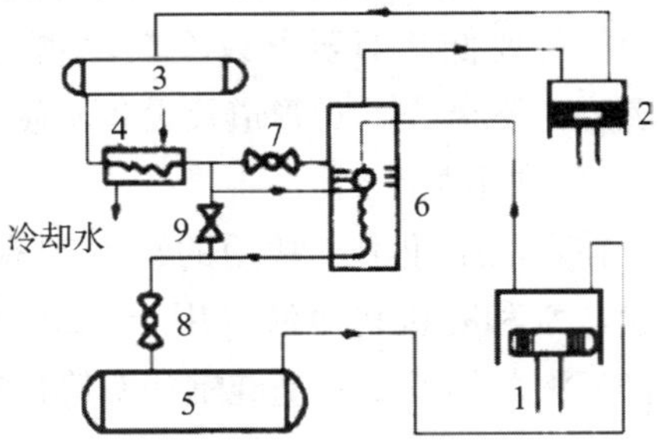

图 10.3 两级压缩一级节流中间不完全冷却循环系统原理图

1. 低压级压缩机；2. 高压级压缩机；3. 冷凝器；4. 过冷器；5. 蒸发器；6. 中间冷却器；7，8. 节流阀；9. 旁通阀

至于双级压缩循环特有的中间压力或温度，则使用计算或采用模拟法来确定。

双级压缩制冷循环的优点是可以获得较低的蒸发温度（−70～−40 ℃），但缺点是设备投资比单级压缩制冷循环大，操作也复杂。一般压缩比大于 8 时，采用双级压缩较为经济合理。对于氨压缩机来说，当蒸发温度在−25 ℃以下或冷凝压力大于 1.2 MPa 时，宜采用双级压缩制冷。

10.2.3 复叠式制冷系统

随着食品新产品的不断开发，当食品物料的冷冻工艺或技术要求更低温度时，如要求对食品物料冷冻温度达到-120～-70 ℃时，上述的单、双级压缩制冷循环因受制冷剂的蒸发压力或凝固点的限制而难以胜任。为此，出现了应用两种制冷形式的复叠式制冷循环技术。

复叠式制冷循环系统通常由高温部分和低温部分组成，高温部分使用中温制冷剂，低温部分使用低温制冷剂，每一部分都有一个完整的制冷循环。高温部分制冷剂蒸发时吸热使低温部分制冷剂冷凝，而低温部分制冷剂在蒸发时吸热制冷。系统中的高温部分和低温部分用一个蒸发冷凝器联系起来，它既是高温部分的蒸发器，又是低温部分的冷凝器。这样，低温部分制冷剂吸收的热量就可以通过蒸发冷凝器传递给高温部分的制冷剂，而高温部分的制冷剂再通过冷凝器将热量释放给水或空气等环境介质。图 10.4 是复叠式制冷循环的系统示意图。

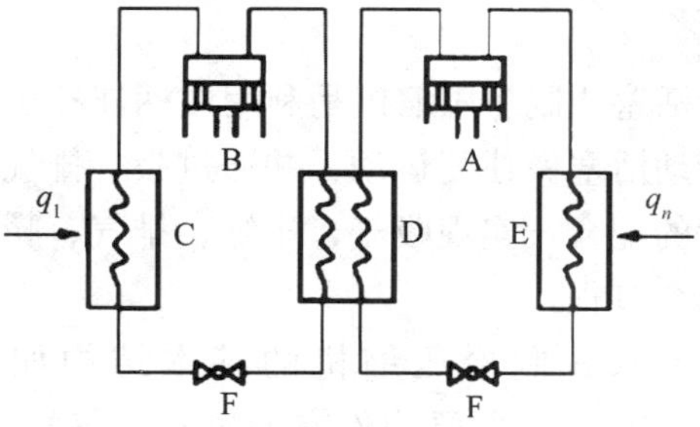

图 10.4　复叠式制冷循环的系统示意图

A、B. 低、高温部分压缩机；C. 冷凝器；D. 蒸发冷凝器；E. 蒸发器；F. 节流阀

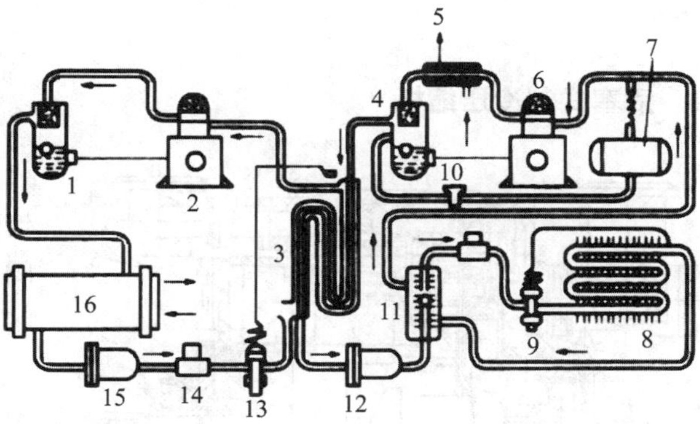

图 10.5　叠式制冷循环系统原理图

1、4. 油分离器；2. R22 压缩机；3. 蒸发冷凝器；5. 预冷器；6. R13 压缩机；7. 膨胀容器；8. 蒸发器；9，13. 膨胀阀；10. 单向阀；11. 回热器；12、15. 过滤器；14. 电磁阀；16. 冷凝器

图 10.5 为复叠式制冷循环系统原理图。图中的 R22 压缩机为高压部分，制冷剂经 R22 压缩为高压蒸汽后通过油分离器进入冷凝器，经冷却进入膨胀阀，经节流后成低压液体进入蒸发冷凝器，在蒸发冷凝器气化吸热，吸收低压部分压缩机排出的制冷剂蒸汽的热量，汽化后的蒸汽被压缩机吸收再循环；低压部分的液态制冷剂在蒸发器中吸收了低温箱内的热量而气化，经 R13 压缩机压缩后，在水冷却器中预冷，进入蒸发冷凝器，凝结成液体，经干燥器、回热器和膨胀阀，节流降压后进入蒸发器气化吸收热，如此循环。

回热器的作用是防止停机后低温部分的制冷剂压力过高，在开机启动时平衡压缩机的排出压力。

复叠式制冷循环的优点是，在相同的蒸发温度下，制冷压缩机的尺寸比双级压缩循环制冷机要小；系统内保持正压，空气不会漏入；运行稳定；高、低压部分可采用不同的制冷形式。

10.3 制冷系统的主要设备

在食品加工中使用最多的是蒸汽压缩式制冷的方式，所以本节主要介绍蒸汽压缩式制冷系统的主要设备。

10.3.1 制冷压缩机

制冷压缩机是制冷循环的心脏，其功用是将低温低压制冷剂蒸汽压缩成高温高压过热蒸汽，推动制冷剂在系统中循环流动，达到制冷的目的。制冷压缩机的种类和形式很多，根据压缩部件的形式和运转方式不同，分为活塞式、螺杆式、滚动转子式和旋涡式等。

1. 活塞式制冷压缩机

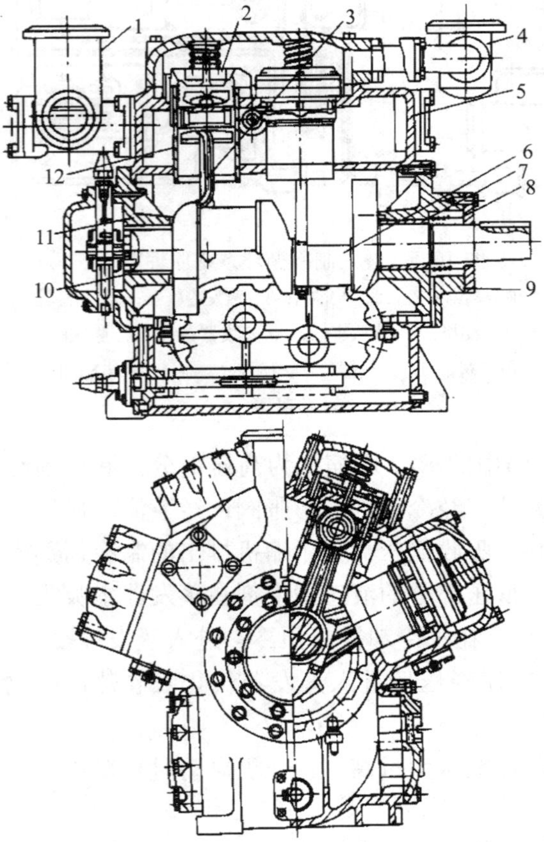

图 10.6 8FS10 型制冷压缩机总体结构

1. 吸气管；2. 假盖；3. 连杆；4. 排气管；5. 气缸体；6. 曲轴；7. 前轴承；8；轴封；9. 前轴承盖；10. 后轴承；11. 后轴承盖；12. 活塞

活塞式制冷压缩机是利用曲柄连杆机构带动活塞做往复运动，并通过吸、排气阀片的配合，实现吸气、压缩、排气、膨胀四个过程。

活塞式制冷压缩机的基本结构如图 10.6所示，主要构件有曲轴箱、气缸、活塞、气阀、活塞环、曲轴连杆装置以及润滑装置等。气缸的前、后端分别装有吸、排气管。低压蒸汽从吸气管经滤网进入吸气腔，再经吸气阀进入气缸。压缩后的制冷剂蒸汽通过排气阀进入排气腔，从气缸盖处排出。吸气腔和排气总管之间设有安全阀，当排气压力因故障超过规定值时，安全阀被顶开，高压蒸汽将流回吸气腔，保证制冷压缩机的安全运行。

活塞材料采用铸铁或铝合金，所用活塞环有两道气环和一道油环。气环用于活塞与气缸壁之间的密封，避免制冷剂蒸汽从高压侧窜入低压侧，以保证所需的压缩性能，同时防止活塞与气缸壁直接摩擦，保护活塞。油环用于刮去气缸壁上多余的润滑油。

2. 螺杆式制冷压缩机

螺杆式制冷压缩机属于容积式回转型

压缩机。它是利用一对螺杆，即阴、阳转子的回转运动，造成螺旋状齿形空间的容积变化，实现对气体的压缩。阴转子的齿沟相当于气缸，阳转子的齿相当于活塞，由阳转子带动阴转子做回转运动，使两者相互啮合的空间容积不断变化，将制冷剂蒸汽吸入，压缩至一定压力后排出。

螺杆式制冷压缩机的特点是：①没有余隙容积，不存在剩余气体的再膨胀过程，容积效率高，工作温度范围广；②没有吸、排气阀，结构简单，易损件少，寿命长，而且没有阀片的阻力损失；③采用滑阀调节机构，制冷量可在 10%～100%范围内实现无级调节，低负荷运行时经济性好；④采用喷油冷却，排气温度低，但润滑系统比较复杂，油分离器体积较大；⑤转子加工精度要求高，而且运行时噪声较大。

目前，在中等制冷量范围（580～2300 kW）内用螺杆式制冷压缩较多。

下面利用图 10.7 说明螺杆式制冷压缩机的工作过程。

1）吸气

如图 10.7（a）所示。阳转子有四个齿，阴转子有六条齿沟。当阳转子及阴转子回转时，其啮合部分在吸入口侧逐渐脱开，齿与齿沟形成的基元容积逐步变大。由于该基元容积经吸入口与吸气管相通，所以随着基元容积的变大进行压缩机的吸气过程，当这个基元容积增至最大时（即阳转子的齿和阴转子的齿沟完全脱开），转子虽继续回转，基元容积也不变化。当基元容积绕过吸入口后，被端座封闭，与吸气管隔开，成为一封闭容积，从而完成吸气过程。

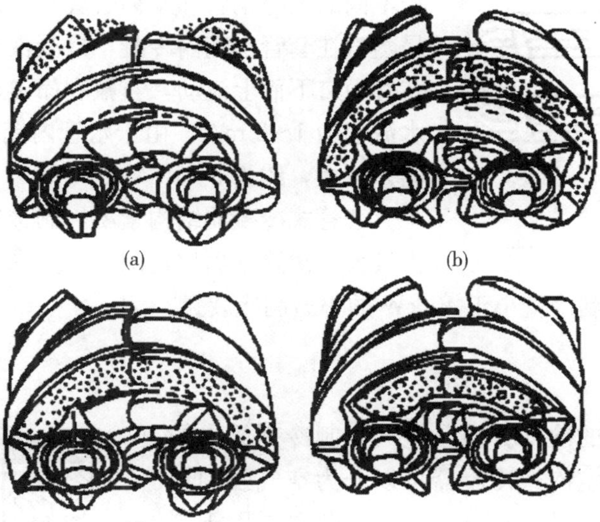

(a)　(b)　(c)　(d)

图 10.7　螺杆式制冷压缩机的工作过程

2）压缩

如图 10.7（b）、图 10.7（c）所示。转子继续回转，脱开了的阳转子齿和阴转子齿沟在排出口侧又开始了一个新的啮合过程，因其啮合点（密封线）沿着轴向逐渐向排气口处移动，使基元容积越来越小，而将制冷剂气体加以压缩。

3）排气

如图 10.7（d）所示。由于转子继续回转，使基元容积继续减小，气体的压力不断增加，当阳转子齿与阴转子齿沟及机体上的排气口相通（即基元容积与排气口相通）时，即排出高压气体，排出过程一直进行到完全排出气体为止。

制冷剂蒸汽在螺杆制冷压缩机中吸入和排出是在转子的两端进行的。一般设计成吸气过程在转子的上半部分进行，压缩和排气是在转子的下半部分进行。

10.3.2 冷凝器

制冷过程中，冷凝器起到输出热量并使高温高压制冷剂蒸汽冷凝的作用。从制冷压缩机排出的高温高压蒸汽进入冷凝器后，将其在工作过程中吸收的热量传递给周围介质（水或空气），重新冷凝为常温高压的液体。根据冷却介质和冷却方式的不同，冷凝器可分为水冷式、空冷式和蒸发式三种。

1. 水冷式冷凝器

在水冷式冷凝器中，制冷剂放出的热量被冷却水带走。冷却水一般用冷却塔冷却后循环使用。水冷式冷凝器有立式列管式、卧式列管式和套管式等几种。其中，列管式冷凝器与一般的列管式换热没有太大的区别。因此，这里主要介绍套管式冷凝器。

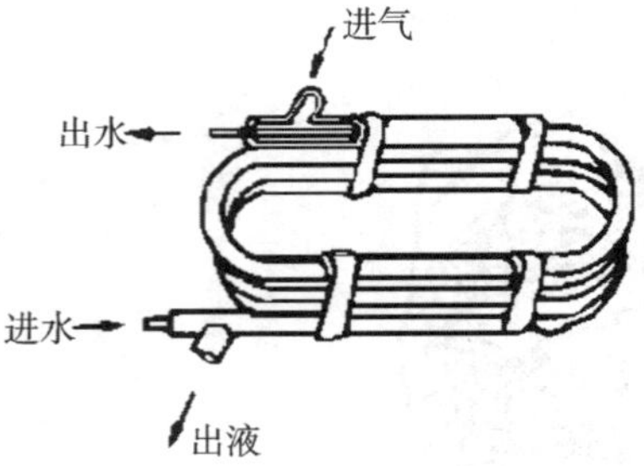

图 10.8 套管式冷凝器

如图 10.8 所示是氟利昂套管式冷凝器，由两种直径不同的无缝钢管和紫铜管套在一起，呈盘管状。氟利昂蒸汽在套管空间内冷凝，冷凝液从下面流出。冷却水在管中自下而上流动，与氟利昂蒸汽的流向相反，冷却水流速为 1～2 m/s。由于水管内流程较长，因而进出口温差较大，约为 8～10 ℃。

套管式冷凝器结构紧凑，制造简单，缺点是流动阻力较大，清除水垢比较困难，要求冷却水的水质好。这种冷凝器一般用于制冷量小于 40 kW 的小型制冷装置。

2. 空冷式冷凝器

空冷式冷凝器的冷却介质是空气，制冷剂放出的热量由空气带走。空冷式冷凝器可以分为空气强制运动和自由运动两种形式（图 10.9）。前者主要用于制冷量小于 60 kW 的中小型氟利昂机组，后者主要用于冰箱的冷凝器。近年来对于缺水地区，有的大容量制冷压缩机组也有采用空冷式冷凝器的。

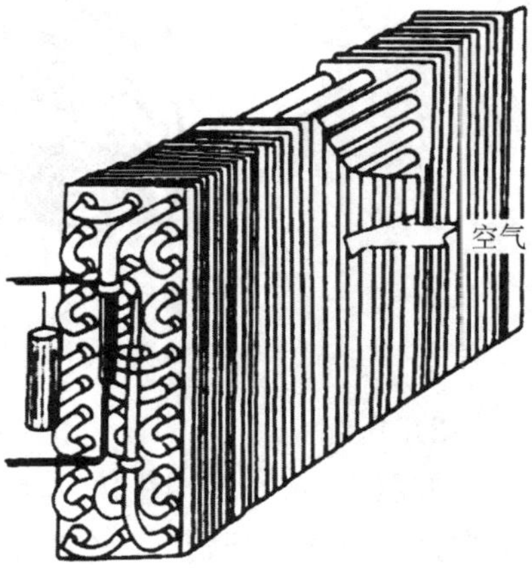

图 10.9 空冷式冷凝器

空气强制运动的空冷式冷凝器又称为风冷式冷凝器，氟利昂在管内冷凝，冷却空气在风机作用下，横向流过翅片管，迎面风速 2.5～3.5 m/s。翅片管由外径 10～16 mm 的铜管外套铝片构成，管组通常由直管或 U 形管组成。

3. 蒸发式冷凝器

蒸发式冷凝器主要利用水在蒸发时吸收热量而使管内的制冷剂蒸汽冷凝成液体，结构如图 10.10 所示。

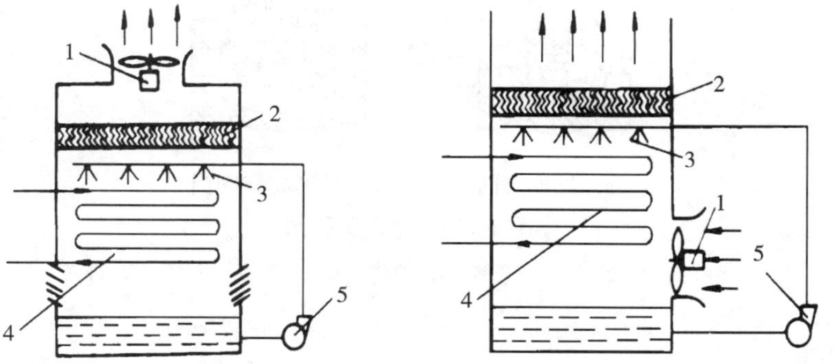

(a) 吸风式　　(b) 送风式

图 10.10　蒸发式冷凝器结构图

1. 风机；2. 挡水板；3. 喷嘴；4. 蛇形换热管；5. 水泵

制冷剂蒸汽由上部进入蛇形盘管，冷凝后的液体从盘管下部流出。冷却水贮于箱底部水池中，用浮球阀保持一定的水位。水池中的冷却水用水泵送到喷水管，经喷嘴喷淋在传热管的外表面上，形成一层水膜，水膜中部分水吸热后蒸发为水蒸气，带走热量，未蒸发的水仍滴回水池内。在箱体上方装有挡水栅，用来阻挡空气中夹带的水滴，以减少水的损失。水池中的水由于水的蒸发而不断减少，同时水中含盐浓度也不断增加，故需要经常补充经过软化处理的冷却水。

为了强化盘管的放热效果，在冷凝器的侧面或顶面装有风机，使空气强制流经蛇形盘管，把产生的水蒸气带走，以提高冷却效果。蒸发式冷凝器的钢制传热管，外表面需镀锌防腐。

10.3.3　膨胀阀

膨胀阀又称节流阀，是制冷系统的四大基本设备之一，在制冷系统中起节流降压和控制流量这两个作用。高压液体通过膨胀阀时，因节流而降压，使制冷剂液体的压力由冷凝压力降低到系统所要求的蒸发压力；与此同时，少量制冷剂液体因降压而沸腾蒸发，吸收其余制冷剂液体的热量，使流经膨胀阀的液态制冷剂的温度降到蒸发温度。

常用的膨胀阀有手动膨胀阀、热力膨胀阀、电子膨胀阀和毛细管等类型。

1. 手动膨胀阀

手动膨胀阀的外形及其内部结构均与普通节流阀相似，如图 10.11 所示。阀芯采用针形或 V 形两种结构。阀杆上的调节螺纹采用细牙螺纹，便于比较精确地调节膨胀阀的开度，实现比较理想的节流降压和调节制冷剂流量的目的，操作时，一般开启度为 1/8～1/4 周，不超过一周，否则失去节流的作用。

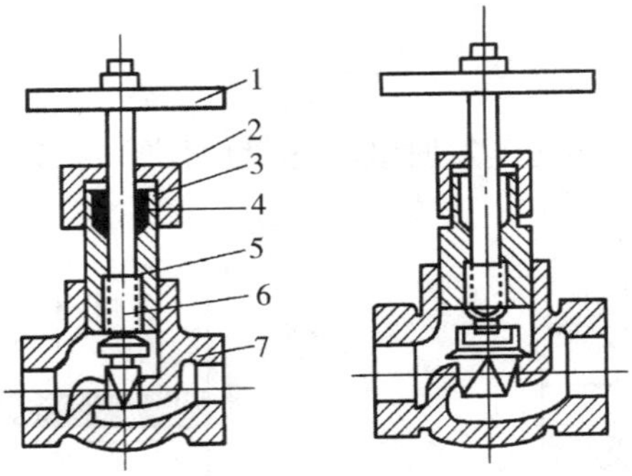

（a）针形阀门　　（b）V形缺口阀门

图 10.11　手动膨胀阀

1. 手轮；2. 螺母；3. 套筒；4. 填料；5. 铁盖；6. 阀杆；7. 外壳

2. 热力膨胀阀

热力膨胀阀是氟利昂制冷系统使用最广泛的节流机构，它能根据流出蒸发器的制冷剂温度和压力信号自动调节进入蒸发器的氟利昂流量。根据其接收信号的不同，可分为内平衡和外平衡两种形式。图 10.12 所示是热力膨胀阀结构图，主要由阀体、阀针、调节杆座、调节杆、弹簧、过滤器、传动杆、感温包、毛细管、气箱盖、感应薄膜等零部件组成。

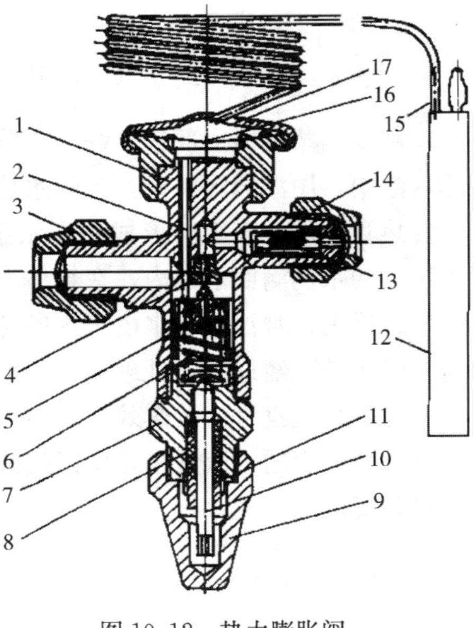

图 10.12　热力膨胀阀

1. 阀体；2. 传动杆；3. 螺母；4. 阀座；5. 阀杆；6. 弹簧；7. 调节杆座；8. 填料；9. 帽罩；10. 调节杆；11. 填料压盖；12. 感温包；13. 过滤器；14. 螺母；15. 毛细管；16. 感应薄膜；17. 气箱盖

感温包、毛细管、感应薄膜构成一个密闭的感温机构。感温包安装在蒸发器的出口处，内注一定量的制冷剂，用于感受蒸发器出口处的温度变化；毛细管在感温系统内起传递压力的作用；感应薄膜是由一块很薄的合金片冲压而成，断面呈波浪形，具有良好的弹性，工作时膜片将根据膜片上下两面的压力变化而上下移动或保持稳定，控制膨胀阀保持一定的开度。

3. 电子膨胀阀

电子膨胀阀的控制精度较高，调节范围大，并为制冷装置的智能化提供了条件。电子膨胀阀是通过调节和控制施加于膨胀阀上的电压或电流，进而控制阀针的运动，达到调节目的。电子膨胀阀分为电磁式和电动式两类。

1）电磁式电子膨胀阀

电磁式电子膨胀阀是将被调参数先转化为电压，施加在膨胀阀的电磁线圈上。电压越高，开度越小，流经膨胀阀的制冷剂流量也越小。该膨胀阀结构简单，对信号变化的响应快。但在制冷系统工作时，需要一直向它提供控制电压。电磁式电子膨胀阀结构如

图 10.13 所示。

2）电动式电子膨胀阀

电动式电子膨胀阀的阀针由脉冲电动机驱动。电动式电子膨胀阀可分为直动和减速型两种。直动型电动式电子膨胀阀用脉冲电动机直接驱动阀针，适用于较小冷量的节流；减速型电动式电子膨胀阀的阀内装有减速齿轮组，脉冲电机通过减速齿轮组将其磁力矩传递给阀针，适用于较大冷量的节流。电动式电子膨胀阀结构如图 10.14 所示。

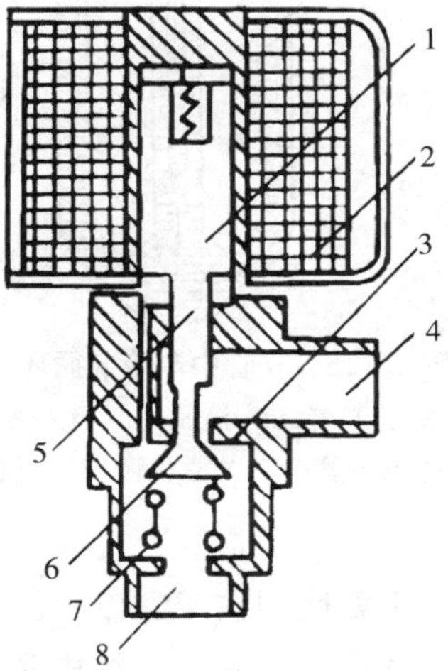

图 10.13　电磁式电子膨胀阀

1. 柱塞；2. 线圈；3. 阀座；4. 入口；5. 阀杆；6. 阀针；7. 弹簧；8. 出口

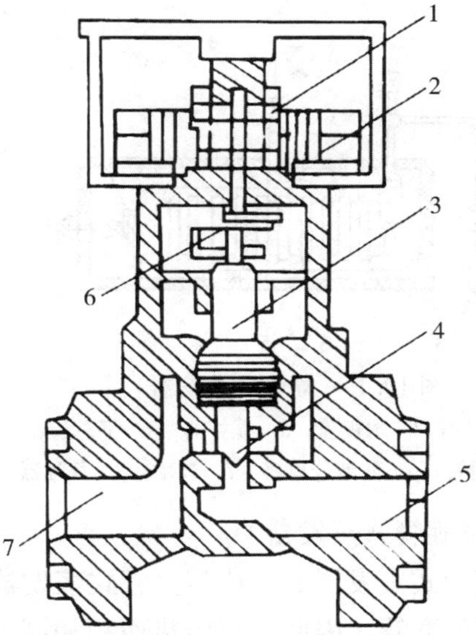

图 10.14　电动式电子膨胀阀（减速型）

1. 转子；2. 线圈；3. 阀杆；4. 阀针；5. 出口；6. 减速齿轮组；7. 入口

10.3.4　蒸发器

蒸发器是将被冷却介质的热量传递给制冷剂的热交换器，经过节流后的液态制冷剂在蒸发器中气化吸热，使周围物体或空气被冷却。

根据被冷却介质不同，可以将蒸发器分为两大类：即冷却液体（淡水、盐水或溶液）的蒸发器和冷却空气的蒸发器。

1. 冷却液体的蒸发器

1）立管式蒸发器

立管式蒸发器如图 10.15 所示。立管式蒸发器装在矩形水箱内。箱中充满盐水或淡水，箱内装有蒸发盘管，盘管内液态制冷剂吸收盐水或淡水的热量后蒸发为气体，然后流至气液分离器和集气管被制冷压缩机抽吸。这种蒸发器多半用来冷却淡水，由于搅拌器的作用，水箱内水的流速一般为 0.5～0.7 m/s，传热系数为 520～580 W/（m^2·K），传热温差 5 ℃左右。

工作时，制冷剂液体从几乎伸至下总管处的中间管进入，如图 10.16 所示，这种结构形式，使制冷剂进入蒸发器后自下总管通过直立细管流至上总管，再沿直立细管返回下总管，这样，制冷剂很快地充满蒸发器并在循环过程中产生强烈的沸腾，沸腾时产生的蒸汽上升到上总管，经液体分离后排出，而被分离出的液滴则再次返回下总管进行再一次的循环。蒸发器的润滑油则沉积在集油器中，定期放出。

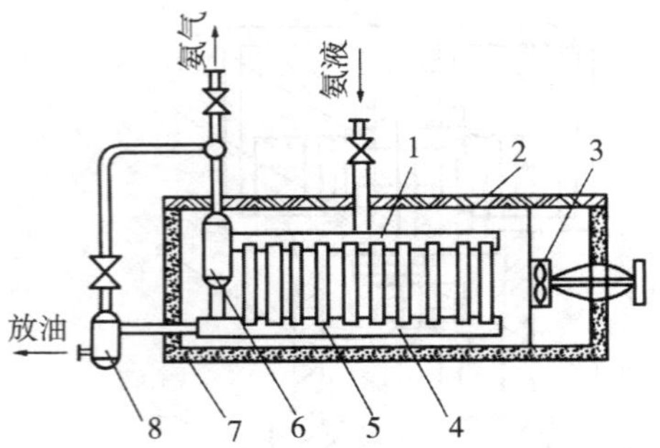

图 10.15 立管式蒸发器

1. 上总管；2. 木板盖；3. 搅拌器；4. 下总管；5. 直立短管；6. 氨液分离器；7. 软木；8. 集油器

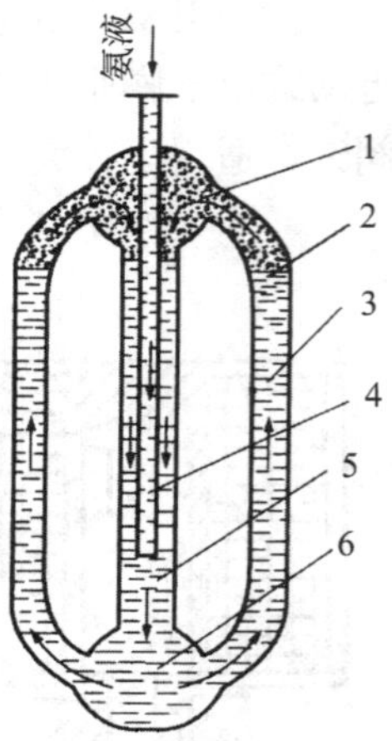

图 10.16 立管中制冷剂循环路线

1. 上总管；2. 液面；3. 直立细管；4. 导液管；5. 直立粗管；6. 下总管

2）螺旋管式蒸发器

螺旋管式蒸发器的结构与立管式蒸发器基本相同，主要区别在于它以螺旋管代替两集管之间的立管。因此，当传热面积相同时，其外形尺寸比立管式小，结构紧凑，并可减少焊接工作量。

2. 冷却空气的蒸发器

常用冷却空气的蒸发器有表面式蒸发器和盘管式蒸发器。

1）表面式蒸发器

表面式蒸发器又称直接蒸发式空气冷却器，见图 10.17。适用于空气调节和冷藏库的冷风机，表面式蒸发器采用翅片管式，管内通以氟利昂液体蒸发吸热，管外通以被冷却的空气。翅片管由紫铜管外套铝片（有时绕以铜片）制成。氟利昂通过分液器（又称莲蓬头）分成多路进液，使蒸发器中各路的液体分布均匀，为此分液器应尽量靠近热力膨胀阀。蒸发器不论采用垂直、水平还是倾斜安装位置，分液器都必须垂直安装。

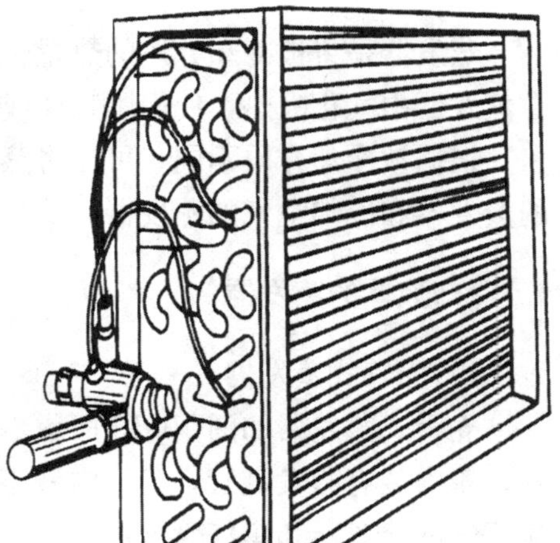

图 10.17 表面式蒸发器

这种蒸发器的主要优点是结构紧凑，占用面积小，冷量损失小。缺点是气密性要求高，制冷量调节比较困难。

2）排管式蒸发器

排管式蒸发器（又称为冷却盘管）主要用于冷库中，其结构形式有五管式、水平管式及蛇形管式等多种。

图 10.18 所示是一种立管式冷却排管，由 $\Phi57$ mm× 3.5 mm或 $\Phi38$ mm×3.0 mm 无缝钢管制成，沿墙壁安装，氨液由下横管进入，氨气由上横管引出，这种排管的优点是排气、排油方便，缺点是存氨量较多，由于氨液液柱高度的影响使排管下部的氨液蒸发温度较高，传热温差较少，所以这种排管不宜使用于－40℃以下的冷库。

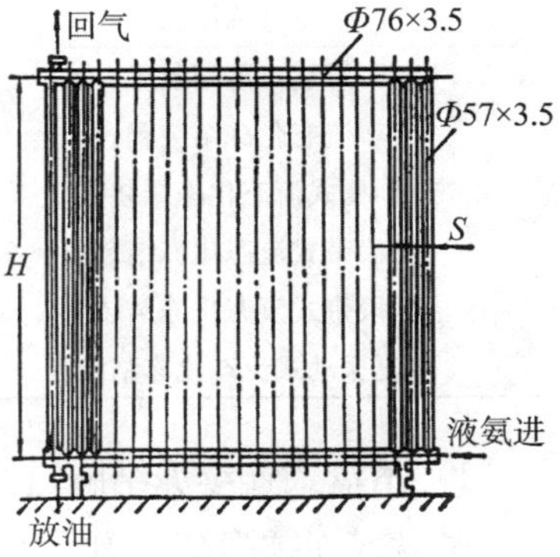

图 10.18　立管式冷却排管

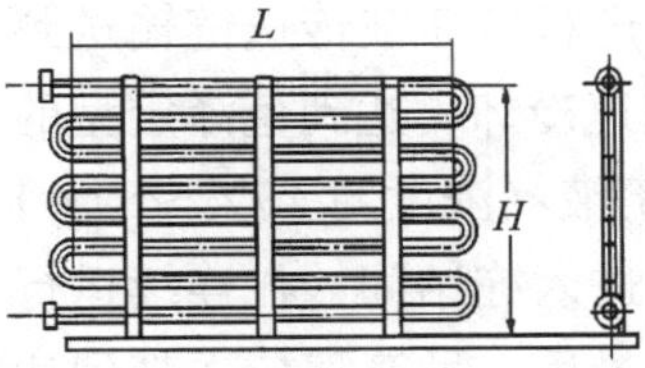

图 10.19　蛇管式冷却排管

蛇管式冷却排管如图 10.19 所示分为光管和翅片管两种。光管采用 $\Phi57$ mm×3.5 mm 或 $\Phi38$ mm×3.0 mm 的无缝钢管或 $\Phi6$ mm×1.0 mm 的紫铜管制成。它可用氨或氟利昂作为制冷剂，其优点是存液量少，仅为管内容积的 40％左右；主要缺点是制冷剂的流动阻力较大。

冷却排管是靠自然对流和辐射对流传热的，因此排管不可太靠近墙壁和顶部。在排管外面装一挡板，可以略微提高空气自然对流的强度和传热系数。

沿墙壁安装的冷却排管，氟利昂制冷剂可以从下部供液，也可以从上部供液，但蒸发管的最后一排墙排管应设计成上部供液方式，以利回油。

10.4　食品冷冻装置

食品的冻结有多种方法，每种方法都包含多种形式的冻结装置，见表 10.1。

10.4.1　空气冻结法

在冻结过程中，冷空气以自然对流或强制对流的方式与食品换热。由于空气的导热性较差，与食品间的换热系数小，因此所需的冻结时间较长。

1. 隧道式冻结装置

隧道式冻结装置是冷空气在隧道中循环，食品在通过隧道时不断被冻结的连续速冻机械。根据食品通过隧道的方式，可分为吊篮式、推盘式、传送带式等几种。

表 10.1　食品冻结装置与方法分类

空气冻结法	间接接触冻结法	直接接触冻结法
隧道式冻结装置	平板式冻结装置	载冷剂接触冻结
传动带式冻结装置	卧式平板式冻结装置	低温液体冻结装置
吊篮式冻结装置	立式平板式冻结装置	液氮冻结装置
推盘式冻结装置	回转式冻结装置	液态 CO_2 冻结装置

续表

空气冻结法	间接接触冻结法	直接接触冻结法
螺旋式冻结装置	钢带式冻结装置	R12 冻结装置
流态化冻结装置		
斜槽式流态化冻结装置		
一段带式流态化冻结装置		
两段带式流态化冻结装置		
往复振动式流态化冻结装置		

1）吊盘式连续冻结隧道

吊盘式连续冻结隧道主要用于冻结家禽等食品，其结构如图 10.20 所示。家禽经宰杀并晾干后，用塑料袋包装，装入吊篮中，然后吊盘上链，由进料口 9 被传送链输送到冻结间内。在冻结间内里先用冷风吹约 10 min，使家禽表面快速冷却，达到色泽定型的效果。然后吊篮被传输到喷淋系统 2 内，用－24℃左右的乙醇溶液（浓度约 40%～50%）喷淋 5～6 min，家禽表面层快速冻结。离开喷淋系统后，吊篮进入冻结间，在连续运行过程中，从不同的角度受到风吹，使家禽各处温度均匀下降。最后，吊篮随传送带到达卸料口，冻结过程结束。

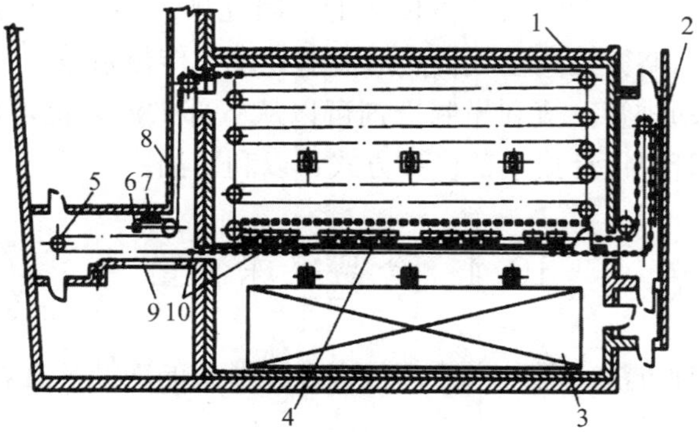

图 10.20 吊盘式连续冻结隧道

1. 横向轮；2. 乙醇喷淋系统；3. 蒸发器；4. 轴流风机；5. 张紧轮；
6. 驱动电机；7. 减速装置；8. 卸料口；9. 进料口；10. 链盘

乙醇溶液喷淋装置的蒸发器用镀锌翅片管制作，乙醇溶液用离心泵送往喷嘴喷淋。冷风由落地式冷风机组供给，冷风机组的蒸发器为干式翅片排管，配轴流风机若干台。输送链采用可拆链，链速由冻品的冻结时间和生产能力确定，一般为 0.4～1.2 m/min。当仅使用强制吹风而不用乙醇喷淋时，链速为 1.2 m/min，经过用 3 h 冻结，可使禽体中心温度降至－16 ℃。如采用乙醇喷淋时，冻结时间可以缩短，同时，传送链速度必须提高。

吊篮式连续冻结隧道的特点是：机械化程度高，减轻了劳动强度，提高了生产效率；冻结速度快、冻品各部位降温均匀，色泽好，质量高。但该装置结构不紧凑、占地面积较大，风机耗能高，经济指标差。

2）推盘式连续冻结隧道

推盘式连续冻结隧道如图 10.21 所示，由隔热隧道室、冷风机、液压传动机构、货盘推进和提升设备构成。该设备主要用于冻结果蔬、虾、肉类副食品和小包装食品等。

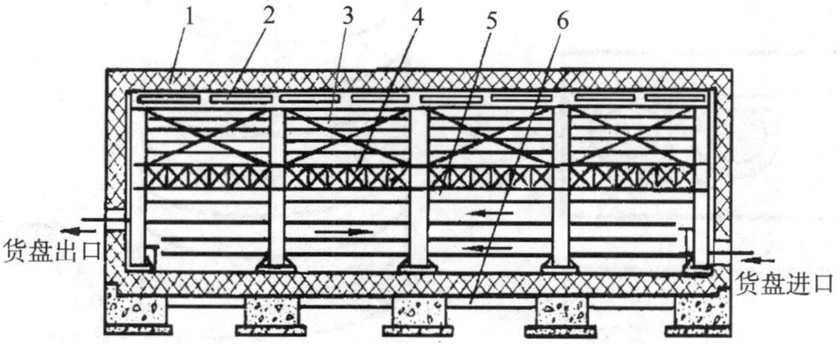

图 10.21　推盘式连续冻结隧道示意图

1. 绝热层；2. 冲霜淋水管；3. 翅片蒸发排管；4. 鼓风机；5. 集水箱；6. 水泥空心板

食品装入货盘后，在货盘入口由液压推盘机构推入隧道，每次同时进盘两只，货盘到达第一轨道的末端后，被提升装置提升到第二层轨道，如此往复经过三层，在此过程，冻品被冷风机强烈吹风冷却，不断地降温冻结，最后经出口推出，每次出盘也是两只。

冻结时间可通过改变货盘传送速度进行调整，可调范围为 40～60 min。这种冻结装置可以根据具体情况做成多层或多排输送结构。冷风机放在旁侧吹风，效果也较好。

这种装置的特点是：连续生产，冻结速度较快；构造简单，造价低；设备紧凑，隧道空间利用较充分。

2. 螺旋式冷冻装置

螺旋式冻结装置是隧道式速冻装置的另一种形式，主要由转筒、蒸发器、风机、传送带及一些附属设备等组成，其主体部分为一转筒，均布在传送带上的冻品，随传送带做螺旋运动。具有挠性的传送带，绕在转筒上，缠绕的圈数由冻结时间和产量确定；传送带的螺旋升角约 2°，由于转筒的直径大，所以传送带接近于水平。转筒靠摩擦力带动传送带运动。单转筒的冻结装置结构如图 10.22 所示。

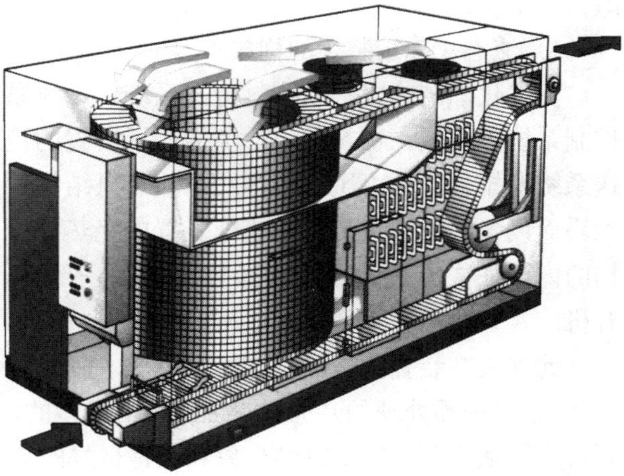

图 10.22　螺旋式冻结装置结构

螺旋式速冻器的特点：生产连续化，结构紧凑，占地面积小，食品在移动中，受风均匀，冻结速度快，效率高，干耗重量损失小，但不锈钢材料消耗大，投资大。适用于处理体积小而数量多的食品，如饺子、肉丸、贝类、水果、蔬菜、肉片、鱼片、冰激凌和冷点心等。

螺旋式速冻装置的形式有多种，但主要区别在输送带的结构、冷气流的运动方式上，图 10.23 所示为其中两种输送方式，图 10.24 为螺旋速冻机传送链条循环传动示意图。

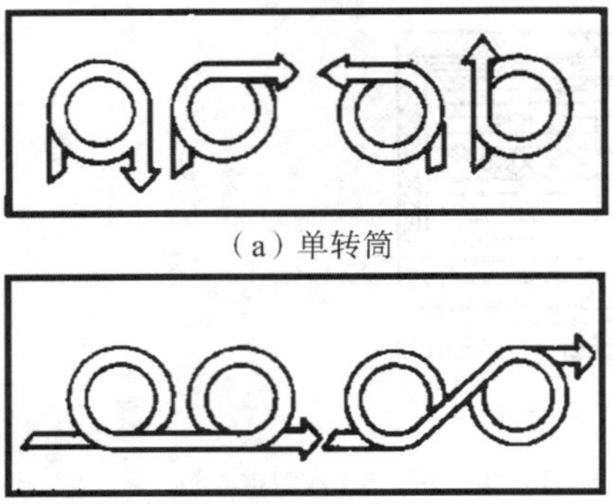

图 10.23 螺旋式冻结装置传送带的布置形式

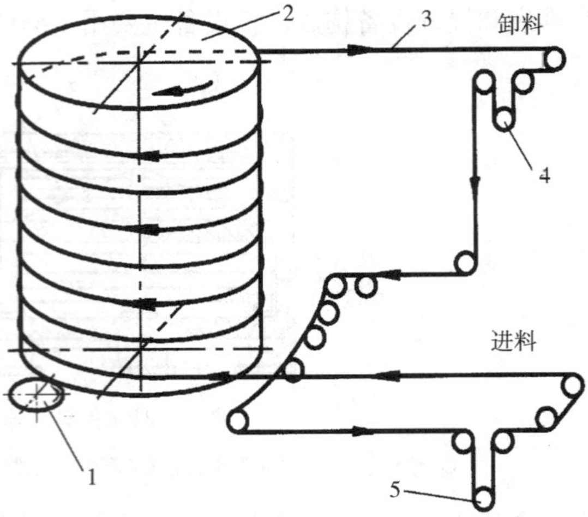

图 10.24 螺旋速冻机传送链条循环传动示意图

1. 驱动轮；2. 转筒；3. 传送链条；4. 重力张紧器；5. 电动张紧器

3. 流态化冻结装置

流态化冻结是在一定流速的冷空气作用下，使食品在流态化操作条件下得到快速冻结的一种冻结方法。食品流态化冻结装置是实现食品单体快速冻结（IQF）的一种理想设备。与其他隧道式冻结装置比较，这种装置具有冻结速度快、冻结产品质量好、耗能低，易于冻结球状、圆柱状、片状及块状颗粒食品等优点，尤其适宜果蔬类单体食品的冻结加工。

1）流态化冻结装置的构成

流态化冻结装置常由物料传送系统、冷风系统、冲霜机构、围护结构、进料机构和控制系统等组成。物料传送系统构成了装置的流态化速冻床层区。冷风系统围绕物料传送系统安排，主要由风机、蒸发器和导风结构所组成。冲霜机构是为除去蒸发器表面的积霜而设置的，围护结构是速冻装置的绝热外壳，由绝热材料和结构材料组成，围护结构的内壁往往也是装置内部导风结构的一部分。进料机构的形式通常是带孔的斗式提升机。

此外，在装置的进料口端，还常常配有滤水器和布料器。滤水器是为了去除某些（通常是经过预处理的）原料表面所带的过多的水分；布料器可使原料均匀地布置在传送装置上，从而可以减少黏结现象和获得良好的流态化状态。

2）食品流态化冻结装置分类

食品流态化冻结装置属于强烈吹风快速冻结装置。一般流态化速冻装置可大致按机械传送方式、流态化程度和冻结区段来划分，见表 10.2。

（1）带式流态化速冻装置

带式流态化床冻结装置如图 10.25 所示。传送带往往由不锈钢网带制成。按传送带的条数可以在冻结装置内安排为单流程和多流程形式。

表 10.2　食品流态化冻结装置分类

分类依据	形式
物料传送形式	带式（单层、多层）；振动式（往复式、直线式）；斜槽式
流态化程度	半流化；全流化
冻结区段	一段，两段

早期的流态化速冻装置的传输系统只用一条传送带，并且只有一个冻结区，这种单流程一段带式速冻装置的主要特点是结构简单，但装机功率大、能耗高、食品颗粒易黏结。此类装置适用于冻结软嫩或易碎的食品，如草莓、黄瓜片、青刀豆、芦笋、油炸茄子等。操作时应根据食品流态化程度确定物料层厚度，对易于实现流态化的食品如青豌豆、黄瓜片等，料层厚度控制在 40～60 mm，青刀豆的料层厚度控制在 60～80 mm；不易实现流态化的食品如油炸茄块、西红柿（直径在 30 mm 以下）等，料层厚度为 80～150 mm。

多程一段带式流态化冻结装置也只有一个冻结区段，但有两条或两条以上的传送带，传送带摆放位置为上下串联式。图 10.26 所示为双流程和三流程带式流态化速冻装置传送带的排列形式。这种结构与单流程式的速冻装置相比，外形总长度缩短了，装机功率减小了，并且在防止物料间和物料与传送带黏结方面，也有改善。

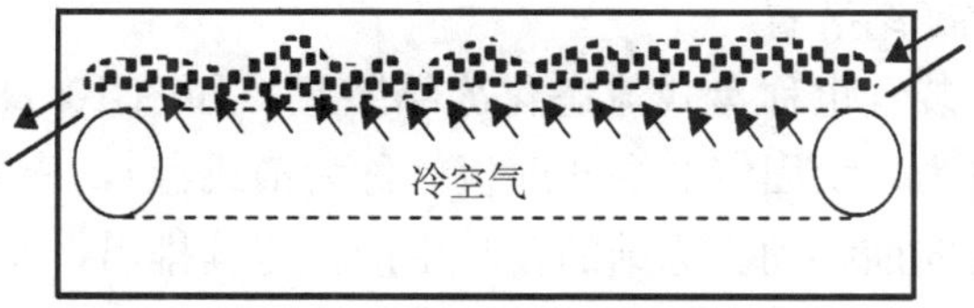

图 10.25　带式流化速冻装置

图 10.26　多流程一段带式流化速冻装置传送带的排列

两段带式流态化冻结装置是将食品分成两区段冻结：第一区段为表层冻结区；第二区段为深层冻结区。颗粒状食品流入冻结室后，首先进行快速冷却，即表层冷却至冰点温度，然后表面冻结，使颗粒间或颗粒与传送带不锈钢网间呈散离状态，彼此互不黏结，最后进入第二区段深层冻结至中心温度为−18 ℃，冻结完成。

该装置适用范围广泛，可以用于青刀豆、豌豆、豇豆、嫩蚕豆、辣椒、黄瓜片；芦笋、胡萝卜块、芋头、蘑菇、葡萄、李子、桃子、板栗等果蔬类食品的冻结加工。

(2) 振动流态化速冻装置

以振动槽作为物料水平方向传输手段的流态化速冻装置称为振动流态化速冻装置。物料在冻结区的行进是通过振动传输槽的作用实现的。由于物料在行进过程中受到振动作用，因此可显著地减少冻结过程中的黏结现象出现。

振动槽传输系统主要由两侧带有挡板的振动筛和传动机构构成。由于传动方式的不同，振动筛有两种运动形式：一种是往复式振动筛；另一种是直线振动筛。后者除了有使物料向前运动的作用以外，还具有使物料向上跳起的作用。

瑞典 Frigosandia 公司制造的 MA 型系列产品属于往复式振动流态化冻结装置范围，如图 10.27 所示。这种装置的特点是结构紧凑、冻结能力大、耗能低、易于操作，并设有气流脉动旁通机构和空气除霜系统，是目前世界上比较先进的一种冻结装置。

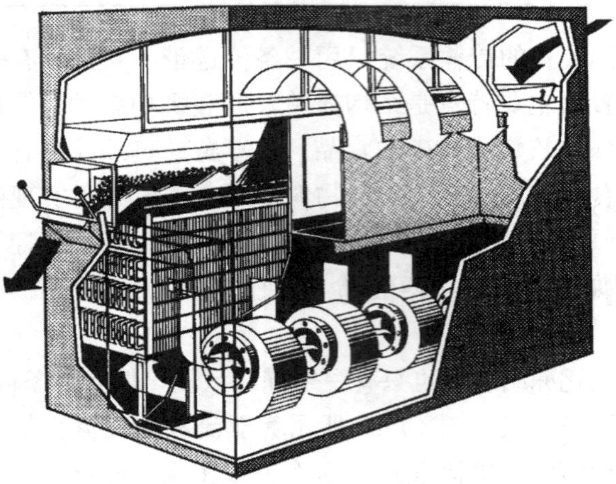

图 10.27　MA 型往复式振动流化速冻装置

（3）斜槽式流态化冻结装置

斜槽式流态化冻结装置也称盘式流态化冻结装置，如图 10.28 所示。这种冻结器没有传送带，其主体部分为一块固定的多孔底板（称为槽或盘），槽的进口稍高于出口，以便食品可借助风力自动向前移动。冻结的食品由滑槽连续排出，作业是连续化的。

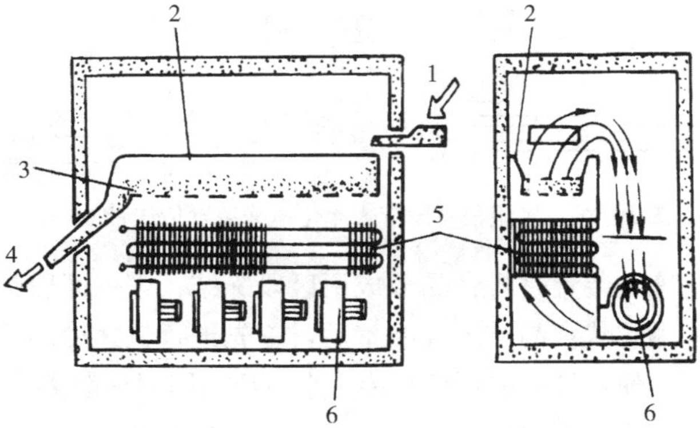

图 10.28　斜槽式流态化冻结装置示意图

1. 进料口；2. 斜槽；3. 排出堰；4. 出料口；5. 蒸发器；6. 风机

在斜槽式流态化冻结装置中，产品层的厚度可达到 120～150 mm，虽然厚度增加可使冻结量提高，但风机的能量消耗也较多。产品层的厚度，冻结时间和冻结产量，均可通过改变进料速度和排出堰的高度来调节。

该装置的蒸发温度在−40 ℃以下，垂直向上的风速为 6～8 m/s，冻品间风速为 1.5～5 m/s，冻结时间一般为 5～10 min。斜槽式流态化冻结装置的主要特点是构造简单、成本低；冻结速度快，冻品降温均匀，质量好。

4. 流态化冻结装置的辅助系统

1）冷风系统

所有的流态化冻结装置都要有一套冷风系统才能工作。风机、风道（包括冷风静压箱）和蒸发器构成了冷风系统，并且与物料传输器和上面的物料一起串连构成一个冷循环圈，并且风向总是自下而上通过物料层的。风机的类型可以用离心式的，也可是轴流式的。在循环中，冷风经过风机后，可以先进入蒸发器再通向物料层，也可以先经过物料层再经过蒸发器。

2）冲霜系统

在运行过程中，蒸发器翅片管表面的霜层厚度不断增大，最后导致堵塞翅片间的空气通道而减少传热面积，致使传热效率降低，空气循环恶化，冻结温度不断地持续上升，给正常运行和操作带来困难。此时，为了保证装置的连续生产，必须及时停产除去蒸发器翅片管表面的积霜。

冲霜方式有多种，如热气、淋水、淋水加蒸汽 、电热、乙二醇连续喷淋和空气等。冲霜的方式决定了速冻装置操作的连续化程度。如果蒸发器用热气、淋水、电热等除霜方式，则装置的冻结操作只能是间歇的。例如，W 型冻结装置的蒸发器设置在流化床旁侧。蒸发器上侧设有自动水冲霜系统。当霜层达到一定厚度时，装置和制冷系统自动停止工作，水系统开启，自动喷水融霜。

对于连续冻结装置，不能采用热气、淋水和电热等手段除霜，可以采用乙二醇连续喷淋和空气冲霜。早期使用的乙二醇连续喷淋冲霜方式具有系统复杂、投资及运转费用高等缺点，因而限制了其使用范围。空气冲霜是利用从压缩机出来的压缩空气，经油水分离、过滤除杂质、干燥和冷却处理等系列处理后输送到冻结室分气缸，再经由喷嘴喷出高压气流，并利用空气射流的动能和升华原理来清除蒸发器翅片管表面积霜的一种除霜工艺。在食品流态化冻结装置中采用空气冲霜，其目的在于使蒸发器在运行过程中处于无霜状态，保证其高效率传热和良好的空气循环效果，从而实现装置可较长周期连续运行，减少中间停产冲霜和重新降温等环节，提高装置的利用率。

10.4.2　间接接触式冻结装置

间接接触式冻结装置的特点是被冻的食品与冻结装置中蒸发器（或冷却器）的壁面直接接触，主要以传导的方式进行热交换。设备紧凑，消耗的金属材料少，占地面积小，安装方便，投产快，但耗冷量大。

1. 平板式冻结装置

平板式冻结装置的主要构件是一组作为蒸发器的空心平板，平板与制冷剂管道接通，被冻的食品压在两相邻的平板间。由于食品与平板间接触密实，故其传热系数高。要求接触压力为 7～30 kPa，传热系数可达 93～120 W/（m^2 • K）。

平板式冻结装置适于冻结肉类、水产品以及耐压的小包装食品，其特点是，对厚度小于 50 mm 的食品，冻结快，干耗小，冻品质量高；在相同的冻结温度下，它的蒸发温度可比冷风机式冻结装置的蒸发温度提高 5～8℃，而且不用配风机，故电耗可减少 30％～50％；可在常温条件下操作；占地面积少，投产快。其缺点是应用范围有一定的限制，不能冻结大块食品和不耐压的食品。根据平板的工作位置有卧式、立式两类。

1）卧式平板冻结装置

卧式平板冻结装置的冻结平板系水平安装，一般有 6～16 块平板。平板之间的间距由液压装置调节。被冻食品装盘放入两相邻平板之间以后，启动液压油缸，使被冻食品与冻结平板紧密接触进行冻结。为了防止压坏食品，二相邻平板间均装有限位块，如图 10.29（a)、图 10.29（c）所示。

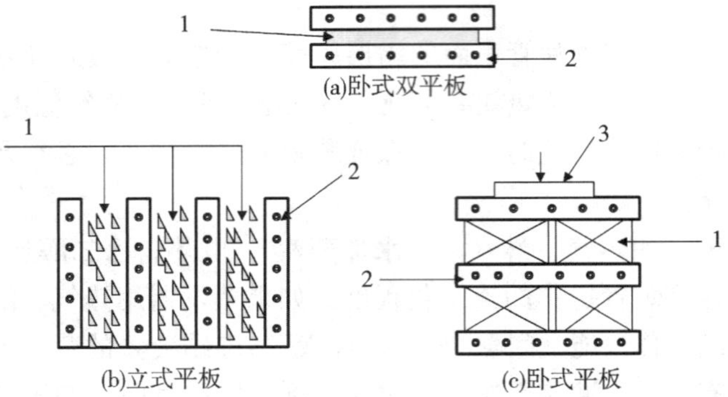

图 10.29　平板冻结装置

1. 物料；2. 平板；3. 液压装置

2）立式平板冻结装置

立式平板冻结装置的结构原理与卧式平板冻结装置相似，冻结平板垂直位置平行排列，如图 10.29（b）所示。待冻食品不需用冻盘或包装，可直接散装倒入平板间进行冻结，操作方便，适用于小杂鱼和肉类副产品的冻结。冻结结束后，冻品脱离平板的方式有多种。分上进下出、上进上出和上进旁出等。平板的移动，冻块的升降和推出等动作，均由液压系统驱动和控制。

3）冻结平板的结构

冻结平板的两面与食品接触，要求平直，内腔为制冷剂的通道，有以下几种形式：

（1）异形管拼装平板：异形管的内腔为矩形，外侧一边为燕尾形凹槽，另一边为燕尾形凸棒，若干根异形管凹凸拼装，组成平板。

（2）焊接平板首先将槽钢在一块钢板上定位、焊接，然后在另一块钢板上沿槽钢中心线钻孔；钻孔钢板覆在槽钢上并找正、定位，最后根据钻孔填焊。焊接平板必须根据规范进行水压和气压试验。

（3）矩形无缝管焊接平板：用矩形无缝钢管拼焊成的冻结平板，工艺简单、方便。焊接平板焊接后校平、试压，然后镀锌。

（4）挤压成型的铝合金板：由铝合金挤压成型。由于铝材的导热率高，所以铝板的冻结时间比钢板可缩短约 30％。

这种速冻器在鱼类速冻中应用较多，其冻结时间视冻品的厚度而定。例如当氨的蒸发温度为－30 ℃时，则装在盒中的 50 mm 厚的肉块，其冻结时间约为 1.5 h。

平板式速冻器的特点：间歇操作，操作周期长，包括产品装料和卸料时间，冷损耗大；生产能力比较小，因此，往往要采用多个速冻器，并增加不少操作人员；人工劳动繁重，包括原料预处理、包装、装料和卸料；食品与蒸发板接触处，如接触不良，则热阻增大，使速冻器生产能力急剧下降。

2. 回转式冻结装置

图 10.30 所示为回转式冻结装置，它与平板式冻结装置一样，是利用金属表面直接接触冻结产品。其主要部件为一回转圆筒，载冷剂由空心轴输入，待冻品由入口排列在转桶表面上，转桶回转一周，冻品完成冻结过程。冻品转到刮刀处被刮下。刮下的冻品由传送带输送到预定位置。

转桶的转速根据冻品所需的冻结时间调节，1 min 或几分钟每转。

载冷剂可选用盐水、乙二醇、R11 等。最低温度可达 $-45\sim-35$ ℃。该装置适用于冻结鱼片、块肉、虾、菜泥以及流态食品。

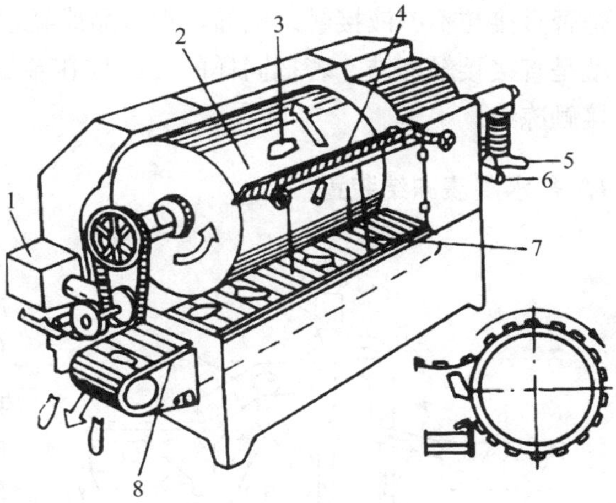

图 10.30　回转式冻结装置

1. 电动机；2. 滚筒冷却器；3. 产品入口；4. 刮刀；5. 盐水入口；6. 盐水出口；7. 刮刀；8. 出料传送带

3. 带式冻结装置

钢带式冻结装置，其主体部件是钢带连续输送机，如图 10.31 所示。在钢带下喷盐水，或使钢带滑过固定的冷却面使冻品降温。该装置适于冻结鱼片、调味汁、酱汁和某些糖果产品等。

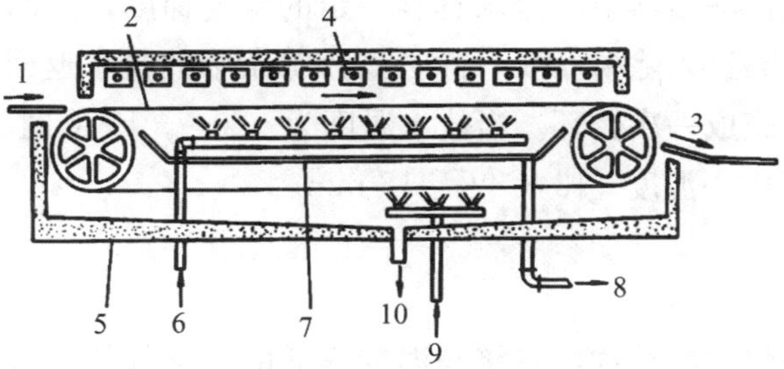

图 10.31　带式冻结装置

1. 进料；2. 钢带；3. 出口；4. 对流空气；5. 调温层；6. 盐水入口；7. 盐水洗涤入口；8. 盐水出口；9. 钢带洗涤水入口；10. 洗涤水出口

冻品上部可用冷风补充冷量。食品层一般较薄，因而冻结速度快，冻结 20～25 mm 厚的产品约需 30 min。

钢带冻结器的主要优点：同平板式、回转式相比，带式冻结器构造简单，操作方便；

改变带长和带速，可大幅度地调节产量。

10.4.3 直接接触式冻结装置

该方法要求食品（包装或不包装）与不冻液直接接触，食品与不冻液换热后，迅速降温冻结。食品与不冻液接触的方法有喷淋、浸渍或者两种方法结合使用。

某些形式的间接接触冻结法易与直接接触法混淆，二者的区别点在于食品或其包装是否直接与不冻液接触。例如，把食品或经包装后的食品浸入盐水浴内或用盐水喷淋时，就是直接接触冻结。若把同样的食品放在金属容器内，再把容器浸在盐水中，就是间接接触冻结。

1. 盐水浸渍冻结装置

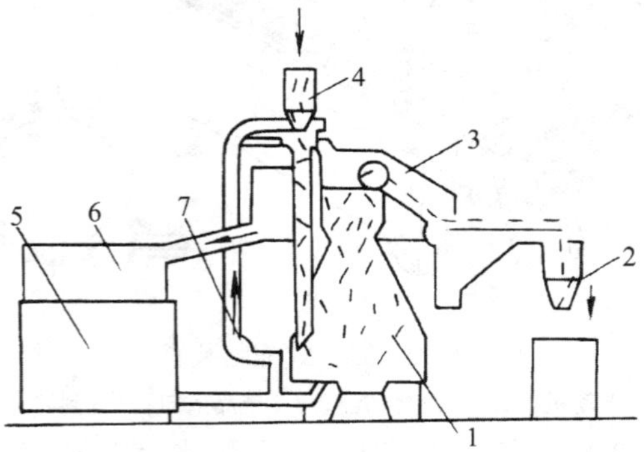

图 10.32 盐水连续浸渍冻结装置示意图

1. 冻结器；2. 出料口；3. 滑道；4. 进料口；5. 盐水冷却器；6. 除鳞器；7. 盐水泵

图 10.32 为盐水浸渍冻结装置。该装置主要用于鱼类的冻结。盐水浸渍冻结装置的优点是，冷盐水既起到冻结作用，又起到输送鱼的作用，省去了机械送鱼装置，冻结速度快，干耗小；缺点是装置的制造材料要求较特殊。装置中与盐水接触的容器用玻璃钢制成，有压力的盐水管道用不锈钢材料，其它盐水管道用塑料，从而解决了盐水的腐蚀问题。

鱼在进料口 4 与冷盐水混合后进入进料管，进料管内盐水涡流下旋，使鱼克服浮力而到达冻结器的底部。冻结后，鱼体密度减小，慢慢浮至液面，然后由出料机构送到滑道 3，在此鱼和盐水分离，鱼进入出料口 2，冻结完毕。冷盐水被泵输送到进料口，经进料口管进入冻结器，与鱼体换热后，盐水升温，密度减小，由此，冻结器中的盐水具有一定的温度梯度，上部温度较高的盐水溢出冻结室后，与鱼体分离进入除鳞器 6 ，除去鳞片等杂物的盐水返回盐水箱，与盐水冷却器直接换热后降温，完成一次循环。当盐水温度为−20～−19 ℃时，每 kg25～40 条的沙丁鱼从初温 4 ℃降至中心温度−13 ℃仅需 15 min。

2. 喷淋式速冻器

喷淋式速冻器是将被冻结物，直接与温度很低的液化气体或液态制冷剂接触，从而实现快速冻结。如图 10.33 所示，这种冻结方法所获得的产品质量比通常的冻结方法好，所以被广泛采用。

喷淋式速冻器是使用液氮的超快速冻结，氮是一种无色无嗅的惰性气体，液氮是无色液体，与其他物质不起化学作用。常压下，其沸点为−195.8℃。液氮冻结的主要优点是，冻结速度极快，而且质量好。在大多数情况下，只要把被冻结物和液氮作相反方向移动，使被冻结物先和低温气态氮接触，进行预冷，再向被冻结物喷淋液氮，就可运到有效的冻结效果。当液氮喷淋到食品后，以 200℃左右的温差进行强烈的热交换，冻结时间可比氨压缩制冷系统快 20～30 倍。由于温度极低，热交换强度大，故在细胞内和细胞间隙中的水分，能同时冻结成细小的冰晶体，这种细小冰晶体对细胞几乎无破坏作用，食品解冻后，仍能回复到原来的新鲜状态，故保鲜程度很高，冻结食品质量优良。另外，这种方法不需要压缩机等机械设备，在操作上比较简单，所以除用于速冻器外，还应用在冷藏车、船上。

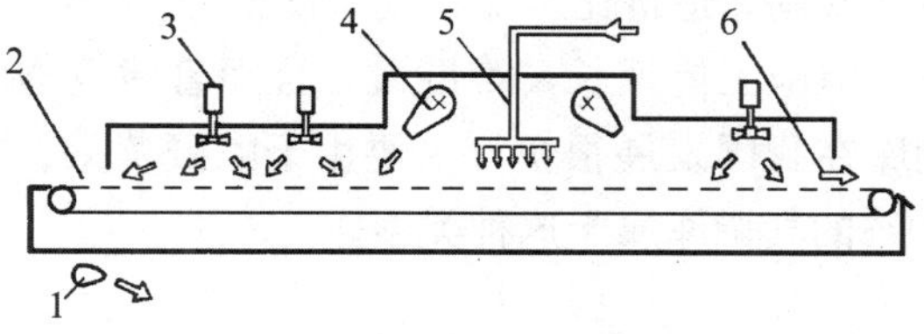

图 10.33　液态氮速冻装置

1. 排散风机排风口；2. 进料口；3. 搅拌风机；4. 风机；5. 液态氮喷雾器；6. 出料口

液氮是空气液化分离工厂制造液态氧气的副产品，随着工业的发展，价格逐渐便宜。除液氮外，液态 CO_2 也可用于喷淋式速冷器。常压下，液态 CO_2 的沸点是－78.5℃，采用和喷淋氮相似的方式喷淋于被冻结物上，进行冻结。目前，对于液态 CO_2 的回收利用问题已基本解决，但液氮的回收问题，尚未完全解决。

3. 液氮浸渍冻结装置

如图 10.34 所示，液氮浸渍冻结装置主要有隔热的箱体和食品传送带组成。食品从进料口有输送带送入液氮中，表面立即冻结。由于换热，液氮强烈沸腾，有利于单个食品的分离。食品在液氮中只完成部分冻结，然后由输送带送至出料口，进入另一温度较高的冻结间进一步冻结。

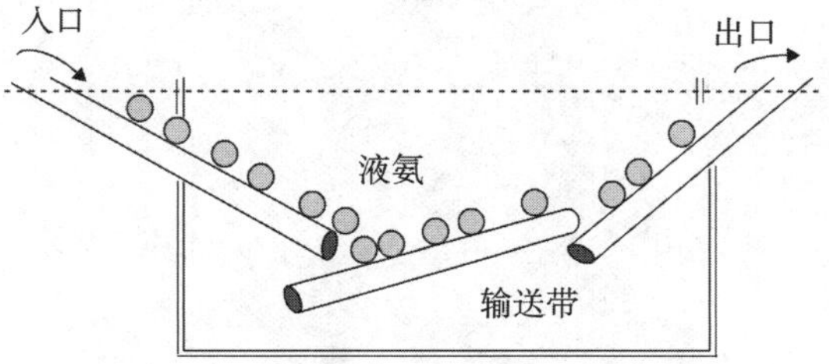

图 10.34　液氮浸渍冻结装置

10.5　气 调 库

气调贮藏，即调节气体贮藏，是当前国际上园艺产品保鲜广为应用的现代化贮藏手段。它是将园艺产品贮藏在不同于普通空气的混合气体中，其中 O_2 含量较低，CO_2 含量较高，有利于抑制园艺产品呼吸代谢，保持新鲜品质，延长贮藏寿命。气调贮藏是在冷藏基础上进一步提高贮藏效果的措施，包含着冷藏和气调双重作用。

10.5.1 气调库类型

按建筑形式分，气调库可分为砌筑式、夹套式和装配式三种形式。

1）砌筑式气调库

砌筑式气调库又被称为土建式气调库，建筑方法与冷藏库基本一样，用传统的建筑材料和保温材料砌筑而成，或由冷库改造而成。在库体内表面增加一层气密层，将其直接铺设在库体上。砌筑式气调库造价比装配式气调库低约 30%，气密性接近装配式气调库，比较适合我国国情，但施工周期长，难度大，且随着建筑物的沉降和变形，气密性易被破坏。砌筑式气调库在我国发展很快，主要用于贮藏苹果、梨、猕猴桃、板栗等果品，我国约有 50%～60%的气调库属于这种类型。

2）夹套式气调库

即在普通冷藏库内，用气密材料围成一个密闭的贮藏空间，它是在砌筑式气调库基础上发展而来的。气密材料与库内的墙体、屋面保持一定距离，气密层有一个供货物进出的可密闭的库门。在密闭空间与围护结构之间形成了一个夹层，气调处理在气密层内部进行，制冷装置仍安装在原来的位置，冷风在夹层内循环。这种形式主要用于葡萄气调贮藏，在气密层内部进行 SO_2 处理，可以避免 SO_2 腐蚀库内风机等金属设施。某些蔬菜用 ClO_2 处理进行保鲜时，也可以采用这种形式的气调库。

3）装配式气调库

装配式气调库是在库基上用彩镀夹心板拼接装配而成，施工方便，气密性好，是目前国内外应用最多的气调库（图 10.35）。

图 10.35 装配式气调库内部通道

10.5.2 气调库构成

气调库首先要有机械冷库的性能，还必须有密封性能，防止漏气，确保库内气体组成稳定。

用预制隔热嵌板建库，嵌板两面是表面呈凹凸状的金属薄板（镀锌钢板或铝合金板等），中间是隔热材料聚苯乙烯泡沫塑料，采用合成的热固性黏合剂将金属薄板牢固地黏结在聚苯乙烯泡沫塑料板上。嵌板用铝制呈工字形的构件从内外两面连接，在构件内表面涂满可塑性的丁基玛碲酯，使接口完全、永久地密封。在墙角、墙脚以及墙和天花板等转角处，皆用直角形铝制构件拼连，并用特制的铆钉固定。这种预制隔热嵌板，既可以隔热防潮，又可以作为隔气层。地板是在加固的钢筋水泥底板上，用一层塑料薄膜（多聚苯乙烯等）作为隔气层（0.25 mm），一层预制隔热嵌板（地坪专用），再加一层加固的 10.0 cm 厚的钢筋混凝土为地面。为了防止地板由于承受负荷而使密封破裂，在地板和墙的交接处的地板上留一平缓的槽，在槽内灌满不会硬化的可塑酯（黏合剂）。

目前，比较先进的做法是在建成的库房内进行现场喷涂泡沫聚氨酯（聚氨基甲酸酯），采用此法可以获得性能优异的气密结构并兼有良好的保温性能，5.0～7.6 cm 厚的泡沫聚氨酯可相当于 10.0 cm 厚的聚苯乙烯的保温效果。喷涂泡沫聚氨酯之前，应先在墙面上涂一层沥青，然后分层喷涂，每层厚度约为 1.2 cm，直到喷涂达到所要求的总厚度。

气调库必须进行气密性试验，排除漏点后，方可投入使用。气调库在运行过程中，由于库内温度波动或者气体调节会引起压力波动。当库内外压力差达到 58.8 Pa 时，必须采取措施释放压力，否则会损坏库体结构。具体办法是安装水封装置，当库内正压超过 58.8 Pa 时，库内空气通过水封溢出；当库内负压超过 58.8 Pa 时，库外空气通过水封进入库内，自动调节库内外压力差。

气调库的主要气调设备有气体发生器和 CO_2 吸附器。气体发生器的基本装置是一个催化反应器。在反应器内，将 O_2 和燃料气体如丙烷、天然气等进行化学反应，形成 CO_2 和水蒸气。用于反应的 O_2 来自库内空气。库内空气通过反应器不断循环，致使库内 O_2 不断降低而达到所要求的浓度。CO_2 吸附器的作用是除去贮藏过程中园艺产品呼吸释放的以及气体发生器在工作时所放出的 CO_2。当 CO_2 继续累积超过一定限度时，将库内空气引入 CO_2 吸附器中的喷淋水、碱液或石灰水中，或者引入堆放消石灰包的吸收室内，吸收部分 CO_2，使库内 CO_2 维持适宜的浓度。活性炭 CO_2 脱除机内的活性炭吸附 CO_2 达到饱和时，可用新鲜空气吹洗，使 CO_2 脱附。CO_2 脱除机有两个吸附罐，当一个罐吸附 CO_2 时，另一个同时进行脱附。气体发生器和 CO_2 吸附器配套使用，可以任意调节并快速达到所要求的气体成分。

由于气调库装货集中，所以要求其制冷负荷比一般冷库要大，应在短时间内将库温降低到适宜的贮藏温度。气调贮藏库还应有湿度调节系统、气体循环系统以及气体、温度和湿度分析测试记录系统等，这些都是气调贮藏库的常规设施。

10.5.3　气调库设备

气调库的库体和门要求隔热隔气耐一定压力，主要由压力平衡设备、制冷设备、制氮机或脱氧机、CO_2 吸附机、除乙烯机、加湿器、电脑自动控制系统和氧和 CO_2 分析测试仪等组成，具体结构如图 10.36 所示。

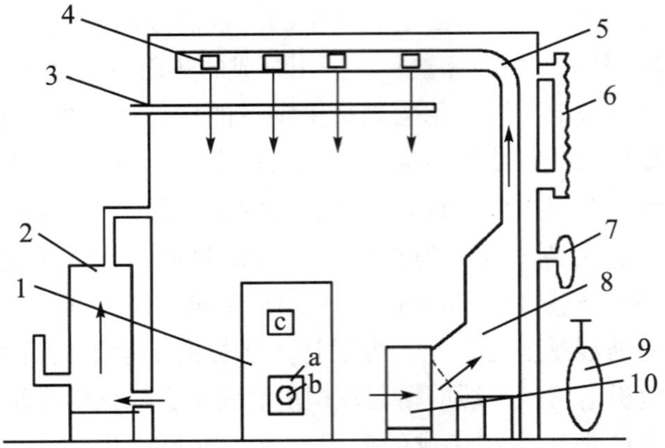

图 10.36　气调库的构造示意图

a. 气密筒；b. 气密孔；c. 观察窗

1. 气密门；2. CO_2 吸收装置；3. 加热装置；4. 冷气出口；5. 冷风管；6. 呼吸袋；7. 气体分析装置；8. 冷风机；9. N_2 发生器；10. 空气净化器

10.5.4　气调库的运行管理

气调库投资大，设备先进，必须在科学管理下才能实现技术潜能。气调库的运行管理包括贮藏管理、设备运行管理和安全管理等。

1. 贮藏管理

气调贮藏是高投入、高效益的产业，要求产品贮藏品质好、成熟度适中，采收后及时入库。在贮藏过程中，严格控制温度、湿度和气体成分等条件，做好产品的质量检测。

1）温度

入库前 7～10 天开机进行梯度降温，在新鲜产品入贮前，使库温稳定在设定的温度，为贮藏做好准备。产品在入库前应先预冷，消除田间热。产品入库时速度要快，及时装满封库。封库后 2～3 天内将库温降至最佳贮藏温度，并始终保持这一温度，避免波动。

2）湿度

湿度管理的重点是管理好加湿器及其监测系统。实践表明，应在库温稳定后再开启加湿器，启动过早会增加产品霉烂，启动过晚会导致产品失水。加湿时要注意使库内水汽分布均匀，避免加湿水在小范围内聚集，增加霉菌侵染，引起产品腐烂，影响贮藏效果。由于湿度传感器在低温高湿下容易失真，所以湿度的控制和调节在很大程度上仍要靠管理人员的经验。

3）气体成分

气体成分管理的重点是控制好库内 O_2 和 CO_2 浓度。当产品入库结束、库温稳定之后，应迅速降 O_2。一般低氧贮藏，库内 O_2 一次降至 5%左右，再利用产品自身的呼吸作用继续降 O_2，同时提高 CO_2 浓度，直至达到设定的指标。这一过程约需 7～10 天，然后靠脱除多余的 CO_2 和补充 O_2 的方法，使库内 O_2 和 CO_2 稳定在适宜的范围，直到贮藏结束。

4）产品质量

从产品入库到出库要定期进行质量检测，内容包括产品外部感官性状和风味，保鲜程度如失重、果肉硬度、可溶性固形物含量，以及微生物侵染性病害和生理性病害发生情况。气调贮藏中尤其要注意生理性病害，如苹果虎皮病、CO_2中毒、低O_2伤害和低温冷害等的发生，并随时对检测结果进行分析，以指导下一步的操作管理。贮藏后期应增加检测频率和次数。

2. 设备管理和库房管理

每一个贮藏季节开始前，必须对所有设备进行一次全面检修和调试，掌握设备运行状况，保证气调库正常运转。

1）制冷设备

包括制冷机、冷却塔、水泵、循环水池、出入库管道等皆应定期检查和维修；润滑系统、制冷剂、压力表、感测温元件、压力继电器、电控元件、冷却水系统等皆需经常检查，并使之处于正常状态。

2）气调设备

包括气体调节系统、气体监控系统和加湿系统的所有设备、管道、电机、阀门、过滤器、压力表等都应经常检查维修，保证各部件清洁、灵敏、完好。

3）管道

应对所有设备与库体间连接的管道和接头的泄漏情况、制冷管道的保温情况、阀门、阀杆、上下水管、压力平衡管等进行检查，使之密封良好，畅通无阻，开关灵活。

4）试运转

在完成上述检查、检修之后，需开机进行联动运转，待确认各系统运转正常后，可将其保持在准运行状态，以便随时开机运行。

5）库房管理

库房管理的重点是气密性检测和补漏。每年产品入库前，都应对气密性进行全面检测，发现泄漏及时修补。在补漏结束后再对气调库进行整体气密试验，直到确认气密性达到工艺要求为止。此外，库房和包装材料消毒，库房堆码方式等也是库房管理的重要工作。

3. 安全管理

安全管理包括设备安全管理、水电防火安全管理、库体安全管理和人身安全管理等诸多方面，这里特别强调的是库体安全和人身安全。

1）库体安全

除防水、防冻、防火之外，重点是防止温变效应。在库体进行降温、试运转期间绝对不允许封库，因为过早封库，库内温度骤降，必然增大内外压差，当这种压差达到一定限度后，会导致库体崩裂，轻者破坏库体气密性，重者使库体坍塌报废。正确的做法是当库温稳定在设定的范围后再封库门，开始下一步操作。

2）人身安全

气调库内低 O_2、高 CO_2 的环境对人有生命危险，操作人员进入库内一定要注意安全。具体办法是：①入库前戴好氧气呼吸器，确认呼吸畅通后方可入库操作；②库内操作必须两人同行；③入库前必须将库门和观察窗的门锁打开，以便出现事故后急救；④库外留人观察库内操作人员的动向，以防万一。产品出库时，必须确认 O_2 浓度达到18％以上，操作人员方可入库。

第 11 章　食品包装机械与设备

食品包装机械设备品种繁多，总体上可分为内、外包装机械两大类。内包装是指直接将食品装入包装容器并封口或用包装材料将食品包裹起来的操作；外包装是在完成内包装后再进行的贴标、装箱、封箱、捆扎等操作。内包装机械设备，又可进一步分为装料、封口、装料封口机三类，还可以根据食品状态、包装材料形态以及装料封口环境进行分类；外包装机械主要有贴标机、喷码机、装箱机、捆扎机等。本章主要介绍各种典型的内包装机械与设备，并对主要外包装机械设备进行简单介绍。

11.1　食品包装机械设备基本知识

包装是指为在流通过程中保护产品，方便储运，促进销售，按一定技术方法而采用的容器、材料及辅助物等的总体名称。包装也指为了达到上述目的而采用容器、材料、辅助物的过程中施加一定方法等的操作活动。包装又可分为销售包装和运输包装，销售包装主要目的在于美化、宣传商品，以扩大销售量，包装是连同商品一起卖给消费者的；运输包装主要目的在于方便装卸、储运，使商品在整个物流过程中完好无损。

食品包装是食品生产的重要环节。为了贮运和销售，各种食品均需要得到适当形式的包装。食品包装技术是为实现食品包装目的和要求，以及适应食品各方面条件而采用的包装方法、机械设备等各种操作手段及其包装操作遵循的工艺措施、监测控制手段和保证包装质量的技术措施等的总称。

11.1.1　包装机械的定义

包装机械根据国家标准《包装术语　第 2 部分：机械》(GB/T 4122.2—2010) 中定义：包装机械是完成全部或部分包装过程的机器。包装过程包括成型、充填、封口、裹包等主要包装工序，以及清洗、干燥、杀菌、贴标、捆扎、集装、拆卸等前后包装工序转送、选别等其他辅助包装工序。

11.1.2　包装机械的分类

1. 按包装机械的自动化程度分类

(1) 全自动包装机：能自动供给包装材料和内装物，并能自动完成其他包装工序的包装机械。

（2）半自动包装机：由人工提供包装材料和内装物，但能自动完成其他包装工序的机器。

2. 按包装产品的类型分类

（1）专用包装机：专门用于包装某种产品的机器。

（2）多用包装机：通过调整或更换有关工作部件，可以包装两种或两种以上产品的机器。

（3）通用包装机：在指定范围内适应包装两种或两种以上不同类型产品的机器。

3. 按包装机械的功能分类

充填机械、灌装机械、裹包机械、封口机械、贴标机械、清洗机械、干燥机械、杀菌机械、捆扎机械、集装机械、多功能包装机械、包装材料制造机械、包装容器制造机械，以及完成其他包装作业的辅助包装机械、包装生产线。

11.1.3 包装机械的作用、组成和特点

1. 包装机械的作用

（1）包装机械实现了包装生产的专业化，大幅度地提高了生产效率，大量节省了劳动力。

（2）包装机械化降低了劳动强度，改善了劳动条件，保护环境，节约原材料，降低了产品成本。

（3）包装机械保证了包装产品的卫生和安全，提高了产品包装质量，增强了市场销售的竞争力。

（4）包装机械可以延长产品的保质期，方便产品的流通。

（5）产品采用包装机，可减少包装场地面积，节约基建投资 。

2. 包装机械的组成

包装机械组成图见图 11.1。

（1）包装材料的整理和供送系统。该系统是将包装材料进行定长切断或整理成列，并逐个输送到预定工位的系统。如糖果包装机中包装纸的供送、切断机构。

（2）被包装物品的计量和供送系统。该系统是将包装物品进行计量、整理、排列，并输送到预定工位的系统，如饮料灌装机的计量和液料的供送系统，饼干包装机的饼干整理、排列和供送系统。

（3）主传送系统。该系统是将包装物品由一个包装工位顺序传送到下一个包装工位的系统。其操作对象是包装材料和被包装物；作用是由一个包装工位顺序传送到下一个包装工位的系统。

（4）包装执行机构。该机构是直接完成包装操作的机构，包括完成裹包、灌装、封口、贴标、捆扎等操作的机构。

（5）成品输出机构。该机构是将包装好的产品从包装机上卸下、定向排列并输出的机构。

（6）动力机与传动系统。机械工作的原动力，常见为电动机；传动系统常见有带传动、齿轮传动、液压传动等，主要包括带轮、齿轮、链轮、凸轮、蜗轮、蜗杆等。

（7）控制系统。该系统由手动控制装置和自动控制装置组成，主要包括包装过程控制、包装质量控制、故障控制和安全控制。主要控制方法有机械控制、电动控制、气动控制、光电控制、电子控制和射流控制。

（8）机身。机身是用于安装、固定、支撑包装机械所有的零部件，并能够满足其相互运动和相互位置要求的部分。它必须有足够的强度、刚度和稳定性。

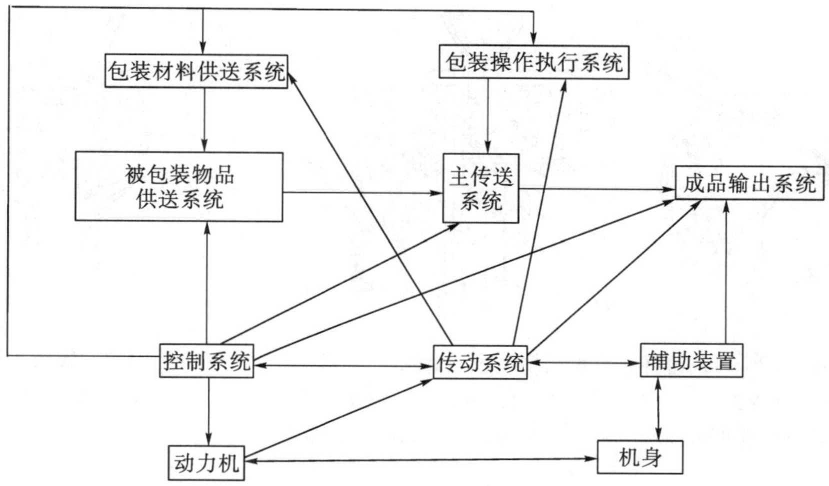

图 11.1　包装机械的组成框图

3. 包装机械的特点

包装机械一般结构复杂，运动速度快，动作精度高。用于食品和药品包装的机械要便于清洗，与食品和药品接触的部位要用不锈钢或经过化学处理的无毒材料制成。包装时一般工艺力较小，所以包装机械的电动机功率小。一般采用无级变速装置，以便灵活调整包装机的速度、调整包装机的生产能力。包装机械是特殊类型的专业机械，种类繁多。

11.2　固体物料包装机械

固体食品装入包装容器的操作过程通常称为充填。由于固体物料的形状多样性及性质较为复杂，如通常有颗粒状、粉状、片状、块状和不规则的几何形状等，及具有吸湿性、飞扬性、吸附性和不易流动等物理化学性质，所以总体上固体物料的充填比液体物料灌装要困难，固体充填机多属专用设备，种类和型式也比较多，不易普遍推广使用。固体物料的充填入袋、灌、盒和瓶等都有一个定量问题。目前，固体物料充填机上常用的定量方法有三种，即容积定量法、重量定量法和数量定量法。

11.2.1 容积式定量充填设备

容积式定量充填机是按预定容量将物料充填到包装容器的设备。容积充填设备结构简单，速度快，生产率高，成本低，但计量精度较低。常用的容积定量设备有容杯式、螺杆式、转鼓式和柱塞往复式等。该类填充设备可分为：容杯式定量设备，转鼓式计量设备，柱塞式计量设备，方形容器往复式计量设备等。图 11.2 所示为可调容杯式定量充填装置，图 11.3 所示为转鼓式计量设备，图 11.4 所示为柱塞式计量设备，图 11.5 所示为方形容器往复式计量设备。

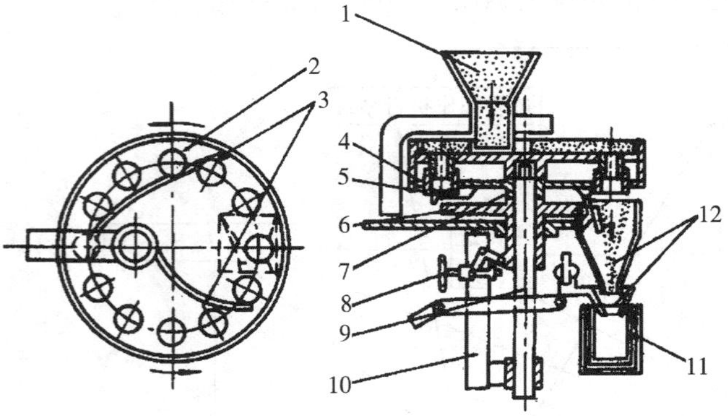

图 11.2 可调容杯式定量充填装置示意图

1. 料斗；2. 转盘；3. 刮板；4. 容杯；5. 底盖；6. 导轨；7. 托盘；8. 容杯调节机构；9. 转轴；10. 支杆；11. 瓶罐；12. 漏斗

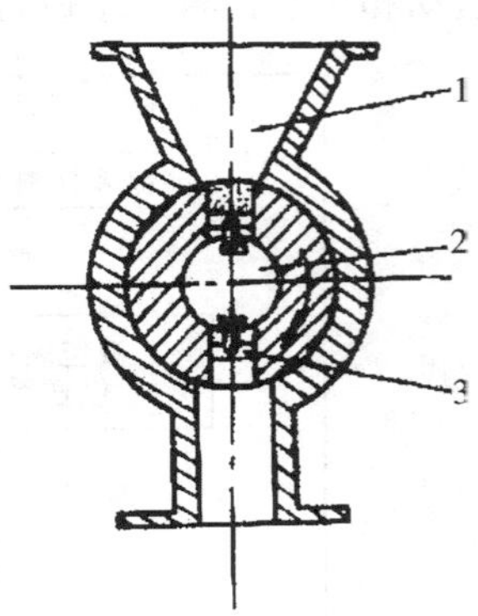

图 11.3 转鼓式计量设备

1. 物料；2. 转鼓；3. 柱塞板

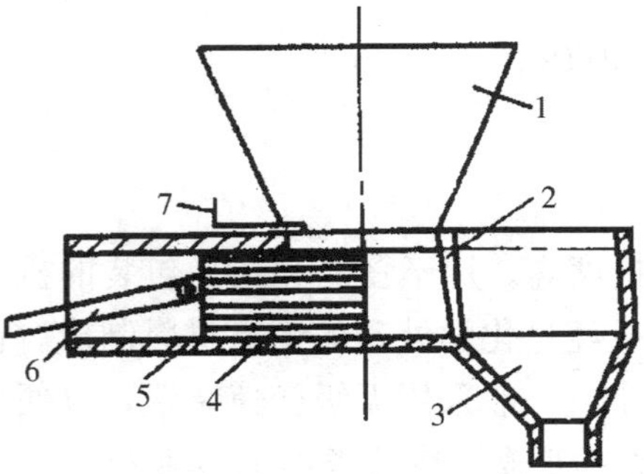

图 11.4 柱塞式计量设备

1. 料斗；2. 弹性活门；3. 装料漏斗；4. 柱塞；5. 柱塞缸；6. 连杆机构；7. 调节闸门

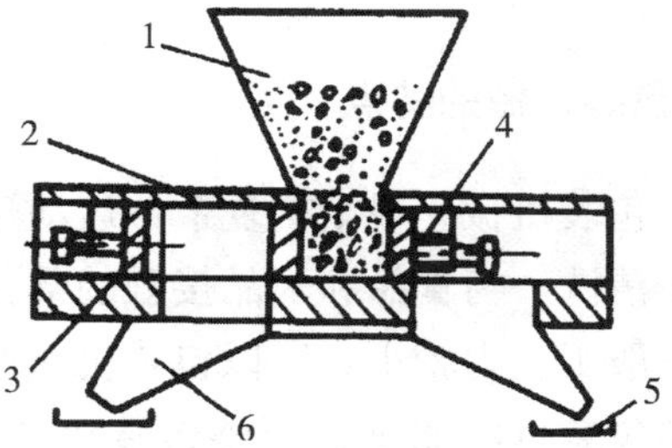

图 11.5 方形容器往复式计量设备

1. 料斗；2. 机体；3. 计量板；4. 计量容腔调节螺丝；5. 包装容器；6. 落料斗

11.2.2 重量式定量充填设备

重量式定量充填机是采用称重方法对物料进行计量，而后将产品充填到包装容器内的设备，适用范围很广。称重设备一般由供料器、秤和控制系统三个基本部分组成（图 11.6）。常用的秤有杠杆秤、弹簧秤、液压秤和电子秤。在自动包装机中，称重计量法常用于散状、密度不稳定的松散物料及形体不规则的块、枝状物品定量。称重计量的精度主要取决于称量装置的精度，一般可达 0.1%。因此，对于价值高的物品也多用称重法计量。重量式定量充填机常用振动喂料器或螺旋喂料器供料，有间歇式和连续式两种称重方式。

称重方法可有多种方式。最简单的方式是，将产品连同包装容器一起称重，这种称量方式受包装容器本身的重量精度影响。为了提高精度，可以用扣除容器皮重量的方式进行重量定量。此种情形下，充填机要设置一个对容器称重的机构。另外一种较为精确的称重方法为净重法。净重量称量方式可以避开容器重量对称重过程的影响。净重充填机先对物料进行称量，然后再将其充入包装容器。称重结果不受容器重量变化的影响，称量精确度高。净重称量方式广泛应用于要求高精度计量的自由流动固体物料，如奶粉、咖啡等固体饮料，也可用于膨化及油炸食品等。

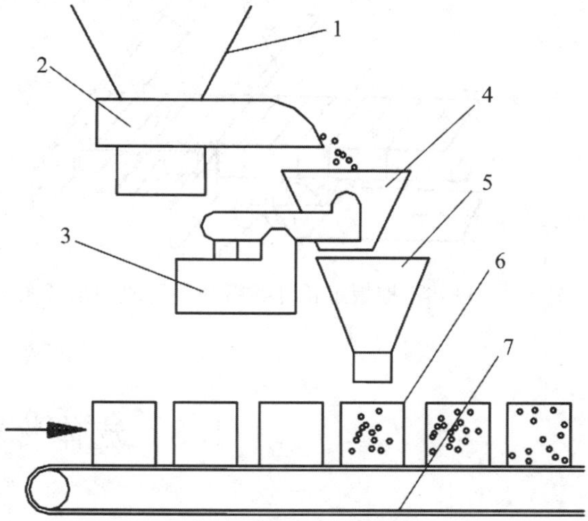

图 11.6　重量式充填机工作原理示意图

1. 贮料斗；2. 进料器；3. 秤；4. 计量斗；5. 落料斗；6. 包装容器；7. 传送带

工作原理：进料器 2 把物料从贮料斗 1 运送到计量斗 4 中，由秤 3 连续称量，当计量斗中物料达到规定重量时即通过落料斗 5 排出，进入包装容器。

为了提高充填计量精度并缩短计量时间，可采用分级进料方法，即大部分物料高速喂料，剩余小部分物料微量喂料。采用电脑控制，可分别对粗加料和精加料进行称量、记录、控制。因此，称量精度高，例如，500 g 物料的精度可达±0.5 g。

11.2.3　计数式定量充填设备

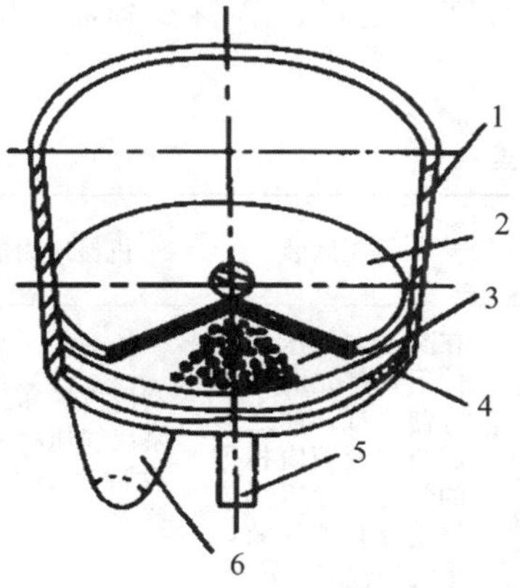

图 11.7　转盘式膜孔计数装置工作原理图

1. 料斗；2. 盖板；3. 计数模板；4. 承托盘；5. 轴；6. 卸料漏斗

计数式充填机是按预定件数将产品充填至包装容器的充填机。计数定量的方法可分为两大类：第一类是被包装物品具有一定规则的整齐排列，其中包括预先就具有规则而整齐的排列和经过整理的排列，然后再对这些排列进行计数；第二类是从混乱的被包装物品的集合体中直接取出一定个数。

也可按计数数量不同分类，可分为单件计数充填机和多件计数充填机两类。单件计数式采用机械计数、光电计数、扫描计数等方法，对产品逐件计数。多件计数式则以数件产品作为一个计数单元。多件计数充填机常采用模孔计数装置、容腔计数装置、推板式计数装置。

粒、块状等呈杂乱状排列物品的计数则用转盘、转鼓及推板式计数装置。其中转鼓式计数机构主要用于规则颗粒物品的集合包装。

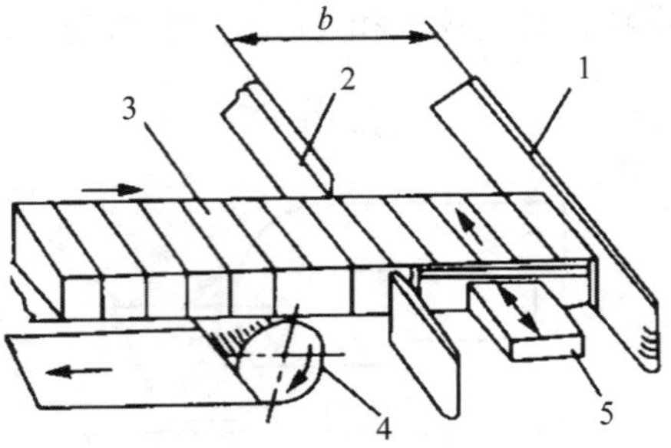

图 11.8 推板定长计数喂料装置原理示意图

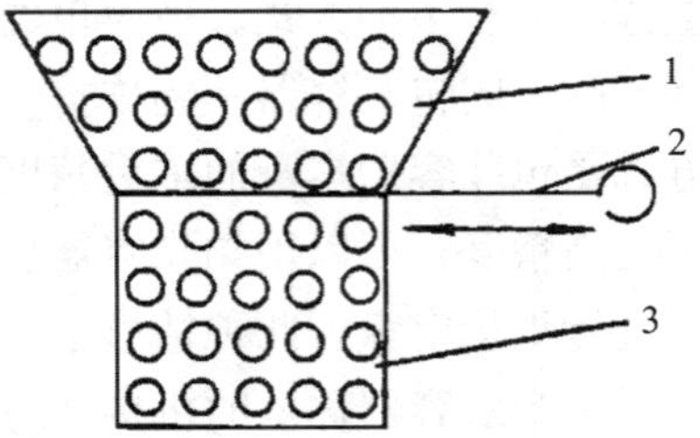

图 11.9 容积计数装置原理示意图

1. 料斗；2. 闸板；3. 计数容腔

11.3 流体物料的包装机械

11.3.1 液体装料包装机

液体食品装料是将定量液体装入瓶、罐等容器的操作过程。现代食品工业中，液体物料基本上都用灌装机进行装料。

1. 液体装料机基本构成及类型

液体装料机是定量地将液体食品装入容器（瓶、罐）的设备，通常称为灌装机。

一般液体灌装机要完成的工艺步骤有：①送进包装容器；② 按工艺要求灌装产品；③将包装物送出。由于存在物料性质、灌装工艺、生产规模等方面的差异，因此，食品液体灌装机的类型相当繁多。各类灌装机基本上由以下几部分组成：定量机构、装料机构、控制系统、瓶罐升降机构（若瓶罐固定不动，则装料机构有升降机构）、瓶罐输送机构及传动系统等。不同类型的液体装料机的差异主要存在于定量、装料及容器的输送方式等方面（表 11.1）。

表 11.1 液体灌装机类型

灌装机类型	常压灌装	重力真空灌装	真空压差灌装	等压灌装	机械压力灌装
原理	在常压下液体靠自身重力产生流动而灌入容器的方法	储液箱处于真空，将包装容器抽气形成真空，随后料液依靠自重流进包装容器内	储液箱处于常压，只对包装容器内抽真空，料液依靠贮液箱与待灌装容器间压差作用产生流动而完成灌装	在高于大气压的条件下，首先对包装容器充气，使之形成与贮液箱内相等的气压，然后再依靠被灌装液料的自重流进包装容器内	利用机械压力如液泵或气压将被灌装液料挤入包装容器内
适用	低黏度非起泡性的液体	白酒和葡萄酒的灌装，挥发性气体的逸散量最小，使包装产品不失醇香	易氧化变质的液体食品	属于定液位灌装，仅限于含 CO_2 的饮料	黏度较大的黏稠性物料

2. 灌装方式与装置

根据与液体灌装时各空间的压力状态，灌装方式可以分为常压灌装法、等压灌装法、真空灌装法和加压灌装法等。

1）常压灌装

常压灌装又称自重灌装或液面控制定量灌装，是在常压下，液体依靠自重从贮液箱或计量筒中流入容器的一种灌装方法，常压灌装法也可以利用定量杯进行容积定量灌装。常压法灌装是一种最简单最直接的灌装形式，也是应用最广泛的装填灌注方式之一。它的特点是，灌装时容器与大气相通。它可有两种方式，分别用于低黏度液体和黏稠物料灌装。

2）等压灌装

等压灌装又称压力重力灌装，它是在高于大气压力的条件下进行灌装，即先对空瓶进行充气，使瓶内压力与贮液箱（或计量筒）内的压力相等，故简称充气等压，然后靠液料自重进行灌装。为防止没有瓶时的压力损失，在通气管中要安装一个阀门；为了控制料液流动，在下液管中也要安装阀门。为了平缓地灌装，下液管可以下伸，接近瓶的底部，即等压长管灌装，也可以是短管，即等压短管灌装。

等压灌装法适用于灌装含气液体，如汽水、汽酒和啤酒等。为了减少液体与氧的接触，可将压缩空气换成 CO_2 气体，先抽空气，再压入 CO_2 气体作为平衡气体。气饮料中的 CO_2 在灌装以前已经存在其中，因此需要采用等压灌装法，以免 CO_2 在灌装过程中损失。

等压灌装的基本原理：先用压缩气体（CO_2 或无菌空气）给灌装容器充气，待灌装容器与灌装机贮液槽压力接近相等时，料液靠自重流入容器内。按此原理，通过贮液槽结构和供气排气方变化，可构成不同形式的等压灌装装置。

表 11.2 等压灌装过程中三个阀管的启闭状态

阀管	充气等压	进液加气	推气卸压	排除余液
进气管	开	闭	开	闭
进液管	闭	开	闭	闭
定量管	闭	开	闭	闭

单室式等压灌装机的灌装过程：灌装过程如图 11.10 所示。其灌装阀有 3 个阀管。每个灌装周期可以分为 4 个步骤（启闭状态见表 11.2）。这种装置在一个贮液槽内同时贮液和气，结构上比较简单。但可以发现，每次灌装必然会将空瓶中的空气带入贮液槽内。

3）真空灌装

真空灌装（又称负压灌装）是在低于大气压力的条件下进行灌装，即先建立容器内的真空，然后靠液体的自重或靠液料箱与容器间的压力差进行灌装。可分为单室和双室两种负压灌装方法。

真空法灌装原理是：先将被灌装容器抽真空，再使贮液箱的液料在一定的压差或真空状态下注入待灌容器。

这种灌装法分为两种形式：灌装容器和贮液箱处于同一真空度，液料实际是在真空等压状态下以重力流动方式完成灌注；灌装容器和贮液箱真空度不相同，前者的真空度大于后者，液料在压差状态下完成灌注。此种形式可大大提高灌装效率。

真空法灌装应用范围很广，适用于富含维生素的果蔬汁饮料灌注，以及各类罐头的糖水、盐水、清汤等的灌注。由于灌装过程需要抽真空，因此其结构原理和常压或等压式灌装机不同，有其独特一面。

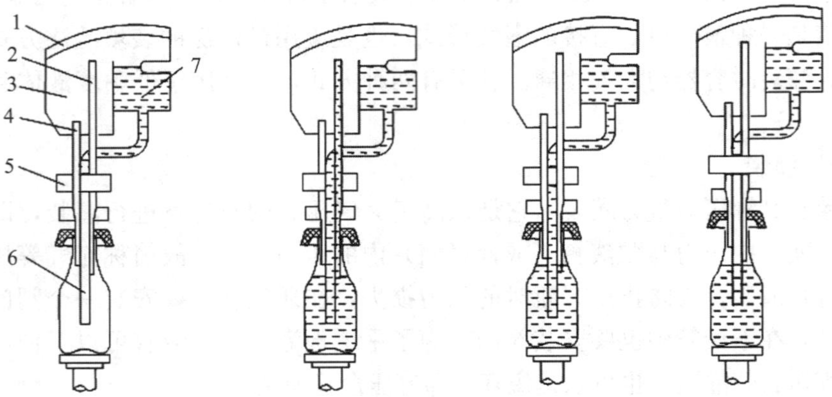

(a) 充气等压　(b) 进液排气完成灌装　(c) 推气卸压　(d) 排除余液

图 11.10　等压灌装过程示意图

1. 液室；2. 排气管；3. 气室；4. 进气管；5. 阀；6. 进液管；7. 贮液槽

3. 容器升降机构

灌装机使容器升降，一是为了使阀管进出容器内，二是利用容器升降控制阀管开闭。阀的开闭可以用不同的方式。直线型灌装机上的阀利用液压（压力供料式）或气动（重力供料式）开闭；回转型灌装机的旋塞阀或滑阀多利用机械方式开闭，即利用机械或气动方式使瓶升降的同时驱动阀件运动。常用的升降机构有三种型式：机械式升降机构、气动式升降机构、气动-机械混合式升降机构。

机械式升降机构也称为滑道式升降机构，是采用（固定）圆柱形凸轮机构与偏置直动从动杆机构相结合的方式，对瓶罐高度进行控制的机构。

圆柱凸轮导轨式升降机构结构简单，但若在灌装过程中出了故障，瓶、罐依然沿滑道上升，会把瓶挤坏，且机械磨损大，压缩弹簧易失效，可靠性较差。同时对瓶罐的质量要求较高，特别是瓶颈不能弯曲，瓶要准确地推上瓶托，不然易被挤坏，主要用于灌装不含气、液料的中小型灌装机。

图 11.11 为圆柱凸轮导轨展开图，装在灌装回转体偏置直动从动杆上的容器托（其上放置容器）随回转体旋转时，从基线位沿导角为 α 的斜坡上升 h，在距基线 h 高度的水平位置保持一段时间后，又沿导角为 β 的斜坡下降到基线位置。因此，容器在灌装过程中同时产生回转和上下复合运动。

4. 容器输送机构

液体灌装的整个工作过程包括空瓶的平移输送，上下升降及定量灌装等，并由其执行机构来完成。容器输送机构主要用于将外围瓶罐输入灌装机和将瓶罐从机中输出。一般瓶罐通过链板式输送带将瓶子传递给灌装机，又将灌装后的产品传递给输送带，送往下道包装工序。链带与灌装机之间一般通过螺旋、拨轮机构进行衔接。由于容器进出灌装机有一定的对称性，因此，以下介绍两种进瓶机构。

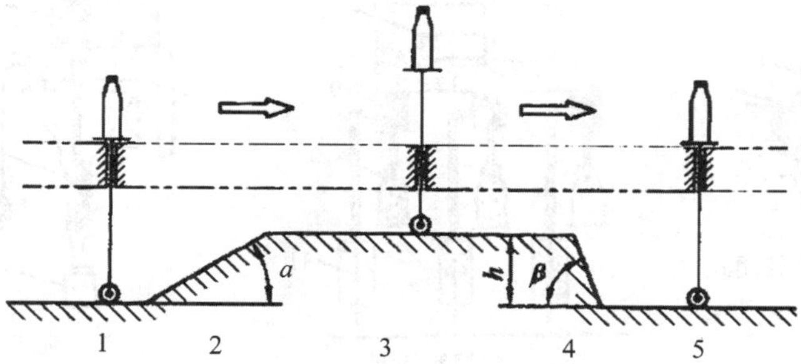

图 11.11　凸轮导轨展开图

1，5．最低位区段；2．上升行程区段；3．最高位区段；4．下降行程区段

1）圆盘输送机构

图 11.12 所示的圆盘输送机构是一种常用的集中式瓶罐供送装置。瓶罐存放在回转的圆盘上，借惯性及离心力作用，移向圆盘边缘，在边缘有挡板挡住瓶罐以免掉落，在圆盘一侧，装置有弧形导板，它与挡板组成导槽，经螺旋分隔器整理，进行等距离排列，再由爪式拨轮拨进装料机构进行装料。

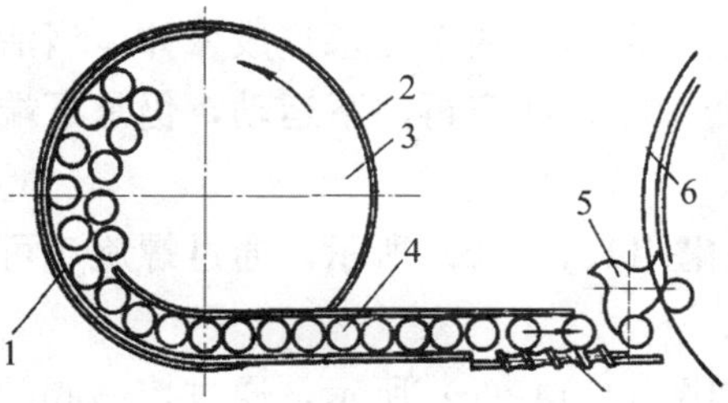

图 11.12　圆盘输送机构示意图

1．弧形导板；2．挡板；3．圆盘；4．瓶罐；5．拨轮；6．灌装机；7．螺旋分隔器

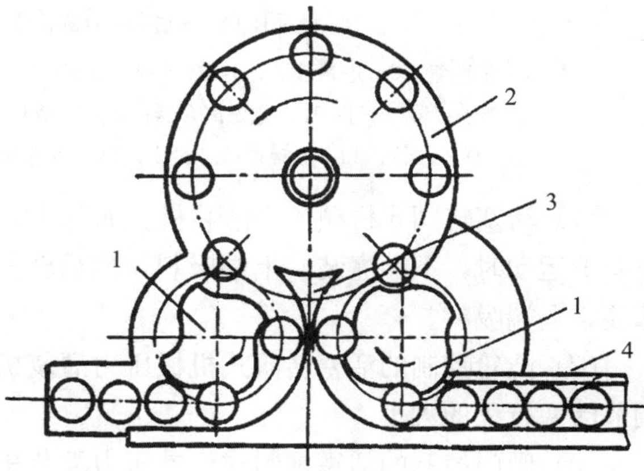

图 11.13　链板、拨轮输送机构示意图

1．四爪拨轮；2．装料机构；3．定位板；4．链板输送机

2）链板、拨轮输送机构

链板、拨轮输送机构示意图如图 11.13 所示。经过清洗机洗净检验合格的瓶罐，由链板式输送机 1 送入，由四爪拨轮 2 分隔整理排列，沿定位板 3 进入装料机构 4 进行装

料，经由四爪拨轮 5 拨出，由链板式输送机 1 带走，完成输送瓶罐工作。

11.3.2 酱体装料机

酱体食品如番茄酱、果酱、黄酱、巧克力、蛋黄酱和蜂蜜等的特点是黏度较大和流动性较差，因此常采用机械压力法灌装。

机械压力式灌装机的种类比较多，常用的设备有如下几种，如图 11.14 所示。

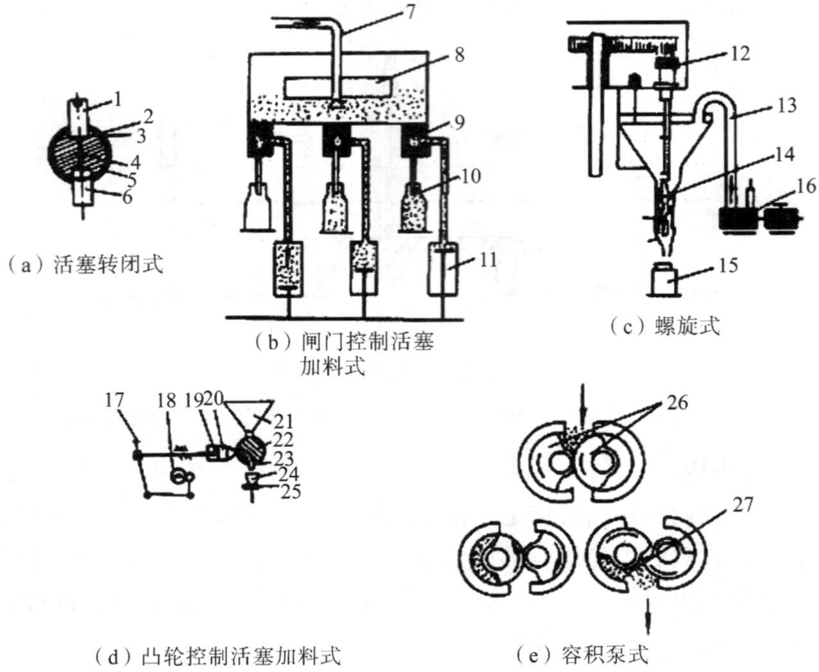

图 11.14 机械压力式灌装机种类及工作原理

1，7. 进料管；2. 进料液缸；3，11，19. 活塞；4. 连杆；5，22. 转阀；6，10，15，24. 容器；8. 浮子；9. 阀门；12. 电磁离合器；13. 吸液管；14. 螺杆；16. 贮液箱；17. 调节螺旋；18. 凸轮；20. 液罐；21. 料斗；23. 冲料口；25. 输送装置；26. 转子；27. 料

（1）活塞转阀式机械压力灌装机。如图 11.14（a）所示，两个活塞连成一体，当活塞向下运动时，下端灌装，上端吸料，然后转阀旋转 180°，活塞再向下运动，仍是下端灌装，上端吸料。

（2）凸轮控制的活塞转阀式机械压力灌装机。如图 11.14（b）所示，通过螺旋 1 可调节活塞行程的大小。

（3）闸门控制的活塞加料式机械压力灌装机。如图 11.14（c）所示，通过控制阀门的工作时间来控制灌装量。

（4）螺旋式机械压力灌装机。如图 11.14（d），它是通过电磁离合器 12 来控制螺杆 14 的转速达到控制灌装量。

（5）容积泵式机械压力灌装机。如图 11.14（e），它是通过一对旋转着的转子来完成吸料和排料，双转子旋转一周可完成两次灌装。

11.4　袋装包装机械

将粉状、颗粒状、液体或半流体（酱体）物料装入用柔性材料制成的包装袋，然后进行排气或充气、封口以完成产品的包装，所用机械称为袋装机械。

一类是成袋－充填－封合包装机，这类机器利用卷状（如聚乙烯薄膜、复合塑料薄膜等）包装材料制袋，将定量后的粉状、颗粒状或液体物料充填到制成的袋内，随后可按需要进行排气（包括再充气）作业，最后封口并切断。另一类是预制袋封口设备，这类机械只完成袋装食品的充填、排气（可再充气）、封口或只完成封口操作。

11.4.1　袋装包装材料的热压封合方法

不论是成袋－充填－封合包装机还是预制袋封口机，都需要用热压封合机构对包装材料进行热封合。常见热压封口形式有平板、圆盘、带式、滑动夹、熔断、脉冲、超声波等（图 11.15）。不同热压封口形式的原理及特点见表 11.3。通过调节控制装置对热压封合机构作用的温度、压力和时间参数进行调整，可满足不同材料容器的封合要求。

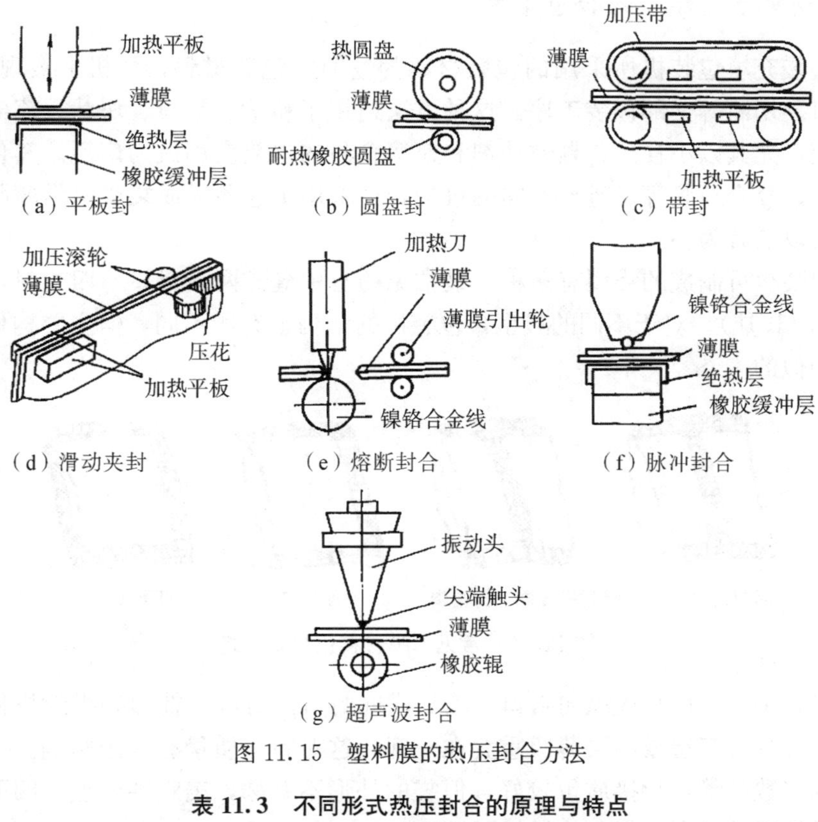

图 11.15　塑料膜的热压封合方法

表 11.3　不同形式热压封合的原理与特点

形式	原理	特点
平板	一般以电热丝等加热的板形构件，将薄膜压紧在耐热橡胶垫上，即可进行热封操作	结构最为简单，封合速度快，所用塑料薄膜以聚乙烯类为宜，不能进行连续封合，且不适于遇热易收缩的薄膜

续表

形式	原理	特点
圆盘	圆盘形加热元件与耐热橡胶圆盘夹住并压滚过塑料薄膜进行封合	可实现连续热封操作，适用于不易热变形薄膜材料的封合，特别适用于复合塑料袋的封口
带式	采用钢带带动薄膜袋向前移动，在此过程中完成热封	可进行连续封合，适用于易热变形薄膜的封合
滑动夹	利用平板加热，并用随后的压辊施压完成热压封合操作	可进行连续封合，适合易热变形及热变形较大的薄膜热封
熔断	加热刀将薄膜加热到熔断状态后加压封合，同时将已封合的容器与其余材料部分切断分离	熔断封口占用包装材料少，但封口强度低
脉冲	镍铬合金线压住薄膜，瞬间大电流使镍铬合金线发热，从而使薄膜受热封合	封口质量好，封接强度高，适用于易变形薄膜的封接，但热封机构较复杂，封合速度较慢
超声波	用振荡器发出超声波，经振动头传递到待封薄膜上，使之振动摩擦放热而熔接	使薄膜从内部向外发热，因而适用于易变形薄膜的连续封合对于被水、油、糖浸渍的薄膜也能良好的封合
高频	通过高频电流的电极板压住待封薄膜，同时使薄膜由内向外升温达到热熔状态后加压封合	不易使薄膜过热，适合于温度范围较窄的薄膜及易变形的薄膜的封口封合

11.4.2 制袋—充填—封合包装机

自动制袋充填包装机所采用的包装材料为卷筒式包装材料，在机上实现自动制袋、充填、封口、切断等全部包装工序。这种方法适用于粉状、颗粒、块状、流体及胶体状物料的包装，尤其以小食品、颗粒冲剂和速溶食品的包装应用最为广泛。其包装材料可为塑料单膜、复合薄膜等。对于不同的机型，可采用单卷薄膜成袋或两卷薄膜制袋的形式，但主要以前者为多。

这类包装机可制成的袋型有多种，最常见的有中缝式两端封口、四边封口以及三边封口等（图 11.16）。对于不同的袋型，包装机的结构也有所不同，但主要构件及工作原理是基本相似的。

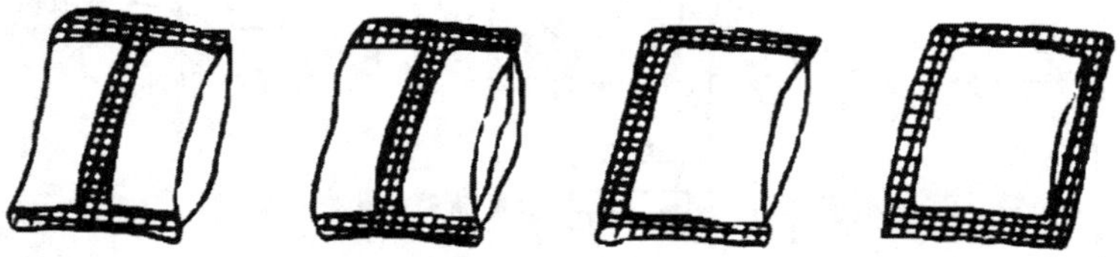

纵封搭接袋　纵封搭接侧边折叠袋　三面封口　四面封口

图 11.16　常见薄膜材料包装袋形式

制袋过程中，一般是先纵向封口，然后横向封口，所以在枕形袋纵封搭接和侧边折叠时，封口部分有三层或四层薄膜重叠在一起，这对封口质量有一定影响。三面封口袋的内薄膜的层数相等，封接质量较好，但袋的外形不对称，美观性较差。四面封口克服了上述两种情况的缺点，但包装材料用得较多。

不同的机型，包装工艺流程及其结构会有所差别，但其包装原理却大同小异。自动制袋充填包装机按总体布局分类可分为立式和卧式。按制袋的运动形式可分为连续式和间歇式。制袋—充填—封合包装机基本包装工艺过程见图 11.17。

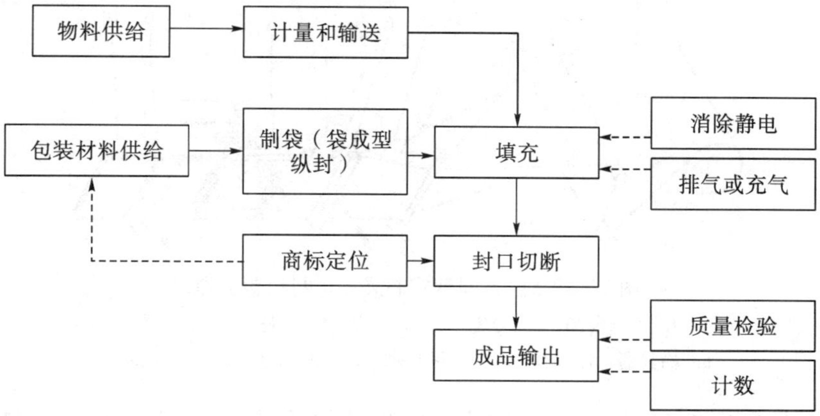

图 11.17　制袋－充填－封合包装机基本包装工艺过程

1. 制袋－充填－封合包装机组成结构

制袋充填包装机有多种型式，适用于不同的物料以及多种规格袋型，但其构成基本相似。典型连续制袋充填包装机主要由下列部分构成：传动系统、薄膜供送装置、袋成型封合装置、物料供给装置及电控检测系统等。

（1）传动系统。传动系统安装在机箱内的动力及传动装置，同时为纵封口滚轮、封口横辊和定量供料器提供驱动和传送动力。

（2）薄膜供送装置。薄膜供送装置安装在退卷架上的卷筒薄膜，可以平稳地自由转动。在牵引力的作用下，薄膜展开经导辊组引导送出。导辊对薄膜起到张紧平整以及纠偏的作用，使薄膜能正确地平展输送。

（3）袋成型封口装置。袋成型封口装置主要由袋成型器、纵封装置和横封装置构成。这三者的不同组合可产生不同形状和封合边数的袋子，因此，通常可以此区分不同型式的包装机。

（4）物料供给装置。物料供给装置是一个定量供料器。对于粉状及颗粒物料，主要采用量杯式定容计量，量杯容积可调。图中所示定量供料器为转盘式结构，从料仓流入的物料在其内由若干个圆周分布的量杯计量，并自动充填到成型后的薄膜管内。

（5）电控检测系统。电控检测系统是包装机工作的中枢系统。在此机的电控柜上可按需设置纵封温度、横封温度以及对印刷薄膜设定色标检测数据等，这对控制包装质量起到至关重要的作用。

2. 成袋充填封口原理

1）卧式制袋充填封口原理

（1）三边封口袋的包装原理。三边封口袋此类机型的包装原理如图 11.18 所示。卷筒塑料薄膜 1 经导辊 2 引入成型器 3，在成型器 3 及导杆 4 的作用下形成 U 形并由张口器 5 撑开。当加料器 7 下行进入加料位置时，横封器 6 闭合，同时充填物料；随后，横封器 6 和加料器 7 复位；紧接着，纵封牵引器 8 闭合热封并牵引薄膜移动一个袋位；最后由分切刀 9 将包装袋切断。

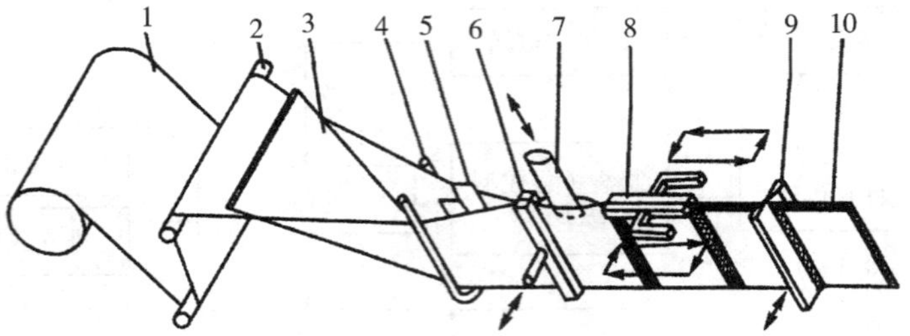

图 11.18 卧式间歇式制袋三边封口包装原理

1. 卷筒薄膜；2. 导辊；3. 成型器；4. 导杆；5. 张口器；
6. 横封器；7. 加料器；8. 纵封牵引器；9. 分切刀；10. 成品袋

(2) 横枕式袋的包装原理。横枕式袋的包装原理如图 11.19 所示。该机集自动裹包物品、封口、切断于一体，是一种高效率的连续式的包装机，广泛应用于饼干、速食面等的自动包装。其包装材料为塑料或其复合材料，采用卷式薄膜供料，由牵引辊送卷，经导辊的导向进入成型器，受成型器的作用，薄膜自然形成卷包的形式。同时，待包物品由供料输送链送入薄膜卷包的空间。卷包的薄膜在牵引轮的作用下向前运行并被中封轮实施中缝热融封合。物品随薄膜同步运行。包装物品最后经横封辊刀封合切断，成为包装成品，由卸料传送带输出。由于其包装形式呈枕状，故称为枕式裹包或中缝包装。

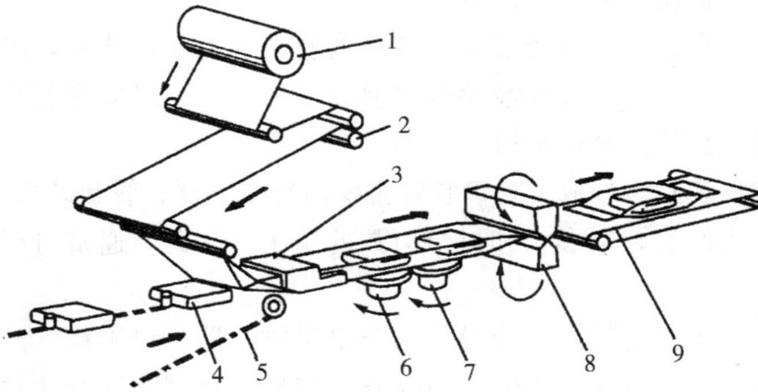

图 11.19 横枕式自动包装及工作原理

1. 膜卷；2. 牵引辊；3. 成型器；4. 产品；5. 供料传送链条；
6. 牵引轮；7. 中封轮；8. 横封滚刀；9. 卸料传送带

这种包装机采用有色标带包装时，需要随时对纸长进行调整，因此需配备光电检测控制系统，以实现光标的正确定位。

2) 立式制袋-充填-封合原理

(1) 间歇制袋中缝封口包装机。间歇制袋中缝封口包装机又叫翻领成型制袋式袋装机，用于枕形袋等制作，如图 11.20 所示。可以完成塑料薄膜的制袋、纵封（搭接或对接）、装料（充填）、封口和切断等工作。

其工作原理如图 11.20 所示。包材卷 3 经导辊 2 被引入成型器 4，通过成型器 4 和加料管 5 以及成型筒 6 的作用，再由纵封器 7 封合，形成中缝搭接的圆筒形。其中加料管 5 的作用为外作制袋管，内为输料管。封合时，纵封器 7 垂直压合在套于加料管 5 外壁的薄膜搭接处，加热形成牢固的纵封。其后，纵封器回退复位，由横封器 8 闭合对薄膜进行横封，同时向下牵引一个袋的距离，并在最终位置加压切断。该机各执行机构的动作，可由机、电、气或液压控制自动操作。

可见，每一次横封可以同时完成上袋的下口和下袋的上口封合。而物料的充填是在薄膜受牵引下移时完成的。

(2) 双卷膜制袋和单卷膜等切对合成型制袋。双卷膜制袋和单卷膜等切对合成型制袋包装机可制造四边封口的包装袋型。双卷膜制袋包装机采用两卷薄膜进行连续制袋，左右薄膜卷料对称配置，经各自的导辊被纵封滚轮牵引，进入引导管处汇合。薄膜在牵引的同时两边缘被封合，形成两条纵封缝。在横封辊闭合后，物料由加料器进入，随后完成横封切断，分离上下包装袋。

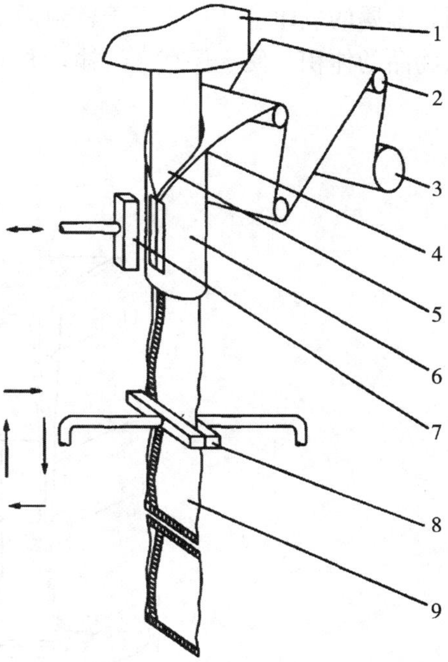

图 11.20　立式间歇制袋中缝封口装置原理图
1. 供料器；2. 导辊；3. 包材卷；4. 成型器；5. 加料管；6. 成型筒；7. 纵封器；8. 横封（切断并牵引）器；9. 成品袋

该设备只采用一卷薄膜制袋，其制袋过程是先将薄膜对中等切分离，然后两半材料复合成型。

(3) 立式连续制袋三边封口包装机。立式连续制袋三边封口包装机的包装原理类似卧式三边封口袋。薄膜卷筒在纵封滚轮的牵引下，经导辊进入制袋成型器形成管状。纵封滚轮在牵引袋筒的同时对其进行封合。随后由横封辊闭合实行横封切断。同样，每次横封动作可同时完成上袋的下口和下袋的上口封合，并切断分离。物料的充填是在袋筒受纵封牵引下行至横封闭合前完成的。这是一种广泛应用的机型，因其包装原理的合理性和科学性而成为较多采用的设计方案。根据这一包装原理可设计出多种袋型。

11.4.3　预制袋封口包装机

预制袋封口包装机是用于对充填产品的预制塑料袋进行封口的设备。常见的封口机械有普通封口机、真空包装机和真空充气包装机。普通封口机主要由热封口装置组成，结构较简单，这里不再做介绍。

一般而言，真空包装机，均可以进行充气包装。也就是说，真空及充气一般可以在同一台机上完成。真空充气包装可分为间歇式和连续包装两种形式。

对于容易氧化变质的食品，易于氧化生锈的金属制品，形体蓬松的羽绒及棉麻等都可以采用真空包装。抽真空的目的是：①除去空气，以防止细菌繁衍导致食品腐败，或阻止金属的氧化生锈；②便于密封后加热杀菌，防止空气膨胀使包装件破裂；③缩小蓬松物品的体积，便于保存、运输，并节省费用；④防止食品氧化和变质。

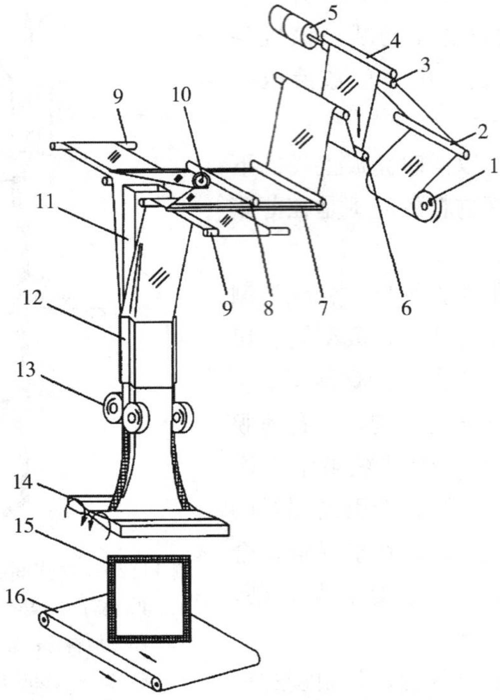

图 11.21 等切对合成型制袋自动包装机工作原理图

1. 膜卷；2. 压辊；3. 供膜辊；4. 导辊；5. 供膜电机；6. 浮辊；7. 缺口导板；8. 压辊；9. 转向滚轮；10. 分切滚刀；11. 入料筒；12. 成型器；13. 纵封滚轮；14. 横封辊；15. 成品袋；16. 卸料输送机

为了保护内装物和延长保存期，还可在抽真空后再充入其他惰性气体，如 CO_2 和氮气等，称为真空充气包装。真空包装和真空充气包装使用阻气性强的材料，有金属铝箔和非金属（如塑料薄膜、陶瓷等）的筒、罐、瓶和袋等容器。

下面主要介绍间歇式真空充气包装机。

充气包装机采用复合薄膜袋，充填物品后，由操作工将之排列在真空室的热封条上，再加盖实现真空自动抽真空充气封合。包装袋的尺寸可在真空室的范围内任意变更，每次处理的包装袋数也可变，而且对于固体、颗粒、半流体及液体均适用。因其操作方便、灵活及实用，所以在食品生产厂家中得到广泛的应用。

1. 间歇式真空充气包装机的类型

真空包装机最低绝对气压为 1～2 kPa，机器生产能力根据热封杆数和长度及操作时间而定，每分钟操作次数为 2～4 次。

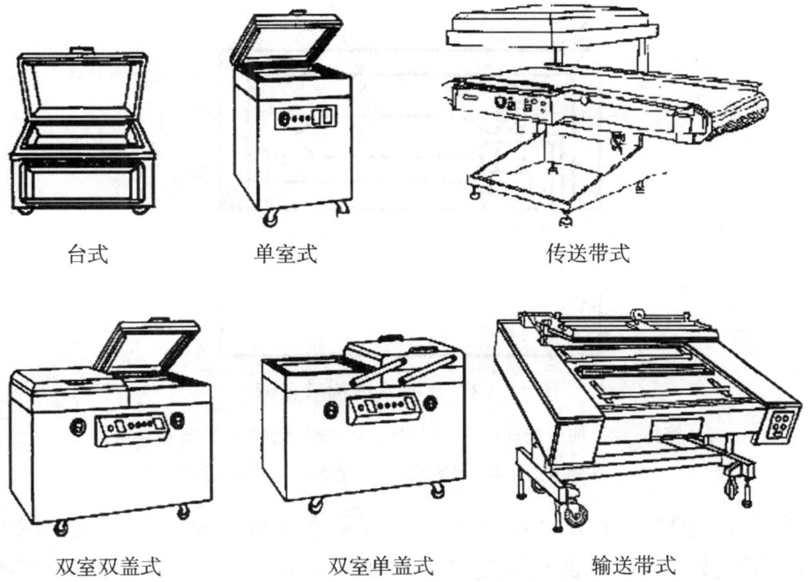

图 11.22　常见间歇式真空充气包装机类型

台式和单室式机一般只有一根热封杆，且长度有限，因此生产能力较小，多用于实验室和小批量生产。

双室式真空充气包装机由于两个室共用一套真空充气装置，因此生产效率比台式和单室式高。双室式中每室有两根热封杆。如果包装袋长度不超过两热封杆间距的一半，每次操作的封袋数量可以比单室式的多 1 倍。双室式封口机中一个室在抽真空封口的同时，另一个室可以装卸包装袋，从而使得封口操作效率提高。

图 11.22 所示的包装机的真空室底面一般都是水平的。这种形式不利于多汤汁产品封口前在真空室内的放置。因此，这类产品必须适当及时地将待封包装袋的袋口枕于高出真空室底板一定距离的水平的热封条上，否则袋内的汤汁会流出。一般而言，这种包装机不适用于多汤汁内容物的大规模生产。

输送带式（也称为斜面式）真空充气包装机与上述操作台式真空充气包装机的主要区别在于：采用链带步进送料进入真空室；室盖自动闭合开启。其自动化程度和生产率均大大提高。当然，与台式操作一样，它同样需要人工排放包装袋，并合理地将包装袋排列在热封条的有效长度内，以便于顺利实现真空或充气封合。另外由图 11.22 可见，输送带式包装机的主平面是斜面的，这可以避免上述多汤汁产品在封口时的汤汁外流情况。

2. 间歇式真空充气包装机的工作原理

间歇室式真空充气包装机（除输送带式真空充气包装机有一个输送包装袋的输送系统以外）主要由机身、真空室、热封装置、室盖起落机构、真空系统和电控设备组成。

真空室是间歇室真空充气包装机的关键部分，封口操作过程全在真空室内完成（图 11.23）。

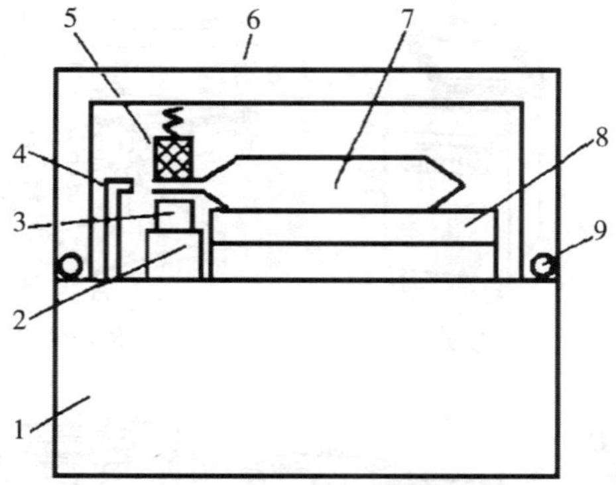

图 11.23 真空室结构示意图

1. 箱体；2. 加压装置；3. 热封杆；4. 充气管嘴；5. 橡胶垫板；
6. 真空室盖；7. 包装袋；8. 垫板；9. 密封垫圈

真空充气封合原理可利用图 11.24 说明。气膜室上部与真空室相通，热封部件 2 嵌入气膜室内，两侧被气膜室上部槽隙定位，可上下运动。当包装袋充填物料后，被放入真空室内，使其袋口平铺在热封部件 2 上，加盖后可见袋口处于热封部件 2 和封合胶垫 1 之间。包装工作开始后分 4 个步骤。

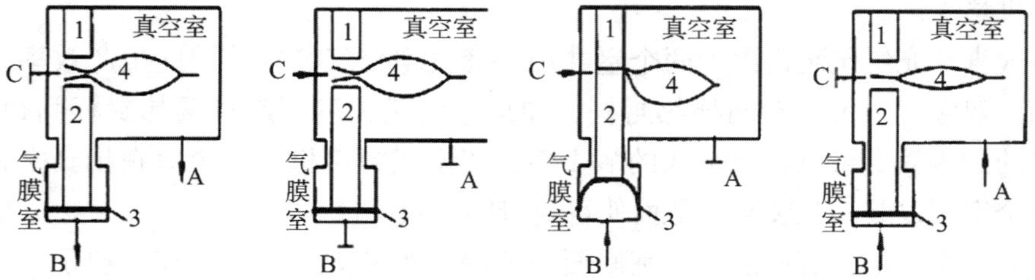

(a) 真空抽气 (b) 充气 (c) 热封合、冷却 (d) 放气

图 11.24 真空充气包装程序示意图

1. 封合胶垫；2. 热封部件；3. 膜片；4. 包装袋；
A. 真空室气孔；B. 气膜室气孔；C. 充气气孔

1）真空抽气

如图 11.24（a）所示，真空室通过气孔 A 被抽气，同时下气膜室也通过气孔 B 被抽气，使得下气膜室和真空室获得气压平衡，避免下气膜室压强高于真空室形成压差，使膜片 3 胀起，推动热封部件 2 上行夹紧袋口以至不能抽出包装袋内的空气。经抽气后的真空度应达到−0.0987～−0.097 MPa。

2）充气

如图 11.24（b）所示，经过抽真空后 A、B 封闭，C 气孔接通惰性气体瓶，充入气体。充气压强以 3～6 kPa 为宜，充气量多少以时间继电器控制。经充气后，真空室内的真空度应控制在−0.097～−0.094 MPa。

值得一提的是，如果待封口的包装产品是蒸煮袋装后还需要进行热杀菌的软罐头，则无须进行充气，因此，这一步可省去，而直接进入下一步热封合、冷却操作。

3）热封合、冷却

如图 11.24（c）所示，A、C 关闭，B 打开并接通大气。由于大气压和真空室内的压差作用，使橡胶膜片 3 胀起，推动热封部件 2 向上运动，把袋口压紧在封合胶垫 1 之下。在 B 通气的同时，热封条通电发热，对袋口进行压合热封。热封达到一定时间后，热封条断电自然冷却，而袋口继续被压紧，稍冷后形成牢固的封口。

4）放气

如图 11.24（d）所示，C 关闭，A、B 同时接通大气，使真空室充入空气，与外间达到气压平衡，可以顺利打开室盖并取出包装件，完成包装。

3. 合式真空包装机

合式真空包装机的工作过程如下：将人工装好物料的塑料袋放在台面上的包装体承受盘 9 的腔室内，关闭真空槽盖 1 后便由限位开关使继电器控制后面的真空包装以备工序自动连续地进行下去。各工序所需时间可由定时器任意调节。其真空回路的转换阀 6 有由电磁阀单体组成的转换阀和复合转换阀。阀座应耐腐蚀。加工包装体的封口宽度一般为 3～10 mm，长度可达 700 mm 生产率为 12～30 袋/min。台式真空包装机结构见图 11.25。

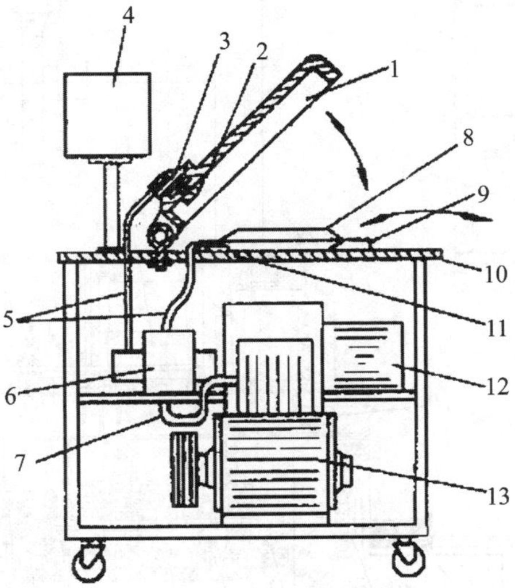

图 11.25　合式真空包装机

1. 真空槽盖；2. 封口支承；3. 加压部分；4. 控制部分；5. 充气管路；6. 转换阀；7. 真空回路；8. 包装体；9. 包装体承受盘；10. 台板；11. 加热杆；12. 变压器；13. 真空泵

11.5　无菌包装机械

食品的“无菌包装”是一种防腐工艺，所谓“无菌包装”是在无菌环境下，把无菌的产品充填到无菌的容器中，并加以密封。无菌包装是一个过程，基本上由以下三部分构成：一是食品物料的预杀菌即达到商业无菌（商业无菌的含义是在一般贮存条件下，产品中不存在能生长的微生物）；二是包装容器的灭菌；三是灌装环境的无菌。

对无菌产品，只有在全部生产步骤上都高度严格操作才能达到质量标准，由于采用全密封的操作程序以及无菌灌装技术，所以，对操作人员和设备的要求也越来越高。

无菌灌装设备有许多种，根据操作方式、包装形式、灌注系统的不同，常用的主要有以下几种类型：①包装材料以卷材形式引入的灌装设备，其中典型的是瑞典利乐的TBA系列；②是纸盒预先制好的无菌灌装设备，其中典型的是德国的康美包装系统；③包装材料以塑料薄膜形式引入的无菌包装机；④现在正在发展中的塑料瓶灌装设备。

11.5.1 包装材料

为了满足各种各样的被灌装物料，包装材料不是单一的原材料，而是由多种材料复合制成，所以包装材料也称为复合包装材料，因为是由多种原料的性能“结合”起来的，所以具有综合性能。由于产品在常温条件下贮存，所以包装必须提供完全防光和防氧化的保护。例如，长期保存鲜奶的包装需要有一薄铝夹层，其在聚乙烯塑料层之间。

常见包装材料的组成成分，从上到下从外到里，分别由聚乙烯、纸版、聚乙烯、铝箔、聚乙烯、聚乙烯、（有时加上印刷层）六层组成。

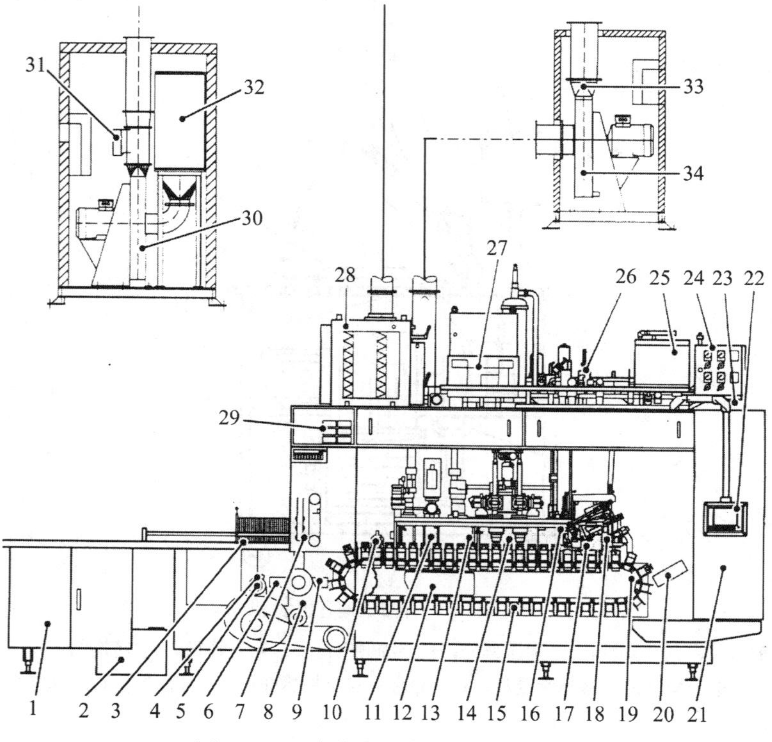

图 11.26 康美盒无菌灌装机的结构

1. 成型轮的开关柜；2. 冷却单元；3. 纸盒仓；4. 底部加热；5. 底部折叠；6. 成型轮；7. 盒筒的送进；（抽吸及送进器）；8. 底部加压 9. 传送站；10. 顶部预折叠；11. H_2O_2 纸盒灭菌；11. H_2O_2 排放；13. 干燥区；14. 灌装站；15. 套链；16. 蒸汽喷射；17. 顶部密封；18. 顶部成型站；19. 排包器；20. 星形轮；21. 电柜，机器尾部；22. 操作单元；23. 电柜，阀组；24. 压力计和控制器；25 低压清洗设备；26. 阀组；27. H_2O_2；定量系统；28. 无菌过滤器（主过滤器）；29. 压力指示器；30. 无菌空气扇；31. 无菌空气瓣；32. 预过滤器；33. 节流阀瓣；34. 排气扇

11.5.2　康美包无菌灌装机

1. SIG 康美包无菌灌装机的结构

SIG 康美盒无菌灌装机的结构如图 11.26 所示。

2. 康美包灌装机的包装工艺

在康美包灌装机中可以完成下列程序：由纸筒形成纸盒；产品对纸盒的无菌灌装；灌装好的纸盒的密封。

送进灌装机的包装材料，是已经印刷好的且其中缝已经黏结好的复合材料（纸版/塑料/铝膜）纸盒筒，纸盒筒在进入机器时准确地被打开，推进到成型杆并对其底部进行封口。底部封结好的纸盒被传输进套链，对内部进行灭菌，然后充入产品，进行顶部密封，最后传输到输出传送带输出。

康美包无菌灌装机由成型杆部分、套链部分、无菌空气系统、电器部分四个主要部分组成。成型杆部分完成纸盒底部的折叠和封口。套链部分将纸盒清理干净并消毒，然后灌装产品并完成封口。电气部分是机器的控制核心，包含 PLC、电源供应、操作面板及其他电气控制元件。无菌空气系统向灌装机提供无菌空气以保证机器的无菌环境。

康美盒在灌装机中的送进过程如图 11.27 所示。

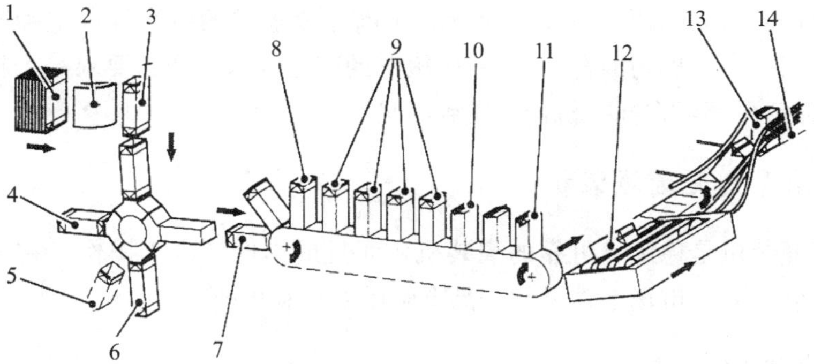

图 11.27　康美盒在灌装机中的送进过程

1. 纸盒的送进；2. 纸盒筒打开并送进；3. 推纸盒入成型杆；4. 底部活化；5. 底部折叠；6. 底部加压密封；7. 传输区；8. 顶部预折叠；9. 灭菌，干燥，灌装；10. 顶部密封；11. 顶部成型；12. 排包；13. 传送到输出传送带，纸盒竖立；14. 输出传送带

3. 康美包无菌包装机的特点

(1) 纸盒预制。与其他灌装系统相比，其预制纸坯（也称为纸盒坯或纸筒）是在康美包总厂里预制的，并且在出厂前进行了纸盒的中缝焊接处理。这种预制的纸盒，在使用时才被打开、灌装、封口。由于纸盒在康美包总厂里已经准确地沿着折缝的刻痕进行了折叠，所以可达到高度的生产稳定性。所有这些联合工艺步骤保持了康美盒特有的优点。

由于使用了预制纸盒体系，在同一个康美包机上可将一种产品灌装于印刷不同的纸盒而无须中断任何生产步骤。

（2）无须纵向条。在进行灌装时无需遮盖焊缝的纵向条，这就免除了一些多余的工艺和过程，也降低了包材的浪费。

（3）康美盒底部的内凹形状和封口时蒸汽喷射，保证了纸盒的稳定性，使纸盒更加苗条。

（4）纸盒的规格及形状，可以在几分钟内改变，这不仅确保了机器的高效率，而且也降低了机器的停置时间。

（5）当机器因故停机时，无菌条件仍能保持，这就保证了能更快地恢复生产。

（6）一台机器可用于5个不同纸盒盒型。一个灌装机可供5个不同纸盒盒型的生产，操作简单，在几分钟内，就可以改换到下一个盒型。

（7）康美包机用于食品领域，可将具有高黏度的、带有颗粒的、膏状的食品灌入纸盒。灌装过程是将产品灌入开大口的纸盒里，而在封口时，产品与纸盒顶部的焊缝不接触，不可能有颗粒进入焊缝，因此无菌纸盒就可以焊接得既牢固又安全。

（8）预设的控制单元确保了康美包灌装机易于操作。所有重要的运行功能均由程序逻辑控制（PLC）自动检测控制。无菌区及所有的清洗和灭菌等周期性操作，均为自动控制。此外，屏面触摸型的监测器，使操作员能够随时在运行情况下对机器及当前的运行状况进行监控。

（9）使用蒸汽喷射技术可获得不同的顶部空间。在康美包无菌灌装机中都可通过简单的操作获得产品所需的顶部空间，对含有果肉需要摇匀的橙汁等（这种产品要求一个较大的顶部空间，用于摇匀混合），对氧气敏感的产品（这种产品要求一个较小的顶部空间），以上两种情况都可在同一机器上得到满足。

11.5.3 利乐系列无菌灌装机

利乐无菌灌装机是稳定、可靠的灌装机，而且成本低，易于操作。它可以生产品质卓越的无菌包装产品。市场上常见的产品有利乐枕和利乐砖。

1. 利乐无菌灌装机的特点

液态物料必须在无菌条件下灌装，并确保超高温加热处理后的物料不二次污染。利乐无菌灌装机安全、卫生、平稳地灌装产品，封口后排出。与其他无菌包装机相比较它有以下特点：

（1）包装材料是一种纸、铝箔和聚乙烯制成的复合膜，密封性能好，用完后还可回收，以备其他利用，利于环境保护。

（2）包装材料以板材卷筒形式引入。这样使劳动强度降低，工作任务简化。由于包装材料卫生，保证了高度的无菌，另外使用卷材也使贮存和生产时的空间变小。

（3）包装材料的灭菌、成型、灌装、封口和分离在一台机器内完成，避免了各工序的往返输送。

（4）灌装在液面下进行，稳定平稳，防止了飞溅和泡沫的产生。

（5）每个包装的封口均在物料液面以下进行，从而获得内容物完全充满的包装，防止了氧化。特别适合对牛奶的包装。

2. TBA/19 利乐无菌砖灌装机

以 TBA/19 利乐无菌砖灌装机为例，其工艺步骤是：

(1) 包装材料（纸卷）由手推车送到位于机器底部的纸仓内。

(2) 各整理辊轮连续、平稳、可靠地向机器上部供送包装纸。

(3) 调整该两轮（调速滚轮）位置的高低，可实现两种速度向机器上部供给包装纸。

(4) 打印日期装置，向包装纸打印出厂日期和其他代码。

(5) 纵封贴条供送系统向机器上部供送纵封贴条（LS）。

(6) 纵封贴条（LS）附贴器（SA）将纵封贴条的一半贴于包装纸一侧。

(7) 包装纸在封闭式热过氧化氢浴槽中灭菌。

(8) 挤压辊轮挤出包装纸上残留的过氧化氢。

(9) 从无菌空气喷射器（气刀）吹出的无菌热空气把灭菌后的包装纸吹干，同时灭菌。

(10) 浮动的折曲辊轮将包装纸压平、拉直并连续、平稳、可靠地供送包装纸。

(11) 上部支撑辊轮（折曲辊轮）将包装纸转向并起到对纸管上部的支撑作用。

(12) 产品调节阀及中心灌注管调节液态物料的液位并准备灌装。

(13) 可移动成形环将包装纸形成纸管并调节纸管直径。

(14) 包装材料在通过成形环时，纸管纵封边和纵封贴条被纵封加热器加热。

(15) 纵封暂停工作，压紧纵封并冷却固化完成纵封。

(16) 整形环对纸管进一步整形。

(17) 在可靠横封的前提下，下灌注管在液位以下灌装。其优点是稳定的防止产生气泡和空气进入，同时保证足够的包装容量。

(18) 横向封合（TS）夹爪系统完成横封，同时切刀将纸管切割分离，形成纸包。

(19) 控制屏设定工艺控制参数，工作循环并显示工作状态。

(20) 纸包由排包器送入终端。

(21) 纸包在终端折角、折翼并黏角、黏翼，进行最后整形。

(22) 无菌砖被排出机器，由传送装置送至贴吸管工位。

(23) 伺服系统包括中央润滑系统、液压系统、水环式压缩机和清洗液容器。

11.5.4　无菌袋灌装机

1. 全自动无菌袋包装机简介

图 11.28 所示为无菌袋灌装机的外形结构，其特点如下：

(1) 整机及各管路采用优质不锈钢材料制造。

(2) 电气控制系统采用大屏幕彩色人机界面，高性能可编程控制器，四台伺服驱动器及配套伺服电机，变频调速器，灌装流量精确控制系统等。控制元件伺服驱动器、数字式温控仪、光电开关、液位控制器、PID 调节阀，以及全部气动元件、集中润滑系统、无菌阀、无菌过滤器等全部采用国际著名品牌。

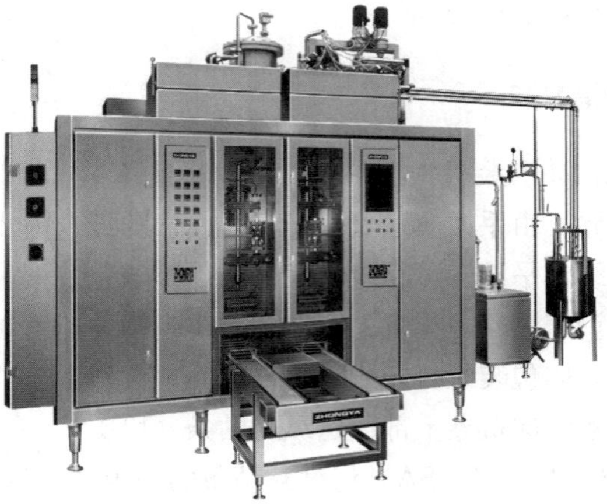

图 11.28　无菌袋灌装机外形结构图

（3）全自动无菌软包装机适合对无固体颗粒、低黏稠度的液体（如鲜牛奶、花式奶、果汁等）进行无菌灌装。

（4）选用三层（或五层）共挤 PVDC 复合膜，全自动完成膜的杀菌、成型、定量灌装、包装袋封切和输送。

（5）包装膜杀菌通过过氧化氢浸泡杀菌并由无菌空气烘干，再加以紫外线辅助杀菌两种方法实现。

（6）无菌灌装室则通过设备杀菌时过氧化氢喷雾、灌注管采用过氧化氢浸泡灭菌，生产中通过恒温无菌空气的正压作用以及紫外灯辐射保持无菌，同时，热无菌空气烘干包装膜上附着的残留过氧化氢，确保过氧化氢残留量达到最少。

（7）双工位独立运转，一工位停机时，另一工位继续灌装，提高了生产效率。

2. 设备规格

（1）产品能力：3000～6000 包/h。

（2）产品规格：200～500 mL/枕式袋。

（3）包装袋长：80～220 mm。

（4）灌装精度：200～250 mL/袋，允许误差为±1.5%；500 mL/袋，允许误差为±1.0%。

（5）包装材料：3 层或 5 层 PVDC 阻氧复合膜，熔点 130 ℃。

（6）宽度：320 mm 或 260 mm，允许误差±1 mm。

（7）膜卷纸筒内径：70 mm 或 76 mm。

（8）膜卷纸筒外径：最大 360 mm。

（9）要求：卷边整齐，张力均衡；内部无破损，无断膜。

11.6　封口机械

封口机械是指在充填和灌装工序之后，对包装容器进行密封封口的机械。按照被封口包装容器的不同，封口机械可分为封袋机、封瓶机、封罐机、封箱机四大类。本节主要介绍瓶罐封口机械。瓶罐封口机械设备用于对充填或灌装产品后的瓶罐类容器进行封口。瓶罐有多种类型，不同类型的瓶罐采用不同的封口形式与机械设备。常见的瓶罐及其封口形式有：卷边封口机、旋盖封口机和多功能封盖机。

11.6.1　卷边封口机

封罐机的卷封作业过程实际上是在罐盖与罐身之间进行卷合密封的过程，这一过程称为二重卷边作业。形成密封的二重卷边的条件离不开四个基本要素：圆边后的罐盖，具有翻边的罐身，盖钩内的胶膜，具有卷边性能的封罐机。所用板材的厚度和调质度也会影响到密封的二重卷边的形成及封口质量。

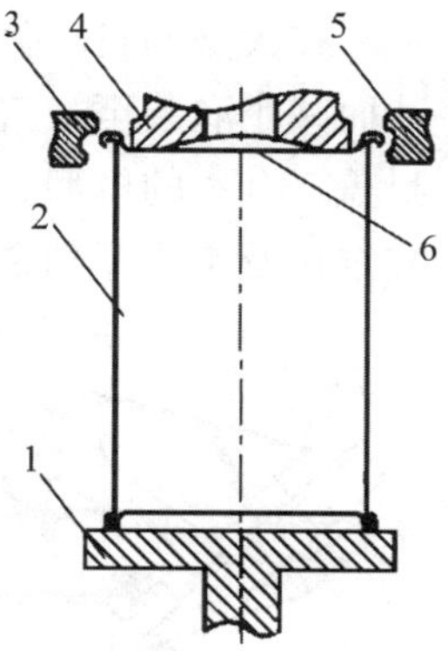

图 11.29　二重卷边封口作业示意图

各种型式的封罐机中，直接与罐盖罐身接触并参与完成卷边封口的工作部件如图 11.29 所示，包括压头、托底板（下托盘）、头道滚轮和二道滚轮。

封罐作业过程如图 11.30 所示。首先，托底板上升，将罐身与罐盖紧压在上压头下；然后头道滚轮和二道滚轮按先后顺序向罐身作径向进给，同时沿罐身和罐盖接合边缘作相对滚动，利用滚轮的沟槽轮廓形状使两者边缘弯曲变形，互相紧密地勾合。由于在罐盖的沟槽内预先涂有橡胶层，因此，当罐盖与罐身卷合时，涂层受挤压将充塞于盖钩与身钩之间形成密封层。

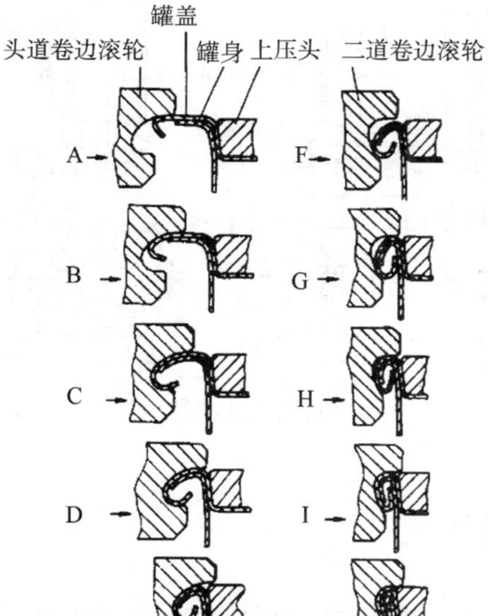

图 11.30　二重卷边形成过程
A~E 头道卷边作业过程；
F~J 二道卷边作业过程

头道滚轮于 A 处与罐盖钩边接触；于 B、C、D 处逐渐向罐体中心做径向移动并形成卷边弯曲；在 E 处完成头道卷边作业。二道卷边滚轮于 F 处进入与卷边接触；于 G、H、I 处继续对卷边进行压合，在 J 处完成二道卷边作业。

由图 11.30 还可以看出，参与二重卷边作业的头道滚轮与二道滚轮具有不同的槽形曲线形状，一般而言，头道滚轮的圆弧曲线狭而深，二道滚轮的槽型曲线宽而浅。卷边滚轮的槽型曲线对封口质量极为重要，所以槽型的确定必须根据罐型大小、罐盖盖边圆弧形状、板材厚度等因素加以慎重考虑。滚轮必须经过槽型曲线的设计，成型刀具车制，热处理以及曲线磨床精磨才能制成。

11.6.2　旋盖封口机

旋合式玻璃罐（瓶）具有开启方便的优点，所以，在生产中得到广泛使用。玻璃罐盖底部内侧有盖爪，玻璃罐颈上的螺纹线正好和盖爪相吻合，置于盖子内的胶圈紧压在玻璃罐口上，保证了它的密封性。常见的盖子有四个盖爪，而玻璃罐颈上有四条螺纹线，盖子旋转 1/4 转时即获得密封，这种盖称为四旋式盖。此外还有六旋式盖和三旋式盖等。

如图 11.31 所示，该机主要由输瓶链带、理盖器、配盖预封部分、蒸汽管路系统、排气封盖部分以及电控系统和传动系统等组成。

11.6.3 多功能封盖机

在大型的自动化灌装生产线上，封盖机一般与灌装机联动，并且作一体机型设计，从而减小灌装至封盖的行程，使生产线结构更为紧凑。目前还开发出了自动洗瓶、灌装、封盖三合一的机型。然而，无论是作为灌装机的联动设备，还是独立驱动的自动封盖机，其结构及工作原理是基本一致的。如图 11.32 所示。

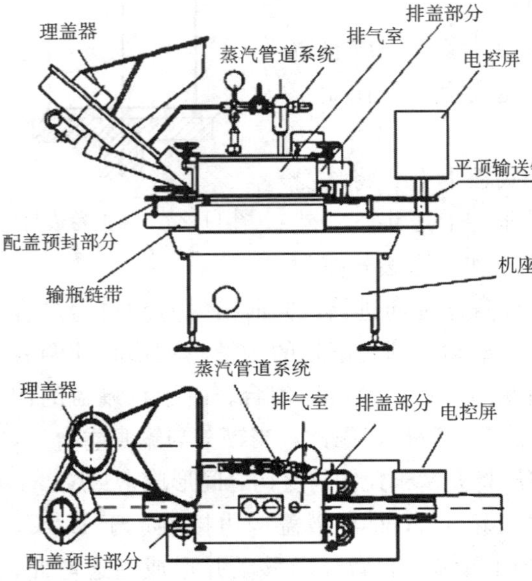

图 11.31 爪式旋开盖真空自动封口机外形图

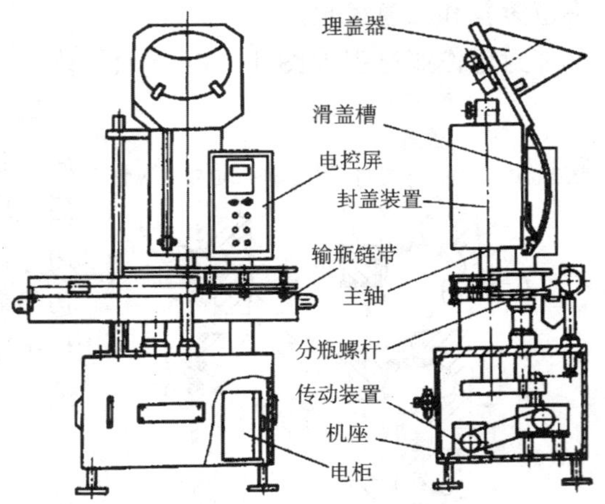

图 11.32 全自动封盖机结构简图

11.7 贴标机和喷码机

食品内包装往往需要粘贴商标之类的标签以及印上日期批号之类的字码。这些操作须在外包装以前完成。对于小规模生产的企业，这些操作可以用手工完成，但规模化食品生产多使用高效率的贴标机和喷码机。

11.7.1 贴标机

贴标签机是将印有商标图案的标签采用黏结剂粘贴在食品内包装容器特定部位的机器。一般贴标机械由供标装置、取标装置、打印装置、涂胶装置、连锁装置等组成。供标装置——按一定工艺标准提供标签纸；取标装置——取标签纸；打印装置——在标签纸上打印文字、图形等内容；涂胶装置——将适量的黏合剂涂在标签背面或取标执行机构上；连锁装置——为了包装贴标效能合工作的可靠性。

由于包装目的、所用包装容器的种类和贴标黏合剂种类等方面的差异，贴标机有多种类型。按操作自动化程度可分为半自动贴标机和自动贴标机。按容器种类可分为镀锡薄钢板圆罐贴标机和玻璃瓶罐贴标机等。按容器运动方向可分为横型贴标机和竖型贴标机。按容器运动形式可分为直通式和转盘式贴标机等。

1. GT8C2 马口铁贴标机

1）结构与组成

用于圆形马口铁罐头的横型贴标机，其结构如图 11.33 所示，主要由进罐板、出罐板、输送带、胶水盒、商标托架、胶水泵、电气箱、滚轮、机架和传动系统等组成。

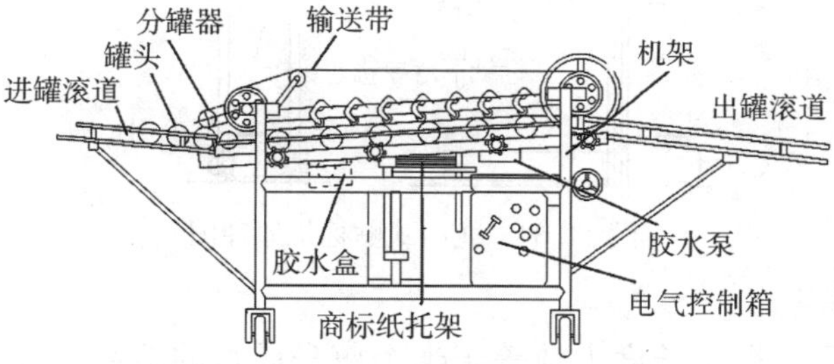

图 11.33　73GT8C2 马口铁罐贴标机结构示意图

2）工作过程

圆罐连续地沿进罐滚道滚进，经分罐器分隔并成一定间距，随后进入输送带下端，输送带通过上面若干压轮紧压在罐头上，使罐头靠摩擦力继续向前滚动。在输送过程中，罐头首先碰触胶水盒中的胶水轮，罐身沾上黏合剂，然后到达商标纸托架上方，罐身即黏取一张商标纸，末端（已由胶水泵）预先涂有黏合剂的商标纸逐渐卷将罐身包住。当完成贴标的罐头滚至输送带右端，将最后一个压轮抬升，进而牵动胶水泵向下一张商标纸涂黏合剂备用。最后，贴有商标的罐头经出罐滚道送出。

GT8C2 马口铁贴标机利用温度系统使胶水盒维持在 80～100℃，保证了黏合剂的黏合性能良好。利用贴标与不贴标金属罐在导电性上的差异，该机设置了一个保证不使无商标罐头出机的控制系统。

2. 龙门式贴标机

用于玻璃瓶罐贴标，它由送罐皮带、黏胶贴标、抹标辊轮、贮罐转盘、机体传动等部分组成。龙门式贴标机如图 11.34 所示，标签储存在标盒中，被重块压住，并沿斜面下滑。取标辊不停地转动，将标签一张一张取出，向下通过拉标辊、涂抹辊，涂以胶水，然后送入落标导轨并保持着直立状态。当瓶由输送带传递通过龙门即落标导轨时，标签被瓶黏取带走，再通过两排毛刷之间的通道，被刷子抚平在瓶的表面。该贴标机只适用于粘贴宽度大致等于半个瓶身周长的标签，过宽或过窄均不适用，而且只能粘贴于圆柱形瓶身，生产能力每小时 1500～1800 瓶，适用于中小型食品厂。

1）工作原理

如图 11.34 所示，商标纸贮放在标盒中，标盒前的取标辊不停地转动；从标盒中一张张地取出标签，之后商标纸先后通过拉标辊和涂抹辊，在其背面两侧涂上胶水。然后，商标纸被送入龙门架，沿商标纸下落导轨自由下落，在导轨的底部保持直立状态。需要贴标的玻璃瓶经输送带送入导轨时，即由推爪板将玻璃瓶等距推进，瓶子通过龙门架时，将标签黏取带走，然后经过两排毛刷之间的通道，商标纸被刷子抚平完好地贴在瓶子上。

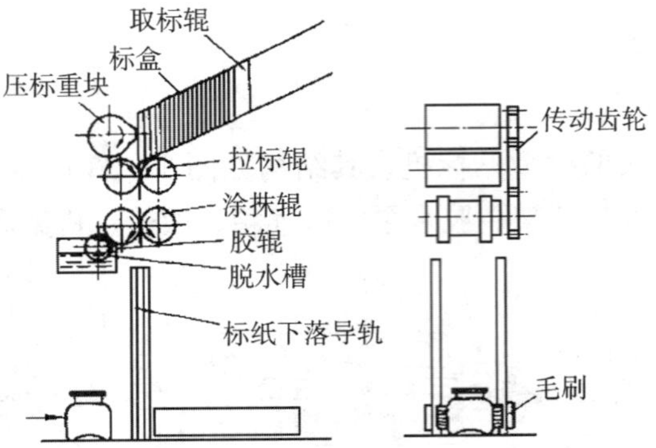

图 11.34 龙门式贴标机原理图

2）适用性与特点

龙门式贴标机只能用于长度大致等于半个瓶身周长的标纸，过长和过短都不能贴，而且只能贴圆柱形瓶身的身标。由于标签是靠本身的自重下落至贴标位置，因此该贴标机的生产能力有限，并且标签粘贴位置不够准确。但由于这类贴标机具有结构简单的显著特点，因此适合于中小型食品工使用。

11.7.2 喷码机

喷码机是一种工业专用生产设备，可在各种材质的产品表面上喷印上（包括条形码在内的）图案、文字、生产日期、流水号、条形码及可变数码等，是集机电于一体的高科技产品。喷码机一般具有以下特点：①喷印符合国际标识标准，可提高产品的档次；②非接触式喷印，可用于凹凸不平的表面和精密、不可触碰加压的产品；③可变，实时的喷印信息可追溯产品源头，控制产品质量；④可以适合高速的流水生产线，提高生产效率；⑤标识效果清晰干净，信息可多行按需印喷印；⑥可直接喷印在不同的材质产品表面，不易伪造。

食品行业是喷码机的最大应用领域。主要用于饮料、啤酒、矿泉水、乳制品等生产线。也已经在副食品、香烟生产中得到应用。喷码机既可应用在流水线生产中的个体包装物喷码，也可用于外包装的标记信息喷码。本节主要介绍激光喷码机。

激光喷码机的基本工作原理是激光以极高的能量密度聚集在被刻标的物体表面，在极短的时间内，将其表层的物质气化，并通过控制激光束的有效位移，精确地灼刻出精致的图案或文字。激光可以在物品表层刻蚀形成无法拭除的永久标记。

1. 划线式激光喷码机

划线式激光喷码机的工作原理如图 11.35 所示，运用的是镜片偏转连续激光束的原理。镜片由高速旋转的微电机控制；从激光源产生的激光束，先通过两个镜片折射，再经过聚光镜，最后射到待喷码物体表面产生烧灼伤作用。由于有两个折光镜片，并且镜片的转动很快，因此，可以得到连续线条的字迹效果。使得这种形式的喷码机既可在运动的表面也可在静止的表面进行高速标刻。

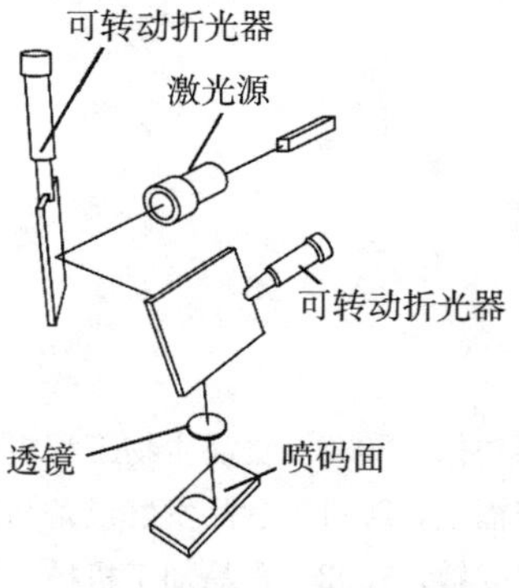

图 11.35　划线式激光喷码机原理

2. 多棱镜扫描式激光喷码机

多棱镜扫描式激光喷码机的工作原理如图 11.36 所示。由激光器产生的激光束与高速转动的多棱镜相遇(激光光束与多棱镜的轴相垂直)，多棱镜上各面使光束只在物体表面的一定位置作直线扫描。因此这种形式的喷码机必须有物体运动的配合才能得到所需要的字迹或图案效果。

3. 点阵式激光喷码机

点阵式激光喷码机原理如图 11.37 所示，类似于 DOD 喷墨式喷码机工作原理。受控制的多束光成直线状排列通过聚光镜，与移动的物体相遇，在其表面产生标记。

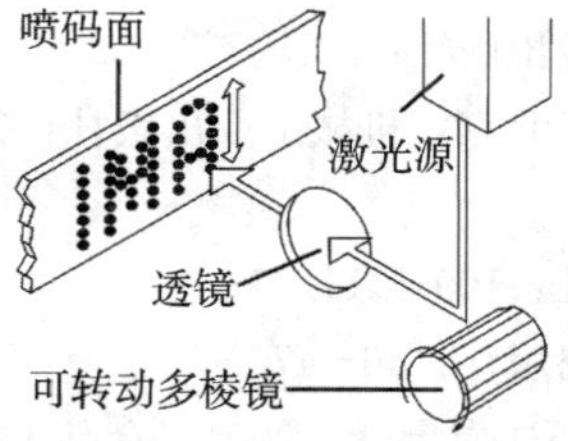

图 11.36　多棱镜扫描式激光喷码机原理

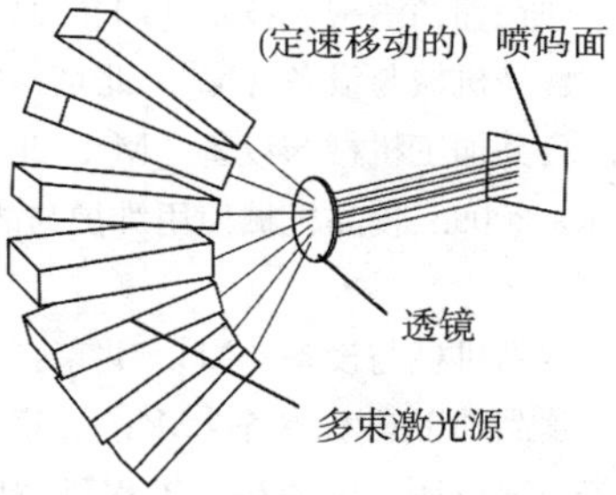

图 11.37　点阵式激光喷码机原理

参考文献

蔡功禄，2002. 食品生物工程机械与设备［M］. 北京：高等教育出版社：35－36.

陈福生，2011. 食品发酵设备与工艺［M］. 北京：化学工业出版社：19－23.

程凌敏，1992. 食品加工机械［M］. 北京：中国轻工业出版社：32－35.

高福成，1997. 现代食品高新技术［M］. 北京：中国轻工业出版社：89－115.

高福成，1998. 食品工程原理［M］. 北京：中国轻工业出版社：50－51.

姜璋，郭薇薇，2008. 化学实验技术［M］. 北京：中国石化出版社：142－143.

蒋迪清，唐伟强，2010. 食品通用机械与设备［M］. 广州：华南理工大学出版社：65－68，109－110.

刘成梅，2008. 食品加工机械与设备［M］. 北京：中国轻工业出版社：85.

刘晓杰，2004. 食品加工机械与设备［M］. 北京：中国轻工业出版社：45－52.

刘协舫，2002. 食品机械［M］. 武汉：湖北科学技术出版社：16－17，274－275.

刘玉田，1990. 现代葡萄酒酿造技术［M］. 北京：中国轻工业出版社社：79－80.

马海乐，2004. 食品机械与设备［M］. 北京：中国农业出版社：47，110－142，173－174.

肖旭霖，2000. 食品加工机械与设备［M］. 北京：中国轻工业出版社：34.

袁巧霞，任奕林，2009. 食品机械使用维护与故障诊断［M］. 北京：机械工业出版社：104－122，125－137.

张军合，2008. 食品机械与设备［M］. 北京：化学工业出版社：109－111.

张裕中，2000. 食品加工技术装备［M］. 北京：中国轻工业出版社：46－47.

中国食品发酵工业研究所，中国海诚工程科技股份有限公司，江南大学，2004. 食品工程全书（第二卷）［M］. 北京：中国轻工业出版社：89－115.

周曼玲，2006. 通风除尘与机械输送［M］. 北京：中国商业出版社：149－151.

朱宏吉，张明贤，2010. 制药设备与工程设计［M］. 北京：化学工业出版社：81－82.